普通高等教育"十二五"规划教材

U0657907

# 电力电子技术

主编　郑征

编写　朱艺锋　杨海柱

　　　陶海军　陶　慧

主审　王鲁杨

中国电力出版社
CHINA ELECTRIC POWER PRESS

## 内 容 提 要

本书为普通高等教育"十二五"规划教材。

本书共分为 7 章，主要内容包括电力电子技术的概念，现代电力电子器件特点及工作原理，整流电路、直流-直流变换电路、逆变电路、交流-交流变换电路四种基本电力变换电路的工作原理和波形分析，电力电子工程设计方法与案例，电力电子技术在电力系统、电气传动和可再生能源等方面的应用。

本书主要作为普通高等院校电气工程及其自动化专业、自动化专业以及其他电气信息类相关专业的本科生电力电子技术课程的教学用书，也可供有关工程技术人员参考。

**图书在版编目（CIP）数据**

电力电子技术/郑征主编 . —北京：中国电力出版社，2015.8

普通高等教育"十二五"规划教材

ISBN 978 - 7 - 5123 - 6647 - 3

Ⅰ.①电… Ⅱ.①郑… Ⅲ.①电力电子技术－高等学校 －教材
Ⅳ.①TM1

中国版本图书馆 CIP 数据核字（2014）第 238764 号

中国电力出版社出版、发行

（北京市东城区北京站西街 19 号　100005　http：//www.cepp.sgcc.com.cn）
汇鑫印务有限公司印刷
各地新华书店经售

*

2015 年 8 月第一版　　2015 年 8 月北京第一次印刷
787 毫米×1092 毫米　16 开本　13.5 印张　329 千字
定价 **28.00** 元

# 前　言

本书以电气工程、电子学和控制理论最基本的原理为起点，完整、系统地讲述了电力电子变换技术的基本理论与技术以及新技术的发展和应用前景。

本书共包括绪论和 7 章内容。绪论和第 1 章介绍了电力电子技术的概念、现代电力电子器件特点及工作原理。第 2～5 章重点讲解整流电路、直流-直流变换电路、逆变电路、交流-交流变换电路四种基本电力变换电路的工作原理和波形分析。在第 2 章引入了新型的 PWM 整流技术，进一步拓宽读者对电力电子技术的认识；把软开关技术作为减小电力电子装置损耗和体积的一种具体应用，结合第 3 章直流-直流变换电路进行讲解。在第 4 章逆变电路中，增加了空间矢量的概念，便于读者对先进技术有所了解。第 5 章主要介绍了交流电力控制电路和交流-交流变频电路。第 6 章详细地讲解了工程设计方法，对电力电子装置主电路工程设计、选型设计等给予适当的介绍，加强对读者工程设计能力的培养，做到理论与实用相结合。第 7 章介绍了电力电子技术在电力系统、电气传动和可再生能源等方面的应用，从而使读者充分了解电力电子技术的应用和发展前景。学时数可根据不同学校培养方案调控在 40～48 学时为宜，带 * 章节可作为选修或自学内容。

本书强调学生的工程实践能力和分析问题能力的培养。通过引入大量的仿真案例，加深学生对理论的理解；引入大量工程应用案例，增加学生的工程设计能力。同时，本书中各电路工作原理及波形分析详细易懂，便于读者自学。

本书绪论和第 7 章由郑征编写；第 1 章和第 3 章由朱艺锋编写；第 2 章由陶海军、陶慧和郑征共同编写；第 4 章由杨海柱编写；第 5、第 6 章由陶慧编写，由郑征担任主编并统稿。编者按姓氏笔画排序。在本书编写过程中得到了乔美英老师和王新环老师的帮助，在此表示感谢。

在本书完稿之际，对本书主审王鲁杨及书末所附参考文献的作者也致以衷心的感谢。

由于电力电子技术发展十分迅速，书中内容难免有疏漏之处，望广大读者来函批评指正。编者邮箱：zhengzh@hpu.edu.cn。

编　者

2015.4

# 目　　录

# 绪　　论

电力电子技术是应用于电力技术领域的电子技术，是与电子、控制、电气工程紧密相关的学科。目前，它的应用遍及各行各业。可以说，只要有电能的地方，就有电力电子技术的应用。电力电子技术在为现代通信、电子仪器、计算机、工业自动化、电网优化、电力工程、国防工程等方面提供高质量、高效率、高可靠性的电能方面起着关键的作用。

电力电子技术是一门综合技术，由于涉及到电力半导体器件、电力变换技术、电子技术、自动控制技术等许多学科，并与材料科学、微机控制技术、现代控制原理、微电子技术等密切相关，因此电力电子技术得到了极其快速的发展，其发展也促进了相关领域的发展。因此，电力变换技术早已成为电气工程领域的重要研究课题。

1. 电力电子技术的概念

**电力电子技术**（Power Electronic Technology）是利用电力电子器件构成的电路系统对电能进行变换和控制的技术，这种变换包括对电压、电流、频率和波形等方面的变换。

电子技术广义上包括电力电子技术和信息电子技术，两者有很多联系和相似之处，但也有很大的不同。电力电子技术一般涉及大功率应用场合，主要用于电力变换，器件主要工作在开关状态，损耗较大，在实际电路中需要考虑散热设计。而信息电子则一般用于信息处理的小功率场合，损耗较小，较少考虑散热问题，器件主要工作在放大状态。

电力电子变换电路主要有：

（1）AC/DC变换器：把固定的交流电变换成固定或可调的直流电，实现从交流到直流的电能变换。

（2）DC/DC变换器：把固定的直流电变换成固定或可调的直流电，实现从直流到直流的电能变换。

（3）DC/AC变换器：把固定的直流电变换成固定或可调的交流电，实现从直流到交流的电能变换。

（4）AC/AC变换器：把固定的交流电变换成电压或频率固定或可调的交流电，实现从交流到交流的电能变换。

这四种变换电路称为基本的变流形式，由它们组合还可以构成各种各样复杂的变换器。

电力电子技术是一门多学科交叉形成的新学科，与其他学科之间的联系如图0-1所示。学科之间相互促进，共同发展。电路理论是电力电子的理论基础；固体物理学是电力电子器件的制造基础；电力电子装置在运行时会产生电磁波，需要进行电磁分析；同时为实现电力电子设备的功能，检测反馈信号的处理和控制是必不可少的；

图0-1　电力电子与其他学科之间的联系

另外驱动保护电路本身就是电子学的应用；在设备制作过程中首先进行仿真研究，然后进行实验和工程应用；电力电子装置的控制器核心主要是微处理器，以及在此硬件基础上，利用

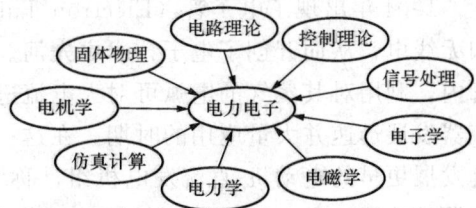

控制理论和算法实现装置的各种控制功能。

**2. 电力电子技术研究的主要内容**

电力电子技术主要包含电力电子器件和电力电子电路及装置两个方面的内容。

（1）电力电子器件。电力电子器件是电力电子技术发展的基础。目前，电力电子器件主要有功率整流二极管（Diode）、晶闸管（Thyristor）、双极型功率晶体管（GTR）、功率场效应晶体管（MOSFET）和绝缘栅双极型功率晶体管（IGBT）等。这些器件正沿着功率化、快速化、模块化和智能化方向发展。

在高电压大电流的应用中（如高压直流输电、无功补偿等），目前晶闸管仍占主导地位。但由于 IGBT 开关速度快，又是电压驱动元件、控制灵活，因此在 1000kW 以下的电力变换器中，IGBT 是当然的佼佼者。在小功率范围内，MOSFET 也有较多的应用。在 IGBT 模块化方面，已有把驱动与保护都集成在一起的智能模块（IPM），还有将整流和逆变器集成在一起的功率集成模块（PIM）。电力半导体器件的发展，极大地促进了电力电子装置的发展与更新换代。

（2）电力电子电路及装置。电力电子电路及装置，通常被叫做变换器（Converter），是电力电子技术的主体。图 0-2 所示为电力电子装置基本结构示意图，一般由功率变换器、检测装置和控制器构成。

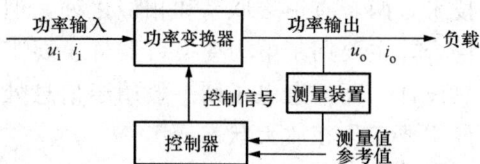

图 0-2　电力电子装置基本结构示意图

器件与电路关系密切，新器件的出现会促使电路达到新的水平，新的电路设计又反过来对器件提出新的要求。随着电力电子器件的功率化、高速化，电力电子电路的容量和频率范围也不断提高，电能变换的性能也越来越好。

同一电力电子电路，由于控制水平的提高，可以取得更好的性能。脉冲宽度调制（PWM）技术对直流调速、交流调速、开关电源的影响便是一个很好的例子。因此，新的控制方式的研究和控制工具的使用也是电力电子装置研究的重要方面。

**3. 电力电子技术的发展**

电力电子技术的发展有赖于电力电子器件的发展，电力电子技术发展的每一次飞跃都是以新器件的出现为契机。以器件为核心的电力电子技术的发展可分为三个阶段：1904～1957 年称为电力电子技术的史前期；1957～1980 年称为传统电力电子技术阶段；1980 年至今称为现代电力电子技术阶段。

1904 年出现了电子管（Electron Tube），能在真空中对电子流进行控制，并应用于通信和无线电，从而开创了电子技术之先河。20 世纪 20 年代末出现了水银整流器，将水银封于管内，利用对其蒸气的电弧可对大电流进行控制。在 20 世纪 30 年代到 50 年代，是水银整流器发展迅速并大量应用的时期。在这一时期，把交流变为直流的方法除水银整流器外，还有发展更早的电动机-直流发电机组，称为旋转变流机组，和旋转变流机组相对应，静止变流器的称呼从水银整流器开始沿用至今。水银整流器不仅结构复杂、可靠性低，而且投资大；旋转变流机组也具有体积大、有噪声等缺点。

1947 年美国贝尔实验室发明晶体管（Transistor），引发了电子技术的一场革命。最先用于电力领域的半导体器件是硅二极管，但它是不可控的。1957 年美国通用电气公司研制出第一个晶闸管（Thyristor）。晶闸管出现后，晶闸管整流装置很快就取代了水银整流器和旋转变流机组。至此，电力电子技术才真正开始成为一门独立的学科。通过对晶闸管门极的控制能够使其导通而不能使其关断，因此晶闸管属于半控型器件。对晶闸管电路的控制采用相位控制方式，这就造成了电路的功率因数低、网侧及负载谐波严重，这些缺点使得晶闸管的应用受到局限。

20 世纪 70 年代后期，以门极可关断晶闸管（GTO）、电力双极型晶体管（GTR）和电力场效应晶体管（MOSFET）为代表的全控型器件迅速发展，电力电子技术进入了一个崭新的发展阶段。全控型器件的特点是，通过对门极（基极、栅极）的控制既可使其开通又可使其关断。此外，这些器件的开关速度普遍高于晶闸管，可用于开关频率较高的电路。与晶闸管电路采用相位控制方式不同，全控型器件的电路采用脉冲宽度调制（PWM）控制方式。PWM 控制技术在电力电子变流技术中占有十分重要的位置，它使电路的控制性能大为改善，对电力电子技术的发展产生了深远的影响。

在 20 世纪 80 年代后期，以绝缘栅双极型晶体管（IGBT）为代表的复合型器件异军突起。IGBT 是 MOSFET 和 GTR 相复合的产物，它把 MOSFET 驱动功率小、开关速度快的优点和 GTR 通态压降小、载流能力大的优点集于一身，现已成为现代电力电子技术应用中的主导开关器件。MOSFET 和 IGBT 的相继问世，是传统电力电子向现代电力电子转化的标志。除了 IGBT 之外，MOS 控制晶闸管（MCT）和集成门极换流晶闸管（IGCT）也都是复合器件，具有非常好的性能，它们的研究和应用也在逐步推进。新型器件的发展使现代电力电子技术不断向高频化发展，为用电设备的高效节材、节能，实现小型轻量化、机电一体化和智能化提供了重要的技术基础。

20 世纪 90 年代，为了使电力电子装置的结构紧凑、体积减小，常常把若干个电力电子器件及必要的辅助元件做成模块的形式，称为功率模块（Power Module），这给应用带来了很大的方便。后来，又把驱动、控制、保护电路和功率器件集成在一起，构成功率集成电路（Power Integrated Circuit，PIC）。目前功率集成电路的功率还较小，但这代表了电力电子技术发展的一个重要方向。

进入 21 世纪，人们在集成电力电子模块（Intergrated Power Electronics Modules，IPEM）和新型半导体材料碳化硅（SiC）等方面进行了深入的研究。IPEM 是将电力电子装置的诸多器件集成在一起的模块，实现了电力电子技术的智能化和模块化，大大降低了电路接线电感、系统噪声和寄生振荡，提高了系统效率及可靠性。碳化硅是 21 世纪最有发展潜力的电力电子器件的材料。

随着电力电子器件工作频率的不断提高，其开关损耗也随之增大。为了减小高频工作下的开关损耗，软开关技术便应运而生。零电压开关（ZVS）和零电流开关（ZCS）是软开关的最基本形式。从理论上讲，采用软开关技术可使开关损耗降为零，从而较大地提高装置效率。另外，采用软开关技术也使得工作频率可以进一步提高，因而使电力电子装置更加小型化、轻量化。

现代电力电子技术的发展趋势是：应用技术的高频化、硬件结构的模块化和产品性能的绿色化。高频化可使电力电子装置小型化和高效率，模块化可减小装置的体积和装置的分布参数，绿色化可控制谐波、减小对电网和负载的影响。

电力电子技术目前正以飞快的速度渗透到电气工程领域以及大部分工业应用。电力电子技术的发展方兴未艾，它以能量与信息结合为特征，以强电与弱电相结合为方向，将有力推动电气工程、计算机科学、电子技术和自动化学科的发展。

　　4. 电力电子技术的应用

　　（1）在电机调速方面的应用。直流电动机有良好的调速性能，在电力拖动、交通运输、矿山牵引等方面有广泛的应用，晶闸管直流电源装置、直流斩波电源装置均为直流电动机提供高质量的可调直流电源；同时由于电力电子变频技术的迅速发展，使得交流调速技术大量应用并占据主导地位，变频器和交流调压器等电力电子装置为交流电动机提供高质量交流可调电源。

　　（2）在电力系统中的应用。电力电子技术在电力系统中有非常广泛的应用。电力系统在通向现代化的进程中，电力电子技术是关键技术之一。毫不夸张地说，离开电力电子技术，电力系统的现代化是不可想象的。

　　高压直流输电技术（HVDC）在长距离、大容量输电时有很大的优势，其送电端的整流阀和受电端的逆变阀多采用晶闸管变流装置。柔性交流输电技术（FACTS）是采用电力电子装置和技术对电力系统的电压、相位差、阻抗、潮流等参数以及网络结构进行快速控制，以提高输电线路输送能力、提高电力系统稳定水平、降低输电损耗的一种新技术。静止无功发生器（Static Var Generator，SVG）的功能是快速调节电压，发生和吸收电网的无功功率，同时可以抑制电压闪变。传统的电力变换器在投运时，将向电网注入大量的谐波电流，引起谐波损耗和干扰，同时还出现装置网侧功率因数恶化的现象，即所谓"电力公害"。有源电力滤波器（Active Power Filter，APF）是一种能够动态抑制谐波的新型电力电子装置。

　　（3）电源装置。在冶金、电化学工业中大量使用大容量整流电源、高频或中频感应加热电源等。另外随着电力电子技术的发展，使各类稳压电源从线性放大电源发展到采用高频变压器的开关电源，从而大大提高了电源效率，并且缩小了体积、节省了有色金属材料。大型计算机所需的工作电源、微型计算机内部的电源均可采用高频开关电源。

　　（4）家用电器。从调光台灯到电子镇流器的节能灯，从变频空调到变频冰箱，无一不用到电力电子技术，甚至连电视机、计算机等的电源都要用到电力电子技术。电力电子照明电源（节能灯）体积小、发光效率高，正在逐步取代传统的白炽灯和荧光灯。

　　（5）电子开关。利用电力电子器件的开关特性，可以构成无触点电子开关。电子开关具有动作响应快、损耗小、寿命长等优点，通过电子开关对电力的控制，输出连续可调的电源电压。

　　5. 电力电子技术的地位及学习方法

　　电力电子技术是自动化、电气工程及其自动化等相关专业的主干课程之一，也是和其他电类专业紧密联系的一门专业基础课程。电力电子技术归属于电气工程学科，是电气工程学科中最为活跃的分支，其不断进步给电气工程的现代化以巨大的推动力。

　　电力电子技术作为电类专业的一门技术基础课，具有很强的实践性。学习本课程时，要注重物理概念与基本分析方法，理论联系实际，尽量做到器件、电路、系统应用三者结合。在学习方法上要特别注意电路中关键参量的波形分析，抓住电力电子器件在电路中导通与关断的变化过程，从波形分析中深入理解电路的工作情况；同时要注重培养读图分析与电路参数计算的能力。注重实验，通过实验形成对电力电子装置的感性认识，并锻炼测量、调试以及故障分析等方面的动手实践能力。另外电子电路仿真也是一个重要的方面，采用 MAT-LAB 或 PSIM 等软件仿真各种功率变换电路，有助于形象地观察和分析结果，加深对理论、装置的理解和掌握。

# 第1章　电力电子器件

电力电子器件，又称功率半导体器件，是电力电子电路的基础。一代新型电力电子器件的出现，总是带来一场电力电子技术的革命，因而掌握各种常用电力电子器件的特性和正确使用方法是学好电力电子技术的基础。本章将介绍主要电力电子器件的概念、工作原理、基本特性、主要参数以及选择和使用中应注意的一些问题。

## 1.1　电力二极管

电力二极管（Power Diode）属于不可控电力电子器件，是20世纪最早获得应用的电力电子器件。电力二极管的结构、工作原理及伏安特性与电子信息中的二极管相似，但两者的制造工艺、主要参数的定义和选择方法则有所不同。

### 1.1.1　PN结与电力二极管的工作原理

电力二极管的基本结构和工作原理与信息电子电路中的二极管一样，都是以半导体PN结为基础。图1-1给出了电力二极管的外形、结构和电气图形符号。从外形上看，小功率电力二极管主要为塑封型［见图1-1（a）］，大功率电力二极管有螺栓型［见图1-1（b）］和平板型［见图1-1（c）］两种封装。

图1-1　电力二极管的外形、结构和电气图形符号

（a）塑封型；（b）螺栓型；（c）平板型；（d）结构；（e）电气图形符号

通过模拟电子技术的学习，我们知道PN结有如下特性。

（1）**单向导电性**：PN结加一定的正向电压可以导通，加反向电压则只有微小的反向漏电流流过，不能导通，称为**反向截止状态**。

（2）PN结电容效应：PN结的电荷量随外加电压而变化，呈现电容效应，称为结电容$C_J$。空间电荷区相当于电容的内电场。结电容影响PN结的工作频率，特别是在工作频率较高的状态下，可能使其单向导电性变差，甚至不能工作。

### 1.1.2　电力二极管能够承受高电压和大电流的原因

电力二极管在半导体物理结构和工作原理上具有不同于信息电子电路二极管的地方，这些不同使得电力二极管可以承受高电压并流过大电流。

首先，电力二极管大都是垂直导电结构，即电流在硅片内流动的总体方向与硅片表面垂直。而信息电子电路中的二极管一般为横向导电结构，即电流在硅片内流动的总体方向与硅片表面平行。垂直导电结构使得硅片中通过电流的有效面积增大，可以显著提高电力二极管的通流能力。

其次，电力二极管在 P 区和 N 区之间多了一层低掺杂 N 区（在半导体物理中用 $N^-$ 表示），也称为漂移区。低掺杂 N 区由于掺杂浓度低，特性接近于无掺杂的纯半导体材料即本征半导体（Intrinsic Semiconductor），因此，电力二极管的结构也被称为 P-i-N 结构。由于掺杂浓度低，低掺杂 N 区就可以承受很高的电压而不致被击穿。低掺杂 N 区越厚，电力二极管能够承受的反向电压就越高。

此外，电力二极管在流过大电流时还能够保持较小的通态压降，从而使得损耗不至于太高，也使得流通大电流的能力得以保证。这主要归功于电力二极管内部存在的电导调制效应。

**电导调制效应**：当 PN 结上流过的正向电流较小时，二极管的电阻主要是作为基片的低掺杂 N 区的欧姆电阻，其阻值较高且为常量，因而管压降随正向电流的上升而增加；当 PN 结上流过的正向电流较大时，注入并积累在低掺杂 N 区的少子空穴浓度将很大，为了维持半导体电中性条件，其多子浓度也相应大幅度增加，使得其电阻率明显下降，也就是电导率大大增加，这就是电导调制效应。电导调制效应使得 PN 结在正向电流较大时管压降仍然很低，维持在 1V 左右。

需要说明的是，此后将要介绍的电力晶体管（GTR）和电力场效应晶体管（电力 MOSFET）在结构上也都是多了一个低掺杂 N 区，用来承受更高电压。电力晶体管内部也有电导调制效应可以减小通态压降，而电力场效应晶体管也多采用垂直导电结构从而可以流过更大的电流。

### 1.1.3 电力二极管的开关特性

电力二极管的开关特性如图 1-2 所示。当加在电力二极管两端的正向电压达到门槛电压 $U_{TO}$（一般为 1V 左右）时，正向电流才开始明显增加，处于稳定导通状态。导通时电力二极管两端的电压 $U_F$ 很小，为二极管的正向压降，称为通态压降。当电力二极管承受反向电压时，只有少子引起的微小而数值恒定的反向漏电流。不断加大反向电压，当超过反向击穿电压值时，反向漏电流将急剧增大，形成反向击穿，此时 PN 结仍旧完好。此后，若不及时限制其电流的增加，就会大量发热烧毁 PN 结，形成热击穿。

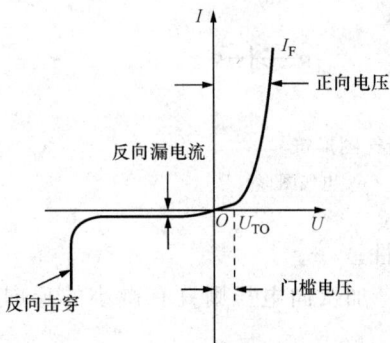

图 1-2 电力二极管的开关特性

### 1.1.4 电力二极管的主要类型

电力二极管按照正向压降、反向耐压、反向漏电流等性能，特别是**反向恢复特性**（反向恢复特性是指原处于正向导通状态的电力二极管在突加反向电压时，需经过一段短暂的时间，才能反向阻断，这期间将伴随较大的反向电流和明显的反向电压过冲）不同，分为普通二极管、快恢复二极管和肖特基二极管三种形式。三种二极管性能上的不同，从根本上讲，都是由半导体物理结构和工艺上的差别造成的。

#### 1. 普通二极管

普通二极管（General Purpose Diode）又称整流二极管（Rectifier Diode），多用于开关频率不高（1kHz 以下）的整流电路中。其**反向恢复时间**较长，一般在 5μs 以上，但正向电流定额和反向电压定额可以达到很高,分别可达数千安和数千伏以上。如优派克(EUPEC)公司生产的 D2601N 整流二极管,其重复峰值耐压可达 9000V,通态电流有效值可达 4820A。而 D8407N 整流二极管的通态电流有效值可达 13200A,但重复峰值耐压只有 600V。

**2. 快恢复二极管**

快恢复二极管(Fast Recovery Diode,FRD)恢复过程很短,特别是反向恢复过程很短(一般在 5μs 以下)的二极管,简称快速二极管。快速二极管从性能上可分为快速恢复和超快速恢复两个等级。前者反向恢复时间为数百纳秒或更长,后者则在 100ns 以下,甚至达到 20~30ns。但其反向耐压多在 1200V 以下。如优派克(EUPEC)公司生产的 IDW100E60 续流二极管,其通态电流有效值可达 100A,但反向重复峰值耐压为 600V。而 IDP30E120 续流二极管的反向重复峰值耐压可达 1200V,但通态电流有效值较低(为 30A)。

**3. 肖特基二极管**

肖特基势垒(Schottky Barrier Diode,SBD)二极管是以金属和半导体接触形成的势垒为基础,简称肖特基二极管。与以 PN 结为基础的电力二极管相比,肖特基二极管的优点在于:反向恢复时间很短(10~40ns),正向恢复过程中也不会有明显的电压过冲;在反向耐压较低的情况下其正向压降也很小,明显低于快恢复二极管。因此,其开关损耗和正向导通损耗都比快速二极管要小,效率高。肖特基二极管的缺点在于:当所能承受的反向耐压提高时其正向压降也会高得不能满足要求,因此多用于 200V 以下的低压场合。另外,反向漏电流较大且对温度敏感,因此反向稳态损耗不能忽略,而且必须严格地限制其工作温度。

## 1.2  晶  闸  管

**晶闸管**(Thyristor)是晶体闸流管的简称,又称作**可控硅**整流器(Silicon Controlled Rectifier,SCR),简称可控硅,属半控型器件。1956 年美国贝尔实验室发明了晶闸管,由于其开通时刻可以控制,而且各方面性能均明显胜过以前的汞弧整流器,极大地推进了电力电子技术的发展和应用。自 20 世纪 80 年代以来,晶闸管的地位开始被各种性能更好的全控型器件(如 IGBT、MOSFET)所取代,但是由于其能承受的电压和电流容量仍然是目前电力电子器件中最高的,而且工作可靠,因此在大容量的应用场合仍然具有重要的地位。晶闸管在电路中常用 "VT" 或 "SCR" 表示。晶闸管系列器件的价格相对低廉,在大电流、高电压的发展空间依然较大,尤其在特大功率应用场合。

### 1.2.1  晶闸管的结构与工作原理

图 1-3 所示为晶闸管的外形、结构和电气图形符号。晶闸管按照功率不同具有多种外形结构,小功率的有塑封型 [电流一般小于 40A,如图 1-3(a)所示],大功率的有螺栓型 [电流一般小于 200A,如图 1-3(b)所示] 和平板型 [电流一般大于 200A,如图 1-3(c)所示],均引出阳极 A(Anode)、阴极 K(Kathode)和门极 G(Gate)。晶闸管的内部结构如图 1-3(d)所示,由四层半导体材料组成 PNPN 结构,形成三个 PN 结 J1、J2 和 J3。由 P1 区引出阳极 A,N2 区引出阴极 K,P2 区引出门极 G。

晶闸管导通的工作原理可以用双晶体管模型来解释,如图 1-4(a)所示。如果在器件上取一倾斜的截面剖开,则晶闸管可以看作由 P1N1P2 和 N1P2N2 构成的两个晶体管 V1、V2 组合而成。在图 1-4(b)中,如果外电路向门极注入电流 $i_G$,即注入驱动电流,则 $i_G$

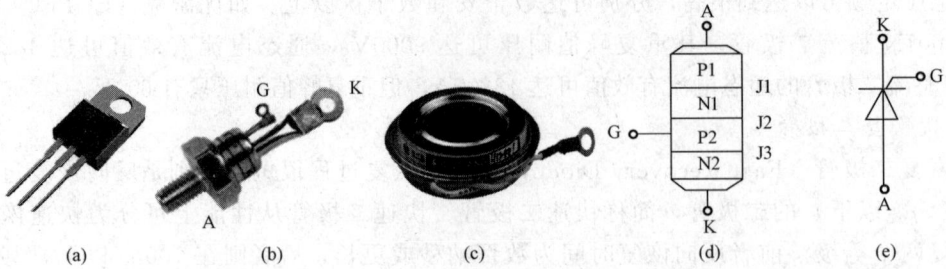

图 1-3　晶闸管的外形、结构和电气图形符号

(a) 塑封型；(b) 螺栓型；(c) 平板型；(d) 结构；(e) 电气图形符号

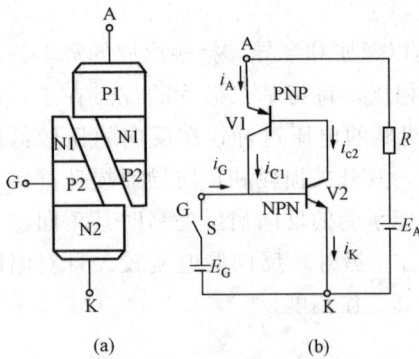

图 1-4　晶闸管的双晶体管模型及其工作原理

(a) 双晶体管模型；(b) 工作原理

流入晶体管 V2 的基极，瞬即产生集电极电流 $i_{C2}$，它构成晶体管 V1 的基极电流，又经 V1 放大构成集电极电流 $i_{C1}$，从而进一步增大 V2 的基极电流，如此形成强烈的开通正反馈，最终使 V1 和 V2 进入完全饱和状态，即晶闸管导通。此正反馈过程如图 1-5 所示。

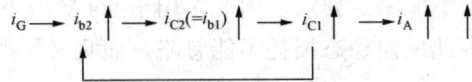

图 1-5　晶闸管正反馈过程

当晶闸管导通后，如果撤掉外电路注入门极的电流 $i_G$，晶闸管由于内部已形成了强烈的正反馈，仍然会维持导通状态。若要使晶闸管关断，必须使流过晶闸管的电流降低到接近于零的某一数值以下，方可实现。一般是给晶闸管施加一段时间的反向电压，J1、J3 反压，使之关断。

对晶闸管的驱动过程称为触发，产生注入门极的触发电流 $i_G$ 的电路称为门极触发电路。由于通过晶闸管的门极只能控制其开通，不能控制其关断，因而称晶闸管为半控型器件。

以上从物理过程的角度对晶闸管的工作原理进行了分析，现从电路角度加以分析。在晶闸管承受正向电压且门极注入足够大驱动电流 $i_G$ 的条件下，按照晶体管工作原理，可列出如下方程

$$\begin{cases} i_{C1} = \alpha_1 i_A + i_{CBO1} \\ i_{C2} = \alpha_2 i_K + i_{CBO2} \\ i_K = i_A + i_G \\ i_A = i_{C1} + i_{C2} \end{cases} \tag{1-1}$$

式中：$\alpha_1$ 和 $\alpha_2$ 分别是 V1 和 V2 的共基极电流放大倍数（增益），$\alpha_1 = i_{c1}/i_{e1}$，$\alpha_2 = i_{c2}/i_{e2}$，数值为 0~1。$i_{CBO1}$ 和 $i_{CBO2}$ 分别是 V1 和 V2 的共基极漏电流。由式（1-1）可得

$$i_A = \frac{\alpha_2 i_G + i_{CBO1} + i_{CBO2}}{1 - (\alpha_1 + \alpha_2)} \tag{1-2}$$

晶体管的一个特性是在低发射极电流下 $\alpha$ 很小，而当发射极电流建立起来之后，$\alpha$ 迅速

增大。因此，在晶闸管阻断状态下，若 $i_G=0$，则 $\alpha_1+\alpha_2$ 很小。由式（1-2）可以看出：此时流过晶闸管的漏电流只是稍大于两个晶体管漏电流之和，晶闸管阻断。如果注入触发电流 $i_G$，使各个晶体管的发射极电流增大以致 $\alpha_1+\alpha_2$ 趋近于 1 的话，流过晶闸管的电流 $i_A$（阳极电流）将趋近于无穷大，晶闸管饱和导通。当然，由于外电路负载的限制，$i_A$ 实际上会维持有限值。正向导通以后，由于正反馈的作用，可维持 $1-(\alpha_1+\alpha_2)\approx 0$。此时即使 $i_G=0$ 或 $i_G<0$，$i_A$ 仍会维持原有值，晶闸管继续导通。这说明门极对已导通的晶闸管失去了控制作用。故触发信号电流 $i_G$ 可采用脉冲型电流，称为 **触发脉冲**。

为了使已导通的晶闸管关断，唯一可行的办法是使阳极电流 $i_A$ 减小到某一数值以下。此时 $\alpha_1$、$\alpha_2$ 已迅速减小，内部等效晶体管之间的正反馈关系变得很弱。当 $\alpha_1$、$\alpha_2$ 减小到 $\alpha_1+\alpha_2\ll 1$ 时，$i_A\approx i_{CBO1}+i_{CBO2}$，晶闸管将通过很小的漏电流，恢复阻断状态，即晶闸管关断。

能维持晶闸管导通状态的最小阳极电流称为 **维持电流** $I_H$，$I_H$ 是晶闸管的一个重要参数。当通过晶闸管的阳极电流下降至 $I_H$ 以下时，晶闸管由导通状态转为阻断状态。为加快晶闸管恢复正向阻断能力，通常还可施加一定时间的反向电压。

综上所述，可得出以下几点结论。

（1）晶闸管具有单向导电和可控开通的开关特性。当晶闸管承受反向电压时，不论门极是否有触发电流，晶闸管都不会导通。

（2）晶闸管导通工作，应具备两个条件：从主回路看，晶闸管应承受正向阳极电压；从控制回路看，应有符合要求的正向门极电流。

（3）晶闸管一旦导通，门极便失去控制作用，移除触发电流或是从门极抽取电流，都不会使晶闸管关断。门极触发电流常采用脉冲形式。触发脉冲的宽度与晶闸管的开通特性及负载性质有关。

（4）欲使导通的晶闸管关断，需从主回路采取措施，使晶闸管阳极电流下降至维持电流之下，通常还要施加一定时间的反向电压。

### 1.2.2 晶闸管的基本特性

#### 1. 静态特性

静态特性又称伏安特性，它表示晶闸管阳极与阴极之间的电压 $u_{AK}$ 与阳极电流 $i_A$ 之间的关系曲线，如图 1-6 所示。位于第 1 象限的为正向特性，位于第 3 象限的为反向特性。第 1 象限的正向特性又可分为正向阻断特性和正向导通特性。正向阻断特性随着不同大小的门极电流 $i_G$ 呈现不同的分支；在 $i_G=0$ 的情况下，随着正向阳极电压 $u_{AK}$ 的增加，由于 J2 结处于反压状态，晶闸管在很大范围内只有很小的正向漏电流。当 $u_{AK}$ 增大到一个临界值时，正向漏电流急剧增大，晶闸管开通。这种现象称为 **正向转折**，上述对应于 $i_G=0$ 的临界阳极电压值称为正向转折电压 $U_{bo}$。

随着门极电流 $i_G$ 幅值的增大，发生正向转折而导通的临界阳极电压（即正向转折电压 $U_b$）会减小，如 $i_{G1}$、$i_{G2}$ 所示。当 $i_G$ 足够大时，晶闸管发生正向转折所需的临界电压将很小；此时，只

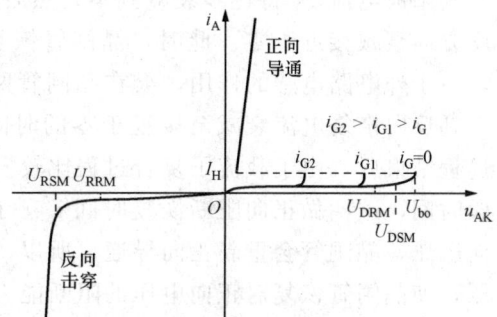

图 1-6 晶闸管的伏安特性

要加上很小的正向电压，管子就可导通。晶闸管的正常导通应采取这种门极触发方式。

晶闸管发生正向转折后，阳极电流 $i_A$ 决定于外电路参数。$i_G = 0$ 时的正向转折现象虽不会导致晶闸管的损坏，但属于失控，使用中应予以避免。

晶闸管的正向导通特性与二极管的正向特性一样，即导通时晶闸管流过很大的阳极电流而管子本身只承受很低的管压降。

当晶闸管施加反向电压时，其伏安特性类似于二极管的反向特性。当反向电压较小时，晶闸管处于阻断状态，只有极小的反向漏电流通过；当反向电压增加到反向击穿电压后，外电路如无限制措施，则反向漏电流急剧增大，导致晶闸管发热损坏，称为**反向击穿**。

2. 动态特性

当把晶闸管看作理想器件时，其开通和关断都可认为是瞬时完成的。实际上，晶闸管的开通和关断都需要一个过程。这个动态过程的物理机理很复杂。图 1-7 给出了晶闸管开关过程中的电流及电压波形。其开通过程描述的是晶闸管在承受正向电压，并在坐标原点时刻向门极注入触发电流的情况；而关断过程描述的是对已导通的晶闸管，在某一时刻突然施加反向电压（如图中点划线波形）的情况。

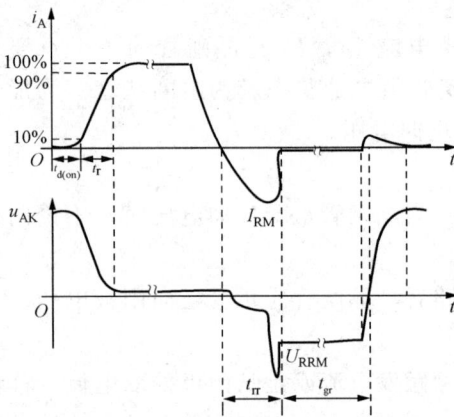

图 1-7　晶闸管的开关特性

（1）开通过程。由于晶闸管内部的正反馈过程需要时间，再加上外电路电感的限制，晶闸管受到触发后，其阳极电流的增长需要一个过程。从门极注入触发电流开始，到阳极电流上升到稳态值的 10%，这段时间称为开通延迟时间 $t_{d(on)}$。阳极电流从 10% 上升到稳态值的 90% 所需的时间称为上升时间 $t_r$。与此同时晶闸管的正向压降也在减小。开通时间 $t_{on}$ 即定义为两者之和，即

$$t_{on} = t_{d(on)} + t_r \tag{1-3}$$

普通晶闸管开通延迟时间为 0.5~1.5μs，上升时间为 0.5~3μs。其延迟时间随门极电流的增大而减小。上升时间除反映晶闸管本身特性外，还受外电路电感的影响。延迟时间和上升时间还与阳极电压的大小有关。提高阳极电压可以增大晶体管 VT2 的电流增益 $\alpha_2$，从而使正反馈过程加速，延迟时间和上升时间都可显著缩短。

（2）关断过程。导通的晶闸管当外加电压突然由正向变为反向时，由于外电路电感的存在，其阳极电流 $I_A$ 将逐步衰减到零，然后出现反向恢复电流，反向电流达到最大值 $I_{RM}$ 后，再反方向衰减接近于零。此时，晶闸管恢复对反向电压的阻断能力。在恢复电流快速衰减时，由于外电路电感的作用，会在晶闸管两端引起反向的尖峰电压 $U_{RRM}$。从正向电流降为零，到反向恢复电流衰减至接近于零的时间，就是晶闸管的反向阻断恢复时间 $t_{rr}$。反向恢复过程结束后，由于载流子复合过程比较慢，晶闸管要恢复其对正向电压的阻断能力还需要一段时间，这叫做正向阻断恢复时间 $t_{gr}$。在正向阻断恢复时间内，如果再次对晶闸管施加正向电压，晶闸管会重新正向导通。所以，在实际应用中，应对晶闸管施加足够时间的反向电压，使晶闸管恢复对正向电压的阻断能力后，晶闸管才能可靠关断。晶闸管的电路换向关断时间 $t_q$ 定义为反向恢复时间 $t_{rr}$ 与正向恢复时间 $t_{gr}$ 之和，即

$$t_q = t_{rr} + t_{gr} \tag{1-4}$$

普通晶闸管的关断时间约几百微秒，而开通时间为 $1 \sim 4.5 \mu s$。

### 1.2.3　晶闸管的主要参数

晶闸管的主要参数有电压参数、电流参数、电压上升率 $du/dt$ 和电流上升率 $di/dt$ 等。

**1. 电压参数**

(1) 断态重复峰值电压 $U_{DRM}$。断态重复峰值电压是在门极开路而结温为额定值时，允许重复加在器件上的正向峰值电压（如图 1-6 所示）。国标规定重复频率为 50Hz，每次持续时间不超过 10ms。规定断态重复峰值电压 $U_{DRM}$ 为断态不重复峰值电压（即断态最大瞬时电压）$U_{DSM}$ 的 90%。断态不重复峰值电压 $U_{DSM}$ 应低于正向转折电压 $U_{bo}$。

(2) 反向重复峰值电压 $U_{RRM}$。反向重复峰值电压是在门极开路而结温为额定值时，允许重复加在器件上的反向峰值电压。规定反向重复峰值电压 $U_{RRM}$ 为反向不重复峰值电压（即反向最大瞬态电压）$U_{RSM}$ 的 90%。反向不重复峰值电压 $U_{RSM}$ 一般低于反向击穿电压。

(3) 通态（峰值）电压。这是晶闸管流过某一规定倍数的额定通态平均电流时，其阳极和阴极之间的瞬态峰值电压，即管压降。

(4) 晶闸管的额定电压 $U_R$。通常取晶闸管的正向重复峰值电压 $U_{DRM}$ 和反向重复峰值电压 $U_{RRM}$ 中较小的一个作为该器件的额定电压。

晶闸管的额定电压分为不同的电压等级，额定电压在 1000V 以下时每 100V 一个电压等级，1000V 以上则是每 200V 一个电压等级。普通晶闸管的额定电压可高达 8000V 以上。

为了确保器件安全运行，在选用晶闸管时应考虑一定的安全裕量。一般取晶闸管的额定电压 $U_R$ 为实际工作时晶闸管所承受的（断态或反向）重复峰值电压 $U_M$ 的 $2 \sim 3$ 倍，即

$$U_R = (2 \sim 3)U_M \tag{1-5}$$

**2. 电流参数**

(1) **通态平均电流 $I_{T(AV)}$**。在指定的管壳温度（140℃）和散热条件下，晶闸管允许长时间连续流过的最大工频（50Hz）正弦半波电流的平均值，称为通态平均电流 $I_{T(AV)}$。在此电流下，因器件正向压降引起的损耗所造成的温升不会超过所允许的最高工作结温。这也是标称其额定电流的参数。普通晶闸管的通态平均电流，可高达 6000A 以上。

晶闸管以通态平均电流 $I_{T(AV)}$ 作为额定电流。依据其定义，用以计算的通过晶闸管的电流波形如图 1-8所示。

尽管晶闸管额定电流是以通态平均电流标定的，但元件工作中的热效应决定于电流有效值，故要求通过器件的电流有效值不超过元件的有效值定额，从而保证器件的管芯结温不超过器件允许的额定结温。因此，选择晶闸管电流定额的关键是求得通过器件的实际电流有效值。

根据平均值、有效值的定义，对正弦半波电流可得下列关系

$$I_{T(AV)} = \frac{1}{2\pi} \int_0^\pi I_m \sin\omega t \, d(\omega t) = \frac{I_m}{\pi} \tag{1-6}$$

$$I_T = \sqrt{\frac{1}{2\pi} \int_0^\pi (I_m \sin\omega t)^2 \, d(\omega t)} = \frac{I_m}{2} \tag{1-7}$$

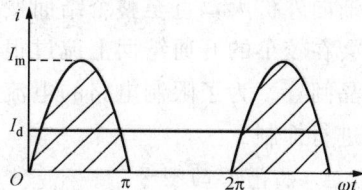

图 1-8　工频正弦半波电流波形

式中：$I_T$ 为与 $I_{T(AV)}$ 对应的电流有效值。

联立式（1-6）和式（1-7）可得

$$I_{T(AV)} = \frac{I_T}{1.57} \qquad (1-8)$$

式（1-8）表明，元件的电流有效值定额是其通态平均电流值（等于工频正弦半波电流的平均值）的 1.57 倍。

根据晶闸管实际通过电流的有效值，并考虑留有 1.5～2 倍的安全裕量，晶闸管电流定额可按下式计算选择

$$I_{T(AV)} = (1.5 \sim 2)\frac{I_T}{1.57} \qquad (1-9)$$

电力二极管的额定电流定义方法及计算方法与晶闸管相同。常见晶闸管的电流等级见表1-1。

**表 1-1**                常见晶闸管的电流等级

| 单位（A） | 1 | 3 | 5 | 10 | 20 | 30 | 50 | 100 | … |
|---|---|---|---|---|---|---|---|---|---|
| | 200 | 300 | 400 | 500 | 600 | 800 | 1000 | 1200 | … |

（2）**维持电流 $I_H$**。维持电流是指使晶闸管维持导通所必需的最小电流，阳极电流 $I_A$ 小于此值后晶闸管随即关断。维持电流一般为几十到几百毫安。$I_H$ 与结温有关，结温越高，则 $I_H$ 越小，晶闸管越难关断。

（3）**擎住电流 $I_L$**。擎住电流是指晶闸管从断态转入通态并移除触发信号后，能维持晶闸管导通所需的最小阳极电流，也就是让晶闸管可靠导通的门槛电流。这就要求，门极的触发电流脉冲宽度至少要保证晶闸管阳极电流 $I_A$ 上升到擎住电流 $I_L$，否则晶闸管不能正常导通。一般擎住电流 $I_L$ 约为维持电流 $I_H$ 的 2～4 倍。

3. 动态参数

（1）断态电压临界上升率 $du/dt$。指在额定结温和门极开路条件下，不导致晶闸管从断态转入通态的外加电压最大上升率。晶闸管在断态时，如果加在阳极上的正向电压上升率 $du/dt$ 很大，则晶闸管 J2 结的结电容会产生很大的位移电流。此电流流经 J3 结时，起到类似门极触发电流的作用，会使晶闸管误导通。为了限制断态电压上升率，可以在晶闸管阳极与阴极间并上一个 RC 阻容支路，利用电容两端电压不能突变的特点来限制电压上升率。

（2）通态电流临界电流上升率 $di/dt$。指在额定结温条件下，晶闸管能承受的最大通态电流上升率。当门极输入触发电流后，首先是在门极附近形成小面积的导通区，然后导通区逐渐向外扩大，直至整个结面变成导通为止。如果电流上升率 $di/dt$ 过大，电流上升过快，就会在较小的开通结面上流过很大的电流，局部过大的电流密度会使门极附近区域过热而烧毁晶闸管。为了限制电路的电流上升率，可以在阳极主回路中串入小电感，对增长过快的电流进行抑制。

4. 晶闸管的型号

国产普通型晶闸管型号及含义表示如下：

晶闸管的额定电流和额定电压的系列如前所述；通态平均电压组别以英文字母 A、B、

```
KP□—□□
        └── 通态平均电压组别(小于100A的元件不标出)
       └──── 正反向重复峰值电压级别(额定电压)
      └────── 额定通态平均电流系列(额定电流)
  └────────── 普通型
 └─────────── 闸流特性
```

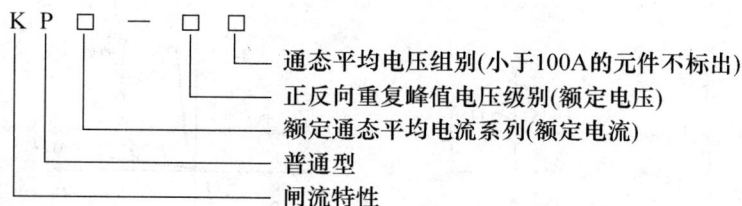

C、D、…、I 标出，A 对应 0.4V，以后每级增加 0.1V，见表 1-2。

表 1-2　　　　　　　　　　　　　　晶闸管通态平均电压组别

| 电压组别 | A | B | C | D | E | F | G | H | I |
|---|---|---|---|---|---|---|---|---|---|
| 对应电压（V） | 0.4 | 0.5 | 0.6 | 0.7 | 0.8 | 0.9 | 1.0 | 1.1 | 1.2 |

例如，某晶闸管型号为 KP200—15D，则表示其通态平均电流（额定电流）$I_{T(AV)}$ 为 200A，额定电压 $U_R$ 为 1500V，通态平均电压为 0.7V。

国产电力二极管型号的命名方法与此相似，只是型号的首字母为 Z，表示整流特性，其他均相同。

需要指出的是，国外厂商生产的晶闸管和电力二极管有自己的命名方法，其工作参数可参见厂商提供的具体器件的数据表。另外，晶闸管的通态平均电压有可能大于 1.2V。如优派克公司生产的晶闸管 T3441N48TOH，其通态平均电流 $I_{T(AV)}$ 为 3200A，额定电压 $U_R$ 为 4800V，通态平均电压为 1.6V。

### 1.2.4　晶闸管的派生器件

在普通晶闸管的基础上，为便于应用，派生出一些既保留普通晶闸管的主要功能，又具有独特结构和特点的晶闸管器件，主要有快速晶闸管、逆导晶闸管、双向晶闸管、光控晶闸管等。

1. 快速晶闸管（Fast Switching Thyristor）

快速晶闸管的外形、电路符号、基本结构及伏安特性与普通晶闸管相同。快速晶闸管为 KK 系列，主要用于直流电源供电的逆变器、斩波器以及较高频率（400Hz 以上）的其他变流电路中。根据不同需要，快速晶闸管还可分为快速关断型、快速开通型和二者兼顾的快速开通与关断型三种。

普通晶闸管通常用于工作频率为 400Hz 以下的场合。在工作频率达 400Hz 以上时，开关过程损耗增大，将导致载流能力明显下降。

2. 逆导晶闸管（Reverse Conducting Thyristor）

逆导晶闸管相当于普通晶闸管与硅整流二极管的反并联，是将其制作在一个芯片上的复合器件。其电路符号、等值电路及伏安特性如图 1-9 所示。

在有些实用变流电路中，需要晶闸管与二极管反并联应用。采用逆导晶闸管时，可以简化主电路结构，提高主电路工作的可靠性。逆导晶闸管的额定电流有两个，一个是晶闸管电流，一个是与之反并联的二极管的电流。因此，它用分数表示，分子为晶闸管电流定额，分母为整流管电流定额，如 300/150A 等。

3. 双向晶闸管（Bi-directional Thyristor）

双向晶闸管相当于一对反并联的普通晶闸管，其电路符号、等值电路及伏安特性如图

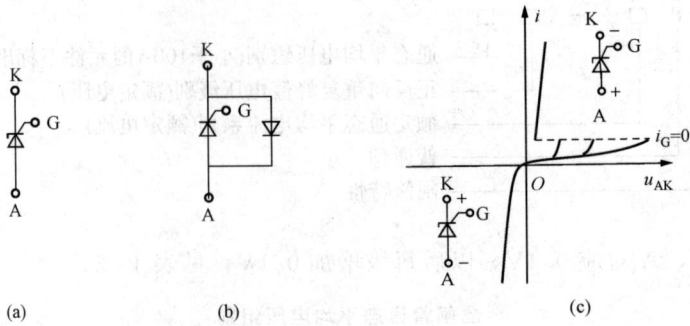

图 1-9　逆导晶闸管

(a) 电路符号；(b) 等值电路；(c) 伏安特性

1-10所示。双向晶闸管的两个主电极分别为 T1 和 T2，门极为 G。门极触发方式有四种，即 Ⅰ₊、Ⅰ₋、Ⅲ₊、Ⅲ₋。这四种触发方式的灵敏度各不相同，实际常用 Ⅰ₋ 和 Ⅲ₋ 两种方式。

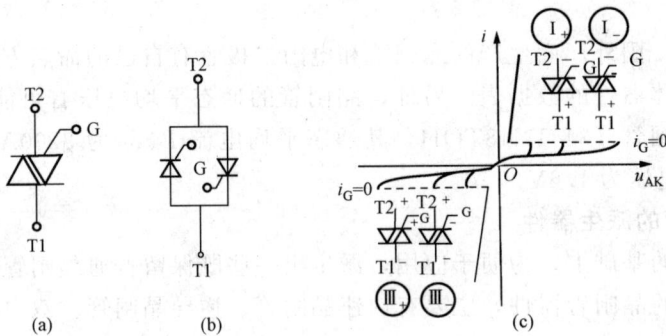

图 1-10　双向晶闸管

(a) 电路符号；(b) 等值电路；(c) 伏安特性

　　双向晶闸管在承受正、反向电压时，均可控制导通，且正、反方向的电流波形对称，属交流开关器件。因此，额定电流的标注方法与晶闸管不同，双向晶闸管是以电流有效值标定的。

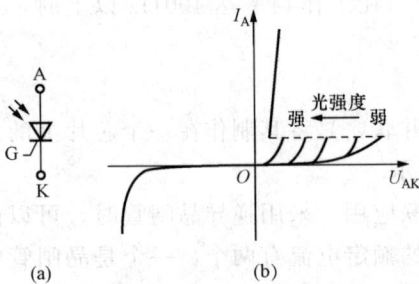

图 1-11　光控晶闸管

(a) 电路符号；(b) 伏安特性

　　4. 光控晶闸管 (Light Triggered Thyristor，LTT)

　　光控晶闸管又称光触发晶闸管，是利用一定波长的光照信号触发导通的晶闸管，其电气图形符号和伏安特性如图 1-11 所示。

　　小功率光控晶闸管只有阳极和阴极两个端子，大功率光控晶闸管则还带有光缆，光缆上装有作为触发光源的发光二极管或半导体激光器。由于采用光触发保证了主电路与控制电路之间的绝缘，而且可以避免电磁干扰的影响，因此光控晶闸管目前在高压大功率的场合，如高压直流输电和高压核聚变装置中，占据重要的地位。

## 1.3 全控型电力电子器件

随着电力电子技术的发展，新型器件不断涌现，人们先后研制出可关断晶闸管（GTO）、功率晶体管（GTR）、功率场效应晶体管（MOSFET）、绝缘栅双极型晶体管（IGBT）等多种新型电力电子器件。这些器件通过对控制端的控制，既能使其导通，又能使其关断，因此称为全控型器件，也称为自关断器件。和普通晶闸管相比，这类器件控制灵活、能耗小，使电力电子技术的应用范围大为拓宽，极大地推进了电力电子技术的发展。

### 1.3.1 可关断晶闸管（GTO）

可关断晶闸管简称 GTO，具有普通晶闸管的全部优点，如耐压高、电流大、控制功率小、使用方便和价格低等。它具有自关断能力，属于全控器件，在容量、效率及可靠性等方面具有优势。在兆瓦级以上的大功率场合应用较多，如广泛应用于电力机车的逆变器、高压直流输电装置等。但也存在着电流关断增益小、驱动复杂、需要设计吸收电路等缺点。随着电力电子技术的发展，GTO 有被 IGBT 或 IGCT 取代的趋势。

1. GTO 的结构和工作原理

GTO 与普通晶闸管类似，都是 PNPN 四层半导体结构，如图 1-12（a）所示。与晶闸管不同的是，GTO 是多元并联集成的结构，内部包含着数百个共阳极的 GTO 元，其阴极和门极均分别并联在一起。GTO 的电气图形符号如图 1-12（b）所示。

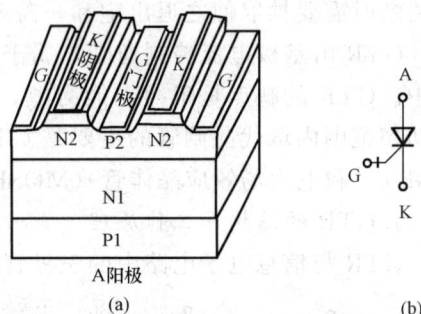

图 1-12 GTO 的内部结构和电气图形符号
(a) GTO 结构示意图；(b) 电气图形符号

与普通晶闸管一样，GTO 的工作原理也可以用双晶体管模型来分析，如图 1-4（a）所示。可分别用 P1N1P2 和 N1P2N2 两个晶体管 V1、V2 来描述，工作原理与图 1-4（b）相同。GTO 与普通晶闸管不同的是：

（1）在设计器件时使得 $\alpha_2$ 较大，这样晶体管 V2 控制灵敏，使得 GTO 易于关断。

（2）使得导通时的 $\alpha_1 + \alpha_2$ 更接近于 1。普通晶闸管设计为 $\alpha_1 + \alpha_2 > 1.15$，而 GTO 设计为 $\alpha_1 + \alpha_2 \approx 1.05$，这样使 GTO 导通时饱和程度不深，更接近于临界饱和，便于通过从门极抽取电流使之退出饱和而关断，从而为门极控制关断提供了有利条件。当然，负面的影响是，导通时管压降增大了，通态损耗较大。

（3）多元集成结构使每个 GTO 元阴极面积很小，门极和阴极间的距离大为缩短，使得 P2 基区所谓的横向电阻很小，从而使从门极抽出较大的电流成为可能。

上述三个原因使得 GTO 可以通过给门极加负脉冲即从门极抽出电流的办法关断器件。关断时，从门极抽取电流（加负脉冲），则晶体管 V2 的基极电流 $I_{b2}$ 减小，然后使 $I_K$ 和 $I_{C2}$ 减小，$I_{C2}$ 的减小又使 $I_A$ 和 $I_{C1}$ 减小，又进一步减小 V2 的基极电流，如此也形成强烈的正反馈。当两个晶体管发射极电流 $I_A$ 和 $I_K$ 的减小使 $\alpha_1 + \alpha_2 < 1$ 时，器件退出饱和而关断。

2. GTO 的主要参数

GTO 的许多参数都和普通晶闸管相应的参数意义相同。这里只简单介绍一些意义不同的参数。

（1）最大可关断阳极电流 $I_{ATO}$。GTO 通过门极关断时可以关断的最大阳极电流瞬时值，称为最大可关断阳极电流 $I_{ATO}$，这也是用来标称 GTO 额定电流的参数。

（2）电流关断增益 $\beta_{off}$。最大可关断阳极电流与门极负脉冲电流最大值 $I_{GM}$ 之比称为电流关断增益，即 $\beta_{off}=I_{ATO}/I_{GM}$。电流关断增益 $\beta_{off}$ 一般很小，只有 5 左右，这是 GTO 的一个主要缺点。一个 1000A 的 GTO，关断时门极负脉冲电流的峰值达 200A。

（3）开通时间 $t_{on}$ 和关断时间 $t_{off}$。两者都在几 $\mu s$ 左右，而普通晶闸管的关断时间为几百 $\mu s$。

另外需要指出的是，不少 GTO 都制造成逆导型，类似于逆导晶闸管，当需要承受反向电压时，可串联电力二极管使用。

### 1.3.2　电力晶体管（GTR）

电力晶体管（Giant Transistor，GTR）是一种耐高电压、耐大电流的双极结型晶体管。双极型是指导通时空穴和电子两种载流子均参与导电的器件类型。由于两种载流子均参与导电，存在电导调制效应，因此通态压降较低，通流能力强。但是饱和导通时储存的大量少子在关断时需要抽取使之退出饱和，需要一个较长的储存时间，从而使得开关速度变慢。

GTR 由基极电流控制通断，属于全控型器件，可用于 10kHz 以下的大功率电力变换电路中。GTR 的缺点是耐冲击能力差，易受二次击穿损坏。自 20 世纪 80 年代以来，在中、小功率范围内取代晶闸管的主要是 GTR。但是目前，其地位已大多被绝缘栅双极型晶体管（IGBT）和电力场效应晶体管（MOSFET）所取代。

#### 1.GTR 的结构和工作原理

GTR 与信息电子电路中的三极管的基本原理是一样的，这里不再详述。但是对 GTR 来说，主要关注的特性是耐压高、电流大、开关特性好等，而不像信息电子中的三极管主要关注单管电流放大系数、线性度、频率响应以及噪声和温漂等性能参数。GTR 的结构和电气符号如图 1-13 所示。结构上，GTR 通常采用至少由两个晶体管按达林顿接法组成的单元结构，然后将许多这种单元并联而成。达林顿结构可以提高晶体管总增益，降低基极驱动电流。单管的 GTR 结构与普通的双极结型晶体管类似，都是由三层半导体（分别引出集电极、基极和发射极）形成的两个 PN 结（集电结和发射结）构成，多采用 NPN 结构。

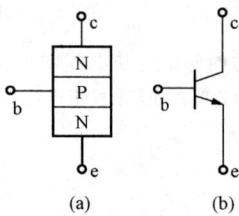

图 1-13　GTR 的结构和电气图形符号
(a) GTR 结构；(b) 电气图形符号

#### 2.GTR 的二次击穿现象与安全工作区

当 GTR 的集电极电压升高至击穿电压时，集电极电流 $I_C$ 迅速增大，发生雪崩击穿，称为一次击穿。出现一次击穿后，只要 $I_C$ 不超过与最大允许耗散功率相对应的限度，GTR 一般不会损坏。但是实际应用中，常常在一次击穿发生时如不有效地限制电流，$I_C$ 增大到某个临界点时会突然急剧上升，同时伴随着电压的陡然下降，这种现象称为**二次击穿**。二次击穿常常立即导致器件的永久损坏，或者工作特性明显衰变。

将不同基极电流下二次击穿的临界点连接起来，就构成了二次击穿临界线，临界线上的点反映了二次击穿功率 $P_{SB}$。这样，GTR 工作时不仅不能超过最高电压 $U_{ceM}$、集电极最大电流 $I_{CM}$ 和最大耗散功率 $P_{CM}$，也不能超过二次击穿临界线。这些限制条件就规定了 GTR

的**安全工作区**（Safe Operating Area，SOA），如图 1 - 14 中的阴影区所示。

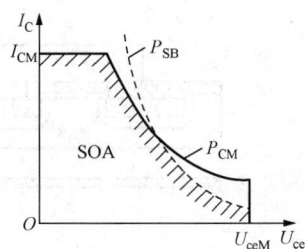

图 1 - 14  GTR 的安全工作区

### 1.3.3  电力场效应晶体管（MOSFET）

如用于信息处理的场效应晶体管分为结型和绝缘栅型一样，电力场效应晶体管（Power Metal Oxide Semiconductor Field Effect Transistor）也有这两种类型，但通常主要指绝缘栅型中的 MOS 型，简称电力 MOSFET，或者 MOS 管。至于结型电力场效应晶体管则一般称作静电感应晶体管（Static Induction Transistor，SIT），将在下一节进行介绍。

电力 MOSFET 是电压控制型器件，不但有自关断能力，而且有驱动功率小、驱动电路简单、开关速度高、无二次击穿、安全工作区宽等特点。由于其易于驱动，开关频率可高达 500kHz，因此特别适于高频化电力电子装置，如应用于 DC/DC 变换、开关电源、便携式电子设备、航空航天以及汽车等电子电器设备中。但因为其电流容量和热容量小，耐压低，一般只适用于小功率（不超过 10kW）的电力电子装置。

#### 1. 电力 MOSFET 的结构和工作原理

MOSFET 种类和结构繁多，按导电沟道中载流子的性质可分为 P 沟道和 N 沟道。当栅极电压为零时漏源极之间就存在导电沟道的称为耗尽型；对于 N（P）沟道器件，栅极电压大于（小于）零时才存在导电沟道的称为增强型。在电力 MOSFET 中，主要是 N 沟道增强型。

电力 MOSFET 在导通时只有一种极性的载流子（多子）参与导电，是单极型晶体管。由于只有一种载流子参与导电，关断时不存在抽取少子的过程，因此开关时间短，开关频率可以很高。然而，由于只有一种载流子参与导电，不存在电导调制效应，因此单极型器件通态压降高、容量受到限制。

电力 MOSFET 的导电机理与小功率 MOSFET 相同，但结构上有较大区别。小功率 MOS 管是一次扩散形成的器件，其导电沟道平行于芯片表面，是横向导电器件。而目前电力 MOS 大都采用了垂直导电结构，所以又称为 VMOS，这大大提高了 MOSFET 器件的耐压和耐电流能力。按垂直导电结构的差异，电力 MOS 又分为利用 V 形槽实现垂直导电的 VVMOS 和具有垂直导电双扩散 MOS 结构的 VDMOS。这里主要以 VDMOS 器件为例进行讨论。

电力 MOS 也是多元集成结构，一个器件由成千上万个小 MOS 单元组成。

N 沟道增强型双扩散电力场效应晶体管一个单元的剖面图如图 1 - 15（a）所示。其电气符号如图 1 - 15（b）所示。MOSFET 的三个极分别为栅极 G（Gate）、漏极 D（Drain）和源极 S（Source）。当漏极和源极之间接正向电压，栅极和源极间电压为零时，P 基区与 N 漂移区形成的 PN 结反偏，漏源极之间无电流流过。如果在栅极和源极之间加一正电压 $U_{GS}$，由于栅极是绝缘的，因此并不会有栅极电流流过。但栅极的正电压却会将其下面 P 区中的空穴推开，而将 P 区中的少子（即电子）吸引到栅极下面的 P 区表面。当 $U_{GS}$ 大于某一电压值 $U_T$ 时，栅极下 P 区表面的电子浓度将超过空穴浓度，从而使 P 型半导体反型而变成 N 型半导体，PN 结消失，N 型导电沟道形成，MOSFET 导通。电压 $U_T$ 称为开启电压。$U_{GS}$ 越大，导电沟道越宽，漏极电流 $I_D$ 也越大。

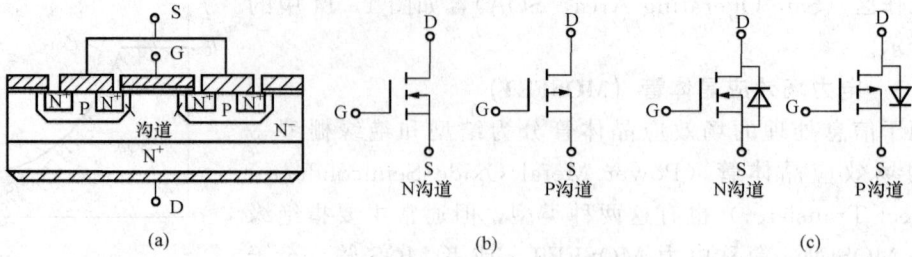

图 1-15　Power MOSFET 的结构和电气符号
(a) 内部结构断面示意图；(b) 简化电气符号；(c) 带寄生二极管的电气符号

由于电力 MOSFET 本身结构所致，在其漏极和源极之间形成了一个与之反向并联的寄生二极管，它与 MOSFET 构成了一个不可分割的整体，使得在漏、源极间加反向电压时器件导通，如图 1-15 (c) 所示。要使 MOSFET 能够承受反向电压，可顺向串联一个二极管使用。

2. 电力 MOSFET 的工作特性

(1) 静态特性。与信息电子中的场效应管相同，漏极电流 $I_D$ 和栅源间电压 $U_{GS}$ 的关系反映了输入电压和输出电流的关系，称为 MOSFET 的转移特性。转移特性表示了器件的放大能力，如图 1-16 (a) 所示。从图中可知，$I_D$ 较大时，$I_D$ 与 $U_{GS}$ 的关系近似线性，曲线的斜率被定义为 MOSFET 的跨导 $g_m$，它表征了 MOSFET 栅极的控制能力。

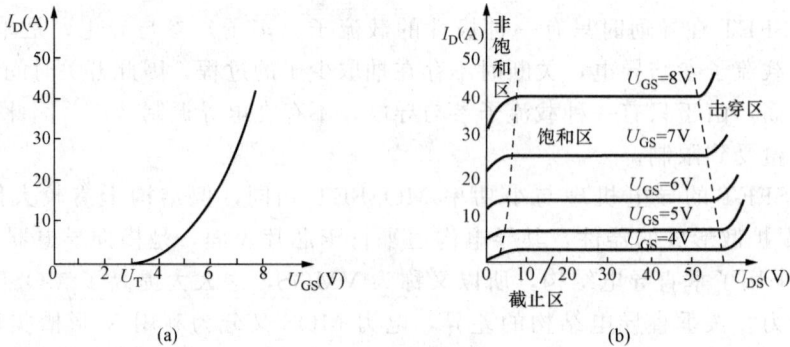

图 1-16　电力 MOSFET 的静态特性曲线
(a) 转移特性曲线；(b) 输出特性曲线

跨导 $g_m$ 的计算式为

$$g_m = \frac{di_D}{dU_{GS}} \tag{1-10}$$

MOSFET 是电压控制型器件，其输入阻抗极高，输入电流非常小。

图 1-16 (b) 是 MOSFET 的漏极伏安特性，即输出特性。从图中可以看到输出特性也分为截止区（对应于 GTR 的截止区）、饱和区（对应于 GTR 的放大区）、非饱和区（对应于 GTR 的饱和区）三个区域。电力 MOSFET 工作在开关状态，即在截止区和非饱和区之间来回转换。

(2) 动态特性。因为 MOSFET 存在输入电容 $C_{in}$，所以当脉冲电压 $u_p$ 的前沿到来时，

$C_{in}$ 有充电过程，栅极电压 $u_{GS}$ 呈指数曲线上升，如图 1 - 17 所
示。当 $u_{GS}$ 上升到开启电压 $U_T$ 时，开始出现漏极电流 $i_D$。从
$u_p$ 前沿时刻到 $u_{GS} = U_T$ 并出现 $i_D$ 的时刻这段时间称为开通延
迟时间 $t_{d(on)}$。此后，$i_D$ 随 $u_{GS}$ 的上升而上升。$u_{GS}$ 从开启电压上
升到 MOSFET 进入非饱和区的栅压 $U_{GSP}$ 这段时间称为上升时
间 $t_r$，这时漏极电流 $i_D$ 也达到稳态值，大小由漏极电源电压和
漏极负载电阻决定。$U_{GSP}$ 的大小和 $i_D$ 的稳态值有关。$U_{GS}$ 值达
到 $U_{GSP}$ 后，在脉冲 $u_p$ 的作用下继续升高直至达到稳态，但 $i_D$
已不再变化，相当于 GTR 处于深度饱和。MOSFET 开通时间
$t_{on}$ 为开通延迟时间与上升时间之和，即

图 1 - 17  电力 MOSFET 的
开关过程波形

$$t_{on} = t_{d(on)} + t_r \tag{1 - 11}$$

当脉冲电压 $u_p$ 下降到零时，栅极输入电容 $C_{in}$ 通过栅极电阻开始放电，栅极电压 $u_{GS}$ 按
指数曲线下降，当下降到 $U_{GSP}$ 时，漏极电流 $i_D$ 才开始减小，这段时间称为关断延迟时间
$t_{d(off)}$。此后，$C_{in}$ 继续放电，$u_{GS}$ 仍从 $U_{GSP}$ 继续下降，$i_D$ 减小，到 $u_{GS} < U_T$ 时沟道消失，$i_D$ 下
降到零。这段时间称为下降时间 $t_f$。关断延迟时间和下降时间之和为 MOSFET 的关断时间
$t_{off}$，即

$$t_{off} = t_{d(off)} + t_f \tag{1 - 12}$$

由于 MOSFET 只靠多子导电，不存在少子储存效应，因而其关断过程非常迅速，开关
时间很短，典型值为 20ns。MOSFET 的工作频率可达 500kHz 以上，是主要电力电子器件
中最高的。

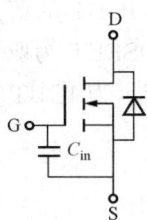

电力 MOSFET 是场控器件，在静态时几乎不需要输入电流。但
是，在开关过程中需要对输入电容充放电，仍需要一定的驱动功率。
电力 MOSFET 考虑输入电容时的电气符号如图 1 - 18 所示。开关频
率越高，所需要的驱动功率越大。

3. 电力 MOSFET 的主要参数与安全工作区

除前面已涉及的跨导 $g_m$、开启电压 $U_T$ 以及开关过程中的各时间

图 1 - 18  MOSFET 带
输入电容时的电气符号

参数 $t_{d(on)}$、$t_r$、$t_{d(off)}$ 和 $t_f$ 之外，电力 MOSFET 还有以下主要参数。

(1) 漏极电压 $U_{DS}$，即 MOS 管的额定电压。

(2) 漏极直流电流 $I_D$ 和漏极脉冲电流幅值 $I_{DM}$，即 MOS 管的额
定电流。

(3) 栅源电压 $U_{GS}$。栅源之间的绝缘层很薄，$|U_{GS}| > 20V$ 将导致绝缘层击穿。使用时
一般用正反两个稳压管串联后并联在栅极和源极间进行保护。

(4) 极间电容。MOSFET 的三个电极之间分别存在极间电容，这些电容都是非线性的。
其中漏源间的电容是器件在开关过程中储存和释放能量的主要部分，对开关损耗有重要意
义。高频工作时，需要加以考虑；低频时则可忽略其影响。

(5) 通态电阻 $R_{on}$。通态电阻是指 MOSFET 在导通状态下漏极和源极之间的电阻。通态
电阻 $R_{on}$ 决定了通态电压和自身的损耗，因此 $R_{on}$ 越小越好。影响 $R_{on}$ 的主要因素是沟道电阻
和漂移区电阻。

电力 MOSFET 是多数载流子工作的器件，元件的通态电阻具有正的温度系数，即随温

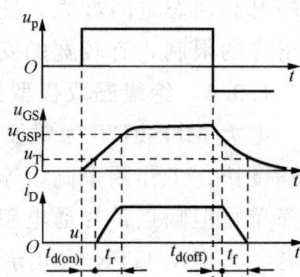

度的升高通态电阻增大，使得漏极电流能够随着温度升高而下降，因而不存在电流集中和二次击穿的限制，有较宽的安全工作区。

### 1.3.4 绝缘栅双极型晶体管（IGBT）

电力 MOSFET 为单极型电压驱动型器件，只有一种载流子（多子）参与导电，因此开关速度快、工作频率高、输入阻抗高、输入电流小、热稳定性好、所需驱动功率小且驱动电路简单，但缺点是导通电阻大、容量小。因此，如何减小其通态电阻就成为一个重要的研究课题。人们从 GTR 的电导调制工作机理上得到启示，在 MOSFET 的漂移区引入少数载流子进行电荷调制，从而可使漂移区电阻显著减少。1983 年，RCA 公司（美国无线电公司）和 GE 公司（通用电气公司）利用这一原理几乎同时研制出新一代 MOSFET 功率器件——绝缘栅双极型晶体管（Insulated Gate Bipolar Transistor，IGBT）。这是一种双导通机制的复合器件，它的输入级为 MOSFET，输出级为 GTR，集中了 MOSFET 及 GTR 各自的优点，因而具有良好的特性。IGBT 目前已取代了原来 GTR 和一部分电力 MOSFET 及一部分GTO 的市场，成为覆盖大中小功率等级电力电子设备的主导器件。

1. IGBT 的结构与工作原理

IGBT 根据功率不同有多种外形，小功率的一般为塑封型，大功率的一般采用模块化封装。IGBT 也是三端子器件，分为栅极 G（Gate）、集电极 C（Collector）和发射极 E（E-mitter）。

图 1-19（a）给出了一种由 N 沟道 VDMOSFET 与双极型晶体管（GTR）组合而成的IGBT 的基本结构。与图 1-15（a）对照可以看出，IGBT 比 VDMOSFET 多一层 $P^+$ 注入区，因而形成了一个大面积的 $P^+N$ 结 J1。这样使得 IGBT 导通时由 $P^+$ 注入区向 N 基区发射少子，从而对漂移区电导率进行调制，使得 IGBT 具有很强的通流能力。IGBT 的等效电路如图 1-19（b）所示，是以 PNP 型厚基区 GTR 为主导元件、N 沟道 MOSFET 为驱动元件的达林顿电路结构器件，$R_N$ 为 GTR 基区内的调制电阻。图 1-19（c）所示为 IGBT 的电路符号。

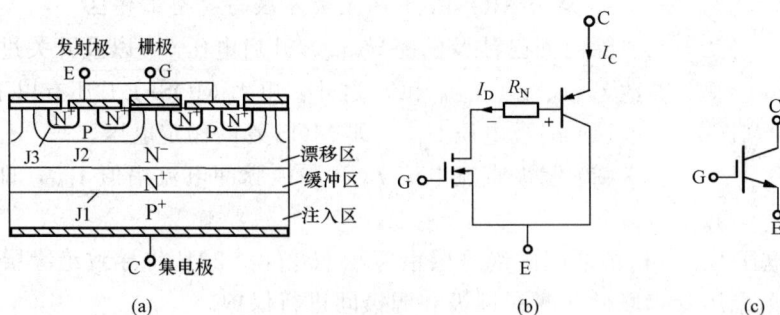

图 1-19　IGBT 的结构、简化等效电路和电气图形符号
（a）内部结构断面示意图；（b）简化等效电路；（c）电气图形符号

IGBT 的驱动原理与电力 MOSFET 基本相同，也是场控器件，其开通和关断由栅极和发射极间的电压 $u_{GE}$ 决定。当 $u_{GE}$ 为正且大于开启电压 $U_{GE(th)}$ 时，MOSFET 内形成沟道，并为 PNP 型晶体管提供基极电流，此时从 $P^+$ 注入至 N 区的少数载流子空穴对 N 区进行电导调制，减少该区电阻 $R_N$，使 IGBT 从高阻断态转入低阻通态，使 IGBT 导通。由于电阻 $R_N$

减小，这样高耐压的 IGBT 也具有很小的通态压降。当栅极与发射极间施加反向电压或不加信号时，MOSFET 内的沟道消失，晶体管的基极电流被切断，使得 IGBT 关断。

2. 工作特性

（1）静态特性。IGBT 的转移特性是指栅极电压 $U_G$ 与集电极电流 $I_C$ 之间的关系曲线，如图 1-20（a）所示，反映了栅极电压 $U_G$ 对集电极电流 $I_C$ 的控制关系。它与 MOSFET 的转移特性相同。当栅极电压 $U_G$ 小于开启电压 $U_{GE(th)}$ 时，IGBT 处于关断状态。开启电压 $U_{GE(th)}$ 一般为 2~6V。在 IGBT 导通后的大部分集电极电流范围内，$I_C$ 与 $U_{GE}$ 呈线性关系。最高栅极电压受最大集电极电流限制，其最佳值一般取为 15V 左右。栅射电压 $U_{GE}$ 也俗称为门极电压或栅极电压 $U_G$。IGBT 的输出特性是指集电极电流 $I_C$ 与集射极电压 $U_{CE}$ 之间的关系曲线，如图 1-20（b）所示。IGBT 输出特性的特点是，集电极电流 $I_C$ 受栅射电压 $U_{GE}$ 的控制，$U_{GE}$ 越高，$I_C$ 越大。它的输出特性可分为正向阻断区、饱和区、有源区和击穿区四部分，这分别与 GTR 的截止区、放大区和饱和区相对应。饱和导通时管压降比电力 MOSFET 低得多，一般为 2~5V。在反向集射极电压作用下器件呈反向阻断特性，一般只流过微小的反向漏电流。

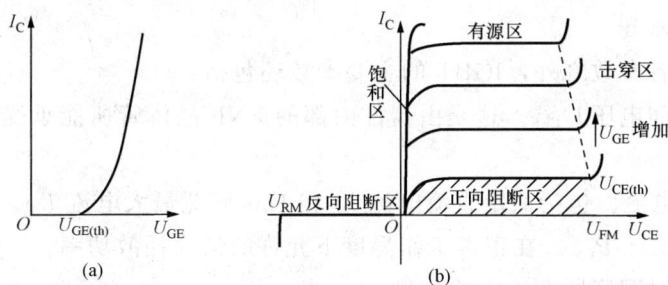

图 1-20 IGBT 的输出特性和转移特性

（a）转移特性；（b）输出特性

（2）动态特性。IGBT 的动态特性即开关特性，如图 1-21 所示，其开通过程主要由其 MOSFET 结构决定。当栅极电压 $U_{GE}$ 达到开启电压 $U_{GE(th)}$ 后，集电极电流 $I_C$ 迅速增长。从栅极电压 $U_{GE}$ 上升至其幅值 $U_{GEM}$ 的 10% 的时刻起，到集电极电流 $I_C$ 上升至其幅值 $I_{CM}$ 的 10% 的时刻止，这段时间为开通延迟时间 $t_{d(on)}$。而 $I_C$ 从 10% $I_{CM}$ 上升至 90% $I_{CM}$ 所需时间为电流上升时间 $t_r$。故总的开通时间为 $t_{on} = t_{d(on)} + t_r$。开通过程中 10% $I_{CM}$ 时刻对应的 $U_{GE}$ 值大约为开启电压 $U_{GE(th)}$。

集射电压 $U_{CE}$ 的下降过程分为 $t_{fv1}$ 和 $t_{fv2}$ 两段。前者为 IGBT 中 MOSFET 单独工作的电压下降过程，后者为 MOSFET 和 PNP 晶体管同时工作的电压下降过程。由于 $U_{CE}$ 下降时 IGBT 中 MOSFET 的栅极电容增加，而且 IGBT 中的 PNP 晶体管由放大状态转入饱和状态也需要一个过程，

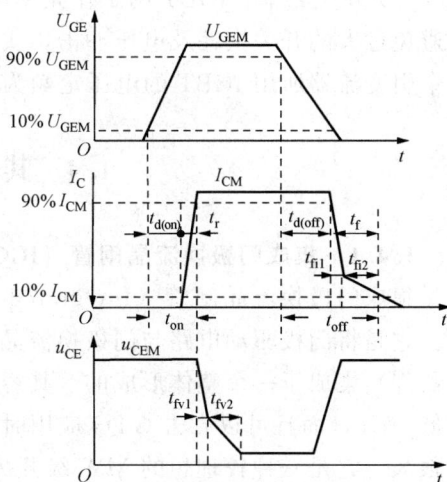

图 1-21 IGBT 的开关过程

因此 $t_{fv2}$ 段电压下降过程变缓。只有在 $t_{fv2}$ 段结束时，IGBT 才完全进入饱和状态。

IGBT 关断时，从栅极电压 $U_{GE}$ 下降到其幅值的 90％ 的时刻起，到集电极电流下降至 $90％I_{CM}$ 止，这段时间为关断延迟时间 $t_{d(off)}$。集电极电流从 $90％I_{CM}$ 下降至 $10％I_{CM}$ 的这段时间为电流下降时间 $t_f$。总的关断时间为 $t_{off}＝t_{d(off)}＋t_f$。关断过程中 $90％I_{CM}$ 时刻对应的 $U_{GE}$ 值大约为开启电压 $U_{GE(th)}$。$U_{GE}$ 小于开启电压 $U_{GE(th)}$ 之后，集电极电流 $I_C$ 迅速下降。电流下降时间可以分为 $t_{fi1}$ 和 $t_{fi2}$ 两段。其中 $t_{fi1}$ 对应 IGBT 内部的 MOSFET 的关断过程，这段时间集电极电流 $I_C$ 下降较快；$t_{fi1}$ 对应 IGBT 内部的 PNP 晶体管的关断过程，这段时间内 MOS-FET 已经关断，IGBT 又无反向电压，所以 N 基区内的少子复合缓慢，造成 $I_C$ 下降较慢，形成电流拖尾现象。由于此时集射电压已经建立，因此较长的电流下降时间会产生较大的关断损耗使结温上升，这是 IGBT 的缺点之一。

IGBT 的开通时间 $t_{on}$、上升时间 $t_r$、关断时间 $t_{off}$ 及下降时间 $t_f$ 均随集电极电流和栅极电阻 $R_G$ 的增加而变大，其中 $R_G$ 的影响最大，故可用 $R_G$ 来控制集电极电流变化速率。

可以看出，IGBT 中双极型 PNP 晶体管的存在，虽然带来了电导调制效应的好处，但也引入了少子储存现象，因而 IGBT 的开关速度要低于电力 MOSFET。

**3. IGBT 的主要参数**

除了前面提到的各参数之外，IGBT 的主要参数还包括：

（1）最大集射极间电压 $U_{CES}$。这是由器件内部的 PNP 晶体管所能承受的击穿电压所确定的。

（2）最大集电极电流。包括额定直流电流 $I_C$ 和 1ms 脉宽最大电流 $I_{CP}$。

（3）最大集电极功耗 $P_{CM}$。在正常工作温度下允许的最大耗散功率。

以上参数在使用时都应留有一定的余量。

（4）栅极最大电压 $U_{GEM}$。一般限制在 ±20V 左右，原因与 MOSFET 相同，防止二氧化硅绝缘栅的击穿。

（5）开关频率。IGBT 的工作频率可达 40kHz，典型工作频率为 20kHz。器件功率越大，为避免过大的开关损耗及电压冲击，实际用的开关频率越低，甚至可以达到几百 Hz。如高铁牵引变流器所用 IGBT 的电压定额为 6500V，电流为 600A，开关频率最高为 460Hz。

# 1.4　其他类型电力电子器件

## 1.4.1　集成门极换流晶闸管（IGCT）

集成门极换流晶闸管（Integrated Gate-Commutated Thyristor，IGCT），于 1996 年问世。它是将门极驱动电路与门极换流晶闸管 GCT（基于 GTO 结构制成的一种新型电力半导体器件）集成于一个整体形成的。其容量与 GTO 相当，但开关速度比 GTO 快 10 倍，功耗降低 40％，而且可以省去 GTO 应用时庞大而复杂的缓冲电路，只不过其所需的驱动功率仍然很大。它是一种较理想的 MW 级开关器件，非常适合用于 6kV 和 10kV 的中压开关电路。目前，IGCT 正在与 IGBT 以及其他新型器件激烈竞争，试图最终取代 GTO 在大功率场合的位置。当前，IGCT 的最高阻断电压为 6kV，工作电流为 4kA。国内已有用 IGCT 搭建的容量达 7.5MVA 的变流器应用。

### 1.4.2 MOS 控制晶闸管 （MCT）

MOS 控制晶闸管 （MOSFET Controlling Thyristor，MCT），其输入侧为 MOSFET 结构，因而输入阻抗高、驱动功率小、工作频率高，输出侧为晶闸管结构，能够承受高电压、通过大电流，这是一种很有发展前途的器件。目前全世界有多家公司正积极进行 MCT 的研究。但这种器件要成为商品，达到取代 GTO 的水平，还需要一定的时间。

### 1.4.3 静电感应晶体管 （SIT）

静电感应晶体管 （Static Induction Transistor，SIT），实质为结型电力场效应晶体管，具有输出功率大、失真小、输入阻抗高、开关特性好、热稳定性好、抗辐射能力强等一系列优点。SIT 在结构设计上能方便地实现多胞合成，所以适合作高压大功率器件。SIT 不仅可以工作在开关状态，用作大功率的电流开关，而且可以作为功率放大器，广泛用于高频感应加热设备。它还适用于高音质音频放大器、大功率中频广播发射机、电视发射机、微波以及空间技术等领域。

### 1.4.4 静电感应晶闸管 （SITH）

静电感应晶闸管 （SITH） 是在 SIT 的基础上发展起来的新型电力电子器件。SITH 是大功率场控开关器件。与晶闸管和 GTO 相比，SITH 的通态电阻小、通态电压低、开关速度快、开关损耗小、正向电压阻断增益高、开通和关断的电流增益大、$di/dt$ 及 $du/dt$ 的耐量高。但 SITH 的制造工艺比较复杂，成本比较高，所以它的发展受到一定影响。随着微电子加工工艺的改进，SITH 的发展将会进入一个崭新的阶段，应用领域将会更加广泛。

### 1.4.5 功率集成电路 （PIC）

自 20 世纪 80 年代中后期开始，在电力电子器件研制和开发中的一个共同趋势是模块化和集成化。按照典型电力电子电路所需要的拓扑结构，将多个相同的电力电子器件或多个相互配合使用的不同电力电子器件封装在一个模块中，可以缩小装置体积、降低成本、提高可靠性，更重要的是，对工作频率较高的电路，这可以大大减小线路电感，从而简化对保护和缓冲电路的要求。这种模块被称为功率模块 （Power Module）。图 1-22 给出了常用的一些功率模块类型。

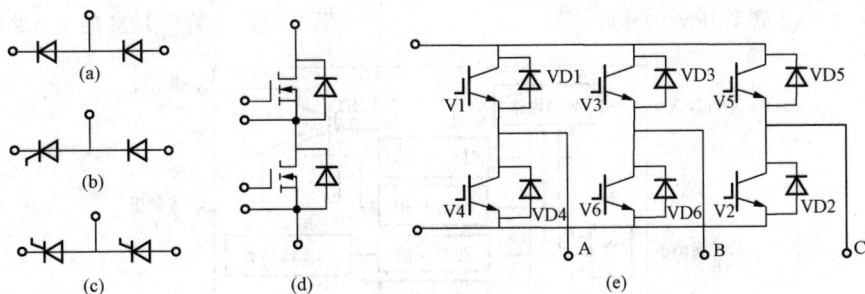

图 1-22 几种功率模块类型

(a) 两只二极管串联；(b) 晶闸管与二极管串联；(c) 两只晶闸管串联；(d) 两只 MOSFET 串联；
(e) IGBT 构成的三相桥模块

更进一步，如果将电力电子器件与逻辑、控制、保护、传感、检测、自诊断等信息电子电路制作在同一芯片上，称为功率集成电路 （Power Integrated Circuit）。它包括高压功率集成电路 （HVIC）、智能功率集成电路 （Smart Power IC，SPIC） 和功率专用集成电路 （SIC）。高压集成电路 （HVIC） 一般指横向高压器件与逻辑或模拟控制电路的单片集成。

智能功率集成电路一般指纵向功率器件与逻辑或模拟控制电路的单片集成。而智能功率模块（IPM）则一般指 IGBT 及其辅助器件与其保护和驱动电路的封装集成，也称智能 IGBT。功率集成电路实现了电能和信息的集成，成为机电一体化的理想接口，具有广阔的应用前景。

### 1.4.6　智能功率模块（IPM）

智能功率模块（IPM）是功率集成电路（PIC）的一种。它将高速、低功耗的 IGBT 与栅极驱动器和保护电路一体化，因而具有智能化、多功能、高可靠、速度快、功耗小等特点。由于高度集成化使模块结构十分紧密，避免了由于分布参数、保护延迟等带来的一系列技术难题。IPM 的智能化表现为可以实现控制、保护、接口三大功能，构成混合式电力集成电路。图 1-23 给出了 7 管型 IPM 模块的外形。7 管型 IPM 是带制动单元的三相逆变桥结构，如图 1-24 所示。图 1-25 所示为 IPM 单元电路框图，从中可以看出，IPM 不仅把功率开关器件和驱动电路集成在一起，而且还内含过电压、过电流和过热等故障监测电路，并可将监测信号送给 CPU。使用 IPM 模块，仅需提供各桥臂对应 IGBT 的驱动电源和相应的开关控制信号，从而大大方便了应用和系统的设计，并使可靠性大大提高。经过十几年的努力，IPM 已经在小于 20 kHz 的中频中功率范围内取得了应用上的成功。IPM 的应用比较方便，对于其中的每一个 IGBT 器件，只需要一个 +15V 的单电源即可。但存在着内部死区时间及过流、短路保护阈值不可由用户调节的缺陷，往往用于定型逆变器类产品。

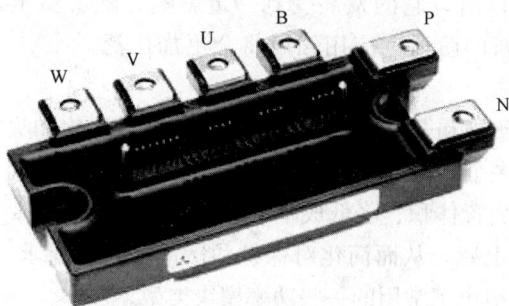

图 1-23　7 管型 IPM 的外形

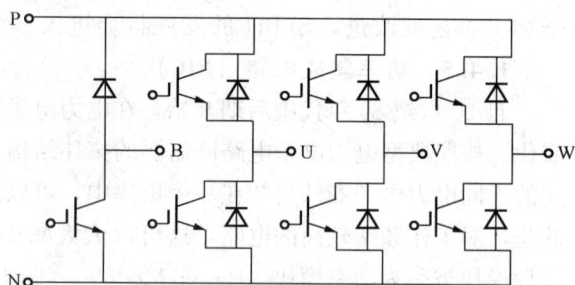

图 1-24　7 管型 IPM 的主电路结构

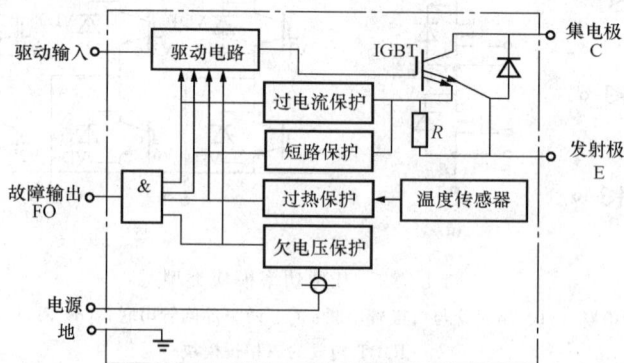

图 1-25　IPM 模块单元电路框图

### 1.4.7　智能晶闸管模块

普通晶闸管和双向晶闸管目前均有智能模块产品，广泛应用于交、直流电机软启动及调速、工业电气自动化、固体开关、通信、军工等各类电源（调温、调光、励磁、电镀、稳压等）。晶闸管智能模块将晶闸管主电路及控制、保护电路做在同一个模块内，且有较高的电气隔离度，使其产品质量可靠、安全方便。直流控制信号可对主电路输出电压进行平滑调节。晶闸管智能模块使用时可以方便地与计算机、仪表接口。如三相智能整流模块，其主电路采用三相全控桥式整流电路，主电路和移相控制电路做在同一个模块内，应用中只需外接三相交流输入电源与控制电路即可。

## 本 章 小 结

本章对各种主要电力电子器件的基本结构、工作原理、基本特性和主要参数等问题作了全面的介绍。其中电力二极管、晶闸管、电力 MOSFET 和 IGBT 是重点。各种主要电力电子器件可以分类梳理，主要有三种分类方法。按照电力电子器件能够被其控制端子所控制的程度，可以将电力电子器件分为不可控器件、半控器件和全控器件。按照器件驱动时驱动电路加在器件控制端和公共端之间信号的性质，又可以将电力电子器件分为电流驱动型和电压驱动型两类。电流驱动型器件的共同特点是：具有电导调制效应，因而通态压降低、导通损耗小、流通电流能力强，但工作频率较低、所需驱动功率大、驱动电路也比较复杂。这类器件除 GTO 外，还有晶闸管及其派生器件、GTR 和 IGCT 等。电压驱动型器件的共同特点是：输入阻抗高、所需驱动功率小、驱动电路简单、工作频率高。这类器件除电力 MOSFET 外，还有 IGBT、MCT、SIT 和 SITH 等。按照器件导通时器件内部载流子参与导电的情况，又可将电力电子器件分为单极型器件、双极型器件和复合型器件三类。

图 1-26 给出了电力电子器件按照单极型、双极型和复合型分类的分类树。其中复合型器件是由单极型器件和双极型器件集成混合而成，它们往往性能优越，同时具备多种优点，有可能成为未来电力电子应用的主流。

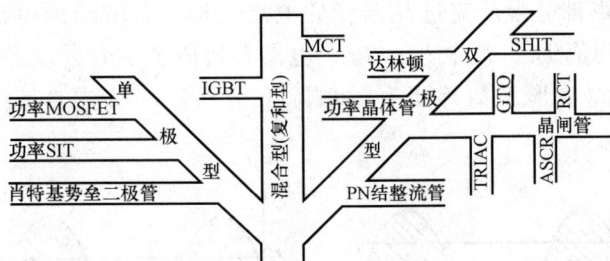

图 1-26　电力电子器件分类树

各主要电力电子器件的性能比较如图 1-27 所示，晶闸管是其中耐压、耐流能力最强，功率最高的器件，但工作频率较低；而 MOSFET 则是工作频率最高的器件，但其耐压、耐流能力却最差，多用于低压场合。

从应用方面来看，20 世纪 90 年代中期以来，逐渐形成了以 IGBT 为主体的局面。在兆瓦以下功率的电力电子器件的市场中，IGBT 已成为首选器件。而在兆瓦以上的大功率场合，GTO 仍然是首选器件，但有被 IGCT 取代的趋势。IGBT 仍在不断发展，有望在兆瓦以上的大功率场合与 IGCT 等器件激烈竞争。在功率更大的场合，光控晶闸管的地位依然无法替代，其容量已达到了 8kV/3.5kA，值得一提的是，电力 MOSFET 在与 IGBT 的激烈竞

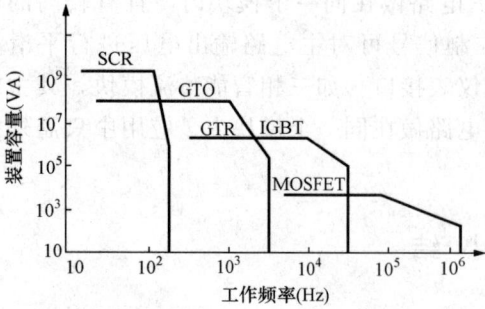

图 1-27　各主要电力电子器件性能比较

争中也获得了长足的进步，特别是沟槽技术的应用大大降低了电力 MOSFET 的通态电阻，使得其在中小功率领域，特别是低压场合占有了牢固的地位。

单个电力电子器件能承受的正、反向电压是一定的，能通过的电流大小也是一定的。因此，由单个电力电子器件组成的电力电子装置容量受到限制。所以，在实用中多用几个电力电子器件串联或并联形成组件，其耐压和通流的能力可以成倍地提高，从而可极大地增加电力电子装置的容量。器件串联时，希望各元件能承受同样的正、反向电压；并联时则希望各元件能分担同样的电流。但由于器件的个体差异性，串、并联时，各器件并不能完全均匀地分担电压和电流。所以，在电力电子器件串联时，要采取均压措施；在并联时，要采取均流措施。

采用碳化硅等新型半导体材料制成功率器件，实现人们对"理想器件"的追求，将是 21 世纪电力电子器件发展的主要趋势。

习　　题

1. 电力二极管属于哪种类型控制器件？它在电力电子电路中有哪些用途？

2. 晶闸管导通的条件是什么？维持晶闸管导通的条件是什么？怎样才能使晶闸管由导通变为关断？

3. 图 1-28 中阴影部分表示流过晶闸管的电流波形，各波形的电流最大值均为 $I_m$。试计算各波形的电流平均值 $I_{d1}$、$I_{d2}$、$I_{d3}$、$I_{d4}$，电流有效值 $I_1$、$I_2$、$I_3$、$I_4$ 和它们的波形系数 $K_{f1}$、$K_{f2}$、$K_{f3}$、$K_{f4}$。（波形系数等于有效值除上平均值，反映的是波形与平直线的接近程度。）

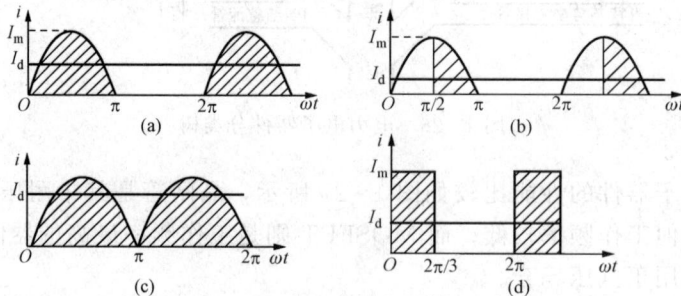

图 1-28　晶闸管流通的电流波形

4. 如上题中晶闸管的通态平均电流为 100A，考虑晶闸管的安全裕量为 1.5，问其允许通过的平均电流和最大值是多少？

5. 如何正确选择普通晶闸管的电压及电流参数？额定电流为 100A 的两个普通晶闸管反

并联可用额定电流多大的双向晶闸管代替？

6. 晶闸管有哪些派生器件？它们各有什么特点及用途？

7. GTO 和普通晶闸管同为 PNPN 结构，为什么 GTO 能够自关断，而普通晶闸管不能？

8. 使用电力 MOSFET 应该注意什么问题？

9. 试说明 SCR、GTO、电力 MOSFET 和 IGBT 各自的优缺点。

10. 何谓智能功率模块？举例说明其特点及应用。

11. 电流控制型电力电子器件与电压控制型电力电子器件的特点各是什么？

# 第2章 整流电路

将交流电能变为直流电能的电路称为整流电路。根据不同的分类方法可对整流电路进行分类：按交流电源电流的波形可分为半波整流和全波整流；按交流电源的相数的不同可分为单相整流和三相整流；按整流电路中所使用的开关器件及控制能力的不同可分为不控整流、半控整流和全控整流；按控制原理的不同可分为相控整流和高频 PWM 控制整流。

本章首先介绍常用的单相、三相相控整流电路，根据整流电路的基本工作原理分析不同性质负载时整流电路直流输出电压、电流和交流输入电流的波形，说明各种整流电路的特点和应用范围；然后讨论电容滤波的不可控整流电路、大功率相控整流电路、整流电路的谐波分析、触发电路以及 PWM 整流电路。

## 2.1 单相整流电路

### 2.1.1 单相半波可控整流电路

#### 1. 电阻性负载

图 2-1 所示为单相半波可控整流电路的原理图及带电阻负载时的工作波形。图 2-1（a）中，变压器 T 起变换电压和隔离的作用，其一次侧和二次侧电压瞬时值分别用 $u_1$ 和 $u_2$ 表示，工作原理分析如下。

（1）在 $u_2$ 正半周，晶闸管 VT 承受正压，在 $\omega t_1$ 时刻之前，VT 处于正向阻断状态，电路中无电流，负载电阻两端电压 $u_d$ 为零，$u_2$ 全部施加于 VT 两端。

（2）在 $\omega t_1$ 时刻给 VT 门极加触发脉冲，如图 2-1（c）所示，则 VT 开通。若忽略晶闸管通态压降，则直流输出电压瞬时值 $u_d$ 为 $u_2$，即负载电压波形为 $u_2$ 正半周的片段。至 $\omega t = \pi$ 即 $u_2$ 降为零时，电路中电流也降至零，VT 关断，之后在 $u_2$ 负半周期间，VT 一直处于反向阻断状态，$u_d$、$i_d$ 均为零，直到下一周期，则重复上述工作过程。

图 2-1（d）、（e）所示分别为整流输出电压 $u_d$ 和晶闸管两端电压 $u_{VT}$ 的波形。$i_d$ 的波形与 $u_d$ 波形相同。

综合上述电路的工作原理，有以下重要概念。

（1）**控制角 $\alpha$**：从晶闸管开始承受正向阳极电压到施加触发脉冲使其导通的电角度称为控制角，用 $\alpha$ 表示，也称触发角或触发延迟角。

（2）**导通角 $\theta$**：晶闸管在一个电源周期中处于通态的电角度称为导通角，用 $\theta$ 表示。在图 2-1（d）所示电路中，$\theta = \pi - \alpha$。

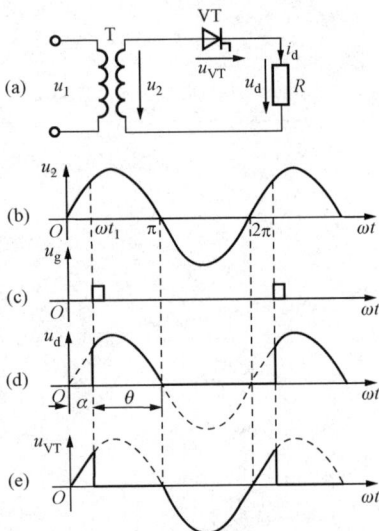

图 2-1　单机半波可控整流电路及波形

（3）**移相**：改变触发脉冲 $u_g$ 初相的时刻，即改变控制角 $\alpha$ 的大小，称为移相。

（4）**移相范围**：是指触发脉冲 $u_g$ 的移动范围，它决定了输出电压的有效变化范围。

（5）**相位控制**：通过控制触发脉冲的相位来控制整流电路直流输出电压的方式称为相位控制方式，简称相控。

直流输出电压平均值 $U_d$ 为

$$U_d = \frac{1}{2\pi}\int_\alpha^\pi \sqrt{2}U_2 \sin\omega t\,\mathrm{d}(\omega t) = \frac{\sqrt{2}U_2}{2\pi}(1+\cos\alpha) = 0.45U_2\frac{1+\cos\alpha}{2} \qquad (2-1)$$

式中：$U_2$ 为 $u_2$ 的有效值，$U_2$ 的大小根据需要的直流输出电压平均值 $U_d$ 确定。

由式（2-1）看出，当 $\alpha=0°$ 时，整流输出电压平均值为最大，用 $U_{d0}$ 表示，$U_d=U_{d0}=0.45U_2$。随着 $\alpha$ 增大，$U_d$ 减小，当 $\alpha=\pi$ 时，$U_d=0$，该电路中 VT 的 $\alpha$ 移相范围为 $0°\sim180°$。可见，调节 $\alpha$ 角即可控制 $U_d$ 的大小。

另外，由 $u_{VT}$ 波形可见，在 $\alpha$ 的移相范围内，VT 承受最大正、反向电压均为 $\sqrt{2}U_2$。

**2. 阻感性负载**

生产实践中，更常见的负载是阻感负载。若 $\omega L \geq R$，则负载主要呈现为电感，称为电感负载，例如电机的励磁绕组。实际应用中，为减小负载电流脉动，电路中也常串联接入大电感，也称平波电抗器，可视为阻感性负载，工作原理分析如下。

（1）$u_2$ 处于正半周（$u_2>0$）：在 $0\sim\omega t_1$ 时段，晶闸管 VT 处于断态时，电路中电流 $i_d=0$，负载上电压 $u_d$ 为 0，$u_2$ 全部加在 VT 两端。在 $\omega t_1$ 时刻，即触发角 $\alpha$ 处，触发 VT，则 VT 开通，$u_d=u_2$ 加于负载两端，因电感 $L$ 的存在使 $i_d$ 不能突变，$i_d$ 从 0 开始增加，如图 2-2（e）所示，同时 $L$ 的感应电动势 $L\mathrm{d}i_d/\mathrm{d}t$ 试图阻止 $i_d$ 增加。这时，交流电源一方面供给电阻 $R$ 消耗的能量，另一方面供给电感 $L$ 吸收的磁场能量。当 $u_R=u_2$ 时，电感 $L$ 的端电压为零，即 $L\mathrm{d}i_d/\mathrm{d}t=0$，$i_d$ 达到峰值。在 $i_d$ 脉冲的峰值时刻之前，$i_d$ 上升，$L$ 储存能量，之后 $i_d$ 下降，$L$ 则释放能量。

（2）$u_2$ 处于负半周（$u_2<0$）：在 $u_2$ 由正变负的过零点处，由于电感电流的滞缓惯性作用，$i_d$ 仍处于减小的过程中，但能量尚未释放完毕。此时尽管 $u_2=0$，然而由于 $L$ 释放能量，$L$ 两端下正上负的自感电动势作用使 VT 正偏而继续导通。由图 2-2（d）所示的 $u_d$ 波形还可看出，由于电感的存在延迟了 VT 的关断时刻，使 $u_d$ 波形出现负的部分，与带纯电阻负载时相比其平均值 $U_d$ 下降。

若负载为纯电感，即 $R=0$，则在 VT 导通期间满足 $L\mathrm{d}i_d/\mathrm{d}t=u_d=u_2$，当 $u_2$ 过零时，由于 $L\mathrm{d}i_d/\mathrm{d}t=0$，$i_d$ 刚好达到正峰值，$u_2$ 变负时，$i_d$ 才开始下降，当电感储能释放完毕时 $i_d$ 下降到零，VT 关断，表明由于不存在电阻损耗，$u_d$ 波形的正负面积相等，即 $L$ 储能与释放能量相等，平均值 $U_d=0$。$i_d$ 的峰值点为 $u_2$ 的过零点，在 $u_2$ 负半周晶闸管延续导通的角度与在正半周导通的角度相等。

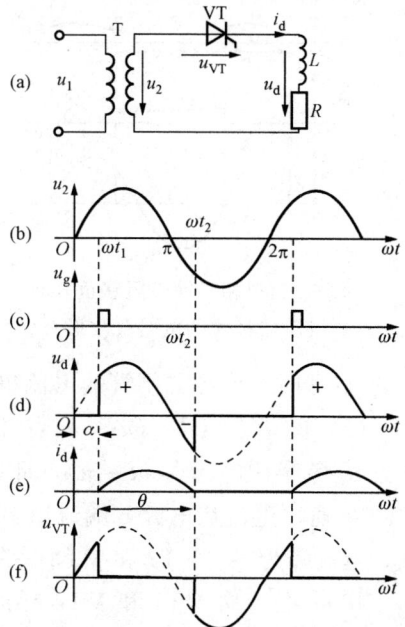

图 2-2 带阻感负载的单相半波可控整流电路及其波形

$$i_d = \frac{1}{L}\int u_2 \, dt \qquad (2-2)$$

由上可见，在阻感性负载下输出 $u_d$ 中的负面积使平均值减小。为此，在整流电路的负载两端并联一个二极管，称为续流二极管 VDR，如图 2-3（a）所示。图 2-3（b）～（g）是该电路的典型工作波形。

与无续流二极管时的情况相比，在 $u_2$ 正半周两者工作情况是一样的。当 $u_2$ 过零变负时，$L$ 通过 VDR 续流释放储能，负载电流 $i_d$ 下降，如图 2-3（d）所示。VT 承受反压关断。

$u_d$ 波形如图 2-3（c）所示，如忽略二极管的通态电压，则在续流期间 $u_d$ 为 0，$u_d$ 中不再出现负面积部分，这与电阻负载时基本相同，$U_d$ 的计算公式也与电阻性负载时相同。但与电阻负载时相比，$i_d$ 的波形则不同。若 $L$ 足够大，回路时间常数 $\tau = L/R$ 很大，$i_d$ 的指数下降很慢。在 $\omega L \geq R$ 情况下，即负载为电感负载，在 VT 关断期间，VDR 可持续导通，使 $i_d$ 连续，且 $i_d$ 波形接近一条水平线（$L di_d/dt \approx 0$），如图 2-3（d）所示。

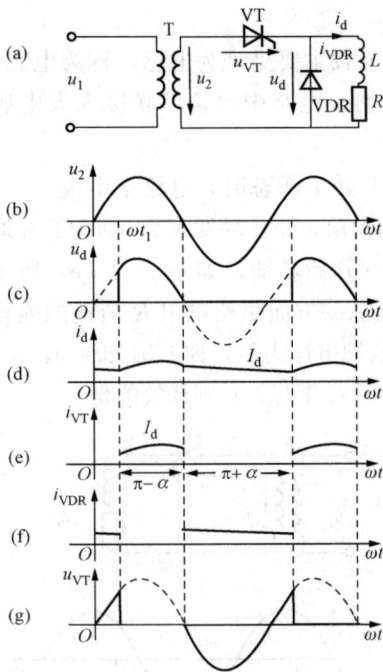

图 2-3 单相半波带阻感负载有续流二极管的电路及波形

单相半波可控整流电路的特点是电路简单，但输出电压脉动大，变压器二次侧电流中含直流分量，造成所谓直流磁化问题。为使变压器铁芯不饱和，同等功率下，需增大铁芯截面积，增大了设备的体积，变压器利用率低。

### 2.1.2 单相桥式全控整流电路

#### 1. 电阻性负载

如图 2-4（a）所示单相桥式全控整流电路中，VT1 和 VT3 称作共阴极连接组，VT2 和 VT4 称作共阳极连接组，电阻负载跨接在共阴极端和共阳极端之间。晶闸管 VT1 和 VT4 组成一对桥臂，VT2 和 VT3 组成另一对桥臂。工作原理分析如下。

（1）在 $u_2$ 正半周（$u_a > u_b$）：若 4 个晶闸管均不导通，负载电流 $i_d$ 为零，$u_d$ 也为零，VT1 和 VT4 串联承受电压 $u_2$，设 VT1 和 VT4 的漏电阻相等，则各管承受的正向电压为 $u_2$ 的一半。若在触发角 $\alpha$ 处给 VT1 和 VT4 加触发脉冲，此时 VT1 和 VT4 承受正向电压，满足导通条件，VT1 和 VT4 即导通，电流从电源 a 端经 $VT_1$、$R$、VT4 流回电源 b 端，$u_d = u_2$。当 $u_2$ 过零时，流经晶闸管的电流也降到零，VT1 和 VT4 关断。

（2）在 $u_2$ 负半周（$u_a < u_b$）：仍在触发角 $\alpha$ 处触发 VT2 和 VT3（VT2 和 VT3 的 $\alpha = 0$ 处为 $u_2$ 负半周的起点 $\omega t = \pi$），此时 VT2 和 VT3 承受正向电压，满足导通条件，VT2 和 VT3 导通，电流从电源 b 端流出，经 VT3、$R$、VT2 流回电源 a 端，$u_d = -u_2$。到 $u_2$ 过零时，电流降为零，VT2 和 VT3 关断。此后 VT1 和 VT4 承受正压，如此循环地工作。

在 $u_2$ 正半周 VT1 和 VT4 导通时，$u_d$ 等于 $u_2$ 的正半周片段，而在 $u_2$ 负半周 VT2 和 VT3 导通时，$u_d$ 等于 $u_2$ 的负半周片段的绝对值。整流电压 $u_d$ 和晶闸管 VT1、VT4 两端电压波形分别如图 2-4（b）和图 2-4（c）所示。晶闸管承受的最大正向电压和反向电压分别

为 $\sqrt{2}U_2/2$ 和 $\sqrt{2}U_2$。

由图 2-4（b）所示输出电压波形可见，该电路为**全波整流**。在 $u_2$ 一个周期内，整流电压波形脉动两次。变压器二次绕组中，正负两个半周电流方向相反且波形对称，平均值为零，即直流分量为零，如图 2-4（d）所示，因此不存在变压器直流磁化问题，变压器绕组的利用率也得到了提高。

整流电压平均值为

$$U_d = \frac{1}{\pi}\int_\alpha^\pi \sqrt{2}U_2\sin\omega t\,\mathrm{d}(\omega t) = \frac{2\sqrt{2}U_2}{\pi}\frac{1+\cos\alpha}{2}$$

$$= 0.9U_2\frac{1+\cos\alpha}{2} \qquad\qquad (2-3)$$

$\alpha=0°$ 时，$U_d = U_{d0} = 0.9U_2$。$\alpha=180°$ 时，$U_d=0$。可见，$\alpha$ 角的移相范围为 $0°\sim180°$。

直流电流平均值为

$$I_d = \frac{U_d}{R} = \frac{2\sqrt{2}U_2}{\pi R}\frac{1+\cos\alpha}{2} = 0.9\frac{U_2}{R}\frac{1+\cos\alpha}{2}$$

$$\qquad\qquad (2-4)$$

负载电流有效值为

$$I = \sqrt{\frac{2}{2\pi}\int_\alpha^\pi\left(\frac{\sqrt{2}U_2\sin\omega t}{R}\right)^2\mathrm{d}\omega t} = \frac{U_2}{R}\sqrt{\frac{\sin2\alpha}{2\pi}+\frac{\pi-\alpha}{\pi}}$$

$$\qquad\qquad (2-5)$$

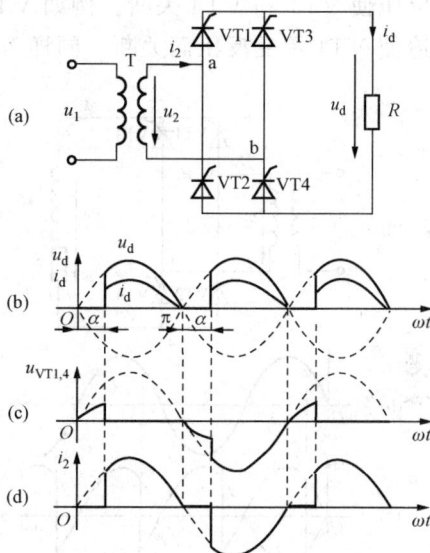

图 2-4　单相桥式全控整流电路带
电阻负载时的电路及波形

晶闸管 VT1、VT4 和 VT2、VT3 轮流导电，以 VT1 为例计算流过晶闸管的电流平均值为

$$I_{dVT} = \frac{1}{2\pi}\int_\alpha^\pi\frac{\sqrt{2}U_2\sin\omega t}{R}\mathrm{d}\omega t = 0.45U_2\frac{1+\cos\alpha}{2} = \frac{1}{2}I_d \qquad\qquad (2-6)$$

由此可见，流过晶闸管 VT1 的电流平均值只有输出直流电流平均值的一半，即 $I_{dVT} = \frac{1}{2}I_d$。

流过晶闸管 VT1 的电流有效值为

$$I_{VT} = \sqrt{\frac{1}{2\pi}\int_\alpha^\pi\left(\frac{\sqrt{2}U_2\sin\omega t}{R}\right)^2\mathrm{d}\omega t} = \frac{U_2}{R}\sqrt{\frac{\sin2\alpha}{4\pi}+\frac{\pi-\alpha}{2\pi}} = \sqrt{\frac{1}{2}}I \qquad\qquad (2-7)$$

变压器二次侧电流有效值为

$$I_2 = \sqrt{\frac{2}{2\pi}\int_\alpha^\pi\left(\frac{\sqrt{2}U_2\sin\omega t}{R}\right)^2\mathrm{d}\omega t} = \frac{U_2}{R}\sqrt{\frac{\sin2\alpha}{2\pi}+\frac{\pi-\alpha}{\pi}} = I \qquad\qquad (2-8)$$

不考虑变压器的损耗时，变压器的容量为 $S=U_2I_2$。

2. 阻感性负载

电路如图 2-5（a）所示。为便于讨论，假设电路已工作于稳态，$i_d$ 的平均值不变，工作原理分析如下。

（1）$u_2$ 正半周时，在触发角 $\alpha$ 处给晶闸管 VT1 和 VT4 加触发脉冲使其开通，$u_d=u_2$。不同于电阻负载，负载中有电感存在使负载电流不能突变，假设 $\omega L \gg R$，负载电流 $i_d$ 连续且波形近似为一水平线，其波形如图 2-5（d）所示。

（2）$u_2$ 过零变负时，电感释放储能维持晶闸管 VT1 和 VT4 导通，使其仍流过电流 $i_d$。由于此时 VT2 和 VT3 尚未导通，大电感的释放储能保证了 VT1 和 VT4 继续导通，输出电压为负。至 $\omega t = \pi + \alpha$ 时刻，给 VT2 和 VT3 加触发脉冲，因 VT2 和 VT3 承受正电压，满足导通条件，故导通。VT2 和 VT3 导通后，$u_2$ 通过 VT2 和 VT3 分别向 VT1 和 VT4 施加反压使 VT1 和 VT4 关断。例如 VT3 导通后，则其阴极电位为 $u_b$，则 $u_{VT1} = u_{ab} < 0$，从而迫使 VT1 承受反压而关断。同样 VT2 的导通也迫使 VT4 关断。

在上述过程中，流过 VT1 和 VT4 的电流迅速转移到 VT2 和 VT3 上，此过程称为**换相**，也称**换流**。至下一周期重复上述过程，如此循环下去，$u_d$ 波形如图 2-5（c）所示。

直流电压平均值为

$$U_d = \frac{1}{\pi} \int_\alpha^{\pi+\alpha} \sqrt{2} U_2 \sin\omega t \, d(\omega t) = \frac{2\sqrt{2}}{\pi} U_2 \cos\alpha$$

$$= 0.9 U_2 \cos\alpha \qquad (2-9)$$

当 $\alpha = 0°$ 时，$U_{d0} = 0.9 U_2$。当 $\alpha = 90°$ 时，$U_d = 0$。晶闸管移相范围为 $0° \sim 90°$。

单相桥式全控整流电路带阻感负载时，晶闸管 VT1 和 VT4 电压波形如图 2-5（h）所示，VT1 和 VT4 导通时其端电压波形近似为零，在 $u_2$ 负半周 VT2 和 VT3 导通时，作用在 VT1 和 VT4 每只管上的电压总是等于 $u_{ab}$，即 $u_2$ 的一个正弦波片段。可见晶闸管承受的最大正反向电压均为 $\sqrt{2} U_2$。

在负载串有大电感的情况下，由于电感电流连续，晶闸管导通角 $\theta$ 与 $\alpha$ 无关，均为 $180°$，各管电流波形如图 2-5（e）、（f）所示。

晶闸管电流平均值为

$$I_{dVT} = \frac{1}{2\pi} \int_\alpha^{\pi+\alpha} I_d \, d\omega t = \frac{1}{2} I_d \qquad (2-10)$$

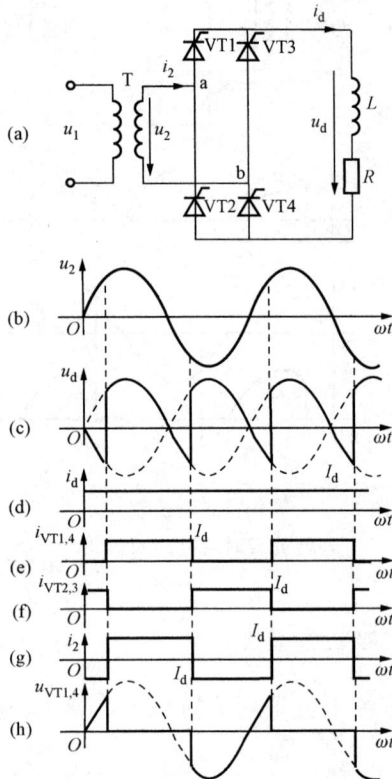

图 2-5　单相桥式全控整流电流带阻感负载时的电路及波形

晶闸管电流有效值为

$$I_{VT} = \sqrt{\frac{1}{2\pi} \int_\alpha^{\pi+\alpha} I_d^2 \, d\omega t} = \frac{1}{\sqrt{2}} I_d \qquad (2-11)$$

变压器二次侧电流 $i_2$ 的波形为正负对称的 $180°$ 方波，如图 2-5（g）所示，其有效值为

$$I_2 = \sqrt{\frac{1}{2\pi} \int_\alpha^{\pi+\alpha} I_d^2 \, d\omega t + \frac{1}{2\pi} \int_\alpha^{\pi+\alpha} (-I_d)^2 \, d\omega t} = I_d \qquad (2-12)$$

**3. 反电动势负载**

当负载为蓄电池、直流电动机等时，负载可看成一个直流电压源，对于整流电路，它们就是反电动势负载。如图 2-6（a）所示，下面先分析反电动势—电阻（$E—R$）负载时的情况。

当忽略主电路各部分的电感时，只有在 $u_2$ 瞬时值的绝对值大于反电动势即 $|u_2| > E$

时，晶闸管才承受正电压。晶闸管触发导通之后，$u_d = u_2$，$i_d = (u_d - E)/R$，直至 $|u_2| = E$，$i_d$ 即降至 0 使得晶闸管关断，此后 $u_d = E$。与电阻负载时相比，晶闸管导通角减小了 $\delta$，如图 2 - 6（b）所示，$\delta$ 称为**停止导电角**，则

$$\delta = \arcsin \frac{E}{\sqrt{2}U_2} \qquad\qquad (2 - 13)$$

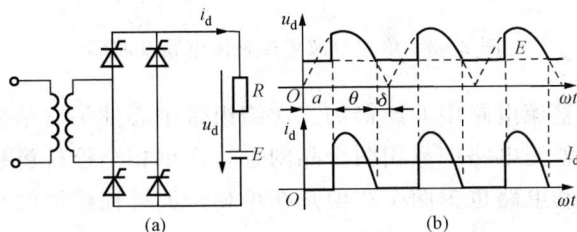

图 2 - 6　单相桥式全控整流电路及 $E$—$R$ 负载时的波形

在 $\alpha$ 角相同时，整流输出电压比电阻负载时大，因为晶闸管关断状态下，负载电压 $u_d = E$。

当 $\alpha < \delta$ 时，触发脉冲到来时，因晶闸管两端电压为负，不可能导通。为了使晶闸管可靠导通，要求触发脉冲有足够的宽度，保证当 $\omega t = \delta$ 时即晶闸管开始承受正电压时，触发脉冲仍然存在，相当于触发角为 $\delta$ 时触发导通。

同时，对于相等的电流平均值，若电流波形底部越窄，则其有效值越大，要求电源的容量也大。为了克服此缺点，一般在主电路的直流输出侧串联平波电抗器，以减少电流的脉动和延长晶闸管导通的时间。

由于电感的存在，电流变得连续，晶闸管每周期导通 180°，这时整流电路各处的波形与电感负载电流连续时的波形相同，$u_d$ 的计算公式也一样。针对电流连续的临界情况，给出 $u_d$ 和 $i_d$ 波形如图 2 - 7 所示。为保证电流连续所需的电感量 $L$ 的计算式为

$$L = \frac{2\sqrt{2}U_2}{\pi\omega I_{dmin}} = 2.87 \times 10^{-3} \frac{U_2}{I_{dmin}} \quad (2 - 14)$$

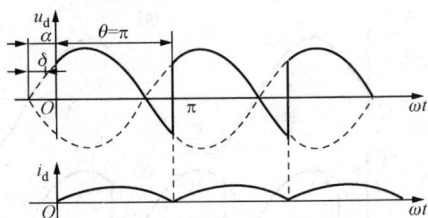

图 2 - 7　单相桥式全控整流电路带反电动势负载串平波电抗器，电流连续的临界情况

式中：$U_2$ 的单位为 V；$I_{dmin}$ 为负载最小连续电流，A；$\omega$ 为工频角速度；$L$ 为主电路总电感量，单位为 H。

### 2.1.3　单相全波可控整流电路

单相全波可控整流电路，又称单相双半波可控整流电路。其带电阻负载时的电路如图 2 - 8（a）所示。

单相全波可控整流电路中，变压器 T 带中心抽头，在 $u_2$ 正半周，VT1 工作，变压器二次绕组上半部分流过电流。$u_2$ 负半周，VT2 工作，变压器二次绕组下半部分流过反方向的电流。图 2 - 8（b）给出了 $u_d$ 和变压器一次侧的电流 $i_1$ 的波形。由波形可知，单相全波可控整流电路的 $u_d$ 波形与单相全控桥的一样，交流输入端电流波形一样，变压器也不存在直流磁化的问题。当接其他负载时，也有相同的结论。因此，单相全波与单相全控桥从直流输出端或从交流输入端看均是基本一致的。两者的区别在于：

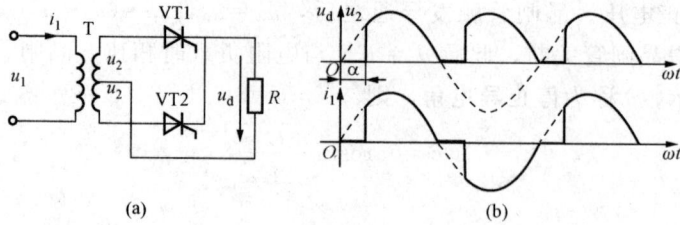

图 2-8　单相全波可控整流电路及波形

（1）单相全波可控整流电路中变压器的二次绕组带中心抽头，结构较复杂。

（2）单相全波可控整流电路中只用两个晶闸管，比单相全控桥可控整流电路少两个，相应地，晶闸管的门极驱动电路也少两个；但是在单相全波可控整流电路中，晶闸管承受的最大电压为 $2\sqrt{2}U_2$，是单相全控桥整流电路的 2 倍。

（3）单相全波可控整流电路中，导电回路只含 1 个晶闸管，比单相桥少 1 个，因而管压降也小。

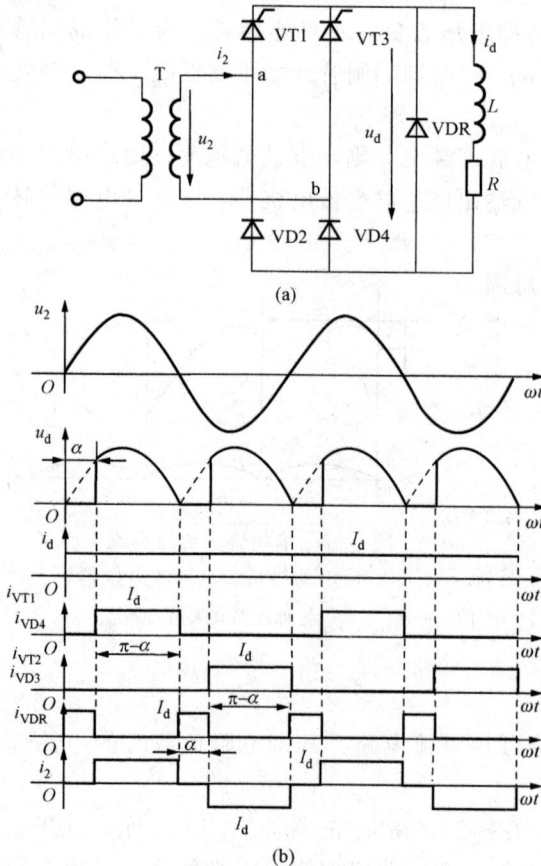

图 2-9　单相桥式半控整流电路，有续流二
极管、阻感负载时的电路及波形

从上述后两点考虑，单相全波电路主要应用在低输出电压的场合。

### 2.1.4　单相桥式半控整流电路

在单相桥式全控整流电路中，每一个导电回路中有两个晶闸管，即用两个晶闸管同时导通以控制导电的回路。实际上为了对每个导电回路进行控制，只需 1 个晶闸管就可以了，另 1 个晶闸管可以用二极管代替，从而简化整个电路。把图 2-5（a）中的晶闸管 VT2、VT4 换成二极管 VD2、VD4 即成为图 2-9（a）所示的单相桥式半控整流电路（先不考虑 VDR）。

单相桥式半控电路与全控电路在电阻负载时的工作情况相同，这里不再讨论。以下针对电感负载进行讨论。与全控桥时相似，假设负载中电感足够大，且电路已工作于稳态，负载电流连续。工作原理分析如下。

（1）在 $u_2$ 正半周，触发角 $\alpha$ 处给晶闸管 VT1 加触发脉冲，$u_2$ 经 VT1 和 VD4 向负载供电，此期间 $u_d=u_2$，L 储能。

（2）$u_2$ 过零变负时，a 点电位低于 b 点电位，使 $u_{VD2}>u_{VD4}$，由于电感释放储能，此时形成 L—R—VD2—VT1 续流回路，电流 $I_d$ 从 VD4 转移至 VD2，同时 VD4 承受反偏电压而关断，电流不再流经变压器二次绕组。此阶段，忽略器件的通态压降，则 $u_d=0$，不会像全控桥电路那样出现 $u_d$ 为负的情况。

（3）在 $u_2$ 负半周，触发角 $\alpha$ 时刻触发 VT3，VT3、VD2 因承受正压而导通，此时因 VT3 导通，使得 $u_{VT1}=u_{ab}<0$，VT1 关断，$u_2$ 经 VT3 和 VD2 向负载供电。

（4）$u_2$ 过零变正时，因 a 点电位高于 b 点电位，使 $u_{VD4}>u_{VD2}$，则 VD4 导通，VD2 因承受反偏电压关断，形成 $L$（释放储能）—$R$—VD4—VT3 续流回路，$u_d=0$。此后重复以上过程。

由以上分析可以归纳出该电路的换流规律，即 VT1 和 VT3 彼此在触发时换流，VD2 和 VD4 则在 $u_2$ 过零时自然换流。该电路实用中需加设续流二极管 VDR，以避免可能发生的失控现象。

VT1 在 $u_2$ 正半周导通，在 $u_2$ 过零变负时仍因续流而保持导通，直到 VT3 被触通，迫使 VT1 关断换流，即 VT1 的关断是以 VT3 的触发导通为条件的。但是若在 VT1 导通后，脉冲控制电路需停止工作，不再发脉冲，则在 $u_2$ 负半周，由于电感的作用，VT1 和 VD2 一直续流，直到 $u_2$ 过零变正时，VT1 将继续同 VD4 一起导通。可见尽管都已没有触发脉冲，然而 VT1 总是一直维持导通，而 VD2、VD4 轮换导通。在这种一个晶闸管持续导通而两个二极管轮流导通的情况下，输出电压 $u_d$ 成为正弦半波，输出电压波形和单相半波不可控整流电路相同，脉冲控制电路失去控制作用，即所谓**失控**。失控情况下，输出电压 $u_d$ 和电流 $i_d$ 波形如图 2-10 所示（阴影部分对应的为输出电压波形）。

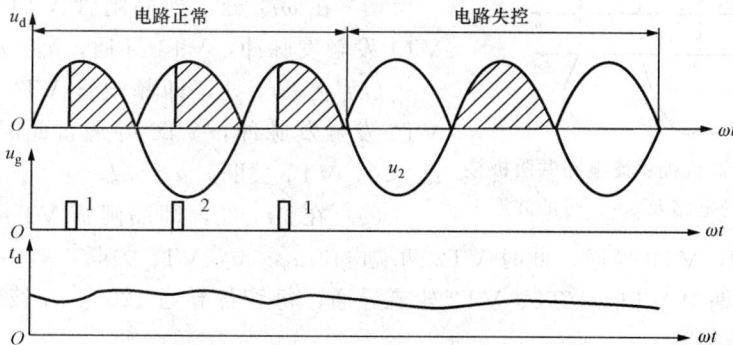

图 2-10　电路正常和电路失控时直流输出电压和电流波形

有了续流二极管 VDR，当 $u_2<0$ 时，负载经 VDR 续流，晶闸管关断，这就避免了某一个晶闸管持续导通从而导致失控现象。应当指出，实现这一功能的条件是 VDR 的通态电压低于自然续流回路开关管子通态电压之和，否则将不能消除失控现象。有续流二极管时电路中各部分的波形如图 2-9（b）所示。

图 2-9 所示的单相半控桥整流电路，因 VT1，VT3 具有共阴极特性，因而可共用一套触发电路，使触发控制电路简单。

## 2.2　三相整流电路

当负载容量较大，或要求直流电压脉动较小、容易滤波时，应采用三相整流电路，其交流侧由三相电源供电。三相可控整流电路中，最基本的是三相半波可控整流电路，但三相桥式全控整流电路应用最广。

### 2.2.1 三相半波可控整流电路

1. 电阻负载

三相半波可控整流电路如图 2-11（a）所示。为避免 3 次及 3 倍数次谐波流入电网，一般变压器接线方式为 △/Y 接法。三个晶闸管分别接入 a、b、c 三相电源，它们的阴极连接在一起，称为**共阴极接法**。

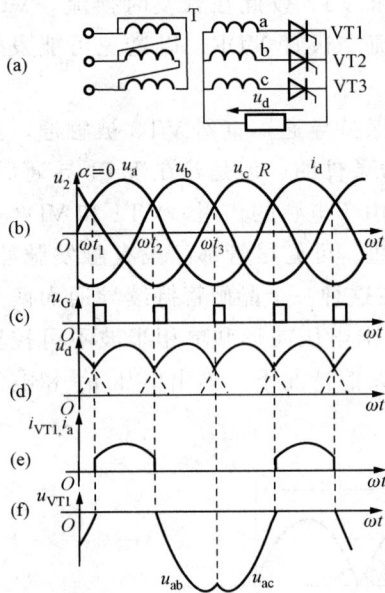

图 2-11　三相半波可控整流电路共阴极接法电阻负载时的电路及 $\alpha=0°$ 时的波形

假设将电路中的晶闸管换作二极管 VD，该电路就成为三相半波不可控整流电路，此时，$u_a$、$u_b$、$u_c$ 相电压最大的一相所对应的二极管导通，并使另两相的二极管承受反压关断，输出整流电压即为该相的相电压，输出电压波形如图 2-11（d）所示。在相电压的交点 $\omega t_1$、$\omega t_2$、$\omega t_3$ 处，均出现了二极管换相，称这些交点为**自然换相点**。对三相半波可控整流电路而言，自然换相点是各相晶闸管能触发导通的最早时刻，将其作为计算各晶闸管触发角 $\alpha$ 的起点，即 $\alpha=0°$，要改变触发角只能是在此基础上增大，工作原理分析如下。

（1）在 $\omega t_1$ 处，即晶闸管 VT1 的 $\alpha=0°$ 处，给 VT1 发触发脉冲，VT1 导通，$u_d=u_a$。

（2）在 $\omega t_2$ 处，即晶闸管 VT2 的 $\alpha=0°$ 处，给 VT2 发触发脉冲，VT2 导通，此时 VT1 两端电压 $u_{ab}<0$，VT1 关断，$u_d=u_b$。

（3）在 $\omega t_3$ 处，即晶闸管 VT3 的 $\alpha=0°$ 处，给 VT3 发触发脉冲，VT3 导通，此时 VT2 两端电压 $u_{bc}<0$，VT2 关断，$u_d=u_c$。

如此，一周期中 VT1、VT2、VT3 轮流导通，每管各导通 120°。$u_d$ 波形为三个相电压在正半周期的包络线。

当 $\alpha=0°$ 时，变压器二次侧 a 相绕组和晶闸管 VT1 的电流波形如图 2-11（e）所示，另两相电流波形形状相同，相位依次滞后 120°。可见变压器二次绕组电流有直流分量。

晶闸管 VT1 两端的电压波形如图 2-11（f）所示，由 3 段组成。

第 1 段 $\left(\dfrac{\pi}{6}+\alpha\sim\dfrac{5\pi}{6}+\alpha\right)$：VT1 导通期间，$u_{VT1}=0$；

第 2 段 $\left(\dfrac{5\pi}{6}+\alpha\sim\dfrac{3\pi}{2}+\alpha\right)$：在 VT1 关断，VT2 导通期间，$u_{VT1}=u_a-u_b=u_{ab}$；

第 3 段 $\left(\dfrac{3\pi}{2}+\alpha\sim\dfrac{13\pi}{6}+\alpha\right)$：在 VT3 导通期间，$u_{VT1}=u_a-u_c=u_{ac}$，即晶闸管电压由一段管压降和两段线电压组成。

$u_{VT2}$、$u_{VT3}$ 与 $u_{VT1}$ 波形形状相同，相位依次相差 120°。增大 $\alpha$ 值，将脉冲后移，整流电路的工作情况相应地发生变化。

图 2-12 是 $\alpha=30°$ 时的波形。从自然换相点起 30° 时给 VT1 加触发脉冲，VT1 导通，此时 $u_d=u_a$，到下一个自然换相点时 VT2 并未触通，VT1 可以继续导通，直到 $u_a$ 由正过零

时，VT1 关断；此时，恰好 b 相 VT2 的触发脉冲来临，VT2 导通，$u_d = u_b$；VT3 的导通情况类似。从输出电压、电流的波形可以看出，这时负载电流处于连续和断续的临界状态，各相晶闸管仍导电 120°，因而 $u_{VT1}$ 波形分析仍可用三段分析法。

如果 $\alpha > 30°$，例如 $\alpha = 60°$ 时，整流电压的波形如图 2-13 所示，当导通一相的相电压过零变负时，该相晶闸管关断。此时下一相晶闸管虽承受正电压，但它的触发脉冲还未到，不会导通，因此输出电压、电流均为零，直到触发脉冲出现为止。这种情况下，负载电流断续，各晶闸管导通角为 90°，小于 120°。

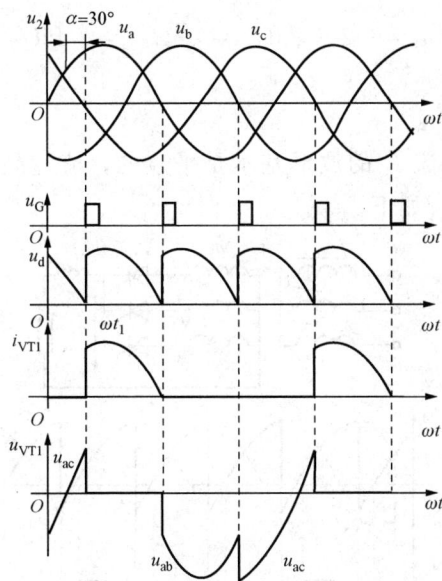

图 2-12　三相半波可控整流电路电阻负载，
$\alpha = 30°$ 时的波形

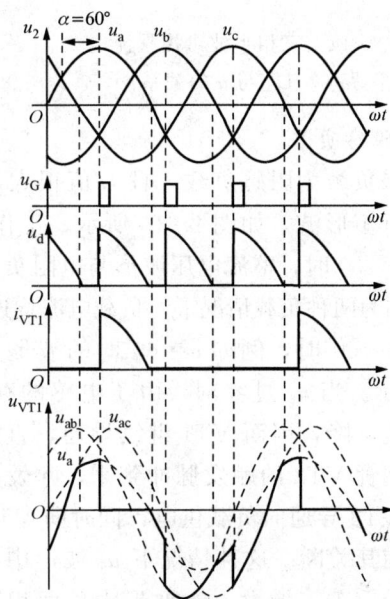

图 2-13　三相半波可控整流电路，
电阻负载，$\alpha = 60°$ 时的波形

若 $\alpha$ 角继续增大，整流电压将越来越小，$\alpha = 150°$ 时，整流输出电压为零。故电阻负载时 $\alpha$ 角的移相范围为 0°~150°。

整流电压平均值的计算分两种情况。

(1) $\alpha \leqslant 30°$ 时，导通角 $\theta = 120°$，负载电流连续，直流输出电压平均值为

$$U_d = \frac{1}{\frac{2\pi}{3}} \int_{\frac{\pi}{6}+\alpha}^{\frac{5\pi}{6}+\alpha} \sqrt{2} U_2 \sin\omega t \, d(\omega t) = \frac{3\sqrt{6}}{2\pi} U_2 \cos\alpha = 1.17 U_2 \cos\alpha \qquad (2-15)$$

当 $\alpha = 0°$ 时，$U_d$ 最大，为 $U_d = U_{d0} = 1.17 U_2$。

(2) $\alpha > 30°$ 时，负载电流断续，晶闸管导通角 $\theta < 120°$，此时有

$$U_d = \frac{1}{\frac{2\pi}{3}} \int_{\frac{\pi}{6}+\alpha}^{\pi} \sqrt{2} U_2 \sin\omega t \, d(\omega t) = \frac{3\sqrt{2}}{2\pi} U_2 \left[ 1 + \cos\left(\frac{\pi}{6} + \alpha\right) \right]$$

$$= 0.675 U_2 \left[ 1 + \cos\left(\frac{\pi}{6} + \alpha\right) \right] \qquad (2-16)$$

$U_d / U_2$ 随 $\alpha$ 变化的规律如图 2-14 中的曲线 1 所示。

负载电流平均值为

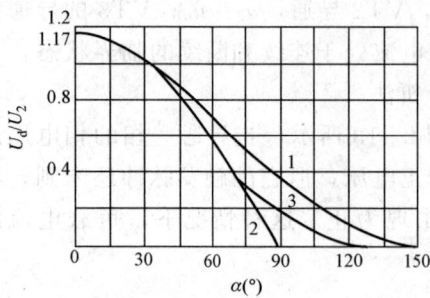

图 2-14　三相半波可控整流电
路 $U_d/U_2$ 与 $\alpha$ 的关系

$$I_d = \frac{U_d}{R} \qquad (2-17)$$

如图 2-13 所示的晶闸管 VT1 阳极承受的电压波形 $u_{VT1}$，当晶闸管 VT2 或 VT3 导通时，$u_{VT1}$ 为线电压；当三个晶闸管都不导通时，此时 $u_{VT1}$ 为相电压 $u_a$ 的值。由 $u_{VT1}$ 的波形可以看出，晶闸管阳极承受的最大正向电压为 $\sqrt{2}U_2$，最大反向电压为变压器二次线电压峰值，即

$$U_{RM} = \sqrt{2} \times \sqrt{3}U_2 = \sqrt{6}U_2 = 2.45U_2$$
$$(2-18)$$

**2. 阻感负载**

如果负载为阻感负载，且 $L$ 值很大，整流电流 $i_d$ 的波形基本是平直的，流过晶闸管的电流接近矩形波，如图 2-15 所示，工作原理分析如下。

当 $\alpha \leqslant 30°$ 时，整流电压波形与电阻负载时相同，因为两种负载情况下，负载电流均连续。

当 $\alpha > 30°$ 时，例如 $\alpha = 60°$ 时的波形如图 2-15 所示。当 $u_2$ 过零时，由于电感的存在，阻止电流下降，因而 VT1 继续导通，直到下一相晶闸管 VT2 的触发脉冲到来，才发生换流，由 VT2 导通向负载供电，同时向 VT1 施加反压使其关断。这种情况下 $u_d$ 波形中出现负的部分，若 $\alpha$ 增大，$u_d$ 波形中负面积部分将增多，纯电感情况下，当 $\alpha = 90°$ 时，$u_d$ 波形中正负面积相等，$u_d$ 的平均值为零。可见阻感负载时的移相范围为 $0° \sim 90°$。

每只晶闸管的导通角 $\theta = 120°$，当电感足够大时，每相电流近似方波，三相依次导通，负载电流近似恒流。图 2-15 中电流波形的阴影部分对应于晶闸管的延续导通阶段。

晶闸管两端电压波形如图 2-15（g）所示，由于负载电流连续，因此晶闸管承受最大正反向电压均为变压器二次线电压峰值，即

$$U_{FM} = U_{RM} = 2.45U_2 \qquad (2-19)$$

由于负载电流连续，直流输出电压 $U_d$ 为

$$U_d = 1.17U_2\cos\alpha \qquad (2-20)$$

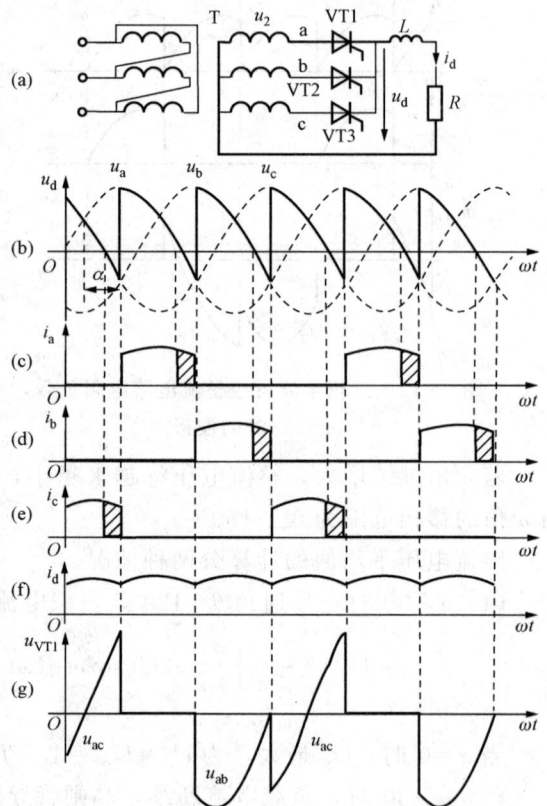

图 2-15　三相半波可控整流电路，阻感负载时的电路及 $\alpha = 60°$ 时的波形

$U_d/U_2$ 与 $\alpha$ 成余弦关系，如图 2-14 中的曲线 2 所示。如果负载中的电感量不是很大，则当 $\alpha > 30°$ 后，与电感量足够大的情况相比较，$U_d$ 中负的部分将会减少，整流电压平均值 $U_d$ 略微增大，$U_d/U_2$ 与 $\alpha$ 的关系将介于曲线 1 和曲线 2 之间，曲线 3 给出了这种情况的一个例子。

变压器二次侧电流即晶闸管电流的有效值为

$$I_2 = I_{VT} = \frac{1}{\sqrt{3}}I_d = 0.577I_d \qquad (2-21)$$

由此可求出晶闸管的额定电流为（不考虑安全裕量）

$$I_{T(AV)} = \frac{I_{VT}}{1.57} = 0.368I_d \qquad (2-22)$$

图 2-15 中所给 $i_d$ 波形有一定的脉动，这是电路工作的实际情况。因为负载中电感量不可能也不必非常大，往往只要能保证负载电流连续即可，这样 $i_d$ 就是有波动的。通常，为简化分析及定量计算，可以将 $i_d$ 近似为一条水平线，这样的近似对分析和计算的准确性并不产生很大影响。

三相半波共阴极接法的电路，由于三只晶闸管阴极接在一起，对应的触发电路具有公共端，连线方便。三相半波可控整流电路还可以把晶闸管的三个阳极接在一起，而三个阴极分别接到三相交流电源，形成共阳极的三相半波可控整流电路，其带电感性负载的电路如图2-16（a）所示。由于三个阳极是接在一起的，即是等电位的，此电路的触发电路较为复杂。

此电路中各晶闸管只能在相电压为负时触发，其自然换相点为三相电压负半波的交点，例如 VT1 的 $\alpha=0°$ 为 a 相电压 $\omega t=7\pi/6$。$\alpha=30°$ 时输出电压的波形如图 2-16（d）所示，输出电压 $u_d$ 为负，输出整流电压平均值为

$$U_d = -1.17U_2\cos\alpha \qquad (2-23)$$

由图 2-16 可见，共阳极接法时的整流输出电压波形形状与共阴极是一样的，只是输出电压的极性相反。

三相半波可控整流电路的主要缺点在于其变压器二次电流只有单方向，从而含有直流分量，存在直流磁化问题，因此其应用较少。

### 2.2.2　三相桥式全控整流电路

目前在各种整流电路中，应用最为广泛的是三相桥式全控整流电路，其电路原理图如图2-17所示，VT1、VT3、VT5 称为共阴极组；VT4、VT6、VT2 称为共阳极组。三相桥式全控整流电路实际上是由两个三相半波可控整流电路组合而成的。此外，通常将 6 只晶闸管按图示的顺序编号，从后面的分析将会看到，按此编号，晶闸管的导通顺序为 VT1、VT2、VT3、VT4、VT5、VT6。下面以电阻负载和阻感负载两种情况进行分析。

#### 1. 电阻负载

首先以 $\alpha=0°$ 进行分析，此时各晶闸管均在自然换相点处换相，工作原理分析如下。

第I段 $\left(\dfrac{\pi}{6} \sim \dfrac{\pi}{2}\right)$：当 $\omega t = \dfrac{\pi}{6}$，即晶闸管 VT1

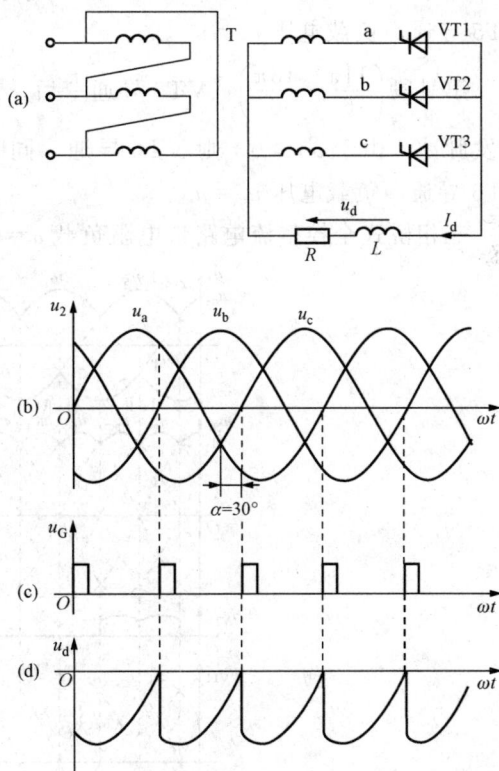

图 2-16　共阳极三相半波可控整流电路及 $\alpha=30°$ 时的波形

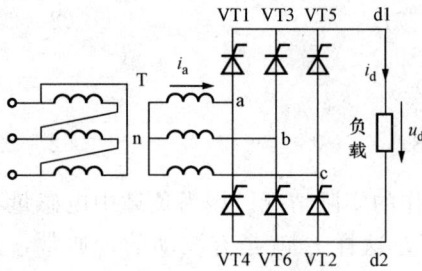

图 2-17 三相桥式全控整流电路原理图

的 $\alpha=0°$，给 VT1 加触发脉冲，假设 VT6 已导通，由于此时 $u_{ab}>0$，则 VT1、VT6 导通，负载电压 $u_d=u_{ab}$。

第 II 段 $\left(\dfrac{\pi}{2}\sim\dfrac{5\pi}{6}\right)$：VT1 导通 $\dfrac{\pi}{3}$ 后，即 $\omega t=\dfrac{\pi}{2}$ 时，VT2 的 $\alpha=0°$，给晶闸管 VT2 加触发脉冲，由于 $u_{ac}>0$，则 VT2 导通，同时迫使同处在共阳极组的 VT6 反偏关断，VT1、VT2 导通，负载电压 $u_d=u_{ac}$。

第 III 段 $\left(\dfrac{5\pi}{6}\sim\dfrac{7\pi}{6}\right)$：VT2 导通 $\dfrac{\pi}{3}$ 后，即 $\omega t=\dfrac{5\pi}{6}$ 时，VT3 的 $\alpha=0°$，给晶闸管 VT3 加触发脉冲，由于 $u_{bc}>0$，则 VT3 导通，同时迫使同处在共阴极组的 VT1 反偏关断，VT2、VT3 导通，负载电压 $u_d=u_{bc}$。

第 IV 段 $\left(\dfrac{7\pi}{6}\sim\dfrac{3\pi}{2}\right)$：VT3 导通 $\dfrac{\pi}{3}$ 后，即 $\omega t=\dfrac{7\pi}{6}$ 时，VT4 的 $\alpha=0°$，给晶闸管 VT4 加触发脉冲，由于 $u_{ba}>0$，则 VT4 导通，同时迫使同处在共阳极组的 VT2 反偏关断，VT3、VT4 导通，负载电压 $u_d=u_{ba}$。

第 V 段 $\left(\dfrac{3\pi}{2}\sim\dfrac{11\pi}{6}\right)$：VT4 导通 $\dfrac{\pi}{3}$ 后，即 $\omega t=\dfrac{3\pi}{2}$ 时，VT5 的 $\alpha=0°$，给晶闸管 VT5 加触发脉冲，由于 $u_{ca}>0$，则 VT5 导通，同时迫使同处在共阴极组的 VT3 反偏关断，VT4、VT5 导通，负载电压 $u_d=u_{ca}$。

第 VI 段 $\left(\dfrac{11\pi}{6}\sim\dfrac{13\pi}{6}\right)$：VT5 导通 $\dfrac{\pi}{3}$ 后，即 $\omega t=\dfrac{11\pi}{6}$ 时，VT6 的 $\alpha=0°$，给晶闸管 VT6 加触发脉冲，由于 $u_{cb}>0$，则 VT6 导通，同时迫使同处在共阳极组的 VT4 反偏关断，VT5、VT6 导通，负载电压 $u_d=u_{cb}$。

三相桥式全控整流电路带电阻负载 $\alpha=0°$ 时的波形如图 2-18 所示。

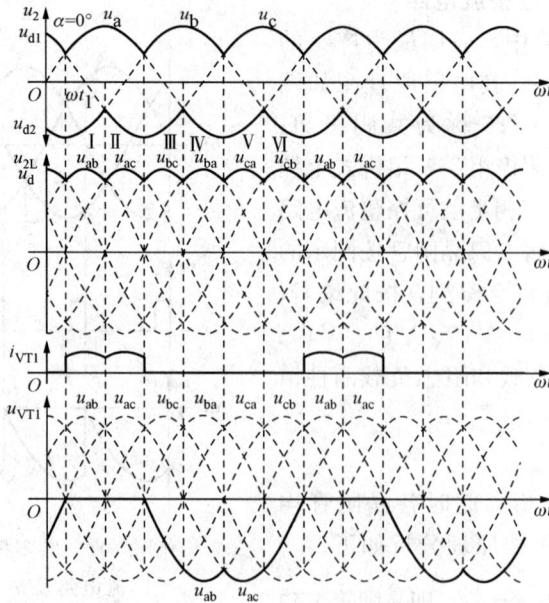

图 2-18 三相桥式全控整流电路带电阻负载 $\alpha=0°$ 时的波形

一周期内，负载上的输出电压 $u_d$ 是由 6 个线电压波头拼接而成的。每一段中导通的晶闸管及输出整流电压的情况已归结到表 2-1 中。由表 2-1 和图 2-17 中的管号排列可见，6 个晶闸管的导通顺序为 VT1、VT2、VT3、VT4、VT5、VT6。

表 2-1 三相桥式全控整流电路电阻负载 $\alpha = 0°$ 时晶闸管工作情况

| 时段 | Ⅰ | Ⅱ | Ⅲ | Ⅳ | Ⅴ | Ⅵ |
|---|---|---|---|---|---|---|
| 共阴极组中导通的晶闸管 | VT1 | VT1 | VT3 | VT3 | VT5 | VT5 |
| 共阳极组中导通的晶闸管 | VT6 | VT2 | VT2 | VT4 | VT4 | VT6 |
| 整流输出电压 $u_d$ | $u_a - u_b = u_{ab}$ | $u_a - u_c = u_{ac}$ | $u_b - u_c = u_{bc}$ | $u_b - u_a = u_{ba}$ | $u_c - u_a = u_{ca}$ | $u_c - u_b = u_{cb}$ |

从触发角 $\alpha = 0°$ 时的情况可以总结出三相桥式全控整流电路的一些工作特点如下。

（1）任何时刻总是上、下两组各有 1 只晶闸管同时导通，形成向负载供电的回路。

（2）6 只晶闸管按 VT1、VT2、VT3、VT4、VT5、VT6 的顺序触发，相位依次差 60°；共阴极组 VT1、VT3、VT5 的脉冲依次差 120°，共阳极组 VT4、VT6、VT2 也依次差 120°；同一相的上、下两个桥臂，例如 VT1 与 VT4，脉冲相差 180°。

（3）整流输出电压 $u_d$ 每周期脉动 6 次，每次脉动的波形形状相同，故该电路为 6 脉波整流电路。

（4）为确保在任意时间上、下两组晶闸管各有一只导通，需对两组中应导通的两个晶闸管同时施加触发脉冲。为此，可采用两种触发方式，如图 2-19 所示。

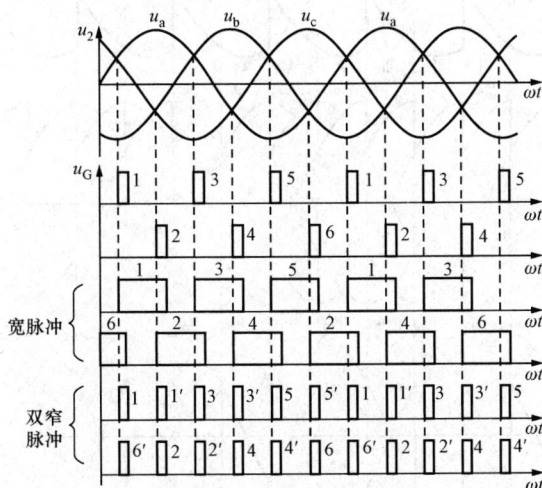

图 2-19 三相全控桥式整流电路的两种触发方式

**宽脉冲触发**：要求触发脉冲宽度大于 60°（一般取 80°～100°），如图 2-19 中的宽脉冲方式，VT1 在 a 相正半周自然换相点处触发，隔 60° 后 VT2 触发，此时 VT1 脉冲仍存在，从而保证 VT1 和 VT2 同时导通。

**双窄脉冲触发**：在触发某个晶闸管的同时，给前一个晶闸管补发一个脉冲，即用两个窄脉冲代替宽脉冲，两个窄脉冲的前沿相差 60°，脉宽一般为 20°～30°。如图 2-19 中的双窄脉冲方式中，在给 VT2 加触发脉冲的同时，给 VT1 管再补发一个 1′窄脉冲，其他按顺序类推。

双脉冲电路较复杂，但要求的触发电路的输出功率小。宽脉冲触发电路简单，但为了不使脉冲变压器饱和，需将铁芯体积做得较大，绕组匝数较多，导致漏感增大，脉冲前沿不够陡，对于晶闸管串联使用不利。因此，常用的是双脉冲触发方式。

（5）晶闸管承受的电压波形与三相半波时相同，它只与同组晶闸管导通情况有关，分析方法也相同。

（6）变压器二次绕组流过正负两个方向的电流，消除了变压器的直流磁化，提高了变压器的利用率。

图 2-18 中还给出了晶闸管 VT1 流过电流 $i_{VT1}$ 的波形，由此波形可以看出，晶闸管一周期有 120°处于导通，由于负载为电阻，故晶闸管处于导通时的电流波形与相应时段的 $u_d$ 波形形状相同。

当触发角 $\alpha$ 改变时，电路的工作情况将发生变化。图 2-20 给出了 $\alpha=30°$ 时的波形。从 $\omega t_1$ 角开始把一个周期等分为 6 段，每段为 60°。与 $\alpha=0°$ 时的情况相比，一周期中 $u_d$ 波形仍由 6 个线电压片段组成，每一段对应的晶闸管导通编号等仍符合表 2-1 的规律。区别在于，晶闸管起始导通时刻推迟了 30°，组成 $u_d$ 的每一个线电压片段也因此推迟 30°，$u_d$ 平均值降低。

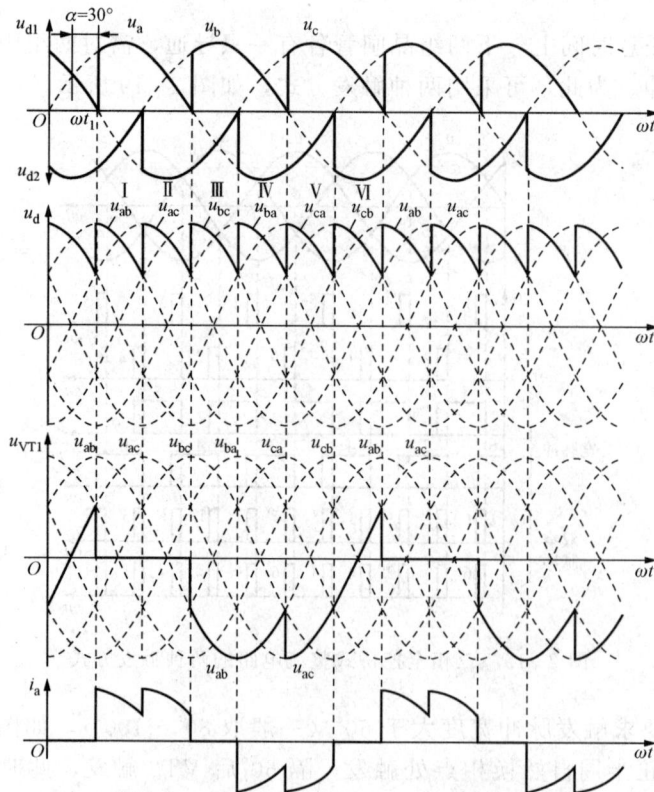

图 2-20 三相桥式全控整流电路带电阻负载 $\alpha=30°$ 时的波形

图 2-20 中，$u_{d1}$ 对应于共阴极组输出，其波形与共阴极组三相半波整流电路独立工作在 $\alpha=30°$ 时相同。$u_{d2}$ 对应于共阳极组输出，输出电压 $u_d$ 实质为共阴极组与共阳极组输出电压

差。图中同时给出了带电阻负载时变压器二次侧 a 相电流 $i_a$ 的波形，该波形的特点是，在 VT1 处于通态的 120°期间，$i_a$ 为正，$i_a$ 波形的形状与同时段的 $u_d$ 波形相同，在 VT4 处于通态的 120°期间，$i_a$ 波形的形状也与同时段的 $u_d$ 波形相同，但为负值。

图 2-21 给出了 $\alpha=60°$ 时的波形，由图可以看出 $\alpha=60°$ 后，输出电压将出现断续。与 $\alpha=30°$ 时的波形比较，$u_d$ 波形中每段线电压的波形继续向后移，$u_d$ 平均值继续降低。

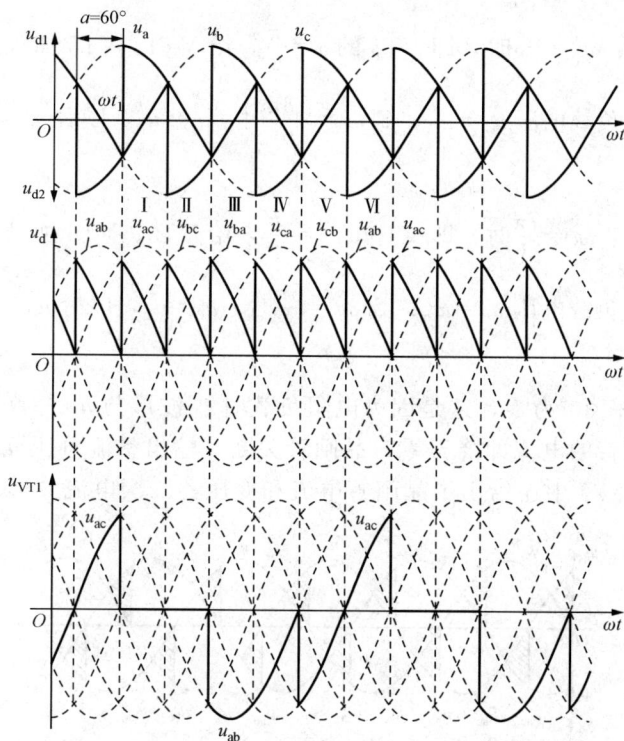

图 2-21　三相桥式整流电路带电阻负载 $\alpha=60°$ 时的波形

当 $\alpha>60°$ 时，如 $\alpha=90°$ 时电阻负载情况下的工作波形如图 2-22 所示。工作原理分析如下。

第 I 段 $\left(\dfrac{2\pi}{3}\sim\pi\right)$：$\omega t=\dfrac{2\pi}{3}$ 时，即 VT1 的 $\alpha=\dfrac{\pi}{2}$，给 VT1、VT6 加触发脉冲，此时 $u_{ab}>0$，则 VT1、VT6 导通，负载电压 $u_d=u_{ab}$；到 $\omega t=\dfrac{5\pi}{6}$ 时，$u_a=u_b$，以后 $u_{ab}<0$，则 VT1、VT6 关断，$u_d=0$。

第 II 段 $\left(\pi\sim\dfrac{4\pi}{3}\right)$：$\omega t=\pi$ 时，即 VT2 的 $\alpha=\dfrac{\pi}{2}$，给 VT1、VT2 加触发脉冲，此时 $u_{ac}>0$，则 VT1、VT2 导通，负载电压 $u_d=u_{ac}$；到 $\omega t=\dfrac{7\pi}{6}$ 时，$u_a=u_c$，以后 $u_{ac}<0$，则 VT1、VT2 关断，$u_d=0$。

第 III 段 $\left(\dfrac{4\pi}{3}\sim\dfrac{5\pi}{3}\right)$：$\omega t=\dfrac{4\pi}{3}$ 时，即 VT3 的 $\alpha=\dfrac{\pi}{2}$，给 VT2、VT3 加触发脉冲，此时 $u_{bc}>0$，则 VT2、VT3 导通，负载电压 $u_d=u_{bc}$；到 $\omega t=\dfrac{3\pi}{2}$ 时，$u_b=u_c$，以后 $u_{bc}<0$，则 VT2、VT3 关

断，$u_d=0$。

第Ⅳ段$\left(\dfrac{5\pi}{3}\sim 2\pi\right)$：$\omega t=\dfrac{5\pi}{3}$时，即 VT4 的 $\alpha=\dfrac{\pi}{2}$，给 VT3、VT4 加触发脉冲，此时 $u_{ba}>0$，

则 VT3、VT4 导通，负载电压 $u_d=u_{ba}$；到 $\omega t=\dfrac{11\pi}{6}$时，$u_b=u_a$，以后 $u_{ba}<0$，则 VT3、VT4

关断，$u_d=0$。

第Ⅴ段$\left(2\pi\sim\dfrac{7\pi}{3}\right)$：$\omega t=2\pi$ 时，即 VT5 的 $\alpha=\dfrac{\pi}{2}$，给 VT4、VT5 加触发脉冲，此时 $u_{ca}>0$，

则 VT4、VT5 导通，负载电压 $u_d=u_{ca}$；到 $\omega t=\dfrac{13\pi}{6}$时，$u_c=u_a$，以后 $u_{ca}<0$，则 VT4、VT5 关

断，$u_d=0$。

第Ⅵ段$\left(\dfrac{7\pi}{3}\sim\dfrac{8\pi}{3}\right)$：$\omega t=\dfrac{7\pi}{3}$时，即 VT6 的 $\alpha=\dfrac{\pi}{2}$，给 VT5、VT6 加触发脉冲，此时 $u_{cb}>0$，

则 VT5、VT6 导通，负载电压 $u_d=u_{cb}$；到 $\omega t=\dfrac{5\pi}{2}$时，$u_c=u_b$，以后 $u_{cb}<0$，则 VT5、VT6 关

断，$u_d=0$。

$u_d$ 波形每 60°中有 30°为零，这是因为电阻负载时 $i_d$ 波形与 $u_d$ 一致，一旦 $u_d$ 降至零，$i_d$ 也降至零，流过晶闸管的电流即降至零，晶闸管关断，输出整流电压 $u_d$ 为零，因此 $u_d$ 波形不能出现负值。图 2-22 中还给出了晶闸管电流和变压器二次电流波形。

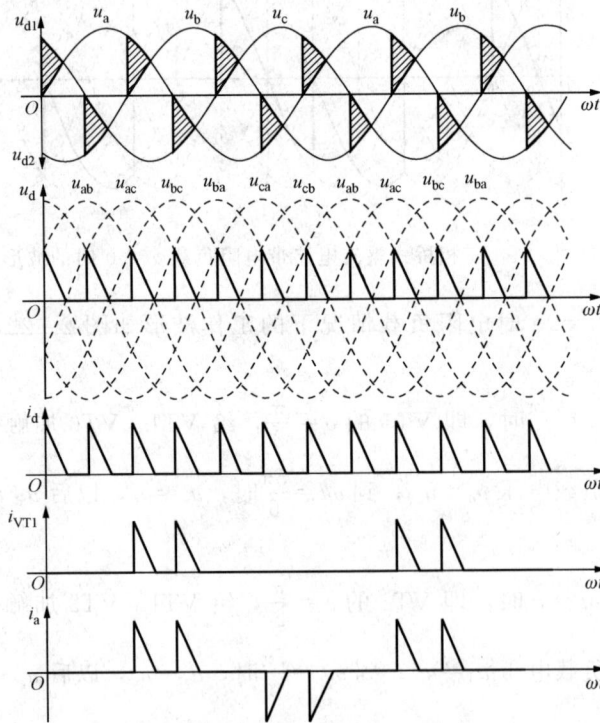

图 2-22 三相桥式全控整流电路带电阻负载 $\alpha=90°$时的波形

如果继续增大至 120°，整流输出电压 $u_d$ 波形将全为零，其平均值也为零，可见带电阻负载时三相桥式全控整流电路 $\alpha$ 角的移相范围是 120°。

2. 阻感负载

当 $\alpha \leqslant 60°$ 时，$u_d$ 波形连续，工作情况与带电阻负载时十分相似，各晶闸管的通断情况、输出整流电压 $u_d$ 波形、晶闸管承受的电压波形等都一样。但由于负载不同，同样的整流输出电压得到的负载电流 $i_d$ 波形不同。阻感负载时，由于电感的作用，使得负载电流波形变得平直，当电感足够大的时候，负载电流的波形可近似为一条水平线。

当 $\alpha > 60°$ 时，阻感性负载时的工作情况与电阻负载时不同。电阻负载时，$u_d$ 波形不会出现负的部分，波形断续；而阻感性负载时，由于负载电感释放储能，在线电压小于零的情况下，晶闸管继续导通，使波形出现负的部分。图 2-23 所示为带电感性负载 $\alpha = 90°$ 时的波形，可以看出，当 $\alpha = 90°$ 时，$u_d$ 波形正负面积相等，平均值为零，因此，带阻感性负载三相桥式整流电路的 $\alpha$ 角移相范围为 90°。

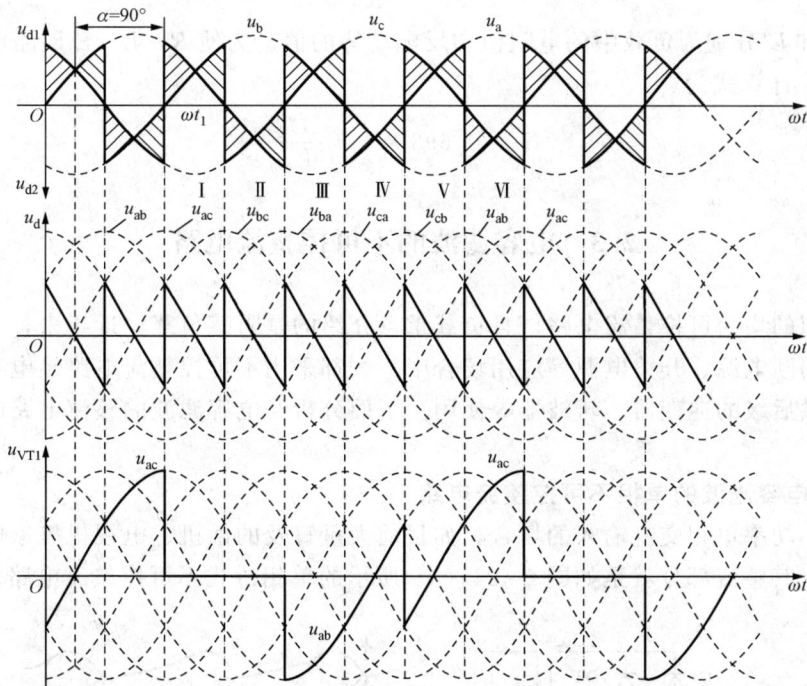

图 2-23 三相桥式全控整流电路带阻感负载 $\alpha = 90°$ 时的波形

在以上的分析中已经说明，整流输出电压 $u_d$ 的波形在一周期内脉动 6 次，且每次脉动的波形相同，因此在计算其平均值时，只需对一个脉波（即 1/6 周期）进行计算即可。此外，以线电压 $u_{ab}$ 的过零点为时间坐标的零点。

当电阻负载 $\alpha \leqslant 60°$ 或阻感负载时

$$U_d = \frac{1}{\pi/3} \int_{\frac{\pi}{3}+\alpha}^{\frac{2\pi}{3}+\alpha} \sqrt{6} U_2 \sin\omega t \, \mathrm{d}(\omega t) = 2.34 U_2 \cos\alpha \qquad (2-24)$$

积分下限的起点对相电压而言是从自然换相点（$\pi/6$）算起，但对于线电压而言为 $\pi/3$。

当电阻负载 $\alpha > 60°$ 时

$$U_d = \frac{1}{\pi/3} \int_{\frac{\pi}{3}+\alpha}^{\pi} \sqrt{6} U_2 \sin\omega t \, \mathrm{d}(\omega t) = 2.34 U_2 \left[ 1 + \cos\left(\frac{\pi}{3} + \alpha\right) \right] \qquad (2-25)$$

输出电流平均值为 $I_d = U_d / R$。

当整流变压器为图 2-17 中所示采用星形接法，带阻感负载时，变压器二次侧电流波形为正负半周各宽 120°、前沿相差 180°的矩形波，其有效值为

$$I_2 = \sqrt{\frac{1}{2\pi}\left[I_d^2 \times \frac{2}{3}\pi + (-I_d)^2 \times \frac{2}{3}\pi\right]} = \sqrt{\frac{2}{3}}I_d = 0.816I_d \qquad (2-26)$$

晶闸管电压、电流等的定量分析与三相半波时一致。晶闸管承受的正、反向最大电压均为线电压峰值，即 $\sqrt{6}U_2$。

三相桥式全控整流电路接反电动势阻感（$L$—$R$—$E$）负载时，在负载电感足够大使负载电流连续的情况下，电路工作情况与电感性负载时相似，电路中各处电压、电流波形均相同，仅在计算 $I_d$ 时有所不同，接反电动势阻感负载时的 $I_d$ 为

$$I_d = \frac{U_d - E}{R} \qquad (2-27)$$

式中 $R$ 和 $E$ 分别为负载中的电阻值和反电动势的值。为使 $R$—$L$—$E$ 回路电流连续，所需的电感量 $L$ 计算式为

$$L = 0.693 \times 10^{-3} \frac{U_2}{I_{d\min}} \qquad (2-28)$$

## 2.3　电容滤波的不可控整流电路

前面介绍的均为可控整流电路，且负载重点介绍的是阻感负载。近年来，在交—直—交变频器、不间断电源、开关电源等应用场合中，大都采用不可控整流电路经电容滤波后提供直流电源，供后级的逆变器、斩波器等使用。下面分析经电容滤波的整流电路的工作原理及特点。

### 2.3.1　电容滤波的单相不可控整流电路

常用于小功率单相交流输入的场合，如目前大量普及的微机、电视机等家电产品中使用的开关电源，其整流部分就是如图 2-24（a）所示的单相桥式不可控整流电路。

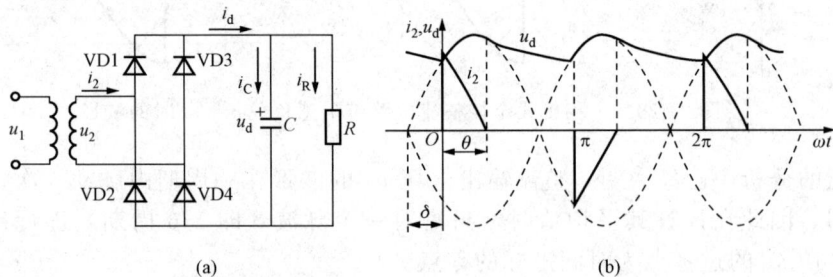

图 2-24　电容滤波的单相桥式不可控整流电路及其工作波形

（a）电路；（b）波形

1. 工作原理及波形分析

图 2-24（b）所示为电路工作波形。假设该电路已工作于稳态，整流输出为 $u_d$，同时由于实际中作为负载的后级电路稳态时消耗的直流平均电流是一定的，因此分析中以电阻 $R$ 作为负载。

（1）在 $u_2$ 正半周过零点至 $\omega t = 0$ 期间，因 $u_2 < u_d$，故二极管均不导通，电容 $C$ 向 $R$ 放电，提供负载所需电流，同时 $u_d$ 下降。至 $\omega t = 0$ 之后，$u_2 > u_d$，VD1 和 VD4 因承受正压而导通，$u_d = u_2$，交流电源向电容充电，同时向负载 $R$ 供电。此时产生变压器二次侧电流 $i_2$，此电流因向电容 $C$ 充电，故波形如图 2 - 24（b）所示，快速下降。当 $i_2 = 0$ 时，VD1 和 VD4 关断，电容 $C$ 维持负载电压，$u_d$ 下降，波形如图 2 - 24（b）所示。

（2）在 $u_2$ 进入负半周，当 $|u_2| < u_d$，二极管均不导通，电容 $C$ 向 $R$ 放电，提供负载所需电流，同时 $u_d$ 继续下降。至 $|u_2| > u_d$，VD2 和 VD3 因承受正压而导通，$u_d = -u_2$，交流电源向电容充电，同时向负载 $R$ 供电。此时产生变压器二次侧电流 $i_2$ 波形如图 2 - 24（b）所示，$|i_2|$ 快速下降。当 $i_2 = 0$ 时，VD2 和 VD3 关断，电容 $C$ 维持负载电压，$u_d$ 下降。

设 VD1 和 VD4 导通的时刻与 $u_2$ 过零点相距 $\delta$ 角，有

$$u_2 = \sqrt{2}U_2 \sin(\omega t + \delta) \tag{2 - 29}$$

在 VD1 和 VD4 导通期间，以下方程成立

$$\begin{cases} u_d(0) = \sqrt{2}U_2 \sin\delta \\ u_d(0) + \dfrac{1}{C}\displaystyle\int_0^t i_C \mathrm{d}t = u_2 \end{cases} \tag{2 - 30}$$

式中：$u_d(0)$ 为 VD1、VD4 开始导通时刻直流侧电压值。

将 $u_2$ 代入并求解得

$$i_C = \sqrt{2}\omega C U_2 \cos(\omega t + \delta) \tag{2 - 31}$$

而负载电流为

$$i_R = \frac{u_2}{R} = \frac{\sqrt{2}U_2}{R}\sin(\omega t + \delta) \tag{2 - 32}$$

于是

$$i_d = i_C + i_R = \sqrt{2}\omega C U_2 \cos(\omega t + \delta) + \frac{\sqrt{2}U_2}{R}\sin(\omega t + \delta) \tag{2 - 33}$$

设 VD1 和 VD4 的导通角为 $\theta$，则当 $\omega t = \theta$ 时，VD1 和 VD4 关断。将 $i_d(\theta) = 0$ 代入式（2 - 33），得

$$\tan(\theta + \delta) = -\omega RC \tag{2 - 34}$$

电容被充电到 $\omega t = \theta$ 时，$u_d = u_2 = \sqrt{2}U_2 \sin(\theta + \delta)$，VD1 和 VD4 关断。电容开始以时间常数 $RC$ 按指数函数放电，当 $\omega t = \pi$，即放电经过 $\pi - \theta$ 角时，$u_d$ 降至开始充电时的初值 $\sqrt{2}U_2 \sin\delta$，另一对二极管 VD2 和 VD3 导通，此后 $u_2$ 又向 $C$ 充电，与 $u_2$ 正半周的情况一样。由于二极管导通后 $u_2$ 开始向 $C$ 充电时的 $u_d$ 与二极管关断后 $C$ 放电结束时的 $u_d$ 相等，故有

$$\sqrt{2}U_2 \sin(\theta + \delta)\mathrm{e}^{-\frac{\pi - \theta}{\omega RC}} = \sqrt{2}U_2 \sin\delta \tag{2 - 35}$$

注意到 $\delta + \theta$ 为第 2 象限的角，由式（2 - 34）和式（2 - 35）得

$$\pi - \theta = \delta + \arctan(\omega RC) \tag{2 - 36}$$

$$\frac{\omega RC}{\sqrt{(\omega RC)^2 + 1}}\mathrm{e}^{-\frac{\arctan(\omega RC)}{\omega RC}}\mathrm{e}^{-\frac{\delta}{\omega RC}} = \sin\delta \tag{2 - 37}$$

在 $\omega RC$ 已知时，即可由式（2-37）求出 $\delta$，进而由式（2-36）求出 $\theta$。显然 $\delta$ 和 $\theta$ 仅由乘积 $\omega RC$ 决定。图 2-25 给出了根据以上两式求得的 $\delta$ 和 $\theta$ 角随 $\omega RC$ 变化的曲线。

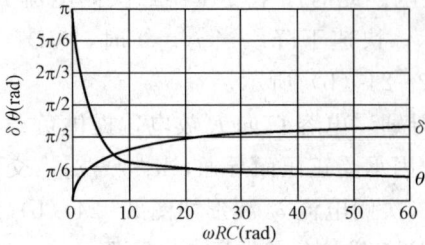

图 2-25 $\delta$、$\theta$ 和 $\omega RC$ 的关系曲线

二极管关断的时刻，即 $\omega t$ 达到 $\theta$ 的时刻，还可用另一种方法确定。显然，在 $u_2$ 达到峰值之前，VD1 和 VD4 是不会关断的。$u_2$ 过了峰值之后，$u_2$ 和电容电压 $u_d$ 都开始下降。VD1 和 VD4 的关断时刻，从物理意义上讲，就是两个电压下降速度相等的时刻，一个是电源电压的下降速度 $|\mathrm{d}u_2/\mathrm{d}(\omega t)|$，另一个是假设二极管 VD1 和 VD4 关断而电容开始单独向电阻放电时电压的下降速度 $|\mathrm{d}u_d/\mathrm{d}(\omega t)|_\mathrm{P}$（下标表示假设）。前者等于该时刻 $u_2$ 导数的绝对值，而后者等于该时刻与 $\theta$、$\omega RC$ 的比值。据此即可确定 $\theta$ 的大小。

2. 主要的数量关系

（1）输出电压平均值。空载时，$R=\infty$，放电时间常数为无穷大，输出电压最大，$u_d=\sqrt{2}U_2$。整流电压平均值 $U_d$ 可根据前述波形及有关计算公式推导得出，但推导繁琐，故此处直接给出 $U_d$ 与输出到负载的电流平均值 $I_d$ 之间的关系如图 2-26 所示。

重载时，$R$ 很小，电容放电很快，几乎失去储能的作用。随着负载加重，$U_d$ 逐渐趋近于 $0.9U_2$，即趋近于电阻负载时的特性。在设计时根据负载的情况选择电容 $C$ 值，使 $RC\geqslant\frac{3\sim5}{2}T$（$T$ 为交流电源的周期），此时输出电压为

$$U_d\approx1.2U_2 \qquad (2-38)$$

（2）电流平均值。输出电流平均值 $I_R$ 为

$$I_R=U_d/R \qquad (2-39)$$

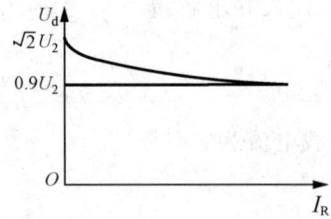

图 2-26 电容滤波不可控整流电路输出电压与输出电流的关系

在稳态时，电容 $C$ 在一个电源周期内吸收的能量和释放的能量相等，其电压平均值保持不变，相应地，经过电容的电流在一个周期内的平均值为零，又由 $i_d=i_C+I_R$ 得出

$$I_d=I_R \qquad (2-40)$$

在一个电源周期中，$i_d$ 有两个波头，分别轮流流过 VD1、VD4 和 VD2、VD3。因此，流过某个二极管的电流 $i_{VD}$ 平均值为

$$I_{VD}=I_d/2=I_R/2 \qquad (2-41)$$

（3）二极管承受的电压。二极管承受反向电压最大值为变压器二次电压最大值，即 $\sqrt{2}U_2$。

在上述讨论过程中，忽略了电路中诸如变压器漏抗、线路电感等的作用。另外，实际应用中为了抑制电流冲击，常在直流侧串入较小的电感，称为感容滤波电路，如图 2-27（a）所示。此时输出电压和输入电流的波形如图 2-27（b）所示，由波形可见，$u_d$ 波形更平直，而电流 $i_2$ 的上升段也平缓了许多，这对于电路的工作是有利的。当 $L$ 和 $C$ 的取值发生变化时，电路的工作情况会有很大的不同，这里不再详述。

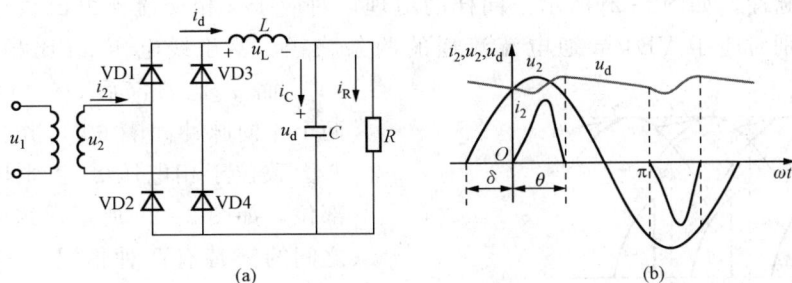

图 2 - 27　感容滤波的单相不可控整流电路及其工作波形

### 2.3.2　电容滤波的三相不可控整流电路

在电容滤波的三相不可控整流电路中，最常用的是三相桥式结构，图 2 - 28 给出了其电路及理想的工作波形。

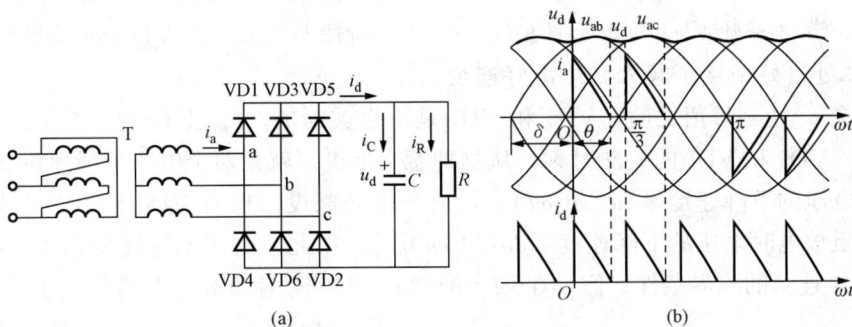

图 2 - 28　电容滤波的三相桥式不可控整流电路及其波形

（a）电路；（b）波形

#### 1. 基本原理

该电路中，某一对二极管导通时，输出直流电压等于交流侧线电压中最大的一个，该线电压既向电容供电，也向负载供电。当没有二极管导通时，由电容向负载放电，$u_d$ 按指数规律下降。

设二极管在距线电压过零点 $\delta$ 角处开始导通，并以二极管 VD6 和 VD1 开始同时导通的时刻为时间零点，则线电压为

$$u_{ab} = \sqrt{6}U_2\sin(\omega t + \delta) \tag{2 - 42}$$

而相电压为

$$u_a = \sqrt{2}U_2\sin\left(\omega t + \delta - \frac{\pi}{6}\right) \tag{2 - 43}$$

在 $\omega t = 0$ 时，二极管 VD6 和 VD1 开始同时导通，直流侧电压等于 $u_{ab}$，对应于交流侧 a 相电流 $i_a$ 形成一个正向脉冲；下一次同时导通的一对管子是 VD1 和 VD2，直流侧电压等于 $u_{ac}$，交流侧 a 相电流 $i_a$ 又形成一个正向脉冲。对应于 $u_a$ 正半周，VD1 的导通电流流通路径不外乎是上述两条：一是在 $u_b$ 负半周 b 点电位最低期间，沿 a—VD1—RC—VD6—b 路径，直流侧输出为线电压 $u_{ab}$ 的正弦波片段；二是在 $u_c$ 负半周 c 点电位最低期间，沿 a—VD1—RC—VD2—c 路径，直流侧输出为线电压 $u_{ac}$ 的正弦波片段，从而对应于 a 相交流侧电流正

半周有两个尖脉冲，如图2-29所示。同样的道理，对应于 a 相交流侧电流负半周有两个负值尖脉冲，分别对应于 VD4 导通电流流通的两条路径。鉴于线电压 $u_{ab}$ 比相电压 $u_a$ 超前 30°，而 $u_{ac}$ 比 $u_a$ 滞后 30°，因此 $i_a$ 的前后两个正向脉冲间隔 60°，并且两脉冲的中心大致位于相电压 $u_a$ 正半周波峰的中间部位，如图 2-29 所示，这两段导通过程之间的交替有两种情况，一种是在 VD1 和 VD2 同时导通之前 VD6 和 VD1 是关断的，交流侧向直流侧的充电电流 $i_d$ 是断续的，如图 2-29 所示；另一种是在 VD1 一直导通，交替时由 VD6 导通换相至 VD2 导通，$i_d$ 是连续的。介于两者之间的临界情况是 VD6 和 VD1 同时导通的阶段与 VD1 和 VD2 同时导通的阶段在 $\omega t + \delta = 2\pi/3$ 处恰好衔接了起来，$i_d$ 恰好连续。

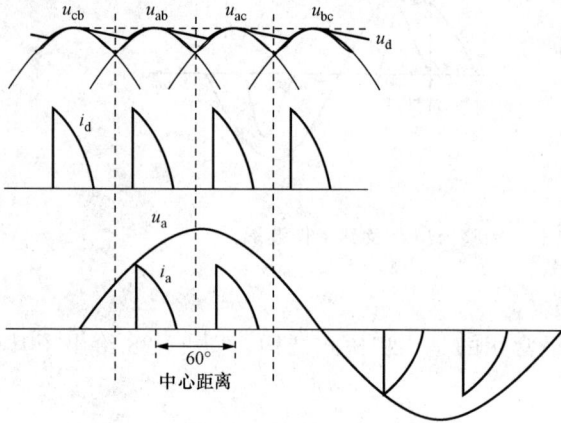

图 2-29　$i_a$ 电流脉冲与相电压 $u_a$ 的相位关系

显然，在 $u_{ab}$ 达到峰值之前，VD6 和 VD1 是不会关断的。$u_{ab}$ 过了峰值之后和电容电压 $u_d$ 都开始下降。VD6 和 VD1 的关断时刻，从物理意义上讲，就是两个电压下降速度相等的时刻，一个是电源电压的下降速度 $|\mathrm{d}u_{ab}/\mathrm{d}(\omega t)|$，另一个是假设二极管 VD6 和 VD1 关断而电容开始单独向电阻放电时电压的下降速度 $|\mathrm{d}u_d/\mathrm{d}(\omega t)|_p$。据此"电压下降速度相等"的原则，可以确定电流 $i_d$ 连续的临界条件。假设在 $\omega t = \delta = 2\pi/3$ 时刻"速度相等"恰好发生，则有

$$\left| \frac{\mathrm{d}\left[\sqrt{6}U_2 \sin(\omega t + \delta)\right]}{\mathrm{d}(\omega t)} \right|_{\omega t + \delta = \frac{2\pi}{3}} = \left| \frac{\mathrm{d}\left\{ \sqrt{6}U_2 \sin\frac{2\pi}{3} e^{-\frac{1}{\omega RC}\left[\omega t - \left(\frac{2\pi}{3} - \delta\right)\right]} \right\}}{\mathrm{d}(\omega t)} \right|_{\omega t + \delta = \frac{2\pi}{3}} \quad (2-44)$$

可得 $\omega RC = \sqrt{3}$，这就是临界条件。$\omega RC > \sqrt{3}$ 和 $\omega RC \leqslant \sqrt{3}$ 分别是电流 $i_d$ 断续和连续的条件。图 2-30 分别给出了 $\omega RC$ 等于和小于 $\sqrt{3}$ 时的电流波形，对一个确定的装置来讲，通常只有 $R$ 是可变的，它的大小反映了负载的轻重。在轻载时直流侧获得的充电电流是断续的，重载时是连续的，分界点就是 $R = \sqrt{3}/\omega C$。

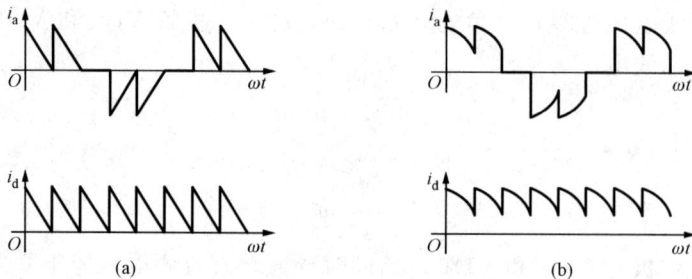

图 2-30　电容滤波的三相桥式整流电路当 $\omega RC$ 等于和小于 $\sqrt{3}$ 时的电流波形

(a) $\omega RC = \sqrt{3}$；(b) $\omega RC < \sqrt{3}$

以上分析的是理想的情况，未考虑实际电路中存在的交流侧电感以及为抑制冲击电流而串联的电感。当考虑直流侧串联电感时，电路的工作情况发生变化，其电路图和交流侧电流

波形如图 2-31 所示。直流侧所串入的电感的大小，对交流侧电流波形的影响也很明显，电感取值较大时，由于延续了整流二极管的导通时间，电流波形的前沿平缓了许多，连续性可以显著改善；当电感取值很大时，由于直流侧 $i_d$ 近似恒流，交流侧每相电流将接近于正负对称的 120°方波。图 2-31 （b）、（c）给出了直流电感取值大小对交流侧电流波形的影响情况及其与对应相电压的相位关系。

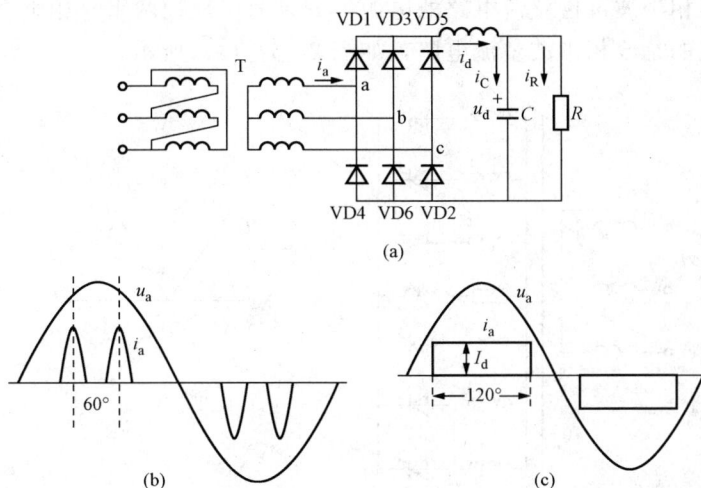

图 2-31　直流电感 $L_d$ 取值大小对交流侧电流波形的影响及相位关系
(a) 感容滤波的三相桥式整流电路；(b) $L_d$ 较小（轻载）；(c) $L_d$ 很大（重载）

### 2. 主要数量关系

（1）输出电压平均值。空载时，输出电压平均值最大，为 $U_d = \sqrt{6} U_2 = 2.45 U_2$。随着负载的加重，输出电压平均值减小，至 $\omega RC = \sqrt{3}$ 进入 $i_d$ 连续情况后，输出电压波形称为线电压的包络线，其平均值为 $U_d = 2.34 U_2$。可见 $U_d$ 在 $2.34 U_2 \sim 2.45 U_2$ 之间变化。

与电容滤波的单相桥式不可控整流电路相比，$U_d$ 的变化范围小很多，当负载加重到一定程度后，$U_d$ 就稳定在 $2.34 U_2$ 不变了。

（2）电流平均值。输出电流平均值 $I_R$ 为

$$I_R = U_d / R \tag{2-45}$$

与单相电路情况一样，电容电流 $i_C$ 平均值为零，因此

$$I_d = I_R \tag{2-46}$$

在一个电源周期中，$i_d$ 有六个波头，流过每一个二极管的是其中的两个波头，因此二极管电流平均值为 $I_{VD}$ 的 1/3，即

$$I_{VD} = I_d / 3 = I_R / 3 \tag{2-47}$$

（3）二极管承受的电压。二极管承受的最大反向电压为线电压的峰值，即 $\sqrt{6} U_2$。

## 2.4　大功率可控整流电路

本节将介绍几种大功率负载的整流电路形式。与三相桥式全控整流电路相比较，带平衡

电抗器的双反星形可控整流电路的特点是适用于低电压、大电流的场合，如电解电镀等工业应用；多重化整流电路的特点，一方面是在采用相同器件时可达到更大的功率，另一方面是它可减少交流侧输入电流的谐波，从而减小对供电电网的干扰。

### 2.4.1　带平衡电抗器的双反星形可控整流电路

为了消除整流变压器直流磁化，由同一变压器供电，变压器二次绕组为双反星形接线，并分别作为两个三相半波可控整流电路的电源。如果简单地把两组三相半波可控整流电路并联起来工作，组成的是 6 相半波整流电路，如图 2 - 32（a）所示。

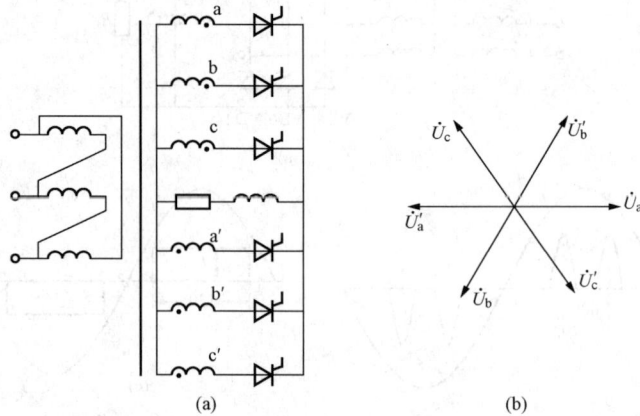

图 2 - 32　六相半波整流电路及六相对称电压相量图

6 相对称交流电压，彼此互差 60°，电压相量如图 2 - 32（b）所示。因为两个直流电源并联运行时，只有当两个电源的电压瞬时值相同时，才能使负载电流平均分配。在 6 相半波整流电路中，虽然两组整流电压的平均值 $U_{d1}$ 和 $U_{d2}$ 是相等的，但是它们的脉动波相差 60°，瞬时值是不同的，故任何时刻仅有一只管导通，每管最大的导通角为 60°。$\alpha = 0°$ 时，输出电压波形为 6 相正弦的包络线，$U_d = 1.35 U_2 \cos\alpha$。6 相半波整流电路晶闸管导电时间短，变压器利用率低，故极少采用。

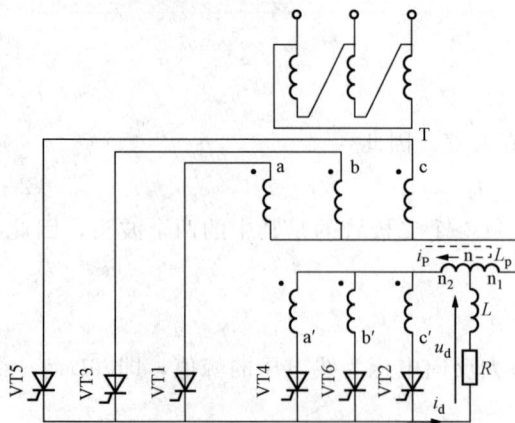

图 2 - 33　带平衡电抗器的双反星形可控整流电路

为了使两个半波电路并联运行，引入平衡电抗器 $L_p$，如图 2 - 33 所示。在这种并联电路中，两个星形的中点间接有带中心抽头的平衡电抗器，电抗器起到平衡瞬时电压 $u_{d1}$ 和 $u_{d2}$ 的作用，使两组三相半波并联运行。

在 $\alpha = 0°$ 时，若两组半控桥能并联运行，则其整流电压、电流的波形如图 2 - 34 所示。两组的相电压互差 180°，因而相电流也互差 180°。其幅值相等，均为 $I_d/2$。以 a 相为例，相电流 $i_a$ 与 $i'_a$ 出现的时刻虽不同，但它们的平均值都是 $I_d/6$，因为平均电流相等而绕组的极性相反，所以直流安匝互相抵消。因此本电路是利用绕组的极性相反来消除直流磁通势的。

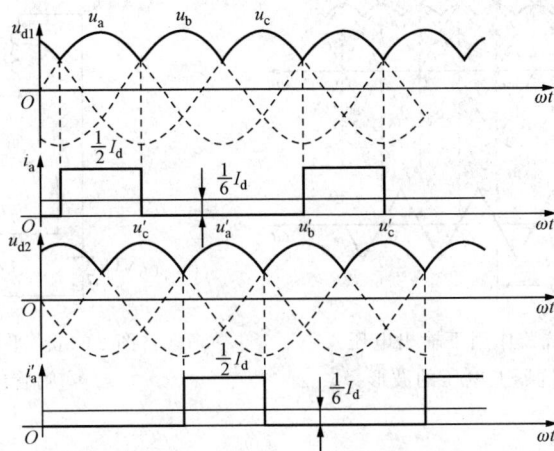

图 2 - 34　双反星形电路，$\alpha = 0°$ 时两组整流电压、电流波形

以下分析由于平衡电抗器的作用，使得两组三相半波整流电路并联运行的原理。如图 2 - 35（a）所示，当 $\alpha = 0°$ 时，给 VT1 和 VT6 加触发脉冲，此时，这时 $u'_b$ 及 $u_a$ 均为正值，由于 $u'_b > u_a$，VT6 导通，形成负载电流，此电流在 $L_p（n_2，n）$ 上感应一电动势，左负右正，其值设为 $u_p/2$，同时在 $L_p$ 另一侧（n，$n_1$）感应出 $u_p/2$，极性如图 2 - 36 所示。此时，$u_{VT1} = u_a + u_p/2$，$u_{VT6} = u'_b - u_p/2$，可见平衡电抗器起到电动势平衡的作用，补偿了 $u'_b$ 和 $u_a$ 的电动势差，使得 $u'_b$ 和 $u_a$ 相的晶闸管能同时导电。平衡电抗器两端电压和整流输出电压的数学表达式为

$$u_p = u'_b - u_a \qquad\qquad (2 - 48)$$

$$u_d = u'_b - \frac{1}{2}u_p = u_a + \frac{1}{2}u_p = \frac{1}{2}(u'_b + u_a) \qquad\qquad (2 - 49)$$

虽然 $u'_b > u_a$，但由于 $L_p$ 的平衡作用，使得晶闸管 VT6 和 VT1 都承受正向电压而同时导通。随着时间推迟至 $u'_b$ 和 $u_a$ 的交点时，由于 $u'_b = u_a$，两管继续导电，此时 $u_p = 0$。之后 $u'_b < u_a$，则流经 b′相的电流要减小，但 $L_p$ 有阻止此电流减小的作用，$u_p$ 的极性则与图 2 - 36 示出的相反，$L_p$ 仍起平衡作用，使 VT6 继续导通，直到 VT2 脉冲到来，此时 $u'_c > u_b$，电流才从 VT6 换至 VT2。此时变成 VT1、VT2 同时导通。每隔 60°有一个晶闸管换相。每一组中的每一个晶闸管仍按三相半波的导电规律而各轮流导电 120°。这样以平衡电抗器中点作为整流电压输出的负端，其输出的整流电压瞬时值为两组三相半波整流电压瞬时值的平均值，见式（2 - 49），波形如图 2 - 35（a）中粗黑线所示。

图 2 - 37 给出了 $\alpha = 30°$、$60°$、$90°$ 时输出电压的波形。从图中可以看出，双反星形电路的输出电压波形与三相半波电路比较，脉动程度减小了，脉动频率加大一倍，$f = 300\text{Hz}$。在电感负载情况下，当 $\alpha = 90°$ 时，输出电压波形正负面积相等，$U_d = 0$，因而移相范围是 90°。如果是电阻负载，则 $u_d$ 波形没有负值，仅保留波形中正的部分。同样可以看出，当 $\alpha = 120°$ 时，$U_d = 0$，因而电阻负载时的移相范围是 120°。

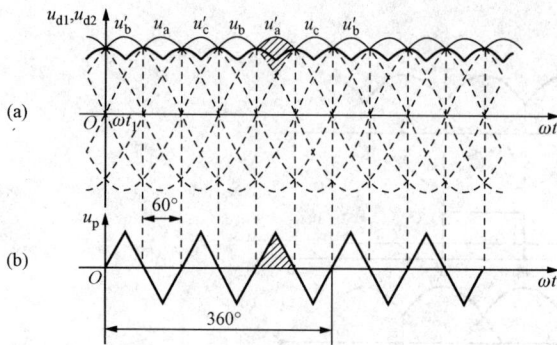

图 2-35 平衡电抗器作用下输出电压
的波形和平衡电抗器上电压的波形

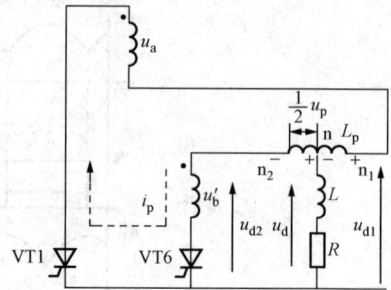

图 2-36 平衡电抗器作用下两个晶
闸管同时导电的情况

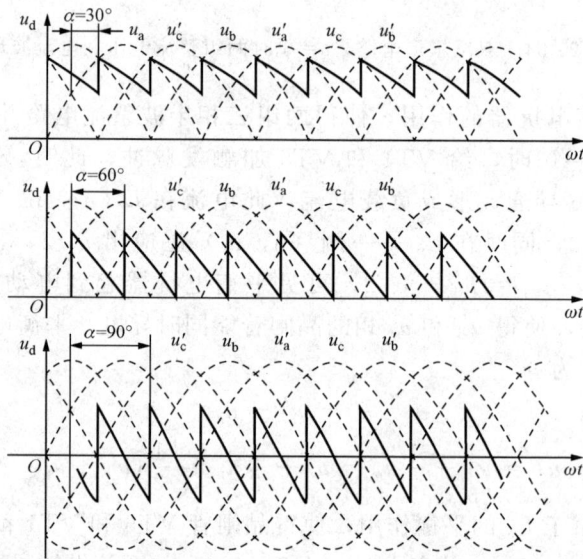

图 2-37 当 $\alpha=30°$、$60°$、$90°$时，双反星形电路的输出电压波形

双反星形电路是两组三相半波电路的并联，所以整流电压平均值与三相半波整流电路的整流电压平均值相等，在不同的控制角 $\alpha$ 时

$$U_d = 1.17U_2\cos\alpha \tag{2-50}$$

在以上分析的基础上，与三相桥式电路比较得出以下结论。

（1）三相桥式电路是两组三相半波电路串联，而双反星形电路是两组三相半波电路并联，且后者需用平衡电抗器。

（2）当变压器二次侧电压有效值 $U_2$ 相等时，双反星形电路的整流电压平均值 $U_d$ 是三相桥式电路的 $1/2$，而整流电流平均值 $I_d$ 是三相桥式电路的 2 倍，因而适合于低压大电流场合。

（3）在两种电路中，晶闸管的导通及触发脉冲的分配关系是一样的，整流电压 $u_d$ 和整流电流 $i_d$ 的波形形状一样。

### 2.4.2 多重化整流电路

随着整流装置功率的进一步加大，它所产生的谐波、无功功率等对电网的干扰也随之加大，为减轻干扰，可采用多重化整流电路，即按一定的规律将两个或更多个相同结构的整流电路（如三相桥）进行组合而得。将整流电路进行移相多重连接可以减少交流侧输入电流谐波。

整流电路的多重连接有并联多重连接和串联多重连接。图 2-38 给出了将两个三相全控桥式整流电路并联连接而成的 12 脉波整流电路原理图，该电路中使用了平衡电抗器来平衡各组整流器的电流，其原理与双反星形电路中采用平衡电抗器是一样的。

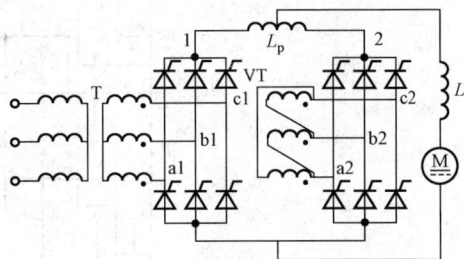

图 2-38 并联多重连接的 12 脉波整流电路

对于交流输入电流来说，采用并联多重连接和串联多重连接的效果是相同的，以下着重讲述串联多重连接的情况。采用多重连接不仅可以减少交流输入电流的谐波，同时也可减小直流输出电压中的谐波并提高纹波频率，因而可减小平波电抗器。为了简化分析，下面均不考虑变压器漏抗引起的重叠角，并假设整流变压器各绕组的线电压之比为 1∶1。

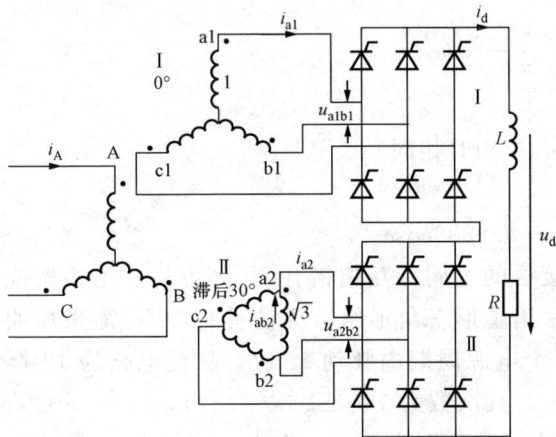

图 2-39 移相 30°串联 2 重连接电路

图 2-39 是移相 30°构成串联 2 重连接电路的原理图，利用变压器二次绕组接法的不同，使两组三相交流电源间相位错开 30°，从而使输出整流电压 $u_d$ 在每个交流电源周期中脉动 12 次，故该电路为 12 脉波整流电路。整流变压器二次绕组分别采用星形和三角形接法构成相位相差 30°、大小相等的两组电压，接到相互串联的两组整流桥。因绕组接法不同，变压器一次绕组和两组二次绕组的匝数比如图 2-39 所示，为 $1∶1∶\sqrt{3}$。图 2-40 为该电路输入电流波形图。其中图 2-40（c）的 $i'_{ab2}$ 在图 2-39 中未标出，它是第Ⅱ组桥电流 $i_{ab2}$ 折算到变压器一次侧 A 相绕组中的电流。图 2-40（d）的总输入电流 $i_A$ 为图 2-40（a）的 $i_{a1}$ 和图 2-40（c）的 $i'_{ab2}$ 之和。

对于图 2-40 中波形 $i_A$ 进行傅里叶分析，可得其基波幅值 $I_{m1}$ 和 $n$ 次谐波幅值 $I_{mn}$ 分别为

$$I_{m1} = \frac{4\sqrt{3}}{\pi}I_d \tag{2-51}$$

$$I_{mn} = \frac{1}{n}\frac{4\sqrt{3}}{\pi}I_d \quad n = 12k \pm 1, k = 1,2,3,\cdots \tag{2-52}$$

即输入电流谐波次数为 $12k \pm 1$，其幅值与次数成反比。基波幅值和谐波幅值将在 2.6.1 节中详细介绍。

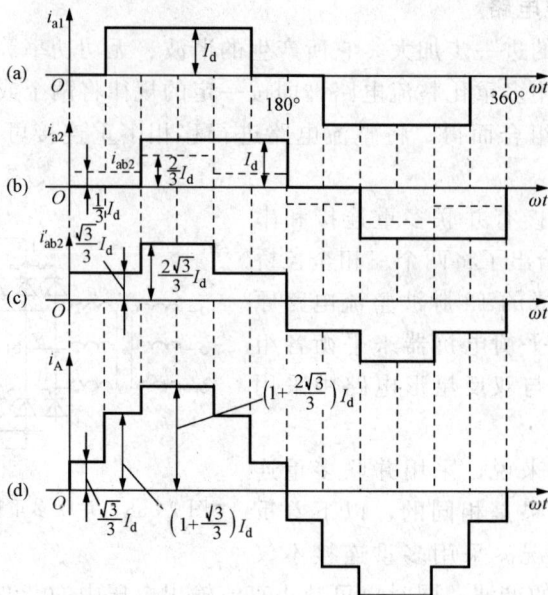

图 2-40 移相 30°串联 2 重连接电路电流波形

该电路的其他特性如下，直流输出电压为

$$U_d = \frac{6\sqrt{6}U_2}{\pi}\cos\alpha \tag{2-53}$$

位移因数为

$$\cos\varphi_1 = \cos\alpha（单相时相同） \tag{2-54}$$

功率因数为

$$\lambda = \mu\cos\varphi_1 = 0.9886\cos\alpha \tag{2-55}$$

根据同样的道理，利用变压器二次绕组接法的不同，互相错开 20°，可将三组桥构成串联 3 重连接。此时，对于整流变压器来说，采用星形三角形组合无法移相 20°，需采用曲折接法。串联 3 重连接电路的整流电压 $u_d$ 在每个电源周期内脉动 18 次，故此电路为 18 脉波整流电路。其交流侧输入电流中所含谐波更少，其次数为 $18k\pm1$ 次（$k=1,2,3,\cdots$），整流电压 $u_d$ 的脉动也更小。输入位移因数和功率因数分别为

$$\cos\varphi_1 = \cos\alpha \tag{2-56}$$

$$\lambda = 0.9949\cos\alpha \tag{2-57}$$

若将整流变压器的二次绕组移相 15°，即可构成串联 4 重连接电路，此电路为 24 脉波整流电路。其交流侧输入电流谐波次数为 $24k\pm1$，$k=1,2,3,\cdots$。

输入位移因数和功率因数分别为

$$\cos\varphi_1 = \cos\alpha \tag{2-58}$$

$$\lambda = 0.9971\cos\alpha \tag{2-59}$$

从以上论述可以看出，采用多重连接的方法并不能提高位移因数，但可以使输入电流谐波大幅度减小，从而也可以在一定程度上提高功率因数。

# 2.5 有 源 逆 变 电 路

### 2.5.1 逆变的概念

#### 1. 什么是逆变、为什么要逆变

在生产实践中，存在着与整流过程相反的要求，即要求把直流电转变为交流电，这种对应于整流的逆向过程，定义为**逆变**。例如，电力机车下坡行驶时，使直流电动机作为发电机制动运行，机车的位能转变为电能，反送到交流电网中去。把直流电逆变成交流电的电路称为逆变电路。将经逆变得到的交流电能反馈到电网的电路，称为**有源逆变电路**。有源逆变电路常用于直流可逆调速系统、交流绕组转子异步电动机串级调速以及高压直流输电等方面。对于可控整流电路而言，只要满足一定条件，就可以工作于有源逆变状态。此时，电路形式并未发生变化，只是电路工作条件不同，因此将有源逆变作为整流电路的一种工作状态进行分析，这种既能工作于整流状态又能工作于逆变状态的电路称为变流电路。

以下先从直流发电机—电动机系统入手，研究其间电流流转的关系，再分析变流器交流和直流电之间电能的转换，以掌握实现有源逆变的条件。

#### 2. 直流发电机—电动机系统电能的流转

图 2-41 所示直流发电机—电动机系统中，M 为电动机，G 为发电机，励磁回路未画出。控制发电机电动势的大小和极性，可实现电动机四象限的运转状态。

在图 2-41 (a) 中，M 作电动机运行，$E_G > E_M$，电流 $I_d$ 从 G 流向 M，$I_d$ 的值为

$$I_d = \frac{E_G - E_M}{R_\Sigma} \tag{2-60}$$

式中：$R_\Sigma$ 为主回路总电阻。由于 $I_d$ 和 $E_G$ 同方向，与 $E_M$ 反方向，故 G 输出电功率 $E_G I_d$，M 吸收电功率 $E_M I_d$，电能由 G 流向 M，转变为 M 轴上输出的机械能，$R_\Sigma$ 上是热能。

图 2-41 (b) 是回馈制动状态，M 作发电机运行，此时，$E_M > E_G$，电流反向，从 M 流向 G，其值为

$$I_d = \frac{E_M - E_G}{R_\Sigma} \tag{2-61}$$

此时 $I_d$ 和 $E_M$ 同方向，与 $E_G$ 反方向，故 M 输出电功率，G 则吸收电功率，$R_\Sigma$ 上是热能，M 轴上输入的机械能转变为电能反送给 G。

再看图 2-41 (c)，这时两电动势顺向串联，向电阻 $R_\Sigma$ 供电，G 和 M 均输出功率，由于 $R_\Sigma$ 一般都很小，实际上形成短路，在工作中必须严防这类事故发生。

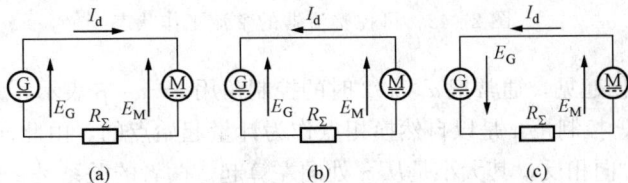

图 2-41 直流发电机—电动机之间电能的流转

(a) 两电动势同极性 $E_G > E_M$；(b) 两电动势同极性 $E_M > E_G$；

(c) 两电动势反极性，形成短路

　　可见两个电动势同极性相接时，电流总是从电动势高的流向电动势低的，由于回路电阻很小，即使很小的电动势差值也能产生大的电流，使两个电动势之间交换很大的功率，这对分析有源逆变电路是十分有用的。

　　3. 逆变产生的条件

　　以图 2-42 所示单相全波可控整流电路为例，设其直流侧串有很大的平波电抗器 $L$，$R$ 为直流回路的集中等效电阻，主要包括直流电抗器 $L$ 内阻、直流电机电枢内阻和晶闸管的通态电阻等，以直流电机作为反电动势负载，输出直流电压为 $U_d$，输出直流电流 $I_d$ 为

$$I_d = \frac{U_d - E_M}{R} \tag{2-62}$$

　　在直流电机作电动机运行的状态下，$U_d > E_M$，$\alpha < 90°$。从输出电压 $u_d$ 的波形可见，其平均直流电压为较大的正值，$I_d$ 从 $E_M$ 的正端流入，$E_M$ 吸收由 $U_d$ 供出的能量，其等效直流回路及功率的传递方向如图 2-42（b）所示。但在直流电机进入发电反馈制动的情况下，由于整流元件的单向导电性，直流侧电流 $I_d$ 的方向是不可改变的，欲改变电能的输送方向，只能改变反电动势 $E_M$ 的极性，故考虑将 $E_M$ 的极性反接，使 $I_d$ 从 $E_M$ 的正端流出，这样才能使直流电机所发出的能量往外供出。但是在 $E_M$ 反接之后，若 $U_d$ 依然保持原来的极性不变，则将在直流回路中与 $E_M$ 形成所谓顺向串联，如图 2-42（c）所示，由于通常 $R$ 很小，将会使 $I_d$ 形成很大的环流，实际上形成了短路，所以在工作中必须严防这类情况发生。因此在 $E_M$ 为负的情况下，$U_d$ 也必须为负，极性与整流时相反，当 $\alpha > \pi/2$ 时，可实现 $U_d < 0$，如图 2-43（a）所示，并且使 $|U_d| < |E_M|$，此时，$E_M$ 供出能量，$R$ 消耗能量，电能从直流侧送到交流侧，实现有源逆变，如图 2-43（b）所示。

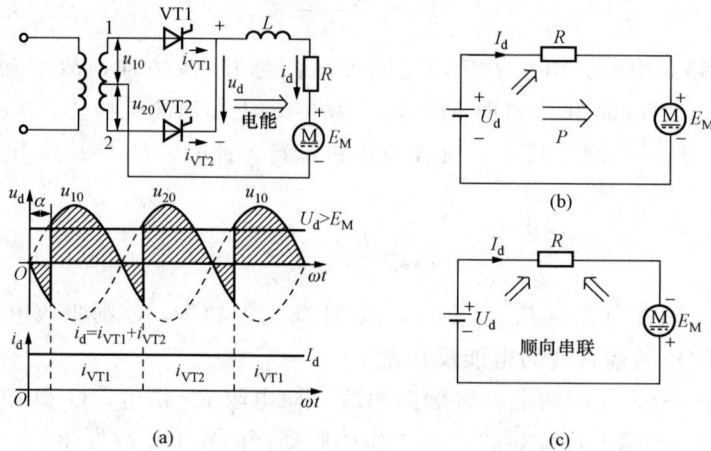

图 2-42　可控整流器的整流工作状态

　　为分析和计算方便起见，通常把 $\alpha > \pi/2$ 时的控制角用 $\pi - \alpha = \beta$ 表示，$\beta$ 称为**逆变角**。对于单相全波可控整流电路，控制角 $\alpha$ 是以自然换相点作为计量起始点的，由此向右方计量，而逆变角 $\beta$ 和控制角 $\alpha$ 的计量方向相反，其大小是从 $\pi$ 处向左算起。两者的关系是 $\alpha + \beta = \pi$，或 $\beta = \pi - \alpha$。

　　在 $\alpha > 90°$ 的情况下，可控整流器工作在有源逆变状态，将 $U_d$ 吸收来的能量逆变至交流电网。这时按图 2-43（b）所示参考反向，$I_d$ 可表示为

$$I_d = \frac{E_M - U_d}{R} \tag{2-63}$$

从上述分析中，可以归纳出产生有源逆变必须同时满足的两个基本条件。

（1）外部条件：要有一个能提供逆变能量的直流电动势，并且其极性须和晶闸管的导通方向一致，即 $E_M$ 反极性。

（2）内部条件：要求变流电路的晶闸管控制角 $\alpha > 90°$。使 $U_d$ 为负值，且其幅值应略小于 $E_M$。

必须指出，单相或三相半控桥或有续流二极管的整流电路，因其整流电压 $U_d$ 不能出现负值，也不允许直流侧出现负极性的电动势，故不能实现有源逆变。

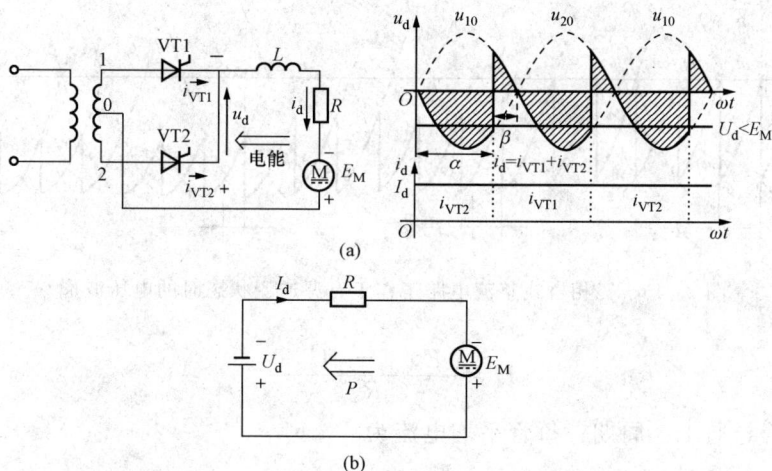

图 2-43　可控整流器的有源逆变状态

### 2.5.2　三相桥式有源逆变电路

三相有源逆变比单相有源逆变要复杂些，但我们知道整流电路带反电动势、阻感负载时，整流输出电压与控制角间存在着余弦函数关系，即

$$U_d = U_{d0}\cos\alpha = 2.34U_2\cos\alpha \tag{2-64}$$

逆变和整流的区别仅仅是控制角 $\alpha$ 的不同。$0 < \alpha < \pi/2$ 时，电路工作在整流状态，$\pi/2 < \alpha < \pi$ 时，电路工作在有源逆变状态。

为实现有源逆变，需一反向的 $E_M$，如图 2-44 所示，而 $U_d$ 在式（2-64）中因 $\alpha$ 大于 $\pi/2$ 已自动变为负值，故能满足逆变的条件。因而可沿用整流的办法来处理逆变时有关波形与参数计算等各项问题。

三相桥式电路工作于有源逆变状态，不同逆变角时的输出电压波形如图 2-45 所示。

关于有源逆变状态时各电量的计算，归纳为

$$U_d = 2.34U_2\cos\alpha = -2.34U_2\cos\beta \tag{2-65}$$

以线电压 $U_{2L}$ 表示为

$$U_d = -1.35U_{2L}\cos\beta \tag{2-66}$$

若按图 2-44 所标参考极性，$U_d$ 与 $E_M$ 均为负值，则直流侧电流的计算式为

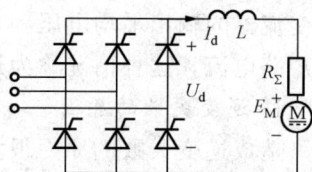

图 2-44　三相全控桥整流电路的
有源逆变工作状态

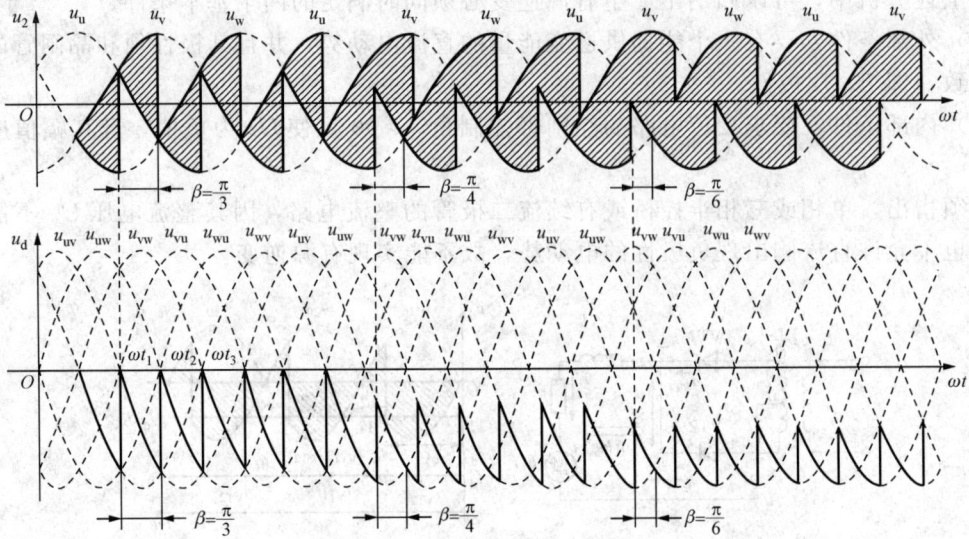

图 2-45 三相桥式整流电路工作于有源逆变状态时的电压波形

$$I_d = \frac{|E_M| - |U_d|}{R_\Sigma} \qquad (2-67)$$

每只晶闸管导通 1/3 周期，每管平均电流为

$$I_{dVT} = I_d/3 \qquad (2-68)$$

流过晶闸管的电流有效值为（忽略直流电流 $i_d$ 的脉动）

$$I_{VT} = I_d/\sqrt{3} = 0.577 I_d \qquad (2-69)$$

图 2-44 所示直流回路中的功率平衡关系

$$E_M I_d = U_d I_d + I_d^2 R_\Sigma \qquad (2-70)$$

即 $E_M$ 供出的功率等于逆变到电网的功率与 $R_\Sigma$ 消耗的功率之和。在三相全控桥电路中，每个周期内流经电源的线电流的导通角为 $4\pi/3$，是每个晶闸管导通角 $2\pi/3$ 的 2 倍，因此变压器二次侧线电流的有效值为

$$I_2 = \sqrt{2} I_{VT} = \sqrt{\frac{2}{3}} I_d = 0.816 I_d \qquad (2-71)$$

### 2.5.3 逆变失败和最小逆变角的限制

逆变运行时，一旦发生换相失败，外接的直流电源就会通过晶闸管电路形成短路，或者使变流器的输出平均电压和直流电动势变成顺向串联，由于逆变电路的内阻很小，形成很大的短路电流，这种情况称为**逆变失败**，或称为**逆变颠覆**。

1. 逆变失败的原因

造成逆变失败的原因很多，主要有下列几种情况。

（1）触发电路工作不可靠，不能适时、准确地给各晶闸管分配脉冲，如脉冲丢失、脉冲延时等，致使晶闸管不能正常换相，平均电压 $U_d$ 变为正值，造成顺向串联，形成短路。

（2）晶闸管发生故障，在应该阻断期间，器件失去阻断能力，或在应该导通期间，器件不能导通，造成逆变失败。

（3）在逆变工作时，交流电源发生缺相或突然消失，由于直流电动势 $E_M$ 的存在，晶闸管仍可导通，此时变流器的交流侧由于失去了同直流电动势极性相反的交流电压，或者说失去了对直流电动势 $E_M$ 的抵消平衡作用，直流电动势将通过晶闸管形成短路。

（4）换相的裕量角不足，引起换相失败，应考虑变压器漏抗引起换流重叠角 $\gamma$ 对逆变电路换相的影响，如图 2-46 所示。

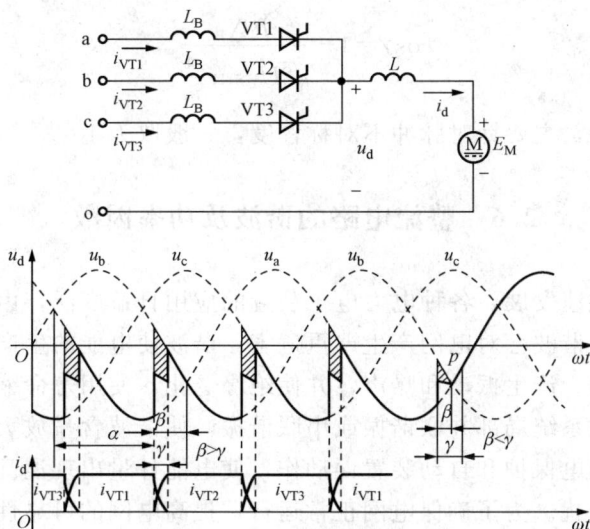

图 2-46　换流重叠角大小对逆变换相过程的影响

变压器漏抗的存在，使得换相有一个重叠过程，在此期间输出电压 $u_d$ 波形为相邻两相电压的算术平均值，换流重叠角 $\gamma$ 使 $u_d$ 的正面积减小而负面积增大，因此在 $\alpha < 90°$（整流）时，$\gamma$ 使平均面积 $U_d$ 失去 $\Delta U_d$（换相压降）；而在 $\alpha > 90°$（逆变）时，$\gamma$ 会使平均面积 $U_d$ 增加 $\Delta U_d$（即负的幅值增大），如图 2-46 中波形图阴影部分所示。

存在换流重叠角会给逆变工作带来不利的后果，比如以 VT1 和 VT2 的换相过程来分析，当逆变电路工作在 $\beta > \gamma$ 时，如图 2-46 所示，经 VT2 触通换相过程后，仍有 $u_b > u_a$，VT1 因承受反压而被迫正常关断。但是，如果换相的裕量角不足，即当 $\beta > \gamma$ 时，从图 2-46 右侧的波形中可清楚地看到，换相尚未结束，电路的工作状态到达自然换相交点 $p$ 之后，$u_a$ 将高于 $u_b$，使得应该关断的晶闸管 VT1 因正偏而不能关断却继续导通，VT2 承受反压而重新关断。$u_d$ 因 VT1 一直导通而进入 $u_a$ 的正半周，且 $u_a$ 随着时间的推移越来越高，与电动势顺向串联导致逆变失败。欲要保证正常换流，逆变角 $\beta$ 取值应足够大，留有充足的换相裕量角。

2. 确定最小逆变角 $\beta_{min}$ 的依据

逆变时允许采用的最小逆变角 $\beta$ 应等于

$$\beta_{min} = \delta + \gamma + \theta' \tag{2-72}$$

式中：$\delta$ 为晶闸管的关断时间 $t_q$ 折合的电角度；$\gamma$ 为换流重叠角；$\theta'$ 为安全裕量角。

晶闸管关断时间 $t_q$ 可达 $200 \sim 300\mu s$，折算到电角度 $\delta$ 为 $4° \sim 5°$。至于重叠角 $\gamma$，它随直流平均电流和换相电抗的增加而增大。为对重叠角的范围有所了解，举例如下：某装置整流电压为 220V，整流电流为 800A，整流变压器容量为 240kVA，短路电压比 $U_k\%$ 为 5% 的三相线路，重叠角的值约 $15° \sim 20°$。设计变流器时，重叠角可查阅有关手册，也可采用计算的

方法，即

$$\cos\alpha - \cos(\alpha+\beta) = \frac{I_d X_B}{\sqrt{2}U_2 \sin\frac{\pi}{m}} \tag{2-73}$$

根据逆变工作时 $\alpha=\pi-\beta$，并设 $\beta=\gamma$，式（2-73）可改写成

$$\cos\gamma = 1 - \frac{I_d X_B}{\sqrt{2}U_2 \sin\frac{\pi}{m}} \tag{2-74}$$

对于安全裕量角 $\theta'$，主要针对脉冲不对称程度，一般取为 $10°$。

## 2.6　整流电路的谐波及功率因数

随着电力技术的飞速发展，各种电力电子装置的应用日益广泛，由此给电力系统带来了日益严重的谐波问题。谐波会对电网产生严重危害：谐波使电能的生产、传输和利用的效率降低，使电气设备过热、产生振动和噪声，并使绝缘老化，使用寿命缩短，甚至发生故障或烧毁；谐波可引起电力系统局部并联谐振或串联谐振，使谐波含量放大，造成电容器等设备烧毁；谐波还会引起继电保护和自动装置误动作，使电能计量出现混乱；谐波对通信设备和电子设备会产生严重干扰。为了确保电网正常运行，提高电网的可靠性，颁布了限制谐波的国际标准，如 IEC-555-2、EN60555-2 等。

### 2.6.1　谐波与功率因数的关系

电网施加给负载的电压为正弦，但交流侧电流是否也为正弦，则决定于负载是线性还是非线性。**线性负载**如 $R$、$L$、$C$ 等，电流为同频正弦波。**非线性负载**如电力半导体设备，尤其是常用的晶闸管变流电路，电流便为非正弦。

基波与谐波：非正弦电流展为傅氏级数，频率仍与工频相同的分量称为基波；频率为基波频率整数倍的分量称为谐波。

电流谐波总畸变率为

$$THD_i = \frac{I_h}{I_1} \times 100\% \tag{2-75}$$

式中：$I_h$ 为总谐波电流的有效值；$I_1$ 为基波电流有效值。

通常公用电网中的电压波形畸变很小，而电流波形畸变可能很大，故在分析中，将电压视为正弦，电流为非正弦，具有实际意义。

设正弦波电压有效值为 $U$，畸变电流有效值为 $I$，基波电流有效值与电压的相位差为 $\varphi_1$，这时有功功率

$$P = UI_1\cos\varphi_1 \tag{2-76}$$

功率因数为

$$\lambda = \frac{P}{S} = \frac{UI_1\cos\varphi_1}{UI} = \frac{I_1}{I}\cos\varphi_1 = \mu\cos\varphi_1 \tag{2-77}$$

式中：$\mu = I_1/I$ 称为**畸变因数**（或基波因数）；$\cos\varphi_1$ 称为**位移因数**（或基波功率因数）。可见功率因数由基波电流相移和电流波形的畸变程度两个因素决定。

### 2.6.2　整流电路交流侧的谐波与功率因数分析

**1. 单相全控桥整流电路**

忽略换相过程和电流脉动，对于带阻感负载的单相桥式整流电路［如图 2-5（a）所示］，考虑直流电感 $L$ 取值足够大时，变压器二次侧电流 $i_2$ 为近似 180°正负对称方波，如图 2-47所示，将电流波形分解为傅里叶级数，可得

$$i_2 = \frac{4}{\pi} I_d \left( \sin\omega t + \frac{1}{3}\sin 3\omega t + \frac{1}{5}\sin 5\omega t + \cdots \right)$$

$$= \frac{4}{\pi} I_d \sum_{n=1,3,5,\cdots} \frac{1}{n}\sin n\omega t = \sum_{n=1,3,5,\cdots} \sqrt{2} I_n \sin n\omega t \tag{2-78}$$

其中基波与各次谐波电流有效值为

$$I_n = \frac{2\sqrt{2} I_d}{n\pi} \quad (n=1,\ 3,\ 5,\ \cdots) \tag{2-79}$$

图 2-47　单相全控桥整流的交流侧电流波形、基波分量及相位关系

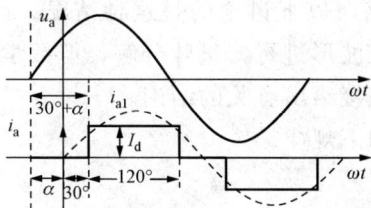

可见，电流中仅含奇次谐波，各次谐波有效值与谐波次数成反比，且与基波有效值比值为谐波次数的倒数。

由式（2-79）得基波电流有效值为

$$I_1 = \frac{2\sqrt{2}}{\pi} I_d \tag{2-80}$$

由 2.1.2 节的分析可知，变压器二次侧电流 $i_2$ 总有效值 $I = I_d$，结合式（2-80）可得基波因数为

$$\mu = \frac{I_1}{I} = \frac{2\sqrt{2}}{\pi} \approx 0.9 \tag{2-81}$$

图 2-47 中所示 $i_{21}$ 为 $i_2$ 的基波分量，可以看出，电流基波与电压 $u_2$ 的相位差就等于控制角 $\alpha$，故位移因数为

$$\lambda_1 = \cos\varphi_1 = \cos\alpha \tag{2-82}$$

所以功率因数为

$$\lambda = \frac{I_1}{I}\cos\varphi_1 = \frac{2\sqrt{2}}{\pi}\cos\alpha \approx 0.9\cos\alpha \tag{2-83}$$

图 2-48　三相全控桥整流的交流侧电流波形、基波分量及相位关系

**2. 三相全控桥整流电路**

对于阻感负载的三相桥式整流电路，忽略换相过程和电流脉动时原理图如图 2-17 所示。设交流侧电抗为零，直流电感 $L$ 足够大。以 $\alpha = 30°$ 为例，交流侧电压和电流波形如图 2-48 所示，电流为正负半周各 120°的方波，且 $i_a$ 比 $u_a$ 滞后 30°$+\alpha$，三相电流波形相同，依次相差 120°，其有效值为 $I = \sqrt{2/3} I_d$。

同样可将电流波形分解为傅里叶级数。以 a 相为例，将电流正、负两半波的中点作为时间零点，则有

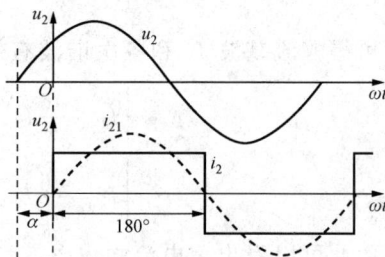

$$i_a = \frac{2\sqrt{3}}{\pi}I_d \left(\sin\omega t - \frac{1}{5}\sin5\omega t - \frac{1}{7}\sin7\omega t + \frac{1}{11}\sin11\omega t + \frac{1}{13}\sin13\omega t - \cdots\right)$$

$$= \frac{2\sqrt{3}}{\pi}I_d\sin\omega t + \frac{2\sqrt{3}}{\pi}I_d \sum_{\substack{n=6k\pm1 \\ k=1,2,3\cdots}} (-1)^k \frac{1}{n}\sin n\omega t$$

$$= \sqrt{2}I_1\sin\omega t + \sum_{\substack{n=6k\pm1 \\ k=1,2,3\cdots}} (-1)^k \sqrt{2}I_n\sin n\omega t \tag{2-84}$$

可得电流基波 $I_1$ 和各次谐波有效值 $I_n$ 分别为

$$\begin{cases} I_1 = \dfrac{\sqrt{6}}{\pi}I_d \\ I_n = \dfrac{\sqrt{6}}{n\pi}I_d \end{cases} \qquad n=6k\pm1,\ k=1,\ 2,\ 3\cdots \tag{2-85}$$

由此可以看出，电流中仅含 5，7，11，13…次谐波，不含 3 的整倍数次谐波也不含偶次谐波。各次谐波有效值与谐波次数成反比，且与基波有效值的比值为谐波次数的倒数。

则基波因数为

$$\mu = \frac{I_1}{I} = \frac{3}{\pi} \approx 0.955 \tag{2-86}$$

从图 2-48 所示相位关系可以看出，a 相电流 $i_a$ 的基波分量 $i_{a1}$ 与对应相电压 $u_a$ 的相位差仍为 $\alpha$，故位移因数为

$$\lambda_1 = \cos\varphi_1 = \cos\alpha \tag{2-87}$$

功率因数为

$$\lambda = \mu\lambda_1 = \frac{I_1}{I}\cos\varphi_1 = \frac{3}{\pi}\cos\alpha \approx 0.955\cos\alpha \tag{2-88}$$

由此得出，功率因数和控制角 $\alpha$ 密切相关，对于相控整流电路来说，控制角 $\alpha$ 越大，功率因数越低，所以变流电路深控时谐波含量大。

### 2.6.3　电容滤波的不可控整流电路交流侧谐波和功率因数分析

**1. 单相桥式不可控整流电路**

实用的单相不可控整流电路采用电容滤波时，通常串联滤波电感抑制冲击电流，或因电网侧电感而具有相同的作用。可统一看作感容滤波的电路，以下讨论的是这种情况。此时，典型的交流侧电流波形如图 2-24（b）所示，可对该电流波形进行傅里叶分解，但数学表达式十分复杂，因此本书不给出具体的数学表达式，而是直接给出有关的结论。

电容滤波的单相不可控整流电路交流侧谐波组成有如下规律。

（1）谐波次数为奇次。

（2）谐波次数越高，谐波幅值越小。

（3）与带阻感负载的单相全控桥整流电路相比，谐波与基波的关系是不固定的，$\omega RC$ 越大，则谐波越大，而基波越小。这是因为，$\omega RC$ 越大，意味着负载越轻，二极管的导通角越小，则交流侧电流波形的底部就越窄，波形畸变也越严重。

（4）$\omega\sqrt{LC}$ 越大，则谐波越小，这是因为串联电感 $L$ 抑制冲击电流从而抑制了交流电流的畸变。

关于功率因数的结论如下。

（1）通常位移因数是滞后的，并且随负载加重（$\omega RC$ 减小）滞后的角度增大，随滤波电感加大滞后的角度也增大。

（2）由于谐波的大小受负载大小（$\omega RC$）的影响，随 $\omega RC$ 增大，谐波增大，而基波减小，也就使基波因数减小，使得总的功率因数降低。同时，谐波受滤波电感的影响，滤波电感越大，谐波越小，基波因数越大，总功率因数越大。

2. 三相桥式不可控整流电路

实际应用的电容滤波三相不可控整流电路中通常有滤波电感。这种情况下，其交流侧谐波组成有如下规律。

（1）谐波次数为 $6k\pm1$ 次，$k=1$，2，3，…。

（2）谐波次数越高，谐波幅值越小。

（3）谐波与基波的关系是不固定的，负载越轻（$\omega RC$ 越大），则谐波越大，基波越小；滤波电感越大（$\omega\sqrt{LC}$ 越大），则谐波越小，而基波越大。

关于功率因数的结论如下。

（1）位移因数通常是滞后的，但与单相时相比，位移因数更接近 1。

（2）随负载加重（$\omega RC$ 的减小），总的功率因数提高；同时，随滤波电感加大，总功率因数也提高。

### 2.6.4　整流输出电压和电流的谐波分析

整流电路的输出电压中主要成分为直流，同时包含各种频率的谐波，这些谐波对于负载的工作是不利的。

当 $\alpha=0°$ 时，$m$ 脉波整流电路的整流电压如图 2-49 所示（以 $m=3$ 为例）。将纵坐标选在整流电压的峰值处，则在 $-\pi/m\sim\pi/m$ 区间，此时整流电压的表达式为

$$u_{d0}=\sqrt{2}U_2\cos\omega t \tag{2-89}$$

对该整流输出电压进行傅里叶级数分解，得出

$$u_{d0}=U_{d0}+\sum_{n=mk}^{\infty}b_n\cos n\omega t=U_{d0}\left[1-\sum_{n=mk}^{\infty}\frac{2\cos k\pi}{n^2-1}\cos n\omega t\right] \tag{2-90}$$

式中，$k=1$，2，3，…；且

$$U_{d0}=\sqrt{2}U_2\frac{m}{\pi}\sin\frac{\pi}{m} \tag{2-91}$$

$$b_n=-\frac{2\cos k\pi}{n^2-1}U_{d0} \tag{2-92}$$

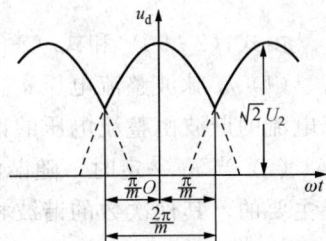

图 2-49　$\alpha=0°$ 时，$m$ 脉波整流电路的整流电压波形

为了描述 $\alpha=0°$ 时整流电压 $u_{d0}$ 中所含谐波的总体情况，定义**电压纹波因数** $\gamma_u$ 为 $u_{d0}$ 中谐波分量有效值 $U_H$ 与整流电压平均值 $U_{d0}$ 之比，即

$$\gamma_u=\frac{U_H}{U_{d0}} \tag{2-93}$$

其中

$$U_H=\sqrt{\sum_{n=mk}^{\infty}U_n^2}=\sqrt{U^2-U_{d0}^2} \tag{2-94}$$

而

$$U = \sqrt{\frac{m}{2\pi}\int_{-\frac{\pi}{m}}^{\frac{\pi}{m}}(\sqrt{2}U_2\cos\omega t)^2 d(\omega t)} = U_2\sqrt{1+\frac{\sin\frac{2\pi}{m}}{\frac{2\pi}{m}}} \tag{2-95}$$

将上述式（2-94）、式（2-95）和式（2-91）代入式（2-93）得

$$\gamma_u = \frac{U_H}{U_{d0}} = \frac{\left[\frac{1}{2}+\frac{m}{4\pi}\sin\frac{2\pi}{m}-\frac{m^2}{\pi^2}\sin^2\frac{\pi}{m}\right]^{\frac{1}{2}}}{\frac{m}{\pi}\sin\frac{\pi}{m}} \tag{2-96}$$

表 2-2 给出了不同脉波数 $m$ 时的电压纹波因数值。

**表 2-2** 不同脉波数 $m$ 时的电压纹波因数值

| $m$ | 2 | 3 | 6 | 12 | $\infty$ |
|---|---|---|---|---|---|
| $\gamma_u$（%） | 48.2 | 18.27 | 4.18 | 0.994 | 0 |

负载电流的傅里叶级数可由整流电压的傅里叶级数求得，即

$$i_d = I_d + \sum_{n=mk}^{\infty}d_n\cos(n\omega t-\varphi_n) \tag{2-97}$$

当负载为 $R$、$L$ 和反电动势 $E$ 串联时，式（2-97）中 $I_d = (U_{d0}-E)/R$。
$n$ 次谐波电流的幅值 $d_n$ 为

$$d_n = \frac{b_n}{z_n} = \frac{b_n}{\sqrt{R^2+(n\omega L)^2}} \tag{2-98}$$

$n$ 次谐波电流的滞后角为

$$\varphi_n = \arctan\frac{n\omega L}{R} \tag{2-99}$$

由式（2-90）和式（2-97）可以得出 $\alpha=0°$ 时整流电压、电流中的谐波有如下规律。

（1）$m$ 脉波整流电压 $u_{d0}$ 的谐波次数为 $mk$（$k=1$，2，3，$\cdots$）次，即 $m$ 的倍数次；整流电流的谐波由整流电压的谐波决定，也为 $mk$ 次。

（2）当 $m$ 一定时，随谐波次数增大，谐波幅值迅速减小，表明最低次（$m$ 次）谐波是最主要的，其他次数的谐波相对较少；当负载中有电感时，负载电流谐波幅值 $d_n$ 的减小更为迅速。

（3）$m$ 增加时，最低次谐波次数增大，且幅值迅速减小，电压纹波因数迅速下降。

以上是 $\alpha=0°$ 的情况分析。$\alpha$ 不为 $0°$ 时，整流电压谐波的一般表达式十分复杂，本书对此不再详述。下面给出三相桥式整流电路的结果，说明谐波电压与 $\alpha$ 角的关系。三相桥式整流电路的整流电压分解为傅里叶级数为

$$u_d = U_d + \sum_{n=6k}^{\infty}c_n\cos(n\omega t-\theta_n) \tag{2-100}$$

利用前面介绍的傅里叶分析方法，可求得三相全控桥电流连续时，以 $n$ 为参变量，$n$ 次谐波幅值（取标幺值）$\frac{c_n}{\sqrt{2}U_{2L}}$ 对 $\alpha$ 的关系如图 2-50 所示。

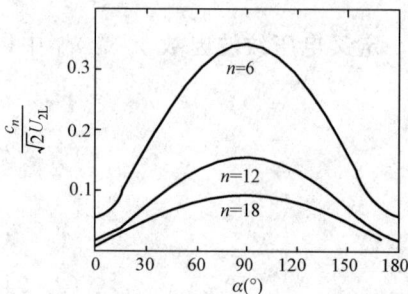

图 2-50 $c_n/\sqrt{2}U_{2L}$ 与 $\alpha$ 的关系

由图 2-50 可以看出,当 $\alpha$ 从 0°～90°变化时,$u_d$ 的谐波幅值随 $\alpha$ 增大而增大,$\alpha=90$°时谐波幅值最大。$\alpha$ 从 90°～180°之间变化电路工作于有源逆变工作状态,$u_d$ 的谐波幅值随 $\alpha$ 增大而减小。

## 2.7  晶闸管 - 直流电动机系统

晶闸管 - 直流电动机系统是指晶闸管可控整流装置带直流电动机负载组成的系统,对可控整流装置的 $\alpha$ 角进行调节,来改变整流装置的输出电压,进而实现直流电机调压调速的目的。晶闸管直流电动机系统是电力拖动系统中的一种,也是可控整流装置的主要用途之一。对晶闸管直流电动机系统的研究分两个方面:一是在带电动机负载时的整流电路的工作情况;二是由整流电路供电时电动机的工作情况。第一个方面在 2.1 节和 2.2 节已经介绍过,本节主要从第二个方面进行分析。下面从整流电路工作于整流和逆变两种状态下分析电动机的工作情况。

### 2.7.1  工作于整流状态时

不考虑电动机的电枢电感时,只有当晶闸管整流电路输出电压瞬时值大于反电动势时才有电流输出,此时负载电流断续,对整流电路和电动机的工作都不利,要尽量避免。故在电枢回路串联一平波电抗器,以保证整流电流在较大范围内连续,三相半波带电动机负载且加平波电抗器时的电压、电流波形如图 2-51 所示。

电动机稳态时,虽然 $U_d$ 波形脉动较大,但由于电动机有较大的机械惯量,故其转速和反电动势都基本无脉动。此时整流电压的平均值由电动机的反电动势及电路中负载平均电流 $I_d$ 所引起的各种电压降所平衡。整流电压的交流分量则全部降落在电抗器上。由 $I_d$ 引起的压降有下列四部分:变压器的等效电阻压降 $I_d R_B$,其中 $R_B$ 为变压器的等效电阻,它包括变压器二次绕组本身的电阻以及一次绕组电阻折算到二次侧的等效电阻;晶闸管本身的管压降 $\Delta U$,它基本上是一恒值;电枢电阻压降 $I_d R_M$;以及由换相重叠角引起的电压降 $m X_B I_d / 2\pi$ ( $m$ 表示整流脉波数,此处,$m=3$ )。

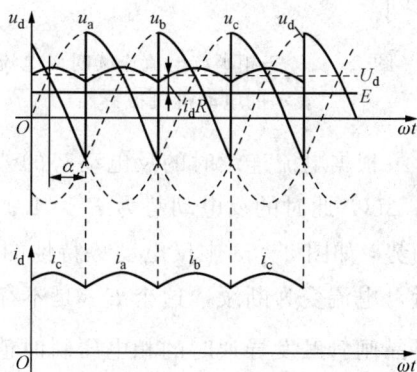

图 2-51  三相半波带电动机负载且加平波电抗器时的电压电流波形

此时,整流电路直流电压的平衡方程为

$$U_d = E_M + R_\Sigma I_d + \Delta U \tag{2-101}$$

其中

$$R_\Sigma = R_B + R_M + \frac{3X_B}{2\pi}$$

在电动机负载中,电流 $I_d$ 由负载转矩决定。当电动机的负载较轻时,对应的负载电流也小。在小电流情况下,由于电感的储能减小,往往不足以维持电流连续,从而出现电流断续现象,这时电动机的运行状态和特性有较大差别。

**1. 电流连续时电动机的机械特性**

在电机学中，已知直流电动机的反电动势为

$$E_M = C_e n \qquad (2\text{-}102)$$

式中：$C_e = K_e \Phi_n$ 为电动机在额定磁通下的电动势转速比。$K_e$ 为由电动机结构决定的电动势常数；$\Phi_n$ 为电动机磁场每对磁极下的磁通量，Wb；$n$ 为电动机的转速，r/min。

可根据整流电路电压平衡方程式〔即式（2-101）〕，得到不同触发控制角 $\alpha$ 时 $E_M$ 与 $I_d$ 的关系。因为 $U_d = 1.17 U_2 \cos\alpha$，所以反电动势特性方程为

$$E_M = 1.17 U_2 \cos\alpha - R_\Sigma I_d - \Delta U \qquad (2\text{-}103)$$

机械特性关系为

$$n = \frac{1.17 U_2 \cos\alpha}{C_e} - \frac{R_\Sigma I_d + \Delta U}{C_e} \qquad (2\text{-}104)$$

根据式（2-104）得出不同 $\alpha$ 时 $n$ 与 $I_d$ 的关系，是一组平行的直线，如图 2-52 所示。图中 $\Delta U$ 的值一般为 1V 左右，所以可以忽略。调节 $\alpha$ 角，即可调节电动机的转速。

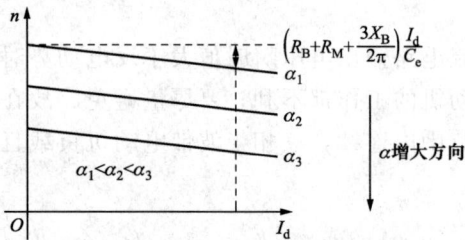

图 2-52 三相半波电流连续时以电流表示的电动机机械特性

同理，可列出三相桥式全控整流电路电动机负载时的机械特性方程为

$$n = \frac{2.34 U_2 \cos\alpha}{C_e} - \frac{R_\Sigma I_d}{C_e} \qquad (2\text{-}105)$$

**2. 电流断续时电动机的机械特性**

由于整流电压是一个脉动的直流电压，当电动机的负载减小时，平波电抗器中的电感储能减小，致使电流不再连续，此时电动机的机械特性也就呈现出非线性。

根据电流连续时的反电动势的公式〔即式（2-103）〕，例如当 $\alpha = 60°$ 时，当 $I_d = 0$，忽略 $\Delta U$，此时的反电动势为 $E_0' = 1.17 U_2 \cos 60° = 0.585 U_2$。这是电流连续时的理想空载反电动势，如图 2-53 中反电动势特性的虚线与纵轴的交点。实际上当 $I_d$ 减小至某一定值 $I_{dmin}$ 以后，电流变为断续，这个 $E_0'$ 是不存在的，真正的理想空载点 $E_0$ 远大于此值，因为 $\alpha = 60°$ 时晶闸管触发导通时的相电压瞬时值为 $\sqrt{2} U_2$，它大于 $E_0'$，因此必然产生电流，这说明 $E_0'$ 并不是空载点。只有当反电动势 $E$ 等于触发导通后相电压的最大值 $\sqrt{2} U_2$ 时，电流才等于零，因此图 2-53 中 $\sqrt{2} U_2$ 才是理想空载点。同样得出，在电流断续情况下，只要 $\alpha \leq 60°$，电动机的理想空载反电动势都是 $\sqrt{2} U_2$。当 $\alpha > 60°$ 以后，空载反电动势将由 $\sqrt{2} U_2 \cos(\alpha - \pi/3)$ 决定。可见电流断续时电动机机械特性的特点有两个：一是电动机的理想空载转速抬高，二是在电流断续区内电动机的机械特性变软，即负载电流变化很小也可引起很大的转速变化。

根据上述分析，可得不同 $\alpha$（$\alpha_1 < \alpha_2 < \alpha_3 < 60°$，$\alpha_5 > \alpha_4 > 60°$）时的反电动势特性曲线如图 2-54 所示。$\alpha$ 大的反电动势特性，其电流断续区的范围（以虚线表示）要比 $\alpha$ 小时电流断续区大，这是由于 $\alpha$ 越大，变压器加给晶闸管阳极上的负电压时间越长，电流要维持导通，必须要求平波电抗器储存较大的磁能，而电抗器的 $L$ 为一定值的情况下，要有较大的电流 $I_d$ 才行。故随着 $\alpha$ 的增加，进入断续区的电流值加大。这是电流断续时电动机机械特性的第三个特点。

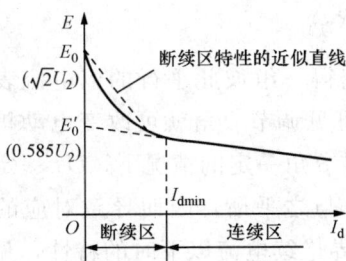

图 2-53 电流断续时电动势的特性曲线

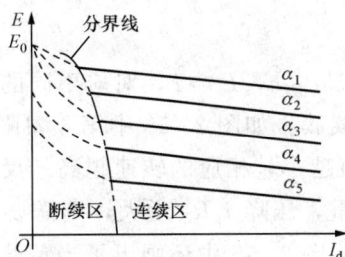

图 2-54 电流断续时不同 $\alpha$ 下反电动势的特性曲线

电流断续时电动机机械特性可由下面三个式子准确地得出，即

$$E_M = \sqrt{2}U_2\cos\varphi \frac{\sin\left(\frac{\pi}{6}+\alpha+\theta-\varphi\right)-\sin\left(\frac{\pi}{6}+\alpha-\varphi\right)e^{-\theta\cot\varphi}}{1-e^{-\theta\cot\varphi}} \tag{2-106}$$

$$n = \frac{E_M}{C_e'} = \frac{\sqrt{2}U_2\cos\varphi}{C_e'} \times \frac{\sin\left(\frac{\pi}{6}+\alpha+\theta-\varphi\right)-\sin\left(\frac{\pi}{6}+\alpha-\varphi\right)e^{-\theta\cot\varphi}}{1-e^{-\theta\cot\varphi}} \tag{2-107}$$

$$I_d = \frac{3\sqrt{2}U_2}{2\pi Z\cos\varphi}\left[\cos\left(\frac{\pi}{6}+\alpha\right)-\cos\left(\frac{\pi}{6}+\alpha+\theta\right)-\frac{C_e}{\sqrt{2}U_2}\theta n\right] \tag{2-108}$$

式 (2-108) 中，$Z=\sqrt{R_\Sigma^2+(\omega L)^2}$，$\varphi=\arctan\dfrac{\omega L}{R_\Sigma}$，$L$ 为回路总电感，$\theta$ 为晶闸管导通角。

一般只要主电路电感足够大，可以只考虑电流连续段，完全按线性处理。当低速轻载时，断续作用显著，可改用另一段较陡的特性来近似处理（如图 2-53 所示），其等效电阻比实际的电阻 $R$ 要大一个数量级。

整流电路为三相半波时，在最小负载电流为 $I_{dmin}$ 时，为保证电流连续所需的主回路电感量为

$$L = 1.46\frac{U_2}{I_{dmin}} \quad (\text{mH}) \tag{2-109}$$

对于三相桥式全控整流电路带电动机负载的系统，有

$$L = 0.693\frac{U_2}{I_{dmin}} \quad (\text{mH}) \tag{2-110}$$

$L$ 中包括整流变压器的漏电感、电枢电感和平波电抗器的电感。前者数值都较小，有时可忽略。$I_{dmin}$ 一般取电动机额定电流的 $5\%\sim10\%$。

因为三相桥式全控整流电压的脉动频率比三相半波的高一倍，所以所需平波电抗器的电感量也可相应减小约一半。

### 2.7.2 工作于有源逆变状态时

**1. 电流连续时电动机的机械特性**

主回路电流连续时的机械特性由电压平衡方程式 $U_d-E_M=I_dR_\Sigma$ 决定。逆变时由于 $U_d=-U_{d0}\cos\beta$，$E_M$ 反接，从而得电动势特性方程

$$E_M = -(U_{d0}\cos\beta+I_dR_\Sigma) \tag{2-111}$$

可得电动机的机械特性方程

$$n=-\frac{1}{C_e}(U_{d0}\cos\beta+I_dR_\Sigma) \tag{2-112}$$

鉴于 $E_M\propto n$，$I_d\propto T$，对应不同的逆变角 $\beta$ 时，可获得一组彼此平行的以电流表示的机械特性曲线簇，如图 2-55 中第 4 象限虚线以右所示。可见调节 $\beta$ 角就可改变电动机的运行转速，$\beta$ 值越小，相应的转速越高；反之则转速越低。在 $\beta$ 角一定的情况下，$U_d$ 一定，随着负载的加重，压降 $I_dR_\Sigma$ 增大，则需要更高的电动势 $E_M$ 与之平衡，因而导致对应的稳态转速 $n$ 增大。图 2-55 中还画出了当负载电流 $I_d$ 降低到临界连续电流以下时的特性，见图中虚线以左所示，即逆变状态下电流断续时的机械特性。

**2. 电流断续时电动机的机械特性**

电流断续时电动机的机械特性方程可沿用整流时电流断续的机械特性表达式，三相半波电路工作于逆变状态且电流断续时的机械特性为

$$E_M=\sqrt{2}U_2\cos\varphi\frac{\sin\left(\frac{7\pi}{6}-\beta+\theta-\varphi\right)-\sin\left(\frac{7\pi}{6}-\beta-\varphi\right)e^{-\theta\cot\varphi}}{1-e^{-\theta\cot\varphi}} \tag{2-113}$$

$$n=\frac{E_M}{C_e}=\frac{\sqrt{2}U_2\cos\varphi}{C_e}\times\frac{\sin\left(\frac{7\pi}{6}-\beta+\theta-\varphi\right)-\sin\left(\frac{7\pi}{6}-\beta-\varphi\right)e^{-\theta\cot\varphi}}{1-e^{-\theta\cot\varphi}} \tag{2-114}$$

$$I_d=\frac{3\sqrt{2}U_2}{2\pi Z\cos\varphi}\left[\cos\left(\frac{7\pi}{6}-\beta\right)-\cos\left(\frac{7\pi}{6}-\beta+\theta\right)-\frac{C_e}{\sqrt{2}U_2}\theta n\right] \tag{2-115}$$

分析结果表明，当电流断续时，电动机的机械特性不仅和逆变角有关，而且和电路参数、导通角等有关系。根据上述公式，取定某一 $\beta$ 值，根据不同的导通角 $\theta$，如 $\pi/6$、$\pi/3$ 和 $\pi/2$，就可以求得对应的转速和电流，绘出逆变电流断续时电动机的机械特性，即图 2-55 中第 4 象限虚线以左的部分。可以看出，逆变电流断续时电动机的机械特性，与整流时十分相似。理想空载转速上翘，机械特性变软，且呈现非线性，说明逆变状态的机械特性是整流状态的延续。纵观控制角 $\alpha$ 由小变大（如 $\pi/6\sim 5\pi/6$），电动机的机械特性则逐渐地由第 1 象限往下移，进而到达第 4 象限。逆变状态的机械特性同样还可表示在第 2 象限里，与它对应的整流状态的机械特性则表示在第 3 象限里，如图 2-55 所示。

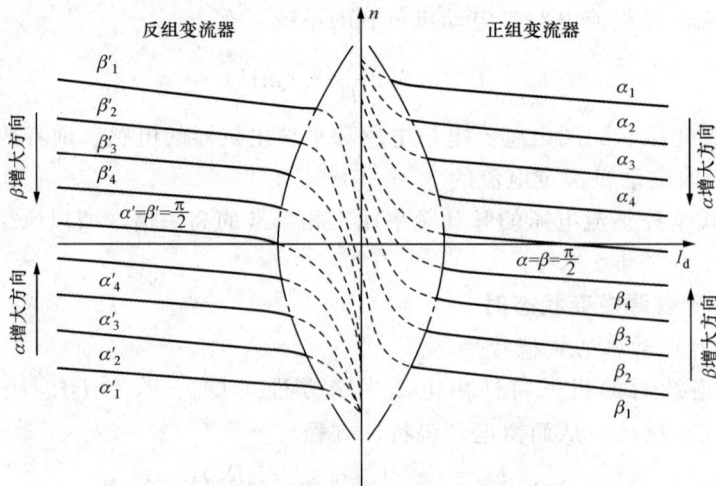

图 2-55 电动机在四象限中的机械特性

应该指出，图 2-55 第 1、4 象限中的特性和第 2、3 象限中的特性是分别属于两组变流器的，它们输出整流电压的极性彼此相反，故分别标以正组和反组变流器。电动机的运行工作点由第 1（3）象限的特性，转到第 2（4）象限的特性时，表明电动机由电动运行转入发电制动运行。相应的变流器的工况由整流转为逆变，使电动机轴上储存的机械能逆变为交流电能送回电网。电动机在各象限中的机械特性，对分析直流可逆拖动系统是十分有用的。

### 2.7.3 直流可逆电力拖动系统

图 2-56 所示为两套变流装置反并联连接的可逆电路。图 2-56（a）为三相半波有环流接线，图 2-56（b）为三相全控桥的无环流接线。环流是指只在两组变流器之间流动而不经过负载的电流。根据对环流的不同处理方法，反并联可逆电路又可分为不同的控制方案，如配合控制有环流、可控环流、逻辑控制无环流和错位控制无环流等。电动机在四象限运行时，可根据电动机所需运转状态来决定哪一组变流器工作及其工作状态（整流或逆变）。图 2-56（c）绘出了电动机四象限运行时两组变流器（简称正组桥、反组桥）的工作情况。

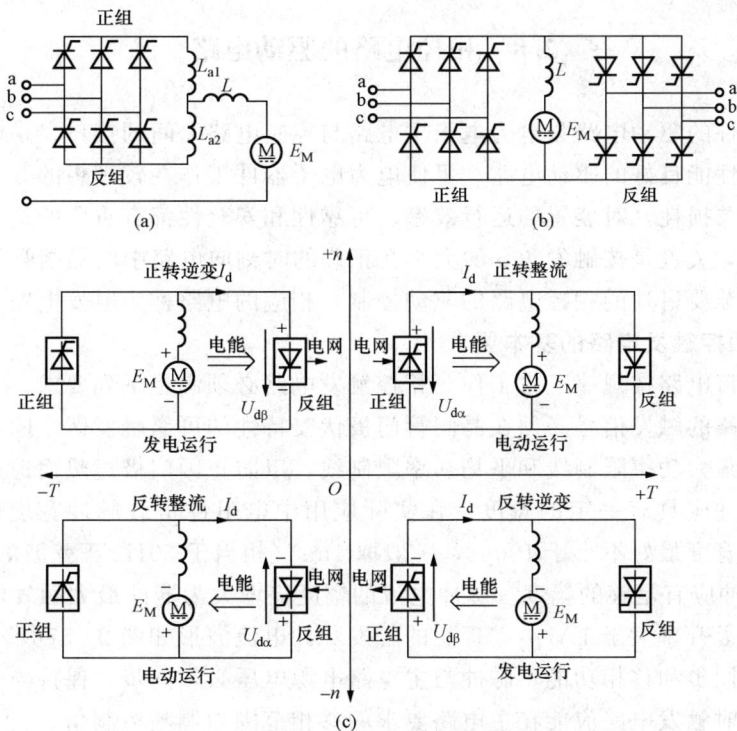

图 2-56 两组变流器的反并联可逆线路

第 1 象限：正转，电动机作电动运行，正组桥工作在整流状态，$\alpha_1 < \pi/2$，$E_M < U_{d\alpha}$；

第 2 象限：正转，电动机作发电运行，反组桥工作在逆变状态，$\beta_2 < \pi/2$，（$\alpha_2 > \pi/2$），$E_M > U_{d\beta}$；

第 3 象限：反转，电动机作电动运行，反组桥工作在整流状态，$\alpha_2 < \pi/2$，$E_M < U_{d\alpha}$；

第 4 象限：反转，电动机作发电运行，正组桥工作在逆变状态，$\beta_1 < \pi/2$，（$\alpha_1 > \pi/2$），$E_M > U_{d\beta}$。

直流可逆拖动系统，除能方便地实现正反转外，还能实现电动机的回馈制动，把电动机轴上的机械能变为电能回送到电网中去，此时电动机的电磁转矩变为制动转矩。图 2 - 56 (c) 所示电动机在第 1 象限正转，电动机从正组桥取得电能。如果需要反转，应先使电动机迅速制动，就必须改变电枢电流的方向，但对正桥来说，电流不能反向，为此需切换到反组桥工作，并要求反组桥在逆变状态下工作，保证 $U_{d\beta}$ 与 $E_M$ 同极性连接，使得电动机的制动电流 $I_d = (E_M - U_{d\beta})/R_\Sigma$ 限制在容许范围内，此时电动机进入第 2 象限作正转发电运行，电磁转矩变为制动转矩，电动机轴上的机械能经反组桥逆变为交流电能回馈到电网。改变反组桥的逆变角 $\beta$，就可以改变电动机制动转矩。为了保证电动机在制动过程中有足够的转矩，一般应随着电动机转速的下降，不断地调节 $\beta$，使之由小变大直至 $\beta = \pi/2$（$n = 0$），如继续增大 $\beta$，即 $\alpha < \pi/2$，反组桥将转入整流状态下工作，电动机开始反转进入第 3 象限的电动运行。以上是电动机正转到反转的全过程。同样，电动机从反转到正转，其过程则由第 3 象限经第 4 象限最终运行在第 1 象限上。

直流可逆电力拖动系统，将在后继课"电力拖动自动控制系统"中进一步分析讨论。

## 2.8　相控电路的驱动电路

电力电子器件的驱动电路是电力电子主电路与控制电路之间的接口，是电力电子装置的重要环节。采用性能良好的驱动电路，可使电力电子器件工作在较理想的开关状态，缩短开关时间，减小开关损耗，对装置的运行效率、可靠性和安全性都有重要的意义。为保证相控电路的正常工作，关键是按触发角 $\alpha$ 的大小在正确的时刻向电路中的晶闸管施加有效的触发脉冲，这就是本节要讲述的相控电路的驱动控制，相应的电路称为触发电路。

### 2.8.1　对相控触发电路的基本要求

为了保证变流电路按规律正常工作，相控触发电路必须满足下列要求。

（1）触发电路的触发信号必须在晶闸管门极伏安特性的可靠触发区。同时要求脉冲功率不超过允许瞬时最大功率限制线和平均功率限制线，以防止因门极过热而造成元件损坏。

（2）触发脉冲应具有一定的宽度。在实际应用中电阻性负载脉冲宽度应有 $20 \sim 50\mu s$；电感性负载脉冲宽度最好不小于 $100\mu s$，一般取 $1ms$（相当于 $50Hz$ 正弦波的 $18°$）。

（3）触发脉冲应有足够的幅度。脉冲电流的幅度应增大为器件最大触发电流的 $3 \sim 5$ 倍，脉冲前沿的电流上升率大于 $1A/\mu s$，理想的触发脉冲电流波形如图 2 - 57 所示。

（4）应具有同步和移相功能。脉冲与主电路电源电压必须同步，保持与工作状态相适应的相位关系。同时触发电路应能在主电路要求的移相范围内调整控制角。

（5）触发电路应保证变流电路各元件触发脉冲的对称性。在稳态时相邻元件触发脉冲应保持相等的时间间隔，以保证输出电压的平稳性和交流侧电流的对称性。

（6）应有良好的抗干扰性能、温度稳定性及与主电路的电气隔离。

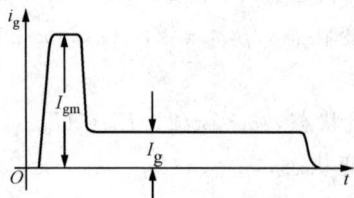

### 2.8.2　同步信号为锯齿波的触发电路

图 2 - 58 是同步信号为锯齿波的触发电路。此电路输出可为单窄脉冲，也可为双窄脉冲，以适用于有两个晶闸管同时导通的电路，例如三相全控桥。电路可分为强触发、脉冲的形成与放大、锯齿波的形成和脉冲移相、同步以及

图 2 - 57　强触发脉冲电流波形

双窄脉冲形成环节。

### 1. 强触发环节

在图 2-58 中，V8 集电极电源由强触发电源和 15V 稳压电源组成。在 V8 由截止状态变为饱和导通状态时，初始阶段由强触发电源供电，即 $C_6$ 的端电压；在 $C_6$ 的端电压下降至小于 15V 时，VD15 导通，由 +15V 稳压电源供电。在 V8 由饱和再度转为截止时，$C_6$ 充电，充电电压约为 50V，为再次输出强脉冲储能。V8 集电极回路接入脉冲变压器，经脉冲变压器耦合加于对应晶闸管的门极回路。

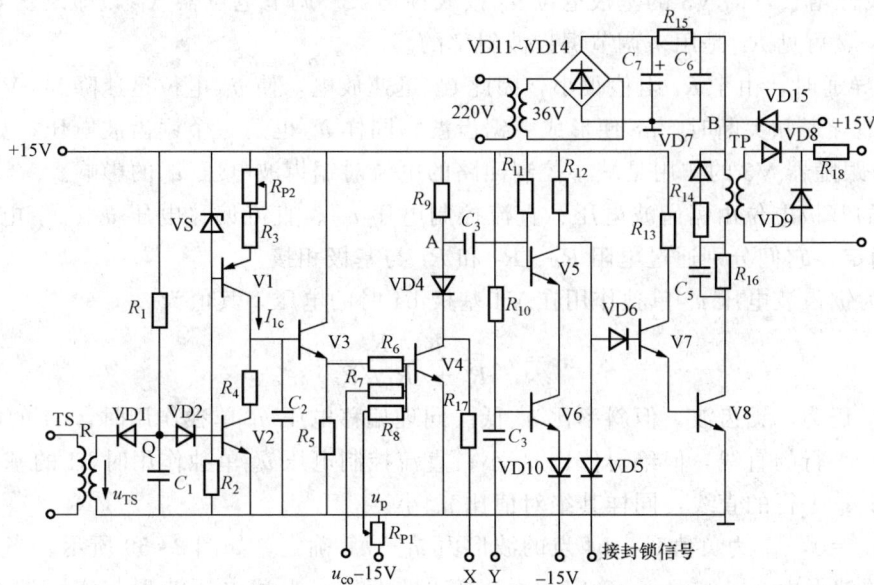

图 2-58 同步信号为锯齿波的触发电路

### 2. 脉冲形成与放大环节

脉冲形成环节由晶体管 V4、V5 组成，V7、V8 起脉冲放大作用。控制电压 $u_{co}$ 加在 V4 基极上，电路的触发脉冲由脉冲变压器 TP 二次侧输出，其一次绕组接在 V8 集电极电路中。

当控制电压 $u_{co}=0$ 时，V4 截止。+15V 电源通过 $R_{11}$ 供给 V5 一个足够大的基极电流，使 V5 饱和导通，由于 Y 端悬空或接高电平时 V6 保持导通，因此 V5 的集电极电位 $u_{c5}$ 接近于 -15V。V7、V8 处于截止状态，无脉冲输出。另外，电源的 +15V 经 $R_9$、V5 发射结到 -15V，对电容 $C_3$ 充电，使电容两端电压接近 30V，极性为左正右负。

当控制电压 $u_{co} \approx 0.7V$ 时，V4 导通，A 点电位由 +15V 迅速降低至 1.0V 左右，由于电容 $C_3$ 两端电压不能突变，V5 基极电位迅速降至约 -30V，V5 立即截止。它的集电极电压 $u_{c5}$ 由 -15V 迅速上升到钳位电压 +2.1V（VD6、V7、V8 三个 PN 结正向压降之和），于是 V7、V8 导通，通过脉冲变压器 TP 输出脉冲上升沿。同时，电容 $C_3$ 经电源 +15V、$R_{11}$、VD4、V4 放电和反向充电，使 V5 基极电位 $u_{b5}$ 又逐渐上升，直到 $u_{b5} > -15V$，V5 又重新导通。这时 $u_{b5}$ 又立即降到 -15V，使 V7、V8 截止，输出脉冲终止。

可见，脉冲前沿由 V4 导通时刻确定，V5（或 V6）截止持续时间即为脉冲宽度。所以脉冲宽度与反向充电回路时间常数 $R_{11}C_3$ 有关。VD7 和 $R_{14}$ 是为了 V7、V8 由导通变为截止时脉冲变压器 TP 释放其储存的能量而设，$C_5$ 的作用是让脉冲前沿更加陡直。

3. 锯齿波的形成和脉冲移相环节

锯齿波电压形成的方案较多，如采用自举式电路、恒流源电路等。图 2-58 所示为恒流源电路方案，由 V1、V2、V3 和 $C_2$ 等元件组成，其中 V1、VS、$R_{P2}$ 和 $R_3$ 为一恒流源电路。

当 V2 截止时，恒流源电流 $I_{1c}$ 对电容 $C_2$ 充电，所以 $C_2$ 两端电压 $u_C$ 为

$$u_C = \frac{1}{C}\int I_{1c}\mathrm{d}t = \frac{1}{C}I_{1c}t \tag{2-116}$$

$u_C$ 按线性增长，即 V3 的基极电位 $u_{b3}$ 按线性增长。调节电位器 $R_{P2}$，即改变 $C_2$ 的恒定充电电流 $I_{1c}$，可见 $R_{P2}$ 是用来调节锯齿波斜率的。

当 V2 导通时，由于 $R_4$ 阻值很小，因此 $C_2$ 迅速放电，使 $u_{b3}$ 电位迅速降到 0V 附近。当 V2 周期性地导通和关断时，$u_{b3}$ 便形成一锯齿波，同样 $u_{e3}$ 也是一个锯齿波电压，如图 2-59 所示。射极跟随器 V3 的作用是减小控制回路的电流对锯齿波电压 $u_{b3}$ 的影响。

V4 管的基极电位由锯齿波电压、直流控制电压 $u_{co}$、直流偏移电压 $u_p$ 三个电压作用的叠加值所确定，它们分别通过电阻 $R_6$、$R_7$ 和 $R_8$ 与基极相接。

设 $u_h$ 为锯齿波电压 $u_{e3}$ 单独作用在 V4 基极 b4 时的电压，其值为

$$u_h = u_{e3}\frac{R_7//R_8}{R_6 + (R_7//R_8)} \tag{2-117}$$

可见 $u_h$ 仍为一锯齿波，但斜率比 $u_{e3}$ 低。同理偏移电压 $u_p$ 单独作用时，b4 的电压 $u_p$ 仍为一条与 $u_p$ 平行的直线，但绝对值比 $u_p$ 小；直流控制电压 $u_{co}$ 单独作用时 b4 的基极电压 $u_{co}$ 仍为一条与 $u_{co}$ 平行的直线，同样其绝对值比 $u_{co}$ 小。

如果 $u_{co}=0$，$u_p$ 为负值时，b4 点的波形由 $u_h + u'_p$ 确定，如图 2-59 所示。当 $u_{co}$ 为正值时，b4 点的波形由 $u_h + u'_p + u'_{co}$ 确定。由于 V4 的存在，上述电压波形与实际波形有出入，当 b4 点电压等于 0.7V 时，V4 导通，之后 $u_{b4}$ 一直被钳位在 0.7V。所以实际波形如图 2-59 所示。图中 M 点是 V4 由截止到导通的转折点。由前面的分析可知，V4 经过 M 点时使电路输出脉冲。因此当 $u_p$ 为某固定值时，改变 $u_{co}$ 便可改变 M 点的时间坐标，即改变了脉冲产生的时刻，脉冲被移相。可见，加 $u_p$ 的目的是为了确定控制电压 $u_{co}=0$ 时脉冲的初始相位。

当接阻感负载电流连续时，三相全控桥的脉冲初始相位应定在 $\alpha=90°$，此时整流输出电压 $U_d = 0$。当 $u_{co}$ 为正值且增大时，锯齿波上移，M 点前移，脉冲前移，控制角 $\alpha$ 减小，晶闸管电路处于整流工作状态；同理 $u_{co}$ 为负值且减小时，M 点后移，脉冲后移，控制角 $\beta$ 减小，晶闸管电路处于逆变状态。

4. 同步环节

在锯齿波同步的触发电路中，触发电路与主电路的同步是指要求锯齿波的频率与主电路电源的频率相同且相位关系确定。从图 2-58 可知，锯齿波是由开关管 V2 来控制的。V2 由导通变截止期间产生锯齿波，V2 截止状态持续的时间就是锯齿波的宽度，V2 开关的频率就是锯齿波的频率。要使触发脉冲与主电路电源同步，使 V2 开关的频率与主电路电源频率同步就可达到。图 2-58 中的同步环节，是由同步变压器 TS 和作同步开关用的晶体管 V2 组成的。同步变压器和整流变压器接在同一电源上，用同步变压器的二次电压来控制 V2 的通断作用，这就保证了触发脉冲与主电路电源同步。

同步变压器 TS 二次电压 $u_{TS}$ 经二极管 VD1 间接加在 V2 的基极上。当二次电压波形在

负半周的下降段时，VD1 导通，电容 $C_1$ 被迅速充电。因 O 点接地为零电位，R 点为负电位，Q 点电位与 R 点相近，故在这一阶段 V2 基极为反向偏置，V2 截止。在负半周的上升段，＋15V 电源通过 $R_1$ 给电容 $C_1$ 反向充电，$u_Q$ 为电容反向充电波形，其上升速度比 $u_{TS}$ 波形慢，故 VD1 截止，如图 2-59 所示。当 Q 点电位达 1.4V 时，V2 导通，Q 点电位被钳位在 1.4V。直到 TS 二次电压的下一个负半周到来时，VD1 重新导通，$C_2$ 迅速放电后又被充电，V2 截止。如此周而复始。在一个正弦波周期内，V2 包括截止与导通两个状态，对应锯齿波波形恰好是一个周期，与主电路电源频率和相位完全同步，达到同步的目的。可以看出，Q 点电位从同步电压负半周上升段开始时刻到达 1.4V 的时间越长，V2 截止时间就越长，锯齿波就越宽。可知锯齿波的宽度是由充电时间常数 $R_1C_1$ 决定的。

5. 双窄脉冲形成环节

图 2-58 中 V5、V6 两个晶体管构成一个"或"门。当 V5、V6 都导通时，$u_{c5}$ 约为 -15V，使 V7、V8 都截止，没有脉冲输出。但只要 V5、V6 中有一个截止，都会使 $u_{c5}$ 变为正电压，使 V7、V8 导通，就有脉冲输出。所以只要用适当的信号来控制 V5 或 V6 的截止（前后间隔 60°），就可以产生符合要求的双脉冲。例如在三相桥式全控整流电路中，器件的导通次序为 VT1—

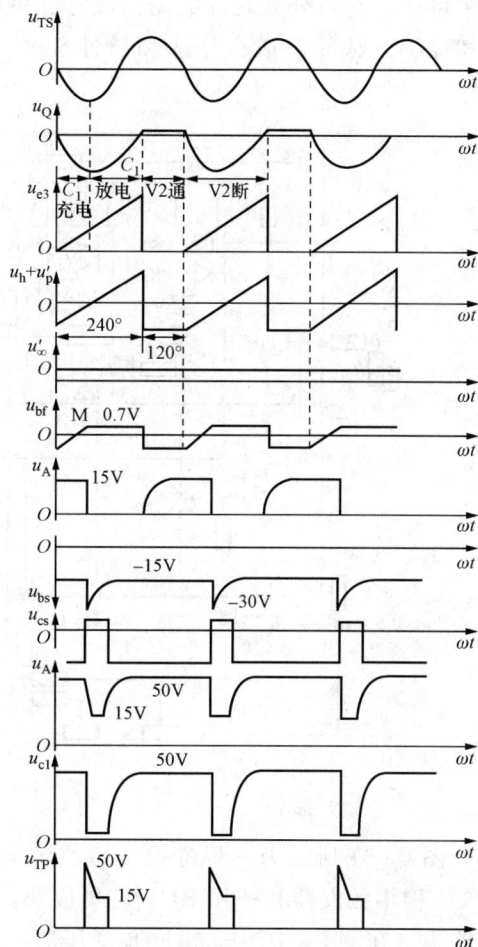

图 2-59　同步信号为锯齿波的
触发电路的工作波形

VT2—VT3—VT4—VT5—VT6，彼此间隔 60°，因此触发电路中双脉冲环节的接线方式为：以 VT1 器件的触发单元而言，图 2-58 所示电路中的 Y 端应该接 VT2 器件触发单元的 X 端，因为 VT2 器件的第一个脉冲比 VT1 器件的第一个脉冲滞后 60°。所以当 VT2 触发单元的 V4 由截止变导通时，VT2 触发单元输出一个脉冲，同时使 VT1 器件触发单元的 V6 管截止，VT2 触发单元给 VT1 补送一个脉冲。同理，VT1 器件触发单元的 X 端应当接 VT6 器件触发单元的 Y 端。以此类推，可以确定六个器件相应触发单元电路的双脉冲环节间的相互接线。

### 2.8.3　集成化触发电路

随着电力电子技术与集成化技术的发展，集成化触发电路已得到广泛应用。集成化触发电路具有性能稳定、调试方便、功耗低、体积小等优点，其应用范围不断扩大。国产 KC（KJ）系列晶闸管触发器已有 10 余种品种，可适应各种相控变流电路的移相控制要求。

KC04 集成触发器电路如图 2-60 所示，虚线框内为集成电路部分，其余为外配元件。

从中可见，它与分立元件的锯齿波移相触发电路相似，其构成可以分为同步、锯齿波形成、移相控制、脉冲形成、分选和脉冲放大等环节。其电路工作原理见产品手册，此处不再详述。

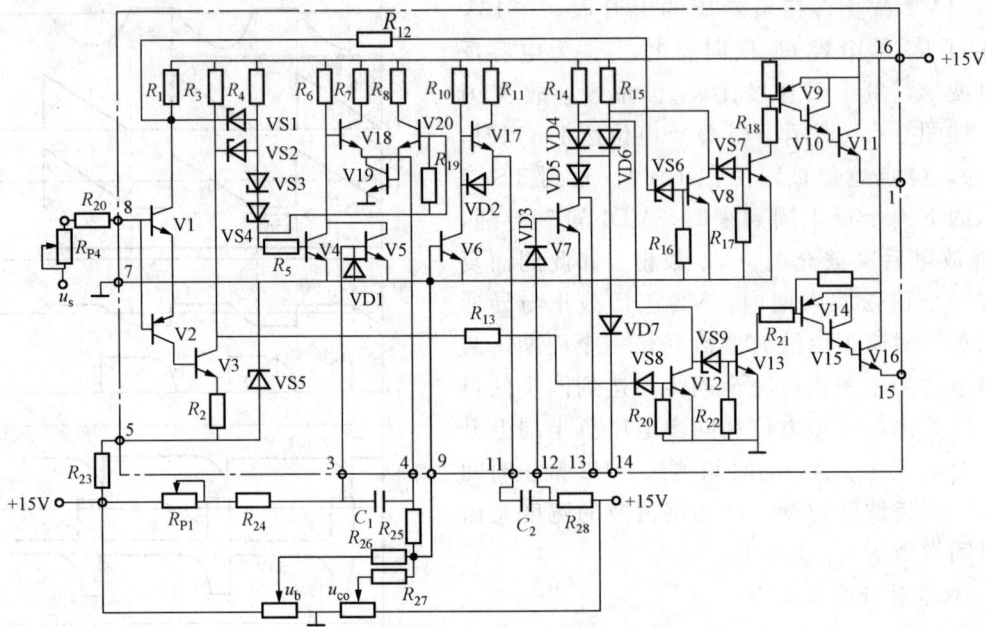

图 2 - 60　KC04 电路原理图

　　图 2 - 61 所示为三相桥式全控整流器的集成化 6 路双脉冲列触发电路。电路包括三片 KC04 移相触发器和一片 KC41C 集成块，KC41C 作用是将 6 路单脉冲输入转换为 6 路双脉冲输出。在图 2 - 61 中，由同步变压器二次侧得到三相同步电压，分别经滤波器滞后移相送至各相 KC04 的 8 端，每片 KC04 产生相位差 180° 的两路触发脉冲，三片 KC04 触发器的输出分别接至 KC41C 的输入端 1～6，形成的双窄脉冲，再经晶体管功率放大，由脉冲变压器输出，加于对应晶闸管的门极与阴极之间。

### 2.8.4　触发电路的定相

　　触发电路除了应当保证工作频率与主电路交流电源的频率保持固有的关系外，还应保证每个晶闸管的触发脉冲与施加于晶闸管的交流电压保持正确的相位关系，这就是**触发电路的定相**。

　　为保证触发电路和主电路频率一致，利用一个同步变压器，将其一次侧接入为主电路供电的电网，由其二次侧提供同步电压信号，这样，由同步电压决定的触发脉冲频率与主电路晶闸管电压频率始终是一致的。接下来的问题是触发电路的定相，即选择同步电压信号的相位，以保证触发脉冲相位正确。触发电路的定相由多方面的因素确定，主要包括相控电路的主电路结构、触发电路结构等。下面以主电路为三相桥式全控整流电路、采用锯齿波同步的触发电路的情况为例，讲述触发电路的定相。

　　触发电路定相的关键是确定同步信号与晶闸管阳极电压的关系。

　　图 2 - 62 给出了主电路电压与同步电压的关系示意图。

　　对于晶闸管 VT1，其阳极与交流侧电压 $u_a$ 相接，可简单表示为 VT1 对应主电路电压

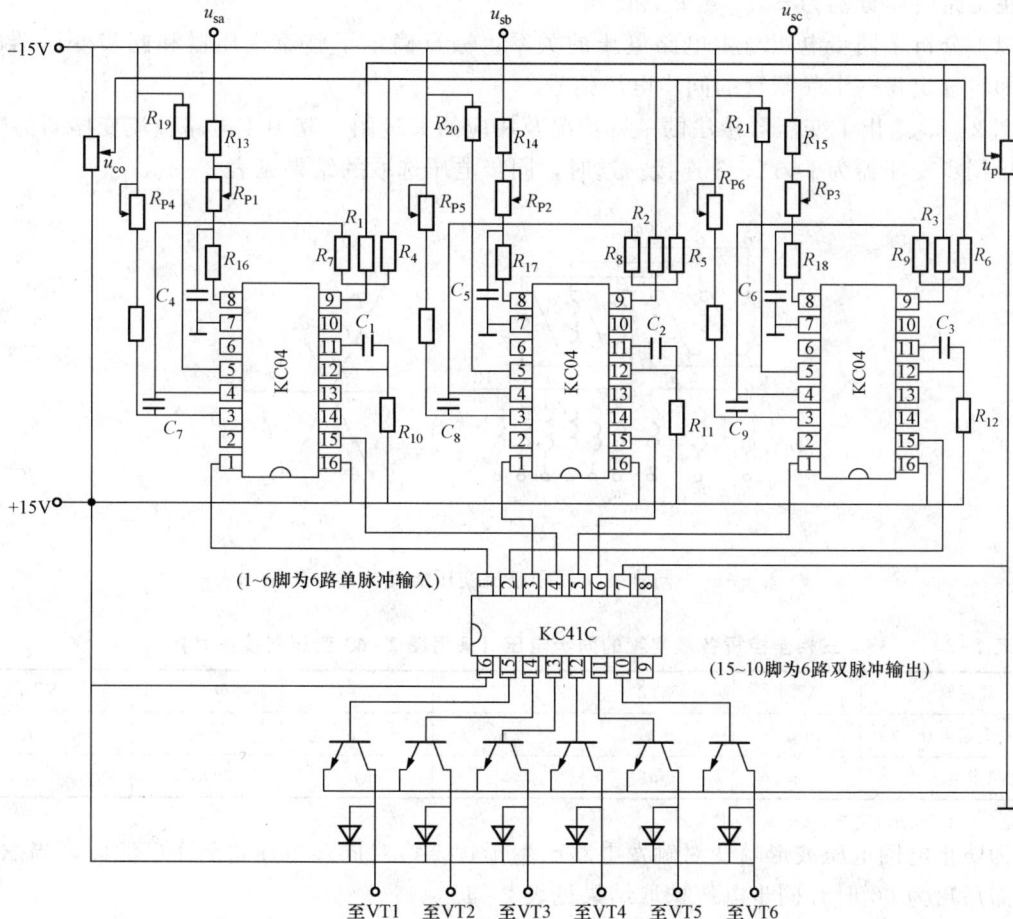

图 2-61　6 路双脉冲触发器构成框图

为 $+u_a$ ，VT1 的触发脉冲从 $0° \sim 180°$ 的范围为 $\omega t_1 \sim \omega t_2$ 。

采用锯齿波同步的触发电路时，同步信号负半周的起点对应于锯齿波的起点，如图 2-62所示。

三相桥整流器大量用于直流电动机调速系统，且通常要求可实现再生制动，使 $U_d = 0$ 的触发角 $\alpha$ 为 $90°$ 。当 $\alpha < 90°$ 时为整流工作，$\alpha > 90°$ 时为逆变工作。将 $\alpha = 90°$ 确定为锯齿波的中点，锯

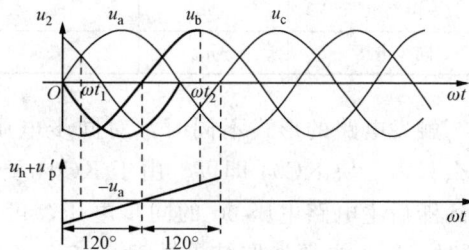

图 2-62　三相全控桥中同步电压与主电路电压关系示意图

齿波向前、向后各有 $90°$ 的移相范围。又锯齿波上升段起始 $30°$ 与终了 $30°$ 的线性度不好，各预留 $30°$ 余量。因此，锯齿波上升段取 $240°$ ，如图 2-62所示。锯齿波上升起始点恰为电源电压 $u_a$ 的 $0°$ 对应。从而，同步电压 VT1 应滞后 $u_a 180°$ 。

对于其他五个晶闸管，也存在同样的对应关系，即同步电压应滞后于主电路电压 $180°$ 。对于共阴极组的 VT4、VT6 和 VT2，它们的阴极分别与 $u_a$、$u_b$ 和 $u_c$ 相连，可简单表示它

们的主电路电压分别为 $-u_\mathrm{a}$、$-u_\mathrm{b}$ 和 $-u_\mathrm{c}$。

以上分析了同步电压与主电路电压的关系，一旦确定了整流变压器和同步变压器的接法，即可选定每一个晶闸管的同步电压信号。

图 2-63 给出了变压器接法的一种情况及相应的矢量图，其中主电路整流变压器为 Dy11 连接，同步变压器为 Dy11，5 连接。这时，同步电压选取的结果见表 2-3。

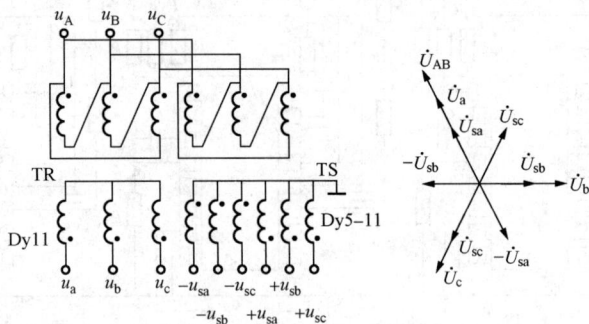

图 2-63　同步变压器和整流变压器的接法及矢量图

**表 2-3　三相全控桥各晶闸管的同步电压（采用图 2-63 变压器接法时）**

| 晶闸管 | VT1 | VT2 | VT3 | VT4 | VT5 | VT6 |
|---|---|---|---|---|---|---|
| 主电路电压 | $+u_\mathrm{a}$ | $-u_\mathrm{c}$ | $+u_\mathrm{b}$ | $-u_\mathrm{a}$ | $+u_\mathrm{c}$ | $-u_\mathrm{b}$ |
| 同步电压 | $-u_\mathrm{sa}$ | $+u_\mathrm{sc}$ | $-u_\mathrm{sb}$ | $+u_\mathrm{sa}$ | $-u_\mathrm{sc}$ | $+u_\mathrm{sb}$ |

为防止电网电压波形畸变对触发电路产生干扰，可对同步电压进行 RC 滤波，当 RC 滤波器滞后角为 60°时，同步电压选取结果见表 2-4。

**表 2-4　三相桥各晶闸管的同步电压（有 RC 滤波滞后 60°）**

| 晶闸管 | VT1 | VT2 | VT3 | VT4 | VT5 | VT6 |
|---|---|---|---|---|---|---|
| 主电路电压 | $+u_\mathrm{a}$ | $-u_\mathrm{c}$ | $+u_\mathrm{b}$ | $-u_\mathrm{a}$ | $+u_\mathrm{c}$ | $-u_\mathrm{b}$ |
| 同步电压 | $+u_\mathrm{sb}$ | $-u_\mathrm{sa}$ | $+u_\mathrm{sc}$ | $-u_\mathrm{sb}$ | $+u_\mathrm{sa}$ | $-u_\mathrm{sc}$ |

触发电路的形式不同时，对同步电压的要求也不同，在此例中，触发电路若为 KC04，那么只需三块 KC04 即可。由于 KC04 要求同步信号滞后主电路电压 30°，在同步电压中找不到滞后主电路电压 30°的同步电压，可对同步电压进行 RC 滤波，当 RC 滤波器滞后角为 30°时，同步电压选取结果见表 2-5。

当变流电路形式或触发电路的形式不同，或整流变压器、同步变压器接法不同时，可参照上述例子确定同步电压信号。

**表 2-5　KC04 触发电路三相桥各晶闸管的同步电压（有 RC 滤波滞后 30°）**

| 晶闸管 | VT1 | VT4 | VT3 | VT6 | VT5 | VT2 |
|---|---|---|---|---|---|---|
| 主电路电压 | $+u_\mathrm{a}$ | | $+u_\mathrm{b}$ | | $+u_\mathrm{c}$ | |
| 同步电压 | $+u_\mathrm{sa}$ | | $+u_\mathrm{sb}$ | | $+u_\mathrm{sc}$ | |

## 2.9* PWM 整 流 电 路

目前常规整流器一般采用晶闸管相控整流电路或二极管整流电路。晶闸管相控整流电路的输入电流滞后电压，其滞后角随着触发角 α 的增大而增大，且输入电流产生严重畸变，会有大量谐波，因此功率因数低，对电网造成了严重的"污染"。把脉冲宽度调制（Pulse width modulation，PWM）控制技术引入到整流器的控制中，可以使整流器输入电流正弦化，且和输入电压同相位，功率因数近似为 1（称单位功率因数）。这种整流电路因采用PWM 控制而定义为 **PWM 整流电路**也可以称为**高功率因数整流器**。

PWM 整流器可分为电压型和电流型两大类，目前研究和应用较多的是电压型 PWM 整流电路，因此这里主要介绍电压型单相和三相 PWM 整流电路的工作原理及其控制方法。

### 2.9.1 PWM 控制的基本原理

在采样控制理论中有一个重要的结论：冲量相等而形状不同的窄脉冲加在具有惯性的环节上时，其效果基本相同。冲量指窄脉冲的面积；效果基本相同，是指环节的输出响应波形基本相同。如果把各输出波形用傅里叶变换分析，则其低频段非常接近，仅在高频段略有差异。

例如图 2-64 所示的三个窄脉冲形状不同，其中图 2-64（a）为矩形脉冲，图 2-64（b）为三角形脉冲，图 2-64（c）为正弦半波脉冲，但它们的面积（即冲量）都等于 1，那么，当它们分别加在一阶惯性环节（RL 电路）上，如图 2-65（a）所示，其输出电流 $i(t)$ 对不同窄脉冲时的响应波形如图 2-65（b）所示。从波形可以看出，在 $i(t)$ 的上升阶段，脉冲形状不同时 $i(t)$ 的形状也略有不同，但其下降段则几乎完全相同。脉冲越窄，各 $i(t)$ 波形的差异也越小。如果周期性地施加上述脉冲，则响应 $i(t)$ 也是周期性的。用傅里叶级数分解后将可看出，各 $i(t)$ 波形在低频段的特性将非常接近，仅在高频段有所不同。

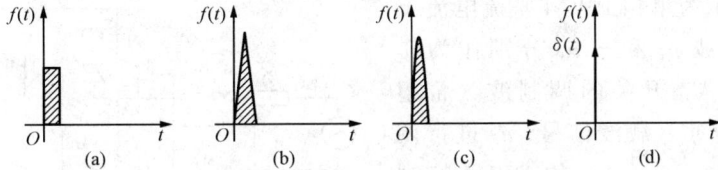

图 2-64 形状不同而冲量相同的各种窄脉冲

上述原理可以称之为面积等效原理，它是 PWM 控制技术的重要理论基础。

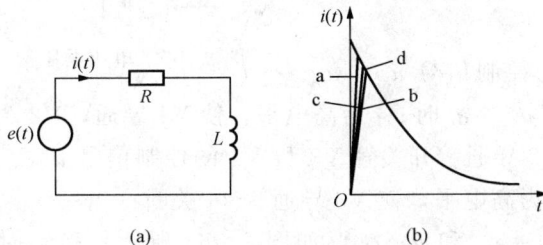

图 2-65 冲量相同的各种窄脉冲的响应波形

下面分析如何用一系列等幅不等宽的脉冲来代替一个正弦半波。把图 2-66（a）所示的正弦半波 $N$ 等分，就可以把正弦半波看成是由 $N$ 个彼此相连的脉冲序列所组成的波形。这

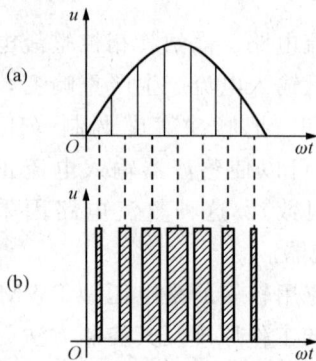

些脉冲宽度相等，都等于 $\pi/N$，但幅值不等，且脉冲顶部不是水平直线，而是曲线，各脉冲的幅值按正弦规律变化。如果把上述脉冲序列利用相同数量的等幅而不等宽的矩形脉冲来代替，使矩形脉冲的中点和相应的正弦波的中点重合，且使矩形脉冲和相应的正弦波部分面积（冲量）相等，就得到图 2-66（b）所示的脉冲序列。这就是 **PWM 波形**。可以看出，各脉冲的幅值相等，而宽度是按正弦规律变化的。根据面积等效原理，PWM 波形和正弦波形是等效的。对于正弦波的负半周，也可以用同样的方法得到 PWM 波形。像这样脉冲的宽度按正弦规律变化而和正弦波等效的

图 2-66 用 PWM 波代替正弦半波

PWM 波形，也称 **SPWM**（Sinusoidal PWM）波形。要改变等效输出正弦波的幅值时，只要按照同一比例系数改变上述各脉冲的宽度即可。

### 2.9.2 PWM 整流电路的工作原理

#### 1. 单相 PWM 整流电路

电压型单相桥式 PWM 整流电路如图 2-67 所示。每个桥臂由一个全控器件和反并联的整流二极管组成。按照正弦调制波 $u_r$ 与三角载波 $u_c$ 比较的方法产生 SPWM 波，对全控器件 V1～V4 进行控制，就可以在整流桥的交流输入 AB 端产生一个 SPWM 波 $u_{AB}$。交流侧电感 $L_s$ 是外接电抗器的电感，由于电感 $L$ 具有的平衡和抑制高次谐波电流作用，因而可缓冲桥臂脉冲序列中的无功功率，使交流侧输入电流正弦化。直流侧电容 $C$ 可滤除直流电流中高次谐波分量，减少直流侧纹波，又能使交流侧电流正弦化，提高功率因数。电阻 $R_s$ 是外接电抗器中的电阻和交流电源内阻等的等效电阻。

图 2-68 所示为单相 PWM 整流电流工作波形，把正弦波 $u_r$ 和 $-u_r$ 分别作为作 V1、V2 和 V3、V4 开关的调制波（希望波），与等腰三角波（载波信号）$u_c$ 进行调制，分别得到开关 V1～V4 的 PWM 控制信号 $u_{g1} \sim u_{g4}$，由图 2-68 中可以看出，为防止直流短路，开关 V1、V2 控制信号互补，同理开关 V3、V4 信号互补，下面分析电路工作过程。

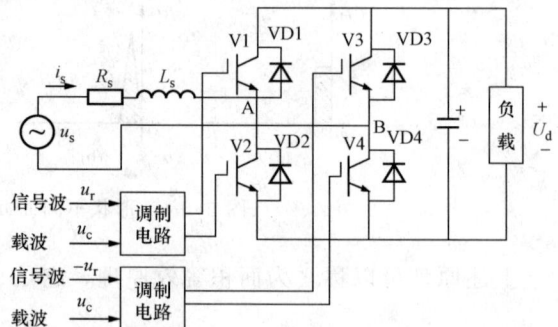

图 2-67 单相电压型 Boost SPWM 整流电路

开关管 V1 和 V2 的控制信号 $u_{g1}$、$u_{g2}$ 由 $u_r$ 和 $u_c$ 调制得到。当 $u_r > u_c$ 时 $u_{g1}$ 为高电平，使 V1 导通，V2 关断；当 $u_r < u_c$ 时 $u_{g2}$ 为高电平，使 V1 关断，V2 导通。开关管 V3 和 V4 的控制信号 $u_{g3}$、$u_{g4}$ 由 $-u_r$ 和 $u_c$ 调制得到。当 $-u_r > u_c$ 时 $u_{g3}$ 为高电平，使 V3 导通，V4 关断；当 $-u_r < u_c$ 时 $u_{g4}$ 为高电平，使 V3 关断，V4 导通，$u_{g1} \sim u_{g4}$ 和 $u_{b4}$ 波形如图 2-68 所示。稳态时，由于电容 $C$ 的作用，PWM 整流电路输出直流电压 $u_d$ 维持不变，按照 $u_{g1} \sim u_{g4}$ 波形控制图 2-68 所示电路中的四个开关管，就可以在桥的交流输入端 AB 产生一个 SPWM 波 $u_{AB}$。

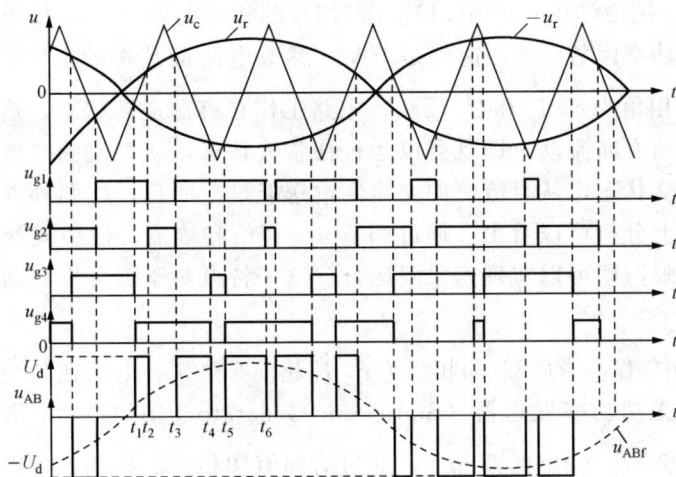

图 2-68　单相电压型 PWM 整流电路工作波形

例如，假设电源电流 $i_s$ 方向如图 2-67 所示方向为正，电路处于稳定运行。在 $t_1 \sim t_2$ 阶段，$u_{g1}$、$u_{g4}$ 为高电平，但由于电流的方向如图所示，所示 V1、V4 不能导通，但 VD1、VD4，则电流 $i_s$ 的流通路径为电源 $u_s \rightarrow L_s \rightarrow$ VD1 $\rightarrow$ 负载 $\rightarrow$ VD4 $\rightarrow u_s$，$u_{AB}$ 为负载电压 $U_d$，此时电感 $L_s$ 释放储能，和电源 $u_s$ 共同给负载供电，由于 $L_s$ 的储能作用，使输出电压平均值 $U_d$ 高于电源电压 $u_s$ 的峰值，所以，SPWM 整流电路具有升压功能。$t_2 \sim t_3$ 阶段，此时 $u_{g2}$、$u_{g4}$ 为高电平，由于电感 $L_s$ 的作用，电流 $i_s$ 方向不能改变，所以此时，电流 $i_s$ 的路径为电源 $u_s \rightarrow L_s \rightarrow$ V2 $\rightarrow$ VD4 $\rightarrow u_s$，$u_{AB}=0$，在此过程，电感 $L_s$ 吸收储能。$t_3 \sim t_4$ 阶段重复 $t_1 \sim t_2$ 过程。这样由 VD1、VD4 和 V2、VD4 轮流导通就形成了交流侧输入电压 $u_{AB}$ 的正半周的 SPWM 波。而在电流 $i_s$ 反方向时，由 V2、V3 和 VD2、V4 轮流导通形成 $-U_d$ 和 0 的 $u_{AB}$ 负半周的 SPWM 脉波。$u_{AB}$ 的 SPWM 基波成分如图 $u_{ABf}$ 所示。

从整流器输入端电压的 SPWM 调制波形看出，$u_{AB}$ 中除了含有与电源同频率的基波分量 $u_{ABf}$，还有和三角载波有关的高频谐波。由于电感 $L_s$ 的滤波作用，这些高次谐波电压只会使交流电流 $i_s$ 产生很小的脉动。如果忽略这种脉动，当调制波频率和电源频率相同时，$i_s$ 为频率与电源频率相同的正弦波。

PWM 整流电路的等效电路如图 2-69 所示，其中 $u_s$ 为交流电源电压。当 $u_s$ 一定时，$i_s$ 的幅值和相位由 $u_{AB}$ 中的基波分量 $u_{ABf}$ 的幅值及其与 $u_s$ 的相位差决定。改变 $u_{AB}$ 中的基波分量 $u_{ABf}$ 的幅值和相位，就可以使 $i_s$ 与 $u_s$ 同相或反相，或 $i_s$ 与 $u_s$ 相位差为所需要的角度。

需注意的是，如直流侧电压 $U_d$ 过低，例如，低于 $u_s$ 的峰值，则 $u_{AB}$ 中就得不到图 2-68 中所需的足够高的基波电压幅值，或 $u_{AB}$ 中含有较大的低次谐波，这样就不能按需要控制 $i_s$，$i_s$ 波形会产生畸变。

图 2-70 的相量图说明 SPWM 整流电路实现四象限运行原理，图中，$\dot{U}_s$、$\dot{U}_L$、$\dot{U}_R$ 和 $\dot{I}$ 分别为交流电源电压 $u_s$、电感 $L_s$ 上的电压 $u_L$、电阻 $R_s$ 上的电压 $u_R$ 以及交流电流 $i_s$ 的向量，

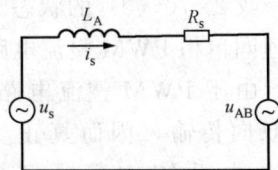

图 2-69　单相全桥 PWM 整流电路等效电路

$\dot{U}_{AB}$ 为 $u_{AB}$ 的向量。图 2-70 （a） 中，$\dot{U}_{AB}$ 滞后 $\dot{U}_s$ 的相角为 $\delta$，$\dot{I}_s$ 和 $\dot{U}_s$ 完全同相位，电路工作在整流状态，且功率因数为 1，这就是 PWM 整流电路最基本的工作状态。图 2-65 （b） 中，$\dot{U}_{AB}$ 超前 $\dot{U}_s$ 的相角为 $\delta$，$\dot{I}_s$ 和 $\dot{U}_s$ 反相，电路工作在有源逆变状态，这说明 PWM 整流电路可实现能量正反两方向流动，即既可以运行在整流状态，从交流侧向直流侧输送能量；也可以运行在有源逆变状态，从直流侧向交流侧输送能量。而且，这两种方式都可以在单位功率因数下运行。由上分析可以看出，通过调节 $u_{AB}$ 相位和幅值，使整流器的输入端电流向量可在位于任意象限，即可以实现四象限运行。这一特点对于需再生制动的交流电动机调速系统很重要。

图 2-70 （c） 中，$\dot{U}_{AB}$ 滞后 $\dot{U}_s$ 的相角为 $\delta$，$\dot{I}_s$ 超前 $\dot{U}_s$ 90°，电路在向交流电源送出无功功率，这时称为静止无功功率发送器 （Static Var Generator，SVG），一般不再称之为 PWM 整流电路了。在图 2-70 （d） 的情况下，通过对幅值和相位的控制，可以使 $\dot{I}_s$ 比 $\dot{U}_s$ 超前或滞后任一角度 $\varphi$，这些特点对电力系统电能质量控制具有重要的作用。

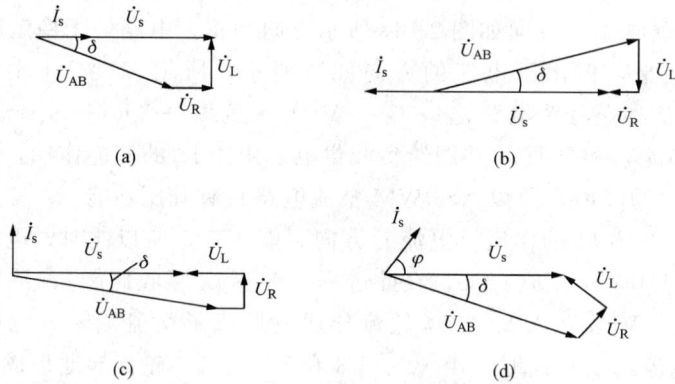

图 2-70　PWM 整流电路的运行方式相量图

（a） 整流运行；（b） 逆变运行；（c） 无功补偿运行；（d） $\dot{I}_s$ 超前角为 $\varphi$

**2. 三相 PWM 整流电路**

图 2-71 所示三相桥式 PWM 整流电路，这是最基本的 PWM 整流电路之一，应用最广。工作原理和前述的单相全桥电路相似，只是从单相扩展到三相进行 SPWM 控制，在交流输入端 A、B 和 C 可得 SPWM 电压，按图 2-70 的相量图控制，可使 $i_a$、$i_b$、$i_c$ 为正弦波且和电压同相且功率因数近似为 1。和单相相同，该电路也可工作在逆变运行状态及图 2-70 （c） 或 2-70 （d） 的状态。三相 PWM 整流电路本质上是三个单相 PWM 整流电路，其工作原理同单相 PWM 整流电路完全相似。

由于 PWM 整流电路实现了交流侧电流正弦化，且运行于单位功率因数，甚至能量双向传输，因而真正实现了"绿色电能变换"，并取得了更为广泛和重要的应用，如电力系统中静止无功补偿 （SVG）、有源电力滤波 （AFP）、统一潮流控制 （UPFC） 等。

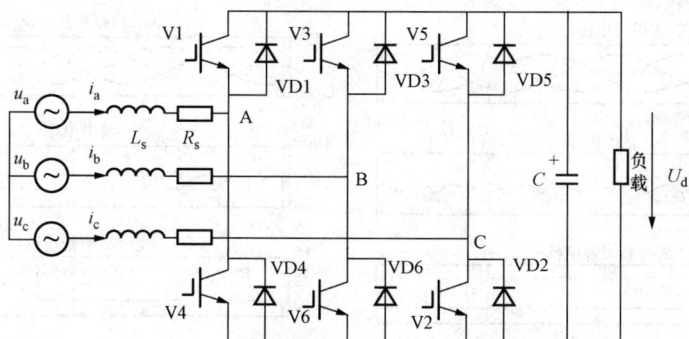

图 2 - 71　三相桥式 PWM 整流电路

## 2.10　三相全控桥整流电路及有源逆变仿真

电路原理图如图 2 - 17 所示，主电路由三相全控整流电路组成，三相桥式整流及有源逆变的工作原理可参见 2.2.2 节。

### 2.10.1　带电阻性负载仿真

电路参数设置：三相电源的相位互差 120°，设置交流峰值相电压为 311V、频率为 50Hz。$R=50\Omega$，$L=0H$，$C=$inf。打开仿真/参数窗，选择 ode23tb 算法，将相对误差设置为 $1e^{-3}$，开始仿真时间设置为 0，终止仿真时间设置为 0.02。设置好各模块参数后，单击工具栏的 ▶ 按钮，得到如图 2 - 72 （a）所示仿真结果。改变触发角 $\alpha$，单击工具栏的 ▶ 按钮，得到如图 2 - 72 （b）所示仿真结果。

由图 2 - 72 可以看出，随着 $\alpha$ 的增大，输出电压逐渐减小，当 $\alpha>60°$ 时，输出电压开始不连续，$\alpha$ 角的移相范围为 120°。由于是电阻性负载，输出电流的波形与输出电压的波形相同。流过晶闸管的电流、晶闸管两端承受的电压以及 A 相电流的波形与 2.2 节分析的结果一致。

### 2.10.2　带电阻电感性负载的仿真

电路参数设置：三相电源的相位互差 120°，设置交流峰值相电压为 311V、频率为 50Hz。$R=50\Omega$，$L=0.1H$，$C=$inf。

打开仿真/参数窗，选择 ode23tb 算法，将相对误差设置为 $1e^{-3}$，开始仿真时间设置为 0，终止仿真时间设置为 0.02。设置好各模块参数后，单击工具栏的 ▶ 按钮，得到如图 2 - 73 （a）所示仿真结果。改变触发角 $\alpha$，单击工具栏的 ▶ 按钮，得到如图 2 - 73 （b）所示仿真结果。

由图 2 - 73 可以看出，随着 $\alpha$ 的增大，输出电压逐渐减小，由于是阻感性负载，输出电压一直连续，$\alpha$ 角的移相范围为 90°。另外由于电感的存在，输出电流的波形近似一条水平线。流过晶闸管的电流、晶闸管两端承受的电压以及 A 相电流的波形与 2.2 节分析的结果一致。

### 2.10.3　有源逆变带电阻电感性负载的仿真

电路参数设置：三相电源的相位互差 120°，设置交流峰值相电压为 311V、频率为 50Hz。$R=50\Omega$，$L=0.1H$，$C=$inf。与负载串联的反电动势 DC 设置为 600V。

打开仿真/参数窗，选择 ode23tb 算法，将相对误差设置为 $1e^{-3}$，开始仿真时间设置为 0，终止仿真时间设置为 0.02。设置好各模块参数后，单击工具栏的 ▶ 按钮，得到如图 2 - 74 （a）

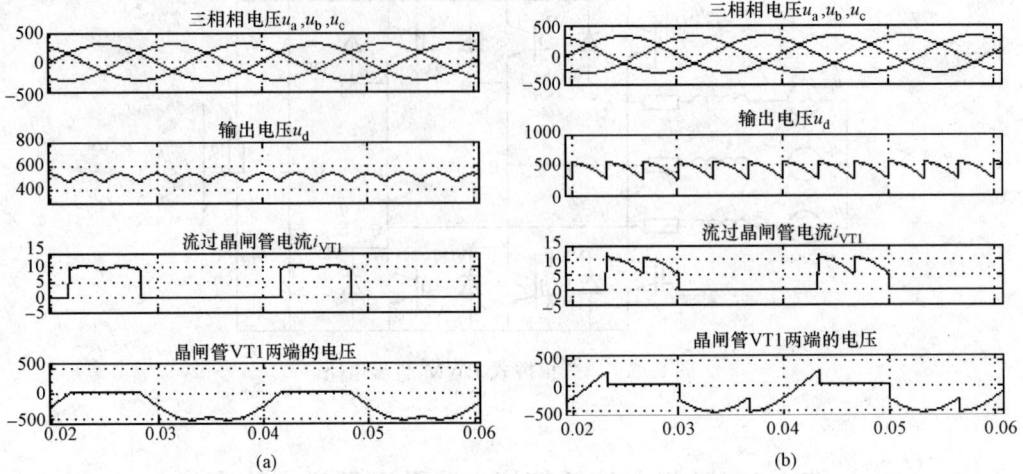

图 2 - 72　带电阻性负载三相全控整流系统仿真结果

(a) 控制角为 0°；(b) 控制角为 30°

所示仿真结果。改变触发角 $\alpha$，单击工具栏的▶按钮，得到如图 2 - 74 (b) 所示仿真结果。

由图 2 - 74 可以看出，当 $\alpha > 90°$ 时，随着 $\alpha$ 的增大，即 $\beta$ 角的减小，输出电压的绝对值逐渐增大。流过晶闸管的电流、晶闸管两端承受的电压以及 A 相电流的波形与 2.5 节分析的结果一致。

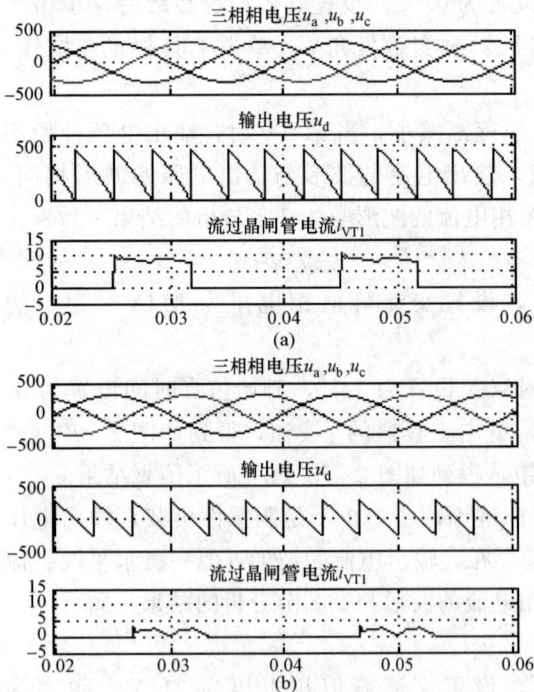

图 2 - 73　带电阻电感性负载三相全
控整流系统仿真结果

(a) 控制角为 60°；(b) 控制角为 90°

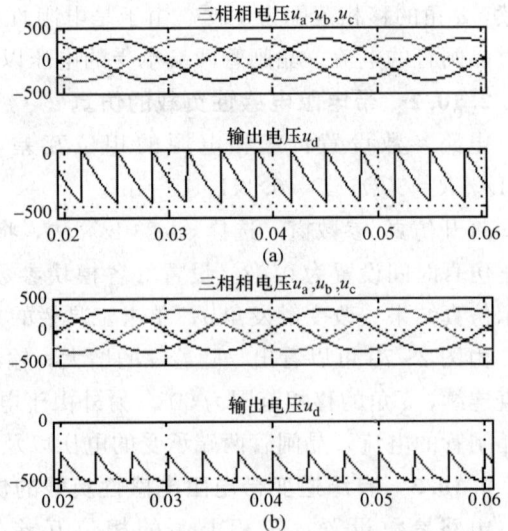

图 2 - 74　带电阻电感性负载三
相全控整流系统仿真结果

(a) 控制角为 120°；(b) 控制角为 150°

## 本 章 小 结

（1）可控整流电路，重点掌握：电力电子电路作为分段线性电路进行分析的基本思想、单相全控桥式整流电路和三相全控桥式整流电路的原理分析与计算、各种负载对整流电路工作情况的影响。

（2）电容滤波的不可控整流电路的工作情况，重点了解其工作特点。

（3）大功率可控整流电路的接线形式及特点，熟悉双反星形可控整流电路的工作情况。

（4）可控整流电路的有源逆变工作状态，重点掌握产生有源逆变的条件、三相可控整流电路有源逆变工作状态的分析计算、逆变失败及最小逆变角的限制等。

（5）整流电路的谐波和功率因数分析，重点掌握谐波的概念、各种整流电路产生谐波情况的定性分析、功率因数分析的特点、各种整流电路的功率因数分析。

（6）晶闸管-直流电动机系统的工作情况，重点掌握工作于各种状态时系统的特性，包括变流器的特性和电机的机械特性等，了解可逆电力拖动系统的工作情况，建立环流概念。

（7）用于晶闸管可控整流电路等相控电路的驱动控制，即晶闸管的触发电路，重点熟悉锯齿波移相的触发电路的原理，了解集成触发芯片及其组成的三相桥式全控整流电路的触发电路，建立同步的概念，掌握同步电压信号的选取方法。

（8）PWM 控制技术要理解脉宽调制原理，了解 PWM 整流器的基本工作原理。

## 习 题

1. 单相半波可控整流电路对电感负载供电，$L = 20\text{mH}$，$U_2 = 100\text{V}$，求当 $\alpha = 0°$ 时和 $30°$ 时的负载电流 $I_d$，并画出 $u_d$ 与 $i_d$ 的波形。

2. 图 2-8 所示为具有变压器中心抽头的单相全波可控整流电路，问该变压器还有直流磁化问题吗？试说明：

（1）晶闸管承受的最大反向电压为 $2\sqrt{2}U_2$；

（2）当负载是电阻或电感时，其输出电压和电流的波形与单相全控桥时相同。

3. 单相桥式全控整流电路，$U_2 = 100\text{V}$，负载中 $R = 2\Omega$，$L$ 值极大，当 $\alpha = 30°$ 时，要求：

（1）作出 $u_d$、$i_d$ 和 $i_2$ 的波形；

（2）求整流输出平均电压 $U_d$、电流 $I_d$，变压器二次电流有效值 $I_2$；

（3）考虑安全裕量，确定晶闸管的额定电压和额定电流。

4. 单相桥式半控整流电路，电阻性负载，画出整流二极管在一个周期内承受的电压波形。

5. 单相桥式全控整流电路，$U_2 = 100\text{V}$，负载 $R = 2\Omega$，$L$ 值极大，反电动势 $E = 60\text{V}$，当 $\alpha = 30°$ 时，要求：

（1）作出 $u_d$、$i_d$ 和 $i_2$ 的波形；

（2）求整流输出平均电压 $U_d$、电流 $I_d$、变压器二次侧电流有效值 $I_2$；

（3）考虑安全裕量，确定晶闸管的额定电压和额定电流。

6. 晶闸管串联的单相半控桥，电路如图 2-75 所示，$U_2=100\text{V}$，电阻电感负载，$R=20\Omega$，$L$ 值很大，当 $\alpha=60°$ 时求流过器件的电流有效值，并作出 $u_d$、$i_d$、$i_{VT}$、$i_{VD}$ 的波形。

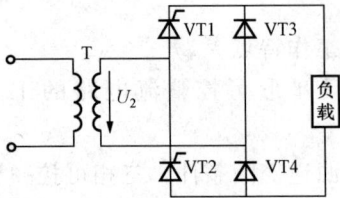

图 2-75　单相桥式半控整流电路

7. 在三相半波整流电路中，如果 a 相的触发脉冲消失，试绘出在电阻性负载和电感性负载下整流电压 $u_d$ 的波形。

8. 三相半波整流电路，可以将整流变压器的二次绕组分为两段成为曲折接法，每段的电动势相同，其分段布置及其矢量如图 2-76 所示，此时线圈的绕组增加了一些，铜的用料约增加 $10\%$，问变压器铁芯是否被直流磁化，为什么？

9. 三相半波整流电路的共阴极接法与共阳极接法，a、b 两相的自然换相点是同一点吗？如果不是，它们在相位上差多少度？

10. 有两组三相半波可控整流电路，一组是共阴极接法，一组是共阳极接法，如果它们的触发角都是 $\alpha$，那么共阴极组的触发脉冲与共阳极组的触发脉冲对同一相来说，例如都是 a 相，在相位上差多少度？

11. 三相半波可控整流电路，$U_2=100\text{V}$，带电阻电感负载，$R=5$，$L$ 值极大，当 $\alpha=60°$ 时，要求：

（1）画出 $u_d$、$i_d$ 和 $i_{VT1}$ 的波形；

（2）计算 $U_d$、$I_d$、$I_{dVT}$ 和 $I_{VT}$。

12. 在三相桥式全控整流电路中，电阻负载，如果有一个晶闸管不能导通，此时的整流电压 $u_d$ 波形如何？如果有一个晶闸管被击穿而短路，其他晶闸管受什么影响？

13. 三相桥式全控整流电路，$U_2=100\text{V}$，带电阻电感负载，$R=5$，$L$ 值极大，当 $\alpha=60°$ 时，要求：

（1）画出 $u_d$、$i_d$ 和 $i_{VT1}$ 的波形；

（2）计算 $U_d$、$I_d$、$I_{dVT}$ 和 $I_{VT}$。

14. 单相桥式全控整流电路，其整流输出电压中含有哪些次数的谐波？其中幅值最大的是哪一次？变压器二次侧电流中含有哪些次数的谐波？其中主要的是哪几次？

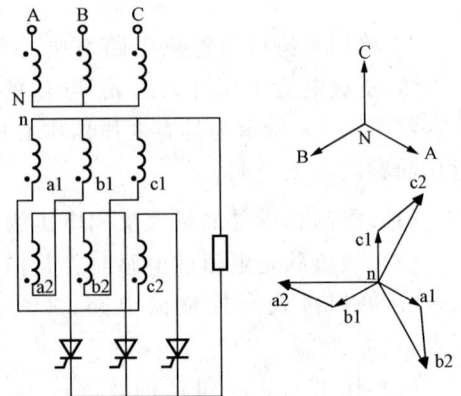

图 2-76　变压器二次绕组的曲折接法及其矢量图

15. 三相桥式全控整流电路，其整流输出电压中含有哪些次数的谐波？其中幅值最大的是哪一次？变压器二次侧电流中含有哪些次数的谐波？其中主要的是哪几次？

16. 带平衡电抗器的双反星形可控整流电路与三相桥式全控整流电路相比有何主要异同？

17. 使变流器工作于有源逆变状态的条件是什么？

18. 什么是逆变失败？如何防止逆变失败？

19. 单相桥式全控整流电路、三相桥式全控整流电路中，当负载分别为电阻负载或电感负载时，要求的晶闸管移相范围分别是多少？

20. 试说明 PWM 调制的基本原理。

21. 什么是 PWM 整流电路？它和相控整流电路的工作原理和性能有何不同？该电路为什么又称为高功率因数整流电路？

# 第 3 章　直流-直流变换电路

将固定的直流电压变换成可调的直流电压称为 DC/DC 变换或直流斩波。具有这种 DC/DC 变换功能的电力电子装置，称为 **DC/DC 变换器**（DC/DC Converter）。

DC/DC 变换器已被广泛应用于直流电动机调速、蓄电池充电、开关电源等方面。特别是电力牵引，如地铁、电气机车等。这类电动车辆一般采用恒定直流电源（如蓄电池）供电。采用 DC/DC 变换器组成直流调速系统，可实现无级调速，比变阻器调速方式节省电能 20%～30%。此外在 AC/DC 变换中，还可采用不控整流加直流斩波调压方式替代晶闸管相控整流，以提高变流装置的输入功率因数、减少网侧电流谐波并提高系统动态响应速度。

DC/DC 变换器按结构不同可分为直接 DC/DC 变换器（又称为直流斩波电路即 DC Chopper）和变压器隔离型 DC/DC 变换器。其中直流斩波电路有 6 种基本形式：降压斩波、升压斩波、升降压斩波、Cuk 斩波、Sepic 斩波和 Zeta 斩波。6 种斩波电路中前两种是最基本的电路，不仅应用广泛，而且是其他电路的基础。变压器隔离型 DC/DC 变换器也有 5 种基本电路形式：正激型、反激型、半桥型、推挽型和全桥型。

在 DC/DC 变换器中，主开关多采用压控型全控器件如 IGBT、MOSFET，以适应高频开通和关断的要求。控制方式多采用 PWM 控制，即脉冲宽度调制（Pulse Width Modulation）。

本章主要介绍直接 DC/DC 变换器中的基本直流斩波电路及其组合电路、变压器隔离型 DC/DC 变换器和谐振型 DC/DC 变换器的典型电路结构、工作原理及主要数量关系。

## 3.1　直接 DC/DC 变换器

### 3.1.1　降压斩波（Buck）电路

Buck 电路是一种对输入电压进行降压变换的直流斩波器。其电路原理图如图 3-1 所示。图中，S 为主开关器件，常使用全控器件如 IGBT。若采用晶闸管，需设置使晶闸管关断的辅助电路。电感 L 为储能元件，在 S 关断时为负载提供电流。VD 为续流二极管，在 S 关断时给电感中的电流提供续流通道。电容 C 的作用是维持输出电压平稳。

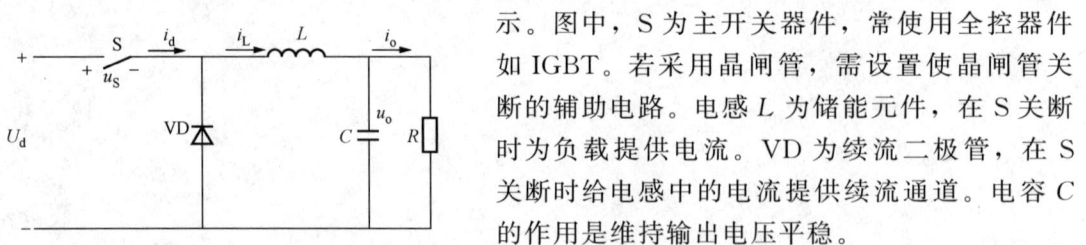

图 3-1　降压斩波电路的原理图

该电路存在电感电流连续和电感电流断续两种工作模式。

**1. 电感电流连续工作模式**

在电感电流连续工作模式下，电路中开关 S 的控制信号 $u_g$、S 上的电压 $u_S$、流过电感的电流 $i_L$ 以及流过开关 S 的电流 $i_S$ 的波形分别如图 3-2（a）、（b）、（c）、（d）所示。其工作原理分析如下。

S 导通（$t_{on}$）时段：当开关 S 导通时，电源 $U_d$ 向电容充电，并给负载 R 供电，产生负

载电流 $i_o$。同时，电感 $L$ 储能，电感电流 $i_L$ 上升，电感电压 $u_L$ 极性为左正右负，二极管 VD 处于断态。

S 关断（$t_{off}$）时段：当开关 S 于 $t_1$ 时刻关断，电感 $L$ 释放能量，电感电压 $u_L$ 极性为左负右正，二极管 VD 导通。电感 $L$ 通过 VD 续流释放能量，并给负载 $R$ 供电，电感电流 $i_L$ 不断减小。由于电感较大，电感电流减小缓慢，直到 $t_2$ 时刻开关 S 再次开通时，电感电流仍未减小到零。随着开关 S 的再次开通，电感电流转而上升，下一个开关周期开始，电感电流连续。

在分析 DC/DC 电路和推导其输出电压的过程中常用到两个重要的概念：在稳态条件下电感两端电压在一个开关周期内的平均值为零，同时电容电流在一个开关周期内的平均值为零。

电路处于稳态时，其中的电压、电流等变量都是按开关周期严格重复的，由此得

$$i_L(t) = i_L(t + T_S)$$

式中：$T_S$ 为开关周期。

根据平均值的定义，电感两端电压在一个开关周期内的平均值为

$$U_L = \frac{1}{T_S}\int_0^{T_S} u_L(t)\,dt = \frac{1}{T_S}\int_0^{T_S} L\frac{di_L(t)}{dt}\,dt$$

$$= \frac{1}{T_S}\int_0^{T_S} L\,di_L(t) = \frac{L}{T_S}[i_L(T_S) - i_L(0)] = 0$$

式中：$U_L$ 为电感两端电压在一个开关周期内的平均值。

因此，在电感电流连续的条件下，可以推导出 Buck 电路输出电压与输入电压间的关系，电感两端电压在一个开关周期的平均值 $U_L$ 为

$$U_L = \frac{1}{T_S}\int_0^{T_S} u_L\,dt = \frac{(U_d - U_0)t_{on} - U_o t_{off}}{T_S} = 0 \tag{3-1}$$

式中：$U_d$ 为输入端电源电压值；$U_o$ 为输出端直流电压平均值；$T_S = t_{on} + t_{off}$；$t_{on}$ 为开关处于通态的时间；$t_{off}$ 为开关处于断态的时间。

由式（3-1）得

$$\frac{U_o}{U_d} = \frac{t_{on}}{T_S} = D \tag{3-2}$$

式中：$D$ 为**占空比**，定义为开关导通时间与开关周期的比值。由于 $0 \leqslant D \leqslant 1$，因此称为**降压型斩波电路**。

在上述情况中，假设电感 $L$ 值足够大，则负载电流波形平直，并设电源电流平均值为 $I_d$，负载电流平均值为 $I_o$，由图 3-1 可以看出

$$I_d = \frac{t_{on}}{T_S}I_o = DI_o \tag{3-3}$$

由式（3-3）得

$$U_d I_d = U_d D I_o = U_o I_o \tag{3-4}$$

即输出功率等于输入功率，可将降压斩波电路看作**直流降压变压器**。根据对输出电压平

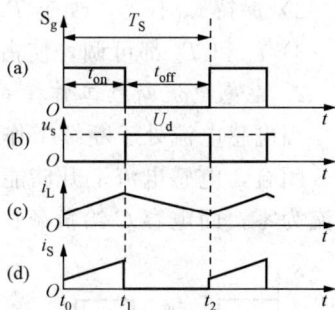

图 3-2　降压斩波电路电流连续时的工作波形

均值进行调制的方式不同，斩波电路可有三种控制方式：

1）保持开关周期 $T_S$ 不变，调节开关导通时间 $t_{on}$，称为脉冲宽度调制或定频调宽型。

2）保持 $t_{on}$ 不变，改变 $T_S$，称为频率调制型或定宽调频型。

3）$t_{on}$ 和 $T_S$ 都可调，使占空比改变，称为混合型。

2. 电感电流断续工作模式

当电感电流处于断续工作方式时，该电路在 1 个开关周期内相继经历 3 个电路状态：开关 S 闭合，电感电流上升储能；开关 S 关断，电感电流续流下降并放能；开关 S 关断，电感电流为零，而电容 C 给负载供电。电路工作时的波形如图 3-3 所示。

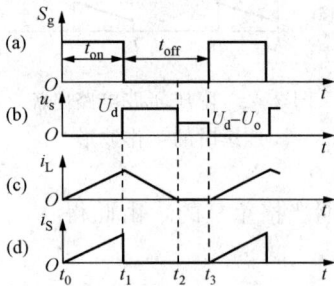

图 3-3　降压电路电流断续
工作模式下的工作波形

S 导通（$t_{on}$）时段：当开关 S 导通时，电源 $U_d$ 向电容 C 充电，并给负载 R 供电，产生负载电流 $i_o$。同时，电感 L 储能，电感电流 $i_L$ 上升，电感电压 $u_L$ 极性为左正右负，二极管 VD 处于断态。

S 关断且电感电流续流时段：当开关 S 于 $t_1$ 时刻关断，电感 L 释放能量，电感电压 $u_L$ 极性为左负右正，二极管 VD 导通，开关 S 两端电压为电源电压 $U_d$。电感 L 通过 VD 续流释放能量，并给负载 R 供电，电感电流 $i_L$ 不断减小。若电感 L 设计值较小或者负载过轻，$t_2$ 时刻电感电流 $i_L$ 减小到零，电路进入下一个工作状态。

S 关断且电感电流为零时段：二极管 VD 关断，电感电流 $i_L$ 保持零值，并且电感两端的电压 $u_L$ 也为零，开关 S 两端电压为 $U_d - U_o$。直到 $t_3$ 时刻开关 S 再次开通，电感电流 $i_L$ 再次从零开始上升，下一个开关周期开始，电感电流断续，此时电容放电，维持 $u_o$ 基本不变。

Buck 电路电感电流处于连续与断续的临界状态时，在每个开关周期开始和结束的时刻，电感电流正好为零，如图 3-4 所示。稳态条件下，在一个开关周期内，电容 C 的平均电流为零。因此电感电流 $i_L$ 在一个开关周期内的平均值 $I_L$ 等于负载电流平均值 $I_o$。

负载电流平均值 $I_o$ 为

$$I_o = \frac{U_o}{R} \tag{3-5}$$

而电感电流平均值 $I_L$ 可以根据图 3-4 按式（3-6）计算，计算原理为"积分即是求波形与横轴围成的面积"，得

$$I_L = \frac{1}{T_s} \int_0^{T_s} i_L(t) \, dt = \frac{1}{T_s} \times \left( \frac{1}{2} \Delta I_L T_s \right) = \frac{1}{2} \Delta I_L \tag{3-6}$$

式中：$\Delta I_L$ 为电感电流 $i_L$ 的波动值，即 $i_L$ 的最大值与最小值的差值。在 0 到 $DT_s$ 时间段上，电感电压 $u_L$ 为

$$u_L = L \frac{di_L}{dt} = U_d - U_o$$

可得

$$\Delta I_L = \frac{U_d - U_o}{L} DT_s \tag{3-7}$$

此时电感电流仍连续，故有

$$\frac{U_o}{U_d} = D$$

将其带入式（3-7），可得

$$\Delta I_L = \frac{1-D}{L} U_o T_S \qquad (3-8)$$

将式（3-8）带入式（3-6）可得电感电流的平均值 $I_L$ 为

$$I_L = \frac{1-D}{2L} U_o T_s \qquad (3-9)$$

电感电流连续的条件为

$$I_o \geqslant I_L$$

将式（3-5）和式（3-9）代入得

$$\frac{U_o}{R} \geqslant \frac{1-D}{2L} U_o T_s$$

整理得

$$L \geqslant \frac{1-D}{2} R T_s \qquad (3-10)$$

式（3-10）即为判断降压型电路中电感电流连续与否的临界条件。

3. 降压斩波电路的典型应用

降压型电路常用于降压型直流开关稳压器、不可逆直流电动机调速等场合。当降压型电路用于直流电动机调速时，其原理图如图 3-5 所示。改变占空比，就可以改变加在直流电机电枢上的电压，从而实现调压调速的目的。电路工作模式也分为电感电流连续和断续两种情况，不同情况下直流电机呈现出不同的机械特性。

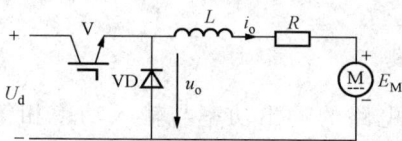

图 3-4 降压电路电感电流临界连续工作时的波形

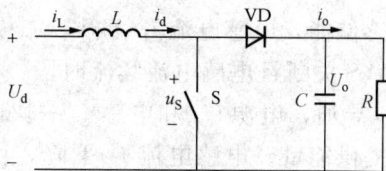

图 3-5 用于直流电动机的降压斩波电路

### 3.1.2 升压斩波（Boost）电路

Boost 电路原理图如图 3-6 所示。该电路也存在电感电流连续和电感电流断续两种工作模式。

1. 电感电流连续工作模式

当电感电流连续时，电路中的波形如图 3-7 所示，波形依次是开关 S 的开关信号、开关 S 上的电压 $u_S$ 的波形、电感电流 $i_L$ 的波形、流过开关 S 的电流 $i_S$ 的波形和输出电流 $i_o$ 的波形。电源电流 $i_d$ 的波形与电感电流 $i_L$ 的波形相同。工作原理分析如下。

图 3-6 升压斩波电路的原理图

S 导通（$t_{on}$）时段：当开关 S 导通时，电源 $U_d$ 向电感 L 充电，电感储能，电感电流 $i_L$ 上升，电感电压极性左正右负，二极管 VD 处于断态。

S 关断（$t_{off}$）时段：当开关 S 关断时，二极管 VD 导通，电源 $U_d$ 与电感 L 共同向电容 C 充电，并向负载 R 提供能量。电感释放能量，电感电流下降，电感电压的极性左负右正。由于电感较大，电感电流下降缓慢，直到 $t_2$ 时刻开关 S 再次开通时，电感电流仍未减小到零。随着开关 S 的再次开通，电感电流转而上升，下一个开关周期开始，电感电流连续。

下面推导升压型电路在电感电流连续时的输出电压与输入电压间的关系。利用电感两端

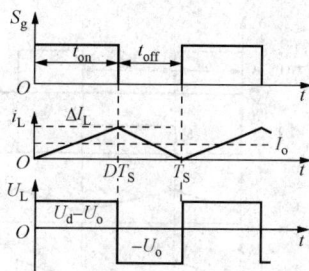

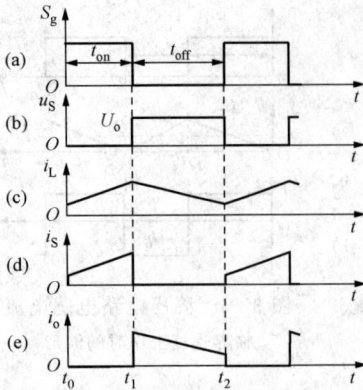

图 3-7　升压电路电流连续时的
工作波形

电压在一个开关周期内的平均值为零的规律可得

$$U_L = \frac{U_d t_{on} - (U_o - U_d)\ t_{off}}{T_S} = 0 \quad (3-11)$$

式中：$U_L$ 为电感两端电压在一个开关周期内的平均值；$T_S$ 为开关周期，$T_S = t_{on} + t_{off}$；$t_{on}$ 为开关处于通态的时间；$t_{off}$ 为开关处于断态的时间。由式（3-11）整理得

$$\frac{U_o}{U_d} = \frac{1}{1-D} \quad (3-12)$$

由于 $0 \leqslant D \leqslant 1$，因此升压型电路的输出电压不可能低于其输入电压，且极性与输入电压相同。需要注意的是，应避免占空比 $D$ 过于接近 1，以免造成电路损坏。升压斩波电路之所以能够升压，关键在于两点：一是电感 $L$ 储能之后具有使电压泵升的作用，二是电容 $C$ 可将输出电压保持住。在以上分析中，认为 S 处于通态期间因电容 $C$ 的作用使得输出电压保持不变，但实际上电容值不可能无穷大，在此阶段电容 $C$ 向负载 $R$ 放电，输出电压必然会有所下降，故实际输出电压会略低于式（3-12）所得结果。

如果忽略电路中的损耗，且认为电感 $L$ 足够大，则

$$\begin{cases} I_d = I_L \\ U_o I_o = U_o \dfrac{t_{off}}{T} I_L = U_d I_L = U_d I_d \end{cases} \quad (3-13)$$

式中：$I_d$ 为电源电流的平均值；$I_o$ 为输出电流的平均值。

式（3-13）表明，与降压斩波电路一样，升压斩波电路的输出功率与输入功率相等，也可看成是直流变压器。

2. 电感电流断续工作模式

当处于电感电流断续工作方式时，电路工作时的波形如图 3-8 所示。

工作原理分析如下。

S 导通时段：当开关 S 导通时，电源 $U_d$ 向电感 $L$ 充电，电感储能，电感电流 $i_L$ 上升，二极管 VD 处于断态。

S 关断且电感电流续流时段：当开关 S 关断时，二极管 VD 导通，电源 $U_d$ 和电感 $L$ 一块向电容 $C$ 充电，并向负载 $R$ 提供能量。电感电流 $i_L$ 下降，由于电感 $L$ 设计值较小或负载过轻，$t_2$ 时刻电感电流 $i_L$ 减小到零。此过程，开关 S 两端的电压等于负载电压 $U_o$。

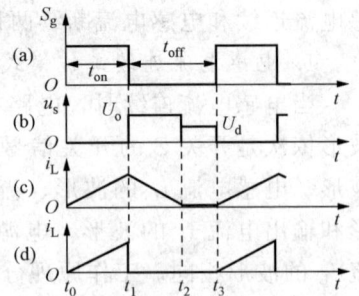

图 3-8　升压电路电流断续
工作模式下的工作波形

S 关断且电感电流为零时段：开关 S 仍关断，电感电流下降到零，二极管 VD 也关断，并且电感两端的电压也为零，开关 S 两端的电压等于电源电压 $U_d$。直到 $t_3$ 时刻开关 S 再次开通，电感电流 $i_L$ 再次从零开始上升，下一个开关周期开始，电感电流断续。

下面推导升压型电路中电感电流连续与断续的临界条件。电路电感电流处于连续与断续的临界状态时，在每个开关周期开始和结束的时刻，电感电流正好为零，电路工作波形如图 3-9 所示。

如图 3-6 所示，稳态条件下，升压型电路中，二极管 VD 电流的开关周期平均值等于负载电流平均值 $I_o$。

负载电流平均值 $I_o$ 为

$$I_o = \frac{U_o}{R} \tag{3-14}$$

图 3-9 中，利用电感电流上升段的电压方程关系可得

$$\begin{cases} u_L\ (t) = L\dfrac{\Delta I_L}{DT_S} \\ u_L\ (t) = U_d \mid_{0<t<DT_S} \end{cases} \tag{3-15}$$

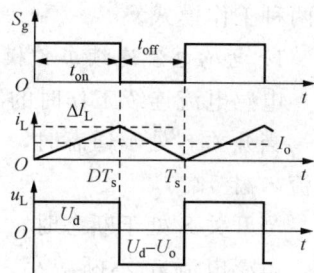

图 3-9　升压电路电感电流
临界连续工作时的波形

从而电感电流峰值为

$$\Delta I_L = \frac{U_o D\ (1-D)\ T_S}{L} \tag{3-16}$$

而 VD 电流的开关周期平均值 $I_D$ 为

$$I_D = I_L\ (1-D) = \frac{1}{2}\Delta I_L\ (1-D) = \frac{U_o D\ (1-D)^2 T_S}{2L} \tag{3-17}$$

电感电流连续的临界条件为

$$I_o \geqslant I_D$$

将式（3-14）和式（3-17）代入得

$$\frac{U_o}{R} \geqslant \frac{U_o D\ (1-D)^2 T_S}{2L}$$

整理得

$$L \geqslant \frac{D\ (1-D)^2}{2} RT_S \tag{3-18}$$

这就是用于判断升压型电路电感电流连续与否的临界条件。

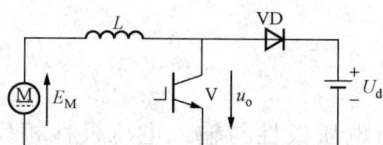

图 3-10　用于直流电动机回馈
能量的升压斩波电路

**3. 升压斩波电路的典型应用**

升压斩波电路的典型应用，一是用于直流电动机传动；二是用作单相功率因数校正（Power Factor Correct，PFC）电路；三是用于其他交直流电源中。此处主要介绍在直流传动中的应用。当升压斩波电路用于直流传动时，通常是用于在直流电动机再生制动时把电能回馈给直流电源，此时的电路如图 3-10 所示。由于实际电路中电感 L 值不可能无穷大，因此该电路也有电动机电枢电流连续和断续两种工作状态。此时电动机的反电动势 $E_M$ 相当于图 3-6 所示电路中的电源 $U_d$，而此处的直流电源相当于图 3-6 所示电路中的负载。由于直流电源的电压基本是恒定的，因此不必并联电容器。

若 L 较大时，电动机电枢电流连续且纹波较小，记为 $I_R$。定子电阻为 R，由于直流电动机可等效为电阻、电感和反电动势负载，反电动势大小为 $E_M$，因此由升压电路原理可得升压关系为

$$U_d = \frac{E_M - I_R R}{1-D} \tag{3-19}$$

### 3.1.3　升降压（Boost-Buck）电路

Boost-Buck 变换器原理图如图 3-11 所示。该电路也存在电感电流连续和电感电流断

续两种工作模式。

### 1. 电感电流连续工作模式

电感电流连续工作时的波形如图 3-12 所示。

当开关 S 处于通态时，二极管 VD 处于断态，电源 $U_d$ 向电感 L 充电，电感储能，电感电流 $i_L$ 上升。

当开关 S 处于断态时，二极管 VD 导通，电感通过 VD 向电容 C 充电，并向负载 R 供电，电感电流 $i_L$ 不断减小。由于电感较大，电感电流减小缓慢，直到下个开关周期开始、开关 S 再次开通时，电感电流仍未减小到零。随着开关 S 的再次开通，电感电流转而上升，下一个开关周期开始，电感电流连续。

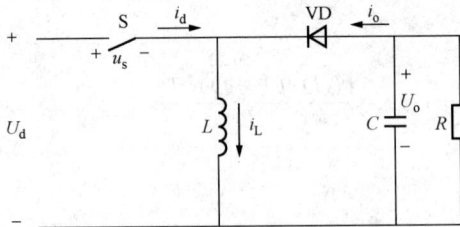

图 3-11 升降压电路的原理图　　　　图 3-12 电感电流连续时的工作波形

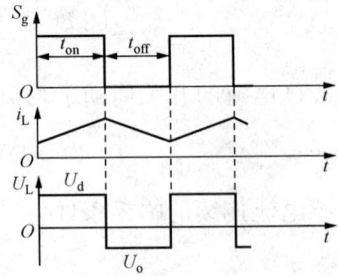

当 S 处于通态期间时，$u_L = U_d$；而当 S 处于断态期间时，$u_L = -U_o$。于是利用"电感两端电压在一个开关周期内的平均值为零"的规律可得

$$U_L = \frac{1}{T_S} \int_0^{T_S} u_L \mathrm{d}t = \frac{U_d t_{on} + U_o t_{off}}{T_S} = 0 \tag{3-20}$$

由式（3-20）整理得

$$\frac{U_o}{U_d} = -\frac{D}{1-D} \tag{3-21}$$

式（3-21）中等式右边的负号表示升降压电路的输出电压极性与输入电压极性相反。若改变占空比 D，则当 $0 < D < 1/2$ 时，输出电压 $U_o$ 低于电源电压 $U_d$，为降压；当 $1/2 < D < 1$ 时，输出电压 $U_o$ 高于电源电压 $U_d$，为升压，因此将该电路称作升降压斩波电路，也称为 Boost-Buck 变换器。

若电源电流 $i_d$ 和负载电流 $i_o$ 的平均值分别为 $I_d$ 和 $I_o$，则当电流脉动足够小时，有

$$\frac{I_d}{I_o} = -\frac{t_{on}}{t_{off}} \tag{3-22}$$

式（3-22）中等号右边的负号表示电源电流 $i_d$ 和负载电流 $i_o$ 的方向相反。由式（3-22）可得

$$I_o = -\frac{t_{off}}{t_{on}} I_d = -\frac{1-D}{D} I_d \tag{3-23}$$

如果 V、VD 为没有损耗的理想开关，则

$$U_o I_o = U_d I_d \tag{3-24}$$

式（3-24）表明，升降压电路的输出功率和输入功率相等，也可将其看作直流变

压器。

2. 电感电流断续工作模式

当电感较小或负载电流较小时,升降压电路会处于电感电流断续工作方式。此时,如同图 3-8 所示升压电路电感电流断续工作方式,升降压电路电感电流 $i_L$ 在 1 个开关周期内也经历上升、下降为零和保持为零三个阶段。在下个开关周期开始后,电感电流再从零开始上升,重复上述过程。电感电流断续。

升降压型电路中电感电流连续与断续的临界条件的推导过程与升压型电路相同。判断升降压型电路电感电流连续与否的临界条件为

$$L \geqslant \frac{(1-D)^2}{2}RT_S \qquad (3-25)$$

升降压型电路可以灵活地改变电压的高低,还能改变电压极性,因此常用于电池供电设备中产生负电源的电路,还用于各种开关稳压器中。

### 3.1.4 Cuk 斩波电路

图 3-13 所示为 Cuk 斩波电路的原理图。Cuk 斩波电路是将升压与降压电路串接而成的。该电路在电感 $L$ 和 $L_1$ 的电流都连续的情况下,在一个开关周期内相继经历两个电路状态,如图 3-14 所示,其工作原理如下。

当 S 处于通态时,$U_d$—$L$—S 回路和 $R$—$L_1$—$C_1$—S 回路分别流过电流,如图 3-14 (a) 所示。

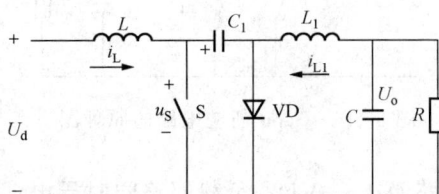

图 3-13 Cuk 电路的原理图

当 S 处于断态时,$U_d$—$L$—$C_1$—VD 回路($C_1$ 充电)和 $R$—$L_1$—VD 回路($L_1$ 释放储能)分别流过电流,输出电压的极性与电源电压极性相反,如图 3-14 (b) 所示。

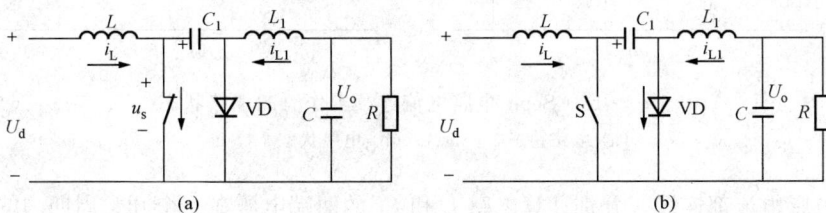

图 3-14 Cuk 电路电流连续工作时的电路状态
(a) 电路状态 1(S 通);(b) 电路状态 2(S 断)

设两个电感电流都连续,分别计算电感 $L$ 和 $L_1$ 的两端电压在一个开关周期内的平均值为

$$\begin{cases} U_L = U_d D + (U_d - U_{C1})(1-D) = 0 \\ U_{L1} = (U_{C1} + U_o)D + U_o(1-D) = 0 \end{cases} \qquad (3-26)$$

联立方程,消去 $U_{C1}$,可得 Cuk 电路输出、输入电压比与占空比 $D$ 间的关系为

$$\frac{U_o}{U_d} = -\frac{D}{1-D} \qquad (3-27)$$

式(3-27)中等号右边的负号表示输出电压与输入电压极性相反,输出电压可高于输入电压,也可低于输入电压。

负载电流很小时，电路中的电感电流将不连续，电压比的公式不再满足式（3-27），输出电压 $|U_o| > DU_d/(1-D)$，且负载电流越小，$|U_o|$ 越高。输出空载时，$|U_o| \to \infty$，故 Cuk 型电路也不应空载，否则会产生很高的电压而造成电路中元器件的损坏。

Cuk 电路的特点与升降压电路相似，也常用于相同的场合。但 Cuk 电路较为复杂，因此使用不甚广泛。与升降压斩波电路相比，Cuk 斩波电路有一个突出的优点，即输入和输出回路中都有电感，因此输出电压纹波较小，从输入电源中吸取的电流纹波也较小，有利于对输入、输出进行滤波，在某些对这些问题有特殊要求的场合使用比较合适。

### 3.1.5  Sepic 斩波电路

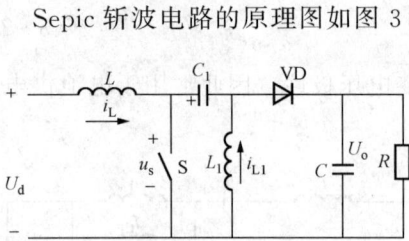

Sepic 斩波电路的原理图如图 3-15 所示。从图中可以看出，Sepic 斩波电路是将升压与升降压电路前后级联而成的。该电路在电感 $L$ 和 $L_1$ 的电流都连续的情况下，在一个开关周期内相继经历两个电路状态，如图 3-16 所示。其工作原理如下。

当 S 处于通态时，$U_d$—$L$—S 回路和 $C_1$—S—$L_1$ 回路同时导电，$L$ 储能，$C_1$ 储存的能量向 $L_1$ 转移，$C$ 向负载供电，如图 3-16（a）所示。

图 3-15  Sepic 斩波电路的原理图

S 处于断态时，$U_d$—$L$—$C_1$—VD—负载（$C$ 和 $R$）回路及 $L_1$—VD—负载回路同时导电，此阶段 $U_d$ 和 $L$ 串联而后与 $L_1$ 并联一起向负载供电，同时也向 $C_1$ 充电，如图 3-16（b）所示。

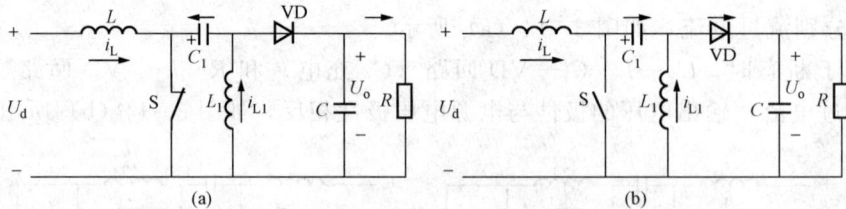

图 3-16  Sepic 电路电流连续工作时的电路状态
（a）电路状态 1（S 通）；（b）电路状态 2（S 断）

设两个电感电流都连续，分别计算电感 $L$ 和 $L_1$ 的两端电压在一个开关周期内的平均值为

$$\begin{cases} U_L = U_d D + (U_d - U_{C1} - U_o)(1-D) = 0 \\ U_{L1} = U_{C1}D - U_o(1-D) = 0 \end{cases}$$

联立方程，消去 $U_{C1}$，可得 Sepic 电路输出、输入电压比与占空比 $D$ 间的关系为

$$\frac{U_o}{U_d} = \frac{D}{1-D} \tag{3-28}$$

可见 Sepic 电路的输出、输入电压比与 Cuk 电路相同，差别仅在于 Sepic 电路的输出电压极性与输入电压极性相同。负载电流很小时，Sepic 电路中的电感电流将断续，电压比的公式不再满足式（3-28），输出电压 $U_o > DU_d/(1-D)$；且负载电流越小，$U_o$ 越高。输出空载时，$U_o \to \infty$，故 Sepic 型电路也不应空载，否则会产生很高的电压而造成电路中元器件的损坏。

Sepic 电路也较为复杂，限制了其使用的范围。由于有其输出电压比输入电压可高可低的特点，故可用于要求输出电压较低的单相功率因数校正电路。

### 3.1.6 Zeta 斩波电路

Zeta 斩波电路的原理图如图 3-17 所示。从图 3-17 中可以看出，Zeta 电路是将升降压电路与降压型电路前后级联而成的。该电路在电感 $L$ 和 $L_1$ 的电流都连续的情况下，在一个开关周期内相继经历两个电路状态，如图 3-18 所示。

当 S 处于通态时，$U_d$—S—$L$ 回路和 $U_d$—S—$C_1$—$L_1$—负载回路同时导电，此阶段 $U_d$ 和 $C_1$ 串联向负载供电，$L$ 和 $L_1$ 储能，如图 3-18（a）所示。

S 处于断态时，$C_1$—$L$—VD 回路及 $L_1$—负载—VD 回路同时导电，$L$ 储存的能量向 $C_1$ 转移，$L_1$ 向负载供电，如图 3-18（b）所示。

图 3-17 Zeta 斩波电路的原理图

设两个电感电流都连续，分别计算电感 $L$ 和 $L_1$ 的两端电压在一个开关周期内的平均值为

$$\begin{cases} U_L = U_d D + U_{C1}(1-D) = 0 \\ U_{L1} = (U_d - U_{C1} - U_o)D + (-U_o)(1-D) = 0 \end{cases} \tag{3-29}$$

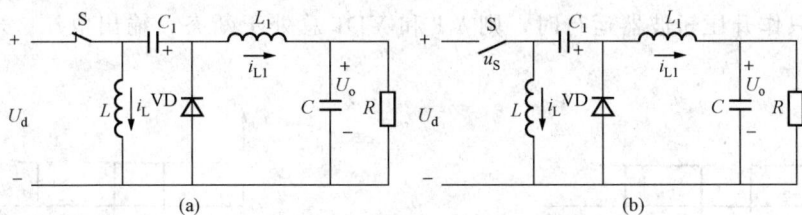

图 3-18 Zeta 电路电流连续工作时的电路状态
(a) 电路状态 1（S 通）；(b) 电路状态 1（S 断）

联立方程，消去 $U_{C1}$，可得 Zeta 电路输出、输入电压比与占空比 $D$ 间的关系为

$$\frac{U_o}{U_d} = \frac{D}{1-D} \tag{3-30}$$

同 Sepic 电路完全一样。

在负载电流很小时，Zeta 电路中的电感电流将断续，电压比的公式不再满足式（3-30），输出电压 $U_o > DU_d/(1-D)$；且负载电流越小，$U_o$ 越高。输出空载时，$U_o \rightarrow \infty$，故 Zeta 电路也不应空载，否则会产生很高的电压而造成电路中元器件的损坏。

Zeta 电路也较为复杂，限制了其使用的范围。

### 3.1.7 复合斩波电路和多相多重斩波电路

对降压斩波电路和升压斩波电路进行组合，即可构成**复合斩波电路**。此外，对相同结构的基本斩波电路进行组合，可构成**多相多重斩波电路**，使斩波电路的整体性能得以提高。

1. 二象限电流可逆斩波电路

当斩波电路用于拖动直流电动机时，常使电动机既可电动运行，又能再生制动运行，将能量回馈电源。图 3-19（a）所示为电流可逆斩波电路的原理图，该电路是将降压斩波电路与升压斩波电路组合在一起形成的。在拖动直流电动机时，由于此时电动机的电枢电流可正可负，但电压只能是一种极性，故其可工作于第 1 象限和第 2 象限。

图 3-19（a）所示电路中，V1 和 VD1 构成降压斩波电路，由电源向直流电动机供电，电动机为电动运行，工作于第 1 象限；V2 和 VD2 构成升压斩波电路，把直流电动机的动能转变为电能反馈到电源，使电动机作再生制动运行，工作于第 2 象限。改变占空比，从而调节电枢电压 $U_d$ 实现直流电机调速。需要注意的是，若 V1 和 V2 同时导通，将导致电源短路，因此必须防止出现这种情况。

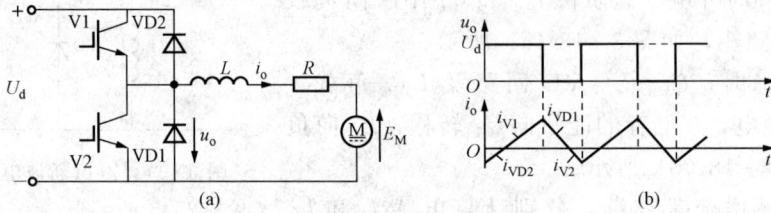

图 3-19 电流可逆斩波电路及其波形
(a) 电路图；(b) 波形

当电路只作降压斩波器运行时，V2 和 VD2 总处于断态，输出电压、电流的波形如图 3-20 所示；只作升压斩波器运行时，则 V1 和 VD1 总处于断态，输出电压、电流的波形如图 3-21 所示。

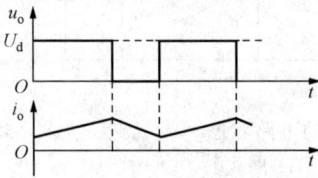

图 3-20 电流可逆斩波电路降压运行时的波形

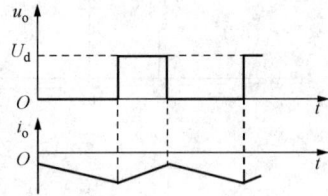

图 3-21 电流可逆斩波电路升压运行时的波形

此外，该电路还有第三种工作方式，即在一个周期内交替地作为降压斩波电路和升压斩波电路工作。在此工作方式下，当降压斩波电路或升压斩波电路的电流断续而为零时，使另一个斩波电路工作，让电流反方向流过，这样电动机电枢回路总有电流流过。例如，当降压斩波电路的 V1 关断后，由于积蓄的能量少，经一短时间电抗器 $L$ 的储能即释放完毕，电枢电流为零。这时使 V2 导通，由于电动机反电动势 $E_M$ 的作用使电枢电流反向流过，电抗器 $L$ 积蓄能量。待 V2 关断后，由于 $L$ 积蓄的能量和 $E_M$ 共同作用使 VD2 导通，向电源反送能量。当反向电流变为零，即 $L$ 积累的能量释放完毕时，再次使 V2 导通，又有正向电流流通，如此循环，两个斩波电路交替工作。其输出电压、电流波形如图 3-19（b）所示，图中在负载电流 $i_o$ 的波形上还标出了流过各器件的电流。负载电流波形被分成四段，每段电流波形仅对应一个导通器件。这样，在一个周期内，电枢电流沿正、负两个方向流通，电流不断，所以响应很快。

2. 四象限桥式可逆斩波电路

当电动机需要进行正、反转以及可电动又可制动的四象限运行时，就必须采用桥式可逆斩波电路，如图 3-22 所示。它相当于两个电流可逆斩波电路的组合。

当使 V4 保持通态时，该斩波电路就等效为图 3-19（a）所示的电流可逆斩波电路，提供正电压，可使电动机工作于第 1、2 象限，即正转电动和正转再生制动状态。此时，需要

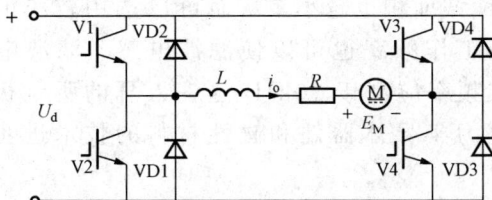

图 3-22　四象限桥式可逆斩波电路原理图

防止 V3 导通造成电源短路。

　　当使 V2 保持为通态时，于是 V3、VD3 和 V4、VD4 等效为又一组电流可逆斩波电路，向电动机提供负电压，可使电动机工作于第 3、4 象限。其中 V3 和 VD3 构成降压斩波电路，向电动机供电使其工作于第 3 象限即反转电动状态，而 V4 和 VD4 构成升压斩波电路，可使电动机工作于第 4 象限即反转再生制动状态。

## 3.2　变压器隔离型 DC/DC 变换器

　　在基本的 DC/DC 变换器电路中加入高频变压器，就可以得到采用变压器实现输入输出电气隔离的 DC/DC 变换器。在开关电源电路中，若要实现以下性能，则可采用这种变压器隔离型 DC/DC 变换器。

　　（1）输出端与输入端电气隔离。

　　（2）具有相互隔离的多路输出。

　　（3）输出电压与输入电压的比值可以灵活匹配。

　　变压器隔离型 DC/DC 变换器中，交流环节采用较高的工作频率，可以减小变压器和滤波电感、滤波电容的体积和质量。

　　根据电路知识，对电感、电容和变压器二次侧可写出电压或电流方程，即

$$\begin{cases} u_L = L\dfrac{di}{dt} \\ i_C = C\dfrac{du}{dt} \\ u = -N\dfrac{\partial\Phi}{\partial t} = -NS\dfrac{\partial B}{\partial t} \end{cases} \tag{3-31}$$

　　取开关周期上的一小段时间 $\Delta t$，令 $\Delta t = T_s/n$（$n$ 为大于 2 的自然数），则式（3-31）可改写为

$$\begin{cases} U_L = L\dfrac{\Delta i}{\Delta t} = L\dfrac{\Delta i}{T_s/n} = nfL\Delta i \\ I_C = C\dfrac{\Delta u}{\Delta t} = C\dfrac{\Delta u}{T_s/n} = nfC\Delta u \\ U = -NS\dfrac{\Delta B}{\Delta t} = -NS\dfrac{\Delta B}{T_s/n} = -nfNS\Delta B \end{cases} \tag{3-32}$$

　　从式（3-32）可以看出，在电压和电流不变的条件下，工作频率越高，则所需滤波电感的电感值越小，所需滤波电容的电容值也越小；同时，工作频率越高，则所需变压器的绕

组匝数越少，所需铁芯的横截面积也越小，从而可以选用较小的滤波电感、滤波电容和变压器。因此，通过提高工作频率也可以使滤波电感、滤波电容和变压器的体积和质量显著降低。通常，工作频率应高于 20 kHz 这一人耳的听觉极限，以免变压器和电感产生刺耳的噪声。随着电力半导体器件和磁性材料的技术进步，电路的工作频率已达几百 kHz 至几 MHz。

由于工作频率较高，逆变电路通常使用全控型器件，如 MOSFET、IGBT 等。整流电路中通常采用快恢复二极管或通态压降较低的肖特基二极管。

带隔离变压器的直流变换器都是由某种基本的直流变换器派生而来。其中由降压变换器派生出的最多，如正激变换器、半桥变换器、全桥变换器等，由升-降压变换器派生出的有反激变换器，升压变换器和丘克变换器也有典型的派生电路。

带隔离变压器的直流变换器分为单端和双端电路两大类。在单端电路中，变压器中流过的是直流脉动电流；而双端电路中，变压器中的电流为正负对称的交流电流。

### 3.2.1 正激（Forward）电路

正激电路包含多种不同的拓扑，典型的单开关正激电路的原理图如图 3-23（a）所示。与前面介绍的各种斩波电路一样，该电路也有电感电流连续和断续两种工作模式。

1. 电流连续工作模式

单开关正激电路工作于电感电流连续状态时电路中的波形如图 3-23（b）～（e）所示，工作原理分析如下。

开关 S 导通时段（$t_0 \sim t_1$）：当开关 S 导通时，变压器绕组 W1 两端的电压为上正下负，与其耦合的绕组 W2 两端的电压也是上正下负。因此 VD1 处于通态，VD2 为断态，电感 $L$ 的电流 $i_L$ 逐渐上升，流过开关 S 的电流 $i_S$ 也逐渐上升。

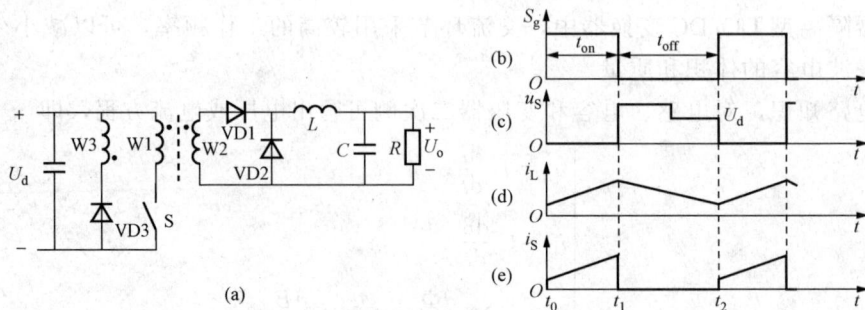

图 3-23 正激电路的原理图及电流连续时的工作波形

开关 S 关断时段（$t_1 \sim t_2$）：当开关 S 关断时，电感 $L$ 通过 VD2 续流，VD1 关断，电感 $L$ 的电流 $i_L$ 逐渐下降。由于电感较大，电感电流下降缓慢，直到 $t_2$ 时刻开关 S 再次开通时，电感电流仍未减小到零。随着开关 S 的再次开通，电感电流转而上升，下一个开关周期开始，电感电流连续。

S 关断后，变压器的励磁电流经绕组 W3 和 VD3 流回电源，所以 S 关断后承受的电压为

$$u_s = \left(1 + \frac{N_1}{N_3}\right) U_d \tag{3-33}$$

式中：$N_1$、$N_3$ 分别为绕组 W1、W3 的匝数。

变压器中各物理量的变化过程如图 3-24 所示。

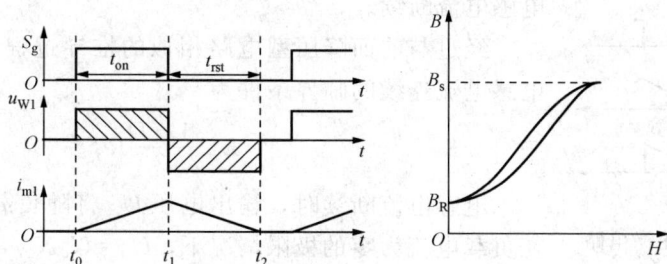

图 3-24　磁芯复位过程

开关 S 开通后，变压器的励磁电流 $i_{m1}$ 由零开始，随着时间的增加而线性地增长，直到 S 关断。S 关断后到下一次再开通的一段时间内，必须设法使励磁电流降回到零，否则下一个开关周期中，励磁电流将在本周期结束时的剩余值基础上继续增加，并在以后的开关周期中依次累积起来，变得越来越大，从而导致变压器的励磁电感饱和。励磁电感饱和后，励磁电流会更加迅速地增长，最终损坏电路中的开关器件。因此，在 S 关断后，使励磁电流降回到零是非常重要的，这一过程称为变压器的磁芯复位。在正激型电路中，变压器的绕组 W3 和二极管 VD3 组成复位电路。

现简单分析磁芯复位电路的工作原理。开关 S 关断后，变压器励磁电流通过绕组 W3 和 VD3 流回电源，并逐渐线性地下降为零。从 S 关断到绕组 W3 的电流下降到零所需的时间 $t_{rst}$ 如式（3-34）所示。S 处于断态的时间必须大于 $t_{rst}$，以保证 S 下次开通前励磁电流能够降为零，使变压器磁芯可靠复位。

$$t_{rst} = \frac{N_3}{N_1} t_{on} \tag{3-34}$$

在输出滤波电感电流连续的情况下，利用"电感电压在一个开关周期内的平均值为零"的原理，得

$$\left( \frac{N_2}{N_1} U_d - U_o \right) t_{on} - U_o t_{off} = 0$$

整理可得输出电压与输入电压的比为

$$\frac{U_o}{U_d} = \frac{N_2}{N_1} \times \frac{t_{on}}{T} = \frac{N_2}{N_1} D \tag{3-35}$$

式中：$N_1$、$N_2$ 分别为绕组 W1、W2 的匝数；$D$ 为占空比。

2. 电流断续工作模式

当处于电感电流断续工作方式时，电路工作时的波形如图 3-25 所示。工作过程如下。

开关 S 导通时段（$t_0 \sim t_1$）：当 S 导通时，VD1 处于通态，VD2 为断态，电感 L 的电流逐渐上升，流过开关 S 的电流 $i_S$ 也逐渐上升。

开关 S 关断且电感电流续流时段（$t_1 \sim t_2$）：当 S 关断时，电感 L 通过 VD2 续流，VD1 关断，L 的电流逐渐下降。由于电感设计值较小或负载过轻，电感电流 $i_L$ 在 $t_2$ 时刻下降到零。

开关 S 关断且电感电流为零时段（$t_2 \sim t_3$）：开关 S 仍关断，电感电流降为零后，二极管

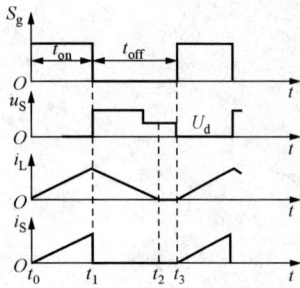

图 3-25　单开关正激电路
电流断续时的工作波形

VD2 关断，电容 $C$ 向负载 $R$ 提供能量，直到 $t_3$ 时刻开关 S 再次开通，电感电流再次从零开始上升，下一个开关周期开始，电感电流断续。

经过与前面降压型电路相似的推导过程可得，正激型电路电感电流连续的临界条件为

$$L \geqslant \frac{1-D}{2} RT_s \qquad (3-36)$$

电感电流断续时，输出电压 $U_o$ 将随负载电流减小而升高，在负载电流为零的极限情况下，$U_o = U_d N_2 / N_1$。

从以上分析可知，正激型电路的电压比关系和降压型电路非常相似，仅有的差别在于变压器的电压比。因此正激型电路的电压比可以看成是，将输入电压 $U_d$ 按电压比折算至变压器二次侧后根据降压型电路得到的。不仅正激型电路是这样，后面将要提到的半桥型、全桥型和推挽型电路也是如此。

除单开关正激型电路外，正激型电路还有其他一些电路形式，如图 3-26 所示的双开关正激型电路。其工作原理与单开关正激型电路基本相同，不再叙述。值得注意的是，双开关正激型电路中，每个开关承受的断态电压均为 $U_d$，比相同条件下的单开关正激型电路低，故双开关正激型电路适合用于电压较高的输入电源中使用。

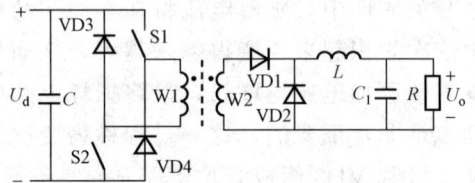

图 3-26　双开关正激型电路原理图

正激型电路简单可靠，广泛用于功率为数百 W～数 kW 的开关电源中。但该电路变压器的工作点仅处于磁化曲线平面的第 1 象限，没有得到充分利用，因此同样的功率，其变压器体积、质量和损耗都大于下面将要介绍的全桥型、半桥型和推挽型电路。可见正激型电路较适用于在电源和负载条件恶劣、干扰很强的环境下使用，同时又对体积、质量及效率要求不太高的开关电源场合。

### 3.2.2　反激（Flyback）电路

反激型电路的原理图如图 3-27 所示。该电路可以看成是将升降压型电路中的电感换成变压器绕组 W1 和 W2 相互耦合的电感而得到的。因此反激型电路中的变压器在工作中总是经历着储能-放电的过程，这一点与正激型电路以及后面要介绍的几种隔离型电路不同。

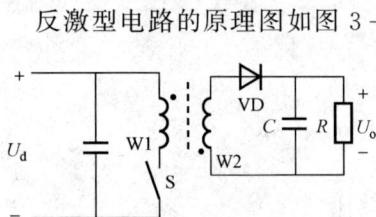

图 3-27　反激型电路原理图

反激型电路也存在电流连续和电流断续两种工作模式。反激型电路工作于电流连续模式时，其变压器磁心的利用率会显著下降，因此实际使用中，通常避免该电路工作于电流连续模式。为了保持电路原理阐述的完整性，这里还是首先介绍电流连续工作模式。

**1. 电流连续工作模式**

反激型电路工作于电流连续模式时，电路中的波形如图 3-28 所示。同正激型电路不同，反激型电路中的变压器起着储能元件的作用，可以看作是一对相互耦合的电感，工作原理分析如下。

开关 S 导通时段（$t_0 \sim t_1$）：当 S 导通时，变压器绕组 W2 两端的电压为下正上负，VD 处于断态，变压器绕组 W1 流通的电流 $i_S$ 线性增长，其电感储能增加。

开关 S 关断时段（$t_1 \sim t_2$）：当 S 关断时，绕组 W1 中的电流被切断，变压器中的磁场能量通过绕组 W2 和二极管 VD 向输出端释放。S 关断后的电压为

$$u_S = U_d + \frac{N_1}{N_2} U_o \qquad (3-37)$$

根据磁芯复位原则，可得 S 导通时的磁芯磁通增加量等于 S 关断时的磁芯磁通减小量，即

$$\Delta\Phi = \frac{1}{N} U_d t_{on} = \frac{1}{N_2} U_o t_{off}$$

整理得，反激型电路在电流连续工作模式时的输出与输入间的电压比为

$$\frac{U_o}{U_d} = \frac{N_2}{N_1} \times \frac{t_{on}}{t_{off}} = \frac{N_2}{N_1} \times \frac{D}{1-D} \qquad (3-38)$$

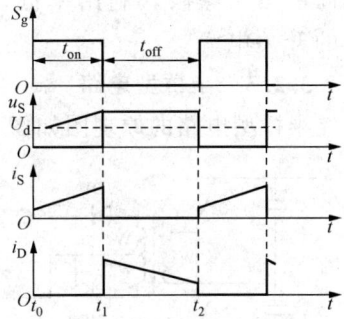

图 3-28　反激型电路电流连续时的工作波形

## 2. 电流断续工作模式

当处于断续工作方式时，电路工作时的波形如图 3-29 所示。工作过程如下。

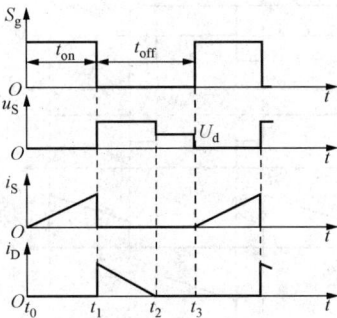

图 3-29　反激型电路电流断续时的工作波形

开关 S 导通时段（$t_0 \sim t_1$）：当 S 导通时，变压器绕组 W2 两端的电压为下正上负，VD 处于断态，变压器绕组 W1 两端的电流线性增长，其电感储能增加。

开关 S 关断且电感电流续流时段（$t_1 \sim t_2$）：当 S 关断时，绕组 W1 中的电流被切断，变压器中的磁场能量通过绕组 W2 和二极管 VD 向输出端释放，直到 $t_2$ 时刻，变压器中的磁场能量释放完毕，绕组 W2 中电流下降到零，VD 关断。

开关 S 关断且电感电流为零时段（$t_2 \sim t_3$）：开关 S 仍关断，绕组 W1 和 W2 中电流均为零，电容 C 向负载提供能量，直到 $t_3$ 时刻开关 S 再次开通，下一个开关周期开始。

经过与前面升降压型电路相似的推导过程可得，反激型电路电感电流连续的临界条件为

$$L \geq \frac{(1-D)^2}{2} R T_s \qquad (3-39)$$

式中：$L$ 为从变压器二次侧测得的电感量。

与升降压型电路相比，不同之处仅在于多了变压器匝数比的因子。

当电路工作在断续模式时，输出电压随负载减小而升高，在负载为零的极限情况下，$U_o \to \infty$，这将损坏电路中的元器件，因此反激型电路不应工作于负载开路状态。

因为反激型电路变压器的绕组 W1 和 W2 在工作中不会同时有电流流过，不存在磁动势相互抵消的可能，因此变压器磁芯的磁通密度取决于绕组中电流的大小。这与正激型电路以及后面介绍的几种隔离型电路是不同的。

反激型电路的结构最为简单，元器件数少，因此成本较低，广泛适用于数 W～数

十 W 的小功率开关电源中。在各种家电、计算机设备、工业设备中广泛使用的小功率开关电源中，基本上都采用反激型电路。但该电路变压器的工作点也仅处于磁化曲线平面的第 1 象限，利用率低，而且开关器件承受的电流峰值很大，不适合用于较大功率的开关电源。

### 3.2.3 半桥型电路

半桥型电路的原理图如图 3-30 所示。该电路中，变压器一次侧两端分别连接在电容

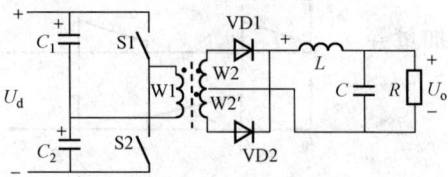

图 3-30　半桥型电路原理图

$C_1$、$C_2$ 的连接点和开关 S1、S2 的连接点。电容 $C_1$、$C_2$ 的电压均为 $U_d/2$。S1 与 S2 交替导通，使变压器一次侧形成幅值为 $U_d/2$ 的交流电压。改变开关的占空比，就可改变输出电压 $U_o$。S1 和 S2 断态时承受的峰值电压均为 $U_d$。

半桥型电路也存在电流连续和电流断续两种工作模式，现主要介绍电流连续时的工作过程，电流断续时的工作过程与此类似。半桥型电路工作于电流连续模式时，电路中的波形如图 3-31 所示。

S1 导通 S2 关断时段（$t_0 \sim t_1$）：此时，S1 导通而 S2 关断，线圈 W2 上感应的电压极性是上正下负，二极管 VD1 处于通态，电感 $L$ 的电流上升。

S1、S2 均关断时段（$t_1 \sim t_2$）：S1、S2 都处于断态，变压器绕组 W1 中的电流为零，根据变压器的磁动势平衡方程（$I_2W_2 + I'_2W'_2 = I_1W_1 = 0$），绕组 W2 和 W'_2 中的电流大小相等、方向相反，所以 VD1 和 VD2 都处于通态，各分担一半的电流。电感 $L$ 的电流逐渐下降。

S1 关断 S2 导通时段（$t_2 \sim t_3$）：S2 导通，二极管 VD2 处于通态，电感 $L$ 的电流也上升。

S1、S2 均关断时段（$t_3 \sim t_4$）：电路状态与 $t_1 \sim t_2$ 时段相同。

由于电容的隔直作用，半桥型电路对由于两个开关导通时间不对称而造成的变压器一次电压的直流分量有自动平衡作用，因此该电路不容易发生变压器偏磁和直流磁饱和的问题。

为了避免上下两开关在换相过程中发生短暂的同时导通而造成短路损坏开关，每个开关各自的占空比不能超过 50%，并应留有裕量。

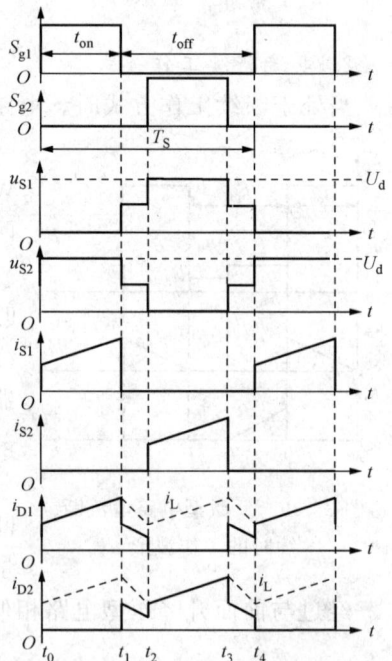

图 3-31　半桥型电路电流连续时的工作波形

与正激型电路的推导过程相似，半桥型电路在滤波电感 $L$ 的电流连续工作模式下的输出、输入电压比为

$$\frac{U_o}{U_d} = \frac{1}{2} \times \frac{N_2}{N_1} \times \frac{t_{on}}{T_S/2} = \frac{1}{2} \times \frac{N_2}{N_1}D \qquad (3-40)$$

在半桥型电路中，占空比定义为

$$D = \frac{t_{\mathrm{on}}}{T_{\mathrm{S}}/2}$$

经过与前面降压型电路相似的推导过程可得，半桥型电路电感电流连续的临界条件为

$$L \geqslant \frac{1-D}{4}RT_{\mathrm{S}} \tag{3-41}$$

电感电流断续时，输出电压 $U_{\mathrm{o}}$ 将随负载电流减小而升高，在负载为零的极限情况下，$U_{\mathrm{o}} = N_2 U_{\mathrm{d}}/(2N_1)$。

半桥型电路中变压器的利用率高，且没有偏磁的问题，可以广泛用于数百 W～数 kW 的开关电源中。与下面将要介绍的全桥型电路相比，半桥型电路开关器件数量少（但电流等级要大些），同样的功率成本要低一些，故可用于对成本要求较苛刻的场合。

### 3.2.4　全桥型电路

全桥型电路的原理图如图 3-32 所示。全桥型电路中的逆变电路由 4 个开关组成，互为对角的两个开关同时导通，而同一侧半桥上下两开关交替导通，将直流电压逆变成幅值为 $U_{\mathrm{d}}$ 的交流电压，加在变压器一次侧。改变开关的占空比，就可以改变输出电压 $U_{\mathrm{o}}$。电流连续时，断开的每个开关所承受的峰值电压均为 $U_{\mathrm{d}}$。

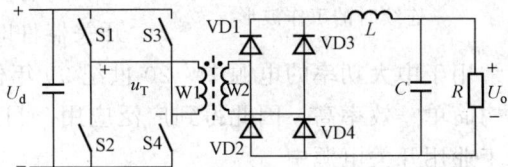

图 3-32　全桥型电路的原理图

全桥型电路也存在电流连续和电流断续两种工作模式，现主要介绍电流连续时的工作过程，电流断续时的工作过程与此类似。全桥型电路工作于电流连续模式时，电路中的波形如图 3-33 所示。

一般 S1、S4 与 S2、S3 的导通时间应对称。同时，为了避免上下两开关在换相过程中发生短暂的同时导通而造成短路损坏开关，每个开关各自的占空比不能超过 50%，并应留有裕量。因此采用图 3-33 中的开关信号。

S1、S4 导通时段（$t_0 \sim t_1$）：此时，S1、S4 导通，二极管 VD1、VD4 导通，电感 $L$ 的电流逐渐上升，S2、S3 承受电压均为电源电压 $U_{\mathrm{d}}$。

S1、S2、S3、S4 都关断时段（$t_1 \sim t_2$）：4 个开关都处于断态，变压器绕组 W1 中的电流为零，电感分别通过 VD1、VD4 和 VD2、VD3 续流，每个二极管流过电感电流的一半。电感 $L$ 的电流逐渐下降，4 个开关承受电压均为 $U_{\mathrm{d}}/2$。

S2、S3 导通时段（$t_2 \sim t_3$）：此时，S2、S3 导通，二极管 VD2、VD3 导通，电感电流也逐渐上升，S1、S4 承受电压均为电源电压 $U\mathrm{d}$。

S1、S2、S3、S4 都关断时段（$t_3 \sim t_4$）：电路状态与 $t_1 \sim t_2$ 时段相同。

一般 S1、S4 与 S2、S3 的导通时间应对称。若 S1、S4 与 S2、S3 的导通时间不对称，则交流电压 $u_{\mathrm{T}}$ 中将含有直流分量，会在变压器一次电流中产生很大的直流分量，并可能造成磁路饱和，故全桥型电路应注意避免电压直流分量的产生，也可以在一次回路中串联一个电容，以阻断直流电流。

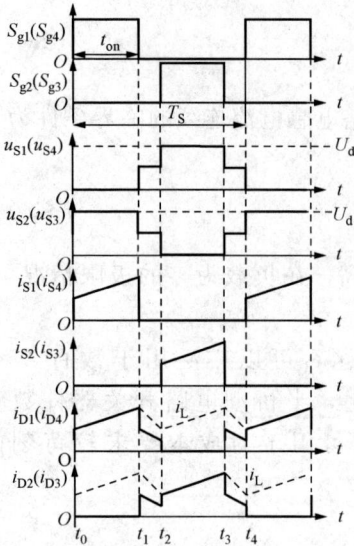

图 3-33　全桥型电路电感电流
连续时的工作波形

当滤波电感 $L$ 的电流连续时，输出电压与输入电压间的电压比为

$$\frac{U_o}{U_d} = \frac{N_2}{N_1} \frac{t_{on}}{T_s/2} = \frac{N_2}{N_1} D \qquad (3-42)$$

式中：$N_1$、$N_2$ 分别为绕组 W1 和 W2 的匝数；$D$ 为占空比。其推导过程同正激型电路。在全桥型电路中，占空比定义为

$$D = \frac{t_{on}}{T_s/2}$$

经过与前面降压型电路相似的推导过程，可得全桥型电路电感电流连续的临界条件为

$$L \geqslant \frac{1-D}{4} R T_s \qquad (3-43)$$

电感电流断续时，输出电压 $U_o$ 将随负载电流减小而升高，在负载为零的极限情况下，$U_o = U_d N_2/N_1$。

所有隔离型开关电路中，采用相同电压和电流容量的开关器件时，全桥型电路可以达到最大的功率，因此该电路常用于中大功率的电源中。20 世纪 90 年代，人们发现了移相全桥型软开关电路，该电路结构简单、效率高，因此得到广泛应用。目前，全桥型电路被用于数百 W 至数十 kW 的各种工业用开关电源中。

此外，还有推挽型电路等，不再介绍。

表 3-1 列出了以上几种电路的相互比较。

**表 3-1　　　　　　　各种带隔离变压器 DC/DC 电路的比较**

| 电路 | 优点 | 缺点 | 应用领域 |
|---|---|---|---|
| 正激型 | 电路简单，成本低 | 变压器单向励磁，利用率低 | 各种中、小功率开关电源 |
| 反激型 | 电路非常简单，成本更低 | 功率小；变压器单向励磁，利用率低 | 小功率和消费电子设备、计算机电子设备电源 |
| 全桥型 | 变压器双向励磁，易做大功率 | 结构复杂，有直通和偏磁问题 | 大功率工业用开关电源、焊接电源、电解电源等 |
| 半桥型 | 变压器双向励磁，无变压器偏磁问题，开关较少 | 有直通问题 | 各种工业用开关电源，计算机设备用开关电源等 |
| 推挽型 | 变压器双向励磁，变压器一次电流回路中只有一个开关，通态损耗小 | 有偏磁问题 | 低输入电压的开关电源 |

# 3.3* 软开关技术及带软开关的谐振型 DC/DC 变换器

由 3.2 节的内容我们知道，提高工作频率可以减小滤波电感、滤波电容的值，也可减少变压器各绕组的匝数，并减小铁芯的尺寸，从而使变压器小型化。因此装置小型化、轻量化最直接的途径是电路的高频化。随着电力电子器件的高频化，电力电子装置的小型化和高功率密度化成为可能。然而如果不改变开关方式，单纯地提高开关频率会使器件开关损耗增大、效率降低、发热严重、电磁干扰增强、出现电磁兼容性问题。为了应对这些问题，在 20 世纪 80 年代出现了软开关技术。它利用以谐振为主的辅助换流手段，改变了器件的开关方式，使开关损耗在原理上可下降为零、开关频率可大幅度提高，所以是降低器件开关损耗和提高开关频率的有效办法。

### 3.3.1 硬开关与软开关

在分析电力电子电路时，一般将其中的开关理想化，认为电路状态的转换是在瞬间完成的，忽略了开关过程对电路的影响。但实际电路中开关过程是客观存在的，一定条件下还可能对电路的工作造成重要影响。

在很多电路中，开关元件在电压很高或电流很大的条件下，在门极的控制下开通或关断，其典型的开关过程如图 3-34 所示。开关过程中电压、电流均不为零，出现了重叠，因此导致了开关损耗；而且电压和电流的变化很快，波形出现了明显的过冲，这导致了开关噪声的产生。具有这样开关过程的开关被

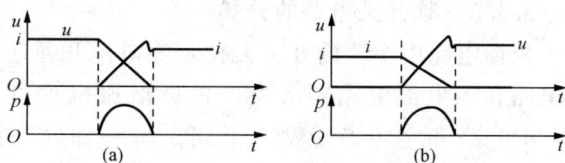

图 3-34　硬开关的开关过程
(a) 硬开关的开通过程；(b) 硬开关的关断过程

称为**硬开关**。其中，开关损耗的大小同开关频率、波形重叠时间、工作电压和电流的大小成正比。开关损耗随着开关频率的提高而增加，使电路效率下降，阻碍了开关频率的提高；开关噪声给电路带来电磁干扰问题，影响周边电子设备的正常工作。

通过在原来的开关电路中增加很小的电感、电容等谐振元件，构成辅助换流网络，在开关过程前后引入谐振过程，开关开通前电压先降为零，或关断前电流先降为零，就可以消除开关过程中电压、电流的重叠，降低它们的变化率，从而大大减小甚至消除开关损耗和开关噪声，这样的电路称为软开关电路。软开关电路中典型的开关过程如图 3-35所示。具有这样开关过程的开关称为**软开关**。

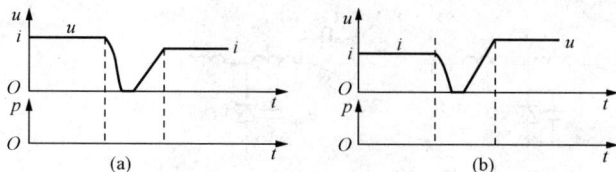

图 3-35　软开关的开关过程
(a) 软开关的开通过程；(b) 软开关的关断过程

器件开关过程的开关轨迹如图 3-36所示，SOA 为器件的安全工作区，A 为硬开关方式的开关轨迹。

由于 PWM 变换器开关过程中器件上作用的电压、电流均为方波，电路状态转换条件恶劣，开关轨迹接近 SOA 边沿，开关损耗和开关应力均很大。此时虽可在开关器件上增设吸收电路以改变开关轨迹及相应开关条件，但仅仅是使部分开关损耗从器件上转移

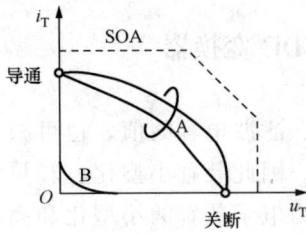

图 3-36　器件开关轨迹

至吸收电路中，并没有减少电路工作中的损耗总量。图 3-36 中 B 为软开关方式的开关轨迹，可见其远离 SOA 边界，非常安全。

### 3.3.2　零电压开关与零电流开关

使开关开通前其两端电压为零，则开关开通时就不会产生损耗和噪声，这种开通方式称为零电压开通；使开关关断前其电流为零，则开关关断时也不会产生损耗和噪声，这种关断方式称为零电流关断。在很多情况下，不再指出开通或关断，仅称零电压开关（ZVS）和零电流开关（ZCS）。零电压开通和零电流关断要靠电路中的谐振来实现。

与开关并联的电容能延缓开关关断后电压上升的速率，从而降低关断损耗，有时称这种关断过程为零电压关断；与开关相串联的电感能延缓开关开通后电流上升的速率，降低了开通损耗，有时称之为零电流开通。简单地利用并联电容实现零电压关断和利用串联电感实现零电流开通一般会给电路造成总损耗增加、关断过电压增大等负面影响，因此常与零电压开通和零电流关断配合应用。

### 3.3.3　软开关电路的分类

根据电路中主要的开关元件是零电压开通还是零电流关断，可以将软开关电路分成零电压电路和零电流电路两大类。根据谐振机理可以将软开关电路分成准谐振电路、零开关 PWM 电路和零转换 PWM 电路。每一种软开关电路都可以用于降压型、升压型等不同电路。

1. 准谐振电路

准谐振电路是最早出现的软开关电路。图 3-37 所示为准谐振电路的基本开关单元。图 3-37 所示分别为零电压型、零电流型和多谐振型准谐振电路，谐振元件为 $C_r$ 和 $L_r$。准谐振电路中电压或电流的波形为正弦半波，因此称之为准谐振。谐振的引入使得电路的开关损耗和开关噪声都大大下降，但也带来一些负面问题：谐振电压峰值很高，要求器件耐压必须提高；谐振电流的有效值很大，电路中存在大量的无功功率的交换，造成电路导通损耗加大；谐振周期随输入电压、负载变化而改变，因此电路只能采用脉冲频率调制（Pulse Frequency Modulation，PFM）方式来控制，变化的开关频率给电路设计增加了困难。

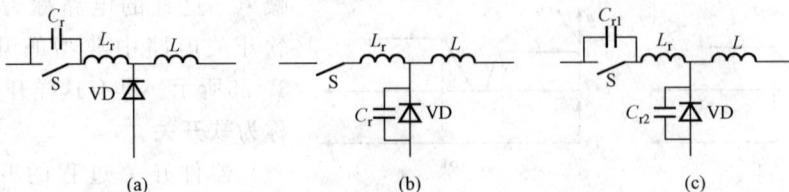

图 3-37　准谐振电路的基本开关单元
(a) 零电压型；(b) 零电流型；(c) 多谐振型

2. 零开关 PWM 电路

零开关 PWM 电路是在准谐振电路基础上加入一个辅助开关来控制谐振元件谐振的开始

时刻,使谐振仅发生于开关过程前后,实现 PWM 控制。其基本开关单元如图 3-38 所示,包括零电压 PWM 电路和零电流 PWM 电路。由于辅助开关的作用是帮助电路更好地实现零电压开通或是零电流关断,因此称为零开关。

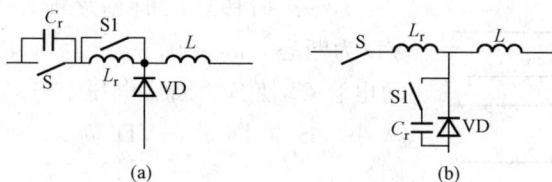

图 3-38　零开关 PWM 电路的基本开关单元
(a) 零电压型;(b) 零电流型

同准谐振电路相比,这类电路有明显的优势:电压和电流基本上是方波,只是上升沿和下降沿较缓,开关承受的电压明显降低,电路可以采用开关频率固定的 PWM 控制方式。

3. 零转换 PWM 电路

零转换 PWM 电路的基本开关单元如图 3-39 所示,包括零电压转换 PWM 电路和零电流转换 PWM 电路。这类软开关电路还是采用辅助开关控制谐振的开始时刻,所不同的是,谐振电路是与主开关并联的,因此输入电压和负载电流对电路的谐振过程的影响很小,电路在很宽的输入电压范围内并从零负载到满载都能工作在软电路状态,因此被称为零转换电路。此外,电路中无功功率的交换被削减到最小,这使得电路效率有了进一步提高。

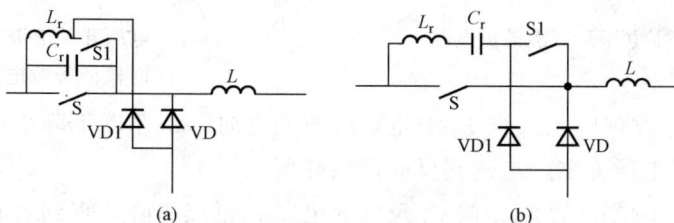

图 3-39　零转换 PWM 电路的基本开关单元
(a) 零电压型;(b) 零电流型

### 3.3.4　典型的软开关电路

1. 零电压开关准谐振电路

本小节以降压型电路为例分析其工作原理,电路原理如图 3-40 所示,电路工作时理想化的波形如图 3-41 所示。在分析的过程中,假设电感 L 和电容 C 很大,可以等效为电流源和电压源,并忽略电路中的损耗。

开关电路的工作过程是按开关周期重复的,在分析时可以选择开关周期中任意时刻为分析的起点。软开关电路的开关过程较为复杂,选择合适的起点,可以使分析得到简化。

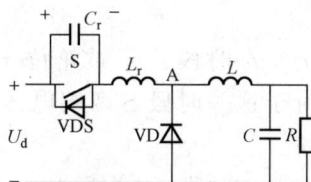

图 3-40　零电压开关准谐振电路原理图

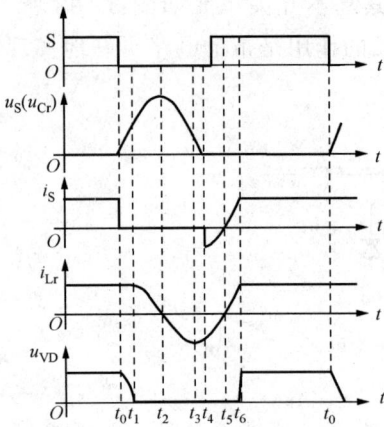

图 3-41 零电压开关准谐振
电路的理想化波形

在分析零电压开关准谐振电路时，选择开关 S 的关断时刻为分析的起点最为合适，下面逐段分析电路的工作过程。

$t_0 \sim t_1$ 时段：$t_0$ 时刻之前，开关 S 为通态，二极管 VD 为断态，$u_{Cr}=0$，$i_{Lr}=I_L$，$t_0$ 时刻 S 关断，与其并联的电容 $C_r$ 使 S 关断后电压上升减缓，因此 S 的关断损耗减小。S 关断后，VD 尚未导通，电路可以等效为图 3-42。

电感 $L_r + L$ 向 $C_r$ 充电，由于 $L$ 很大，故可以等效为电流源 $I_L$。$u_{Cr}$ 线性上升，同时 VD 两端电压 $u_{VD}$ 逐渐下降，直到 $t_1$ 时刻，$u_{VD}=0$，VD 导通。这一时段，$u_{Cr}$ 的上升率为

$$\frac{\mathrm{d}u_{Cr}}{\mathrm{d}t} = \frac{I_L}{C_r} \tag{3-44}$$

$t_1 \sim t_2$ 时段：$t_1$ 时刻二极管 VD 导通，电感 $L$ 通过 VD 续流，$C_r$、$L_r$、$U_d$ 形成谐振回路，如图 3-43 所示。谐振过程中，$L_r$ 对 $C_r$ 充电，$u_{Cr}$ 不断上升、$i_{Lr}$ 不断下降，直到 $t_2$ 时刻，$i_{Lr}$ 下降到零，$u_{Cr}$ 达到谐振峰值。

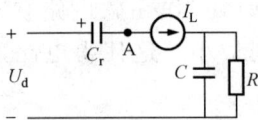

图 3-42 零电压开关准谐振电路

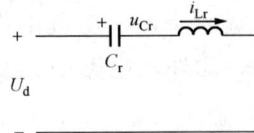

图 3-43 零电压开关准谐振电路在
$t_1 \sim t_2$ 时段的等效电路

$t_2 \sim t_3$ 时段：$t_2$ 时刻后，$C_r$ 向 $L_r$ 放电，$i_{Lr}$ 改变方向，$u_{Cr}$ 不断下降，直到 $t_3$ 时刻，$u_{Cr}=U_d$，这时，$L_r$ 两端电压为零，$i_{Lr}$ 达到反向谐振峰值。

$t_3 \sim t_4$ 时段：$t_3$ 时刻以后，$L_r$ 向 $C_r$ 反向充电，$u_{Cr}$ 继续下降，直到 $t_4$ 时刻 $u_{Cr}=0$。

$t_1 \sim t_4$ 时段电路谐振过程的方程为

$$\begin{cases} L_r \dfrac{\mathrm{d}i_{Lr}}{\mathrm{d}t} + u_{Cr} = U_d \\[2mm] C_r \dfrac{\mathrm{d}u_{Cr}}{\mathrm{d}t} = i_{Lr} \\[2mm] u_{Cr}\mid_{t=t_1} = U_d, \ i_{Lr}\mid_{t=t_1} = I_L, \ t \in [t_1, t_4] \end{cases} \tag{3-45}$$

$t_4 \sim t_5$ 时段：$u_{Cr}$ 被箝位于零，$L_r$ 两端电压为 $U_d$，$i_{Lr}$ 线性衰减，直到 $t_5$ 时刻，$i_{Lr}=0$。由于这一时段 S 两端电压为零，因此必须在这一时段使开关 S 开通，才不会产生开通损耗。

$t_5 \sim t_6$ 时段：S 为通态，$i_{Lr}$ 线性上升，直到 $t_6$ 时刻，$i_{Lr}=I_L$，VD 关断。

$t_4$ 到 $t_6$ 时段电流 $i_{Lr}$ 的变化率为

$$\frac{\mathrm{d}i_{Lr}}{\mathrm{d}t} = \frac{U_d}{L_r} \tag{3-46}$$

$t_6 \sim t_0$ 时段：S 为通态，VD 为断态。

谐振过程是软开关电路工作过程中最重要的部分，通过对谐振过程的详细分析可以得到很多对软开关电路的分析、设计和应用具有指导意义的重要结论。下面就对零电压开关准谐振电路 $t_1 \sim t_4$ 时段的谐振过程进行定量分析。

通过求解式（3-45）可得 $u_{Cr}$（即开关 S 上的电压 $u_S$）的表达式为

$$u_{Cr}(t) = \sqrt{\frac{L_r}{C_r}} I_L \sin\omega_r(t-t_1) + U_d, \quad \omega_r = \frac{1}{\sqrt{L_r C_r}}, \quad t \in [t_1, t_4] \qquad (3-47)$$

求其在 $(t_1, t_4)$ 上的最大值就得到 $u_{Cr}$ 的谐振峰值表达式，这一谐振峰值就是开关 S 承受的峰值电压，即

$$U_p = \sqrt{\frac{L_r}{C_r} I_L^2} + U_d \qquad (3-48)$$

从式（3-47）可以看出，如果正弦项的幅值小于 $U_d$，$u_{Cr}$ 就不可能谐振到零，S 也就不可能实现零电压开通，因此

$$\sqrt{\frac{L_r}{C_r}} I_L^2 \geqslant U_d \qquad (3-49)$$

就是零电压开关准谐振电路实现软开关的条件。

综合式（3-48）和式（3-49），谐振电压峰值将高于输入电压 $2U_d$，开关 S 的耐压必须相应提高。这就增加了电路的成本，降低了可靠性，这是零电压开关准谐振电路的一大缺点。

**2. 移相全桥型零电压开关 PWM 电路**

移相全桥电路是目前应用最广泛的软开关电路之一，它的特点是电路很简单（如图 3-44 所示），同硬开关全桥电路相比，并没有增加辅助开关等元件，而是仅仅增加了一个谐振电感（$L_r$），就使电路中四个开关器件都在零电压的条件下开通，这得益于其独特的控制方法（如图 3-45 所示）。

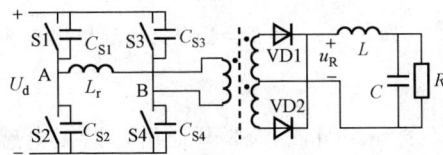

图 3-44　移相全桥零电压开关 PWM 电路

移相全桥电路的控制方式有以下几个特点。

（1）在一个开关周期 $T_S$ 内，每一个开关导通的时间都略小于 $T_S/2$，而关断的时间都略大于 $T_S/2$。

（2）同一个半桥中，上下两个开关不能同时处于通态，每一个开关关断到另一个开关开通都要经过一定的死区时间。

（3）比较互为对角的两对开关 S1、S4 和 S2、S3 的开关函数的波形，S1 的波形比 S4 超前 $0 \sim T_S/2$ 的时间，而 S2 的波形比 S3 超前 $0 \sim T_S/2$ 的时间，因此称 S1 和 S2 为超前的桥臂，而称 S3 和 S4 为滞后的桥臂。

在分析过程中，假设开关器件都是理想的，并忽略电路中的损耗。

$t_0 \sim t_1$ 时段：在这一时段，S1 和 S4 都导通，直到 $t_1$ 时刻 S1 关断。

$t_1 \sim t_2$ 时段：$t_1$ 时刻开关 S1 关断后，电容 $C_{S1}$、$C_{S2}$ 与电感 $L_r$、$L$ 构成谐振回路，如图 3-46 所示。谐振开始时 $u_A(t_1) = U_d$，在谐振过程中，$u_A$ 不断下降，直到 $u_A = 0$，VDS2 导通，电流 $i_{Lr}$ 通过 VDS2 续流，图 3-44 中各开关管的续流二极管 VD 均未画出。

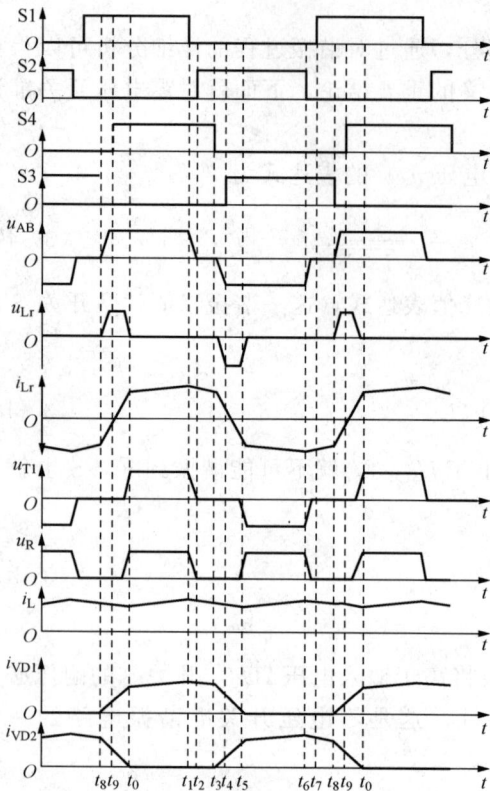

图 3-45 移相全桥电路的理想化波形

$t_2 \sim t_3$ 时段：$t_2$ 时刻开关 S2 开通，由于此时其反并联二极管 VDS2 正处于导通状态，因此 S2 开通时电压为零，开通过程中不会产生开关损耗，S2 开通后，电路状态也不会改变，继续保持到 $t_3$ 时刻 S4 关断。

$t_3 \sim t_4$ 时段：$t_3$ 时刻开关 S4 关断后，电路的状态如图 3-47 所示。

这时变压器二次侧整流二极管 VD1 和 VD2 同时导通，变压器一次和二次电压均为零，相当于短路，因此变压器一次侧 $C_{S3}$、$C_{S4}$ 与 $L_r$ 构成谐振回路。谐振过程中谐振电感 $L_r$ 的电流不断减小，B 点电压不断上升，直到 S3 的反并联二极管 VDS3 导通。这种状态维持到 $t_4$ 时刻 S3 开通。S3 开通时 VDS3 导通，因此 S3 是在零电压的条件下开通，开通损耗为零。

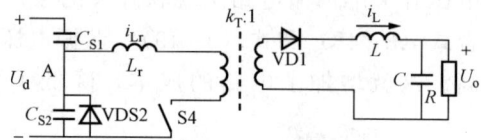

图 3-46 移相全桥电路在 $t_1 \sim t_2$
阶段的等效电路

$t_4 \sim t_5$ 时段：S3 开通后，谐振电感 $L_r$ 的电流继续减小。电感电流 $i_{Lr}$ 下降到零后，便反向，然后不断增大，直到 $t_5$ 时刻 $i_{Lr} = I_L/k_T$，变压器二次侧整流管 VD1 的电流下降到零而关断，电流 $I_L$ 全部转移到 VD2 中。

$t_0 \sim t_5$ 时段正好是开关周期的一半，而在另一半开关周期 $t_5 \sim t_0$ 时段中，电路的工作过程与 $t_0 \sim t_5$ 时段完全对称，不再叙述。

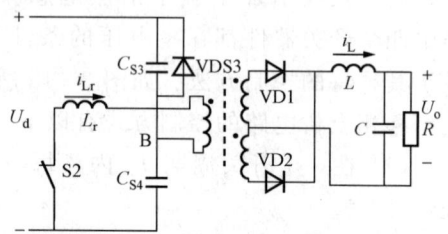

图 3-47 移相全桥电路在 $t_3 \sim t_4$
阶段的等效电路

### 3. 零电压转换 PWM 电路

零电压转换 PWM 电路具有电路简单、效率高等优点，广泛用于功率因数校正电路（PFC）、DC/DC 变换器、斩波器等。本节以升压电路为例介绍这种软开关电路的工作原理。

升压型零电压转换 PWM 电路的原理如图 3-48 所示。在分析中假设电感 $L$ 很大，因此可以忽略其中电流的波动；电容 $C$ 也很大，因此输出电压的波动也可以忽略。在分析中还忽略元件与线路中的损耗。

从图 3-48 中可以看出，在零电压转换 PWM 电路中，辅助开关 S1 超前于主开关 S 开通，而 S 开通后 S1 就关断了。主要的谐振过程都集中在 S 开通前后。下面分阶段介绍电路的工作过程。

$t_0 \sim t_1$ 时段：辅助开关先于主开关开通，由于此时二极管 VD 尚处于通态，因此电感 $L_r$ 两端电压为 $U_o$，电流 $i_{Lr}$ 按线性迅速增长，二极管 VD 中的电流以同样的速率下降。直到 $t_1$ 时刻，$i_{Lr} = I_L$，二极管 VD 中电流下降到零，二极管自然关断。

$t_1 \sim t_2$ 时段：此时电路可以等效为图 3-49。$L_r$ 与 $C_r$ 构成谐振回路，由于 $L$ 很大，谐振过程中其电流基本不变，对谐振影响很小，可以忽略。

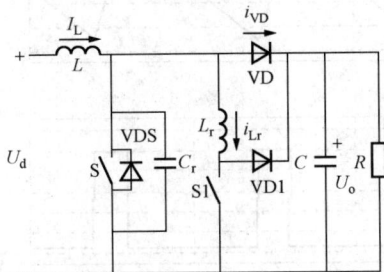

图 3-48　升压型零电压转换
PWM 电路的原理

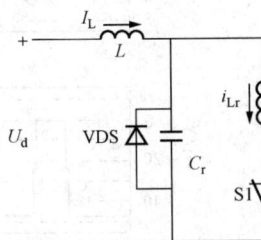

图 3-49　升压型零电压转换
PWM 电路的理想化电路

谐振过程中 $L_r$ 的电流增加而 $C_r$ 的电压下降，$t_2$ 时刻其电压 $u_{Cr}$ 刚好降到零，开关 S 的反并联二极管 VDS 导通，$u_{Cr}$ 被箝位于零，而电流 $i_{Lr}$ 保持不变。

$t_2 \sim t_3$ 时段：$u_{Cr}$ 被箝位于零，而电流 $i_{Lr}$ 保持不变，这种状态一直保持到 $t_3$ 时刻 S 开通、S1 关断。

$t_3 \sim t_4$ 时段：$t_3$ 时刻 S 开通时，其两端电压为零，因此没有开关损耗。S 开通的同时 S1 关断，$L_r$ 中的能量通过 VD1 向负载侧输送，其电流线性下降，而主开关 S 中的电流线性上升。到 $t_4$ 时刻 $i_{Lr} = 0$，VD1 关断，主开关 S 中的电流 $i_S = I_L$，电路进入正常导通状态。

$t_4 \sim t_5$ 时段：$t_5$ 时刻 S 关断。由于 $C_r$ 的存在，故 S 关断时的电压上升率受到限制，降低了 S 的关断损耗。

升压型零电压转换 PWM 电路的波形如图 3-50 所示。

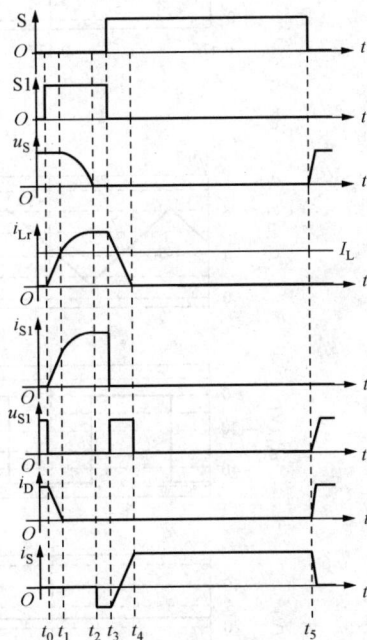

图 3-50　升压型零电压转换
PWM 电路的波形

## 3.4　降压斩波电路的仿真

仿真电路如图 3-1 所示，仿真参数如下：电源电压 $U_d = 48\text{V}$，主开关管 IGBT 和续流二极管 VD 均采用理想器件，滤波电感 $L = 1.75\text{mH}$，滤波电容 $C = 10\text{mF}$，负载电阻 $R =$

$5\Omega$，开关频率 $f_s = 1000\text{Hz}$。对不同占空比的情况进行仿真，仿真结果如图 3-51 所示，波形依次为电感电流 $i_L$、续流二极管 VD 两端的压降 $u_{VD}$ 和输出电压 $u_o$。

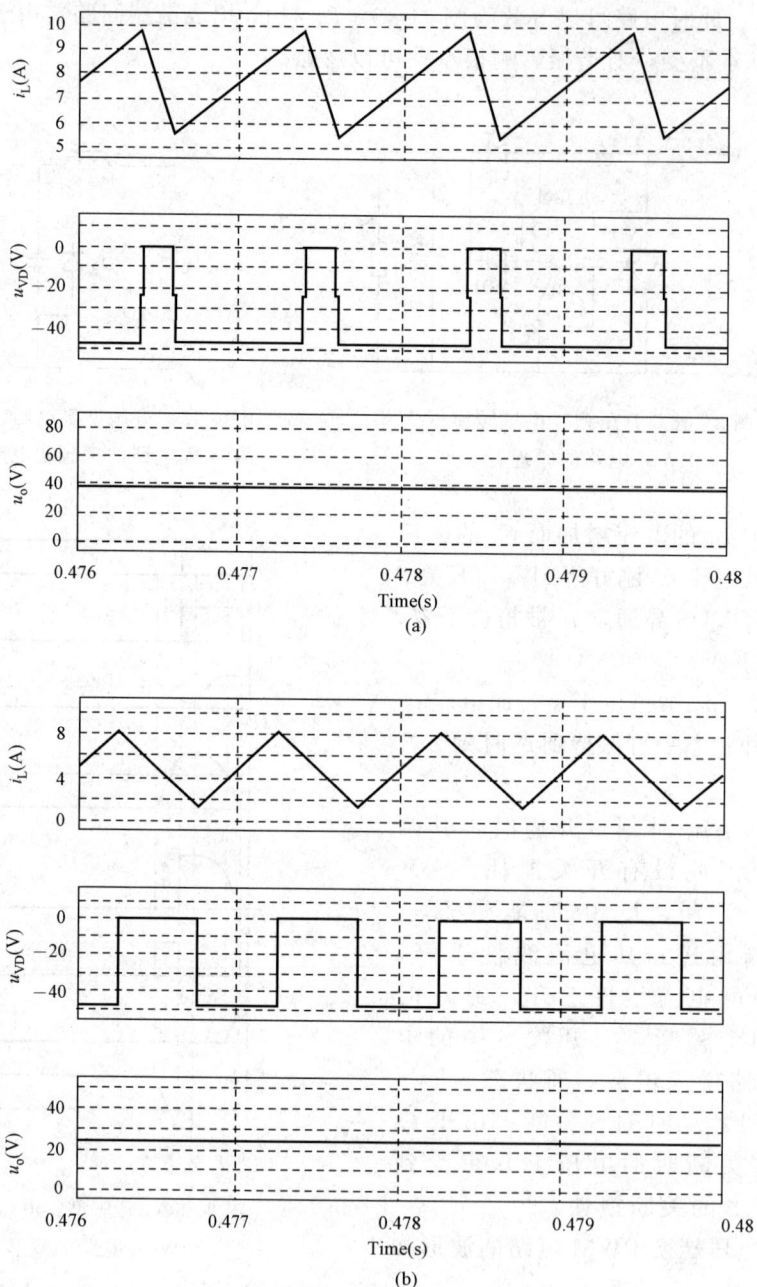

图 3-51　降压斩波电路的仿真结果 （一）

（a）占空比为 0.8；（b）占空比为 0.5

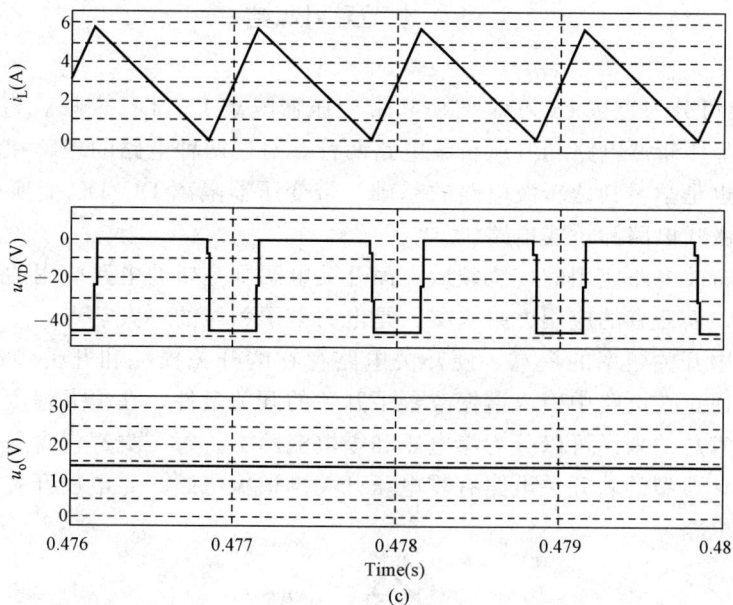

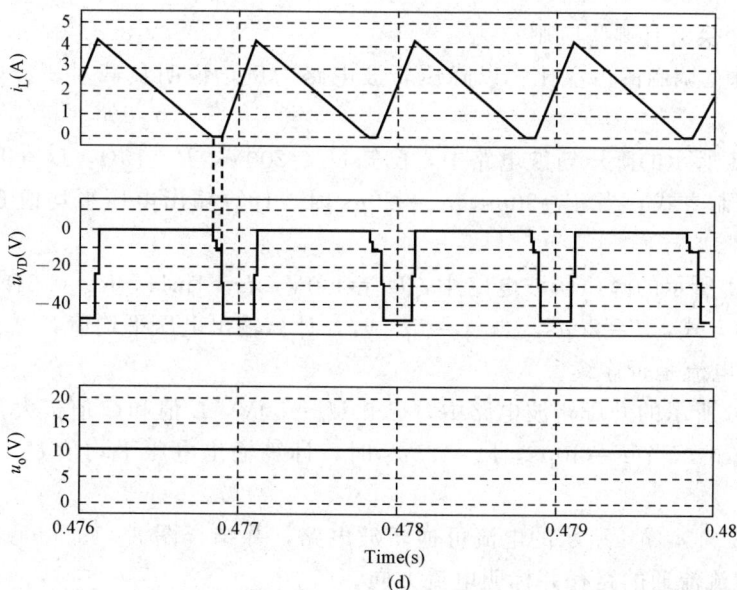

图 3-51　降压斩波电路的仿真结果（二）

（c）占空比为 0.3，临界连续；（d）占空比为 0.2，断续

由仿真结果可见，不同占空比下，输出电压大小不同。当占空比较小为 0.3 时，尽管滤波电感较大，但电感电流出现临界连续。当占空比为 0.2 时，电感电流出现断续。因此，电感电流是否连续，与滤波电感、占空比大小、负载轻重都有关系。需要说明的是，本例中滤波电容值较大，使得输出电压 $u_o$ 的波形中波动很小，近似平直；若滤波电容值较小，如为 0.1mF，则 $u_o$ 的波形中会出现较大波动，不再平直。

## 本 章 小 结

　　DC/DC 变换可分为直接 DC/DC 变换和带变压器隔离 DC/DC 变换。直接 DC/DC 变换中，最基本的是降压斩波电路和升压斩波电路两种，对这两种电路的理解和掌握是学习本章的关键和核心，也是学习其他斩波电路的基础。带变压器隔离 DC/DC 变换中，最常用的有正激式电路、反激式电路和桥式电路。

　　直流传动是斩波电路应用的传统领域，而开关电源则是斩波电路应用的新领域，前者的应用在逐渐萎缩，而后者的应用方兴未艾，是电力电子领域的一大热点。

　　随着变换器中开关频率的提高，硬开关电路存在的开关损耗和开关噪声问题越来越突出。软开关技术通过在电路中引入谐振改善了开关的开关条件，在很大程度上解决了这两个问题。软开关技术总的来说可以分为零电压和零电流两类。每一类都包含基本拓扑和众多的派生拓扑。其中，典型的软开关电路有零电压开关准谐振电路、零电压开关 PWM 电路和零电压转换 PWM 电路。

## 习　　题

　　1. DC/DC 变换器有哪些应用？

　　2. 什么是脉宽调制的占空比？以降压斩波电路为例，说明负载对斩波电路的输出电压有什么影响？

　　3. 在图 3-1 所示的降压斩波电路中，已知 $U_d=200\text{V}$，$R=10\Omega$，$L$ 值极大，$E_M=30\text{V}$。采用脉宽调制控制方式，当 $T=50\mu s$，$t_{on}=20\mu s$ 时，计算输出电压平均值 $U_o$、输出电流平均值 $I_o$。

　　4. 在图 3-1 所示的降压斩波电路中，$U_d=100\text{V}$，$L=1\text{mH}$，$R=0.5\Omega$，$E_M=10\text{V}$，采用脉宽调制控制方式，$T=20\mu s$，当 $t_{on}=5\mu s$ 时，计算输出电压平均值 $U_o$、输出电流平均值 $I_o$，并判断负载电流是否连续。

　　5. 在图 3-6 所示的升压斩波电路中，已知 $U_d=50\text{V}$，$L$ 值和 $C$ 值极大，$R=20\Omega$，采用脉宽调制控制方式，当 $T=40\mu s$，$t_{on}=25\mu s$ 时，计算输出电压平均值 $U_o$ 和输出电流平均值 $I_o$。

　　6. 分析图 3-19（a）所示的电流可逆斩波电路，并结合图 3-19（b）所示的波形，绘制出各个阶段电流流通的路径并标明电流方向。

　　7. 带隔离变压器的 DC/DC 变换器有什么优点？

　　8. 什么是硬开关？什么是软开关？各有什么特点？

　　9. 高频化的意义是什么？为什么提高开关频率可以减小滤波器的体积和质量？

　　10. 软开关电路可以分为哪几类？其典型拓扑分别是什么样的？各有什么特点？

　　11. 在零电压转换 PWM 电路中，辅助开关 S1 和二极管 VD1 是软开关还是硬开关，为什么？

# 第4章 逆 变 电 路

与整流相对应，将直流电转变成交流电的过程称为逆变。逆变分为有源逆变和无源逆变。当把直流电变换为交流电，并回馈给电网时，称为有源逆变。有源逆变电路常用于直流可逆调速系统、高压直流输电和太阳能并网发电等场合。把直流电变换为交流电并供给负载，称为**无源逆变**。无源逆变电路常用于将蓄电池、干电池、太阳能电池等直流电源逆变为交流电供给交流负载，以及交流电动机调速用变频器、不间断电源、感应加热电源等场合。在不加说明时，逆变电路一般多指无源逆变电路，本章将论述无源逆变电路及其工作原理。

随着电力电子技术的飞速发展和各行业对电气设备控制性能要求的提高，逆变电路在许多领域的应用也越来越广泛。可以说，电力电子技术的早期是整流器时代，现在则进入逆变器时代。在逆变电路的控制方面，早期采用相控方式，现在引入了 PWM 控制技术。目前，PWM 控制技术已成为逆变技术的核心，因而受到人们高度重视。

逆变器的类型很多，根据不同的分类方法有如下几种分类。

（1）根据逆变器直流侧电源的性质可分为电压型逆变器（Voltage Source Inverter, VSI）和电流型逆变器（Current Source Inverter, CSI）。直—交型逆变器都由直流电源提供能量。为了使直流电源的电压或电流恒定，并与负载进行无功功率的交换，在逆变器的直流侧必须设置储能元件，如电感或电容。采用大电容作为储能和滤波元件的逆变器，电容起稳定电压的作用，故称之为电压型逆变器（VSI）。采用大电感作为储能和滤波元件的逆变器，电感起稳定电流的作用，故称之为电流型逆变器（CSI）。它们的结构框图如图 4-1 所示。

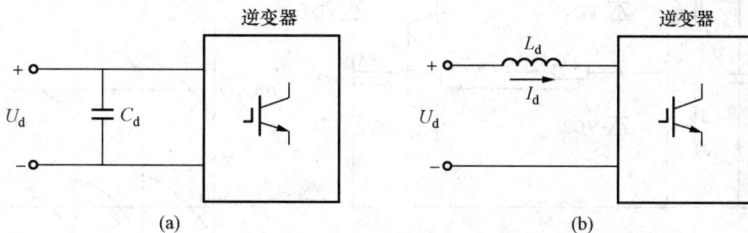

图 4-1 电压型逆变和电流型逆变器的结构框图
（a）电压型逆变器；（b）电流型逆变器

（2）根据逆变器的主电路结构不同可分为半桥逆变器、全桥逆变器、二电平逆变器、多电平逆变器。

（3）根据逆变器所用的电力电子器件及其关断（换流）方式的不同可分为自关断（用全控型开关器件，如 IGBT、功率 MOSFET、MCT 和 IGCT 等）、强迫关断（换流）、交流电源电动势换流逆变器（有源逆变器）、负载反电动势或负载谐振换流逆变器。

（4）根据逆变器的电压和频率的控制方法的不同可分为 PWM（脉冲宽度调制）逆变器、PAM（脉冲幅值调制）逆变器、方波或阶梯波逆变器。

## 4.1　电 压 型 逆 变 电 路

根据逆变电路结构，电压型逆变电路分为单相逆变电路和三相逆变电路。

### 4.1.1　单相电压型逆变电路

**1. 单相全桥逆变电路**

全桥逆变电路原理图如图 4-2（a）所示，它共有 4 个桥臂，每个桥臂由一个可控器件组成，负载 $R$ 上就可以得到交流电压 $u_o$。这是一个幅值为直流电源电压 $U_d$ 的周期性交变电压，相应的电流为 $i_o$。

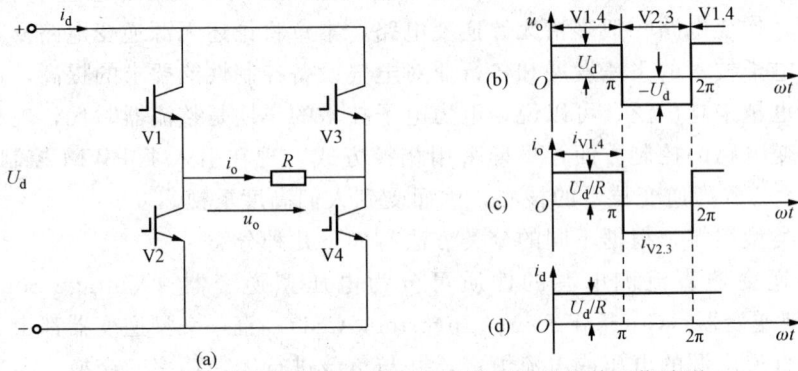

图 4-2　电阻负载单相全桥电压型逆变电路及其工作波形

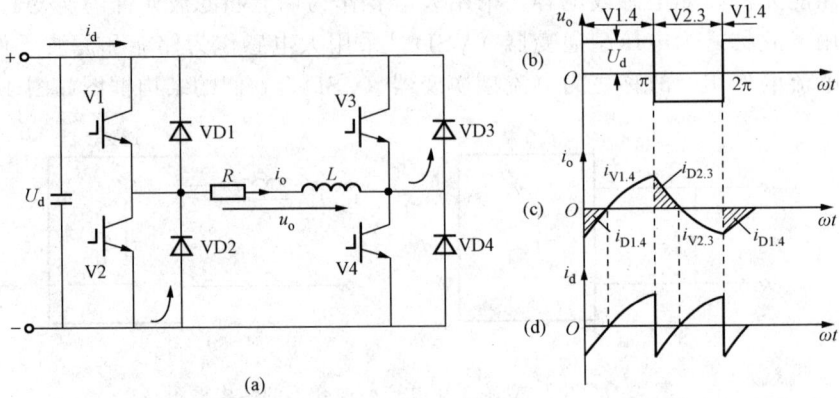

图 4-3　感性负载时单相全桥电压型逆变电路及其工作波形

图 4-2（b）及图 4-2（c）是 IGBT 逆变器在电阻负载下输出电压 $u_o$ 和输出电流 $i_o$ 的波形。在 $0\sim\pi$ 期间，V1 和 V4 导通，$u_o=U_d$；在 $\pi\sim2\pi$ 期间，V2 和 V3 导通，$u_o=-U_d$。图 4-2（d）则为直流输入电流 $i_d$ 的波形。图中假设 IGBT 的开关过程是理想的开关过程。

对于感性负载，交流电流滞后电压一个相位角，当两组开关管切换，电压已经反向时，感性负载电流仍将在滞后角时间内保持原来的流通方向。图 4-3（a）所示的电路，如果没有滞后的感性负载电流的通路，强迫开断这一感性负载电流的通路，必然会引起过电压，造成电力电子器件的击穿损坏。为此，在感性负载下图 4-3（a）所示的电路中，每个电力电子器件上还需反向并联一个续流二极管，以构成滞后电流通路。

在图 4 - 3（a）中 $\omega t = \pi$ 时刻、V1 和 V4 关断、V2 和 V3 栅极信号为正，但感性负载电流从 V1、V4 转移到由 VD2、VD3 及电源所构成的续流回路中去，在滞后角内保持原来方向流通，但此时 $u_o = -U_d$。同理在 V2、V3 切换到 V1、V4 后，负载电流改经 VD1、VD4 和电源电路续流，$u_o = -U_d$。负载电流 $i_o$ 的波形［见图 4 - 3（c）］由两段指数曲线组成，阴影部分为二极管中的电流 $i_D$，其余为 IGBT 中的电流 $i_V$。直流输入电流 $i_d$［见图 4 - 3（d）］的波形由正方向的 $i_V$ 和反方向的 $i_D$ 组成，可见在二极管导通期间，感性负载向电源反馈了能量。

下面对其输出电压波形作定量分析。把幅值为 $U_d$ 的矩形波 $u_o$ 展开成傅里叶级数得

$$u_o = \frac{4U_d}{\pi}\left(\sin\omega t + \frac{1}{3}\sin 3\omega t + \frac{1}{5}\sin 5\omega t + \cdots + \frac{1}{2n-1}\sin\ (2n-1)\omega t\right) \tag{4-1}$$

其中基波的幅值 $U_{o1m}$ 和基波有效值 $U_{o1}$ 分别为

$$U_{o1m} = \frac{4U_d}{\pi} = 1.27U_d \tag{4-2}$$

$$U_{o1} = \frac{2\sqrt{2}U_d}{\pi} = 0.9U_d \tag{4-3}$$

其中，逆变电路输出的交流电压基波最大幅值 $U_{o1m}$ 和直流电压 $U_d$ 之比称为**直流电压利用率**（或逆变电路输出电压增益）。提高直流电压利用率可以提高逆变器的输出能力，因此这是逆变器性能的一个重要指标。

前面分析的是 $u_o$ 为正负电压各为 180°的脉冲时的情况。在这种情况下，若要改变输出交流电压的有效值只能通过改变直流电压 $U_d$ 来实现。

在阻感负载时，还可以采用移相方式来调节逆变电路的输出电压，这种方式称为**移相调压**。移相调压实际上就是调节输出电压脉冲的宽度。在图 4 - 4（a）所示的单相全桥逆变电路中，各 IGBT 的栅极信号仍为 180°正偏，180°反偏，并且 V1 和 V2 的栅极信号互补，V3 和 V4 的栅极信号互补，但 V3 的栅极信号不是比 V1 落后 180°，而是只落后 $\theta$（$0 < \theta < 180°$）。即 V3、V4 的栅极信号不是分别和 V2、V1 的栅极信号同相位，而是前移了 $180° - \theta$。这样，输出电压 $u_o$ 就不再是正负各为 180°的脉冲，而是正负各为 $\theta$ 的脉冲，各 IGBT 的栅极信号 $u_{G1} \sim u_{G4}$ 及输出电压 $u_o$、输出电流 $i_o$ 的波形如图 4 - 4（b）所示。下面对其工作过程进行具体分析。

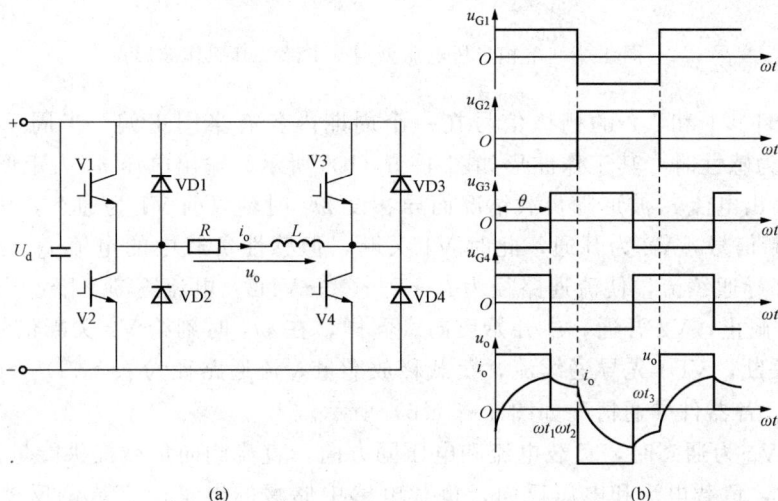

(a)　　　　　　　　　　(b)

图 4 - 4　单相全桥逆变电路的移相调压方式

设在 $\omega t_1$ 时刻前 V1 和 V4 导通，输出电压 $u_o$ 为 $U_d$，$\omega t_1$ 时刻 V3 和 V4 栅极信号反向，V4 截止，而因负载电感中的电流 $i_o$ 不能突变，V3 不能立刻导通，VD3 导通续流，续流通路为 $L \rightarrow VD3 \rightarrow V1 \rightarrow R$，所以负载输出电压为零。到 $\omega t_2$ 时刻 V1 和 V2 栅极信号反向，此时 $i_o$ 还未减少到零，将继续释放储能，V1 截止，而 V2 不能立刻导通，只能通过 VD2 导通续流，和 VD3 构成电流通道，输出电压为 $-U_d$。到负载电流过零并开始反向时，VD2 和 VD3 截止，V2 和 V3 开始导通，$u_o$ 仍为 $-U_d$（负载电流反向上升）。$\omega t_3$ 时刻 V3 和 V4 栅极信号再次反向，V3 截止，而 V4 不能立刻导通，VD4 导通续流，$u_o$ 再次为零。以后的过程和前面类似。这样，输出电压 $u_o$ 的正负脉冲宽度就各为 $\theta$。改变 $\theta$，就可以调节输出电压。

在纯电阻负载时，采用上述移相方法也可以得到相同的结果，只是 VD1～VD4 不再导通，不起续流作用。在 $u_o$ 为零期间，4 个桥臂均不导通，负载也没有电流。

2. 半桥逆变电路

桥式逆变电路的另一种更简单的结构——半桥逆变电路如图 4-5（a）所示，它有两个桥臂，每个桥臂由一个可控器件和一个反并联二极管组成。在直流侧接有两个相互串联的足够大的电容，两个电容的连接点便成为直流电源的中点。负载连接在直流电源中点和两个桥臂连接点之间。

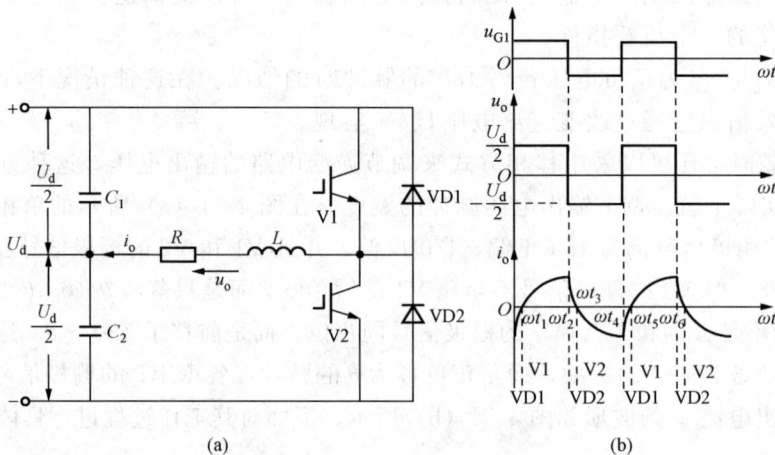

图 4-5 单相半桥电压型逆变电路及其工作波形

设开关器件 V1 和 V2 的栅极信号在一个周期内各有半周正偏、半周反偏，占空比为 50%。当负载为感性时，其工作波形如图 4-5（b）所示。输出电压 $u_o$ 为矩形波，其幅值为 $U_m = U_d/2$。输出电流 $i_o$ 波形随负载情况而异。设 $\omega t_2$ 时刻以前 V1 为通态，V2 为断态。$\omega t_2$ 时刻给 V1 关断信号，V2 为开通，此时 V1 关断，但感性负载中的电流 $i_o$ 不能立即改变方向，于是 VD2 导通续流，使流通路径为 $L \rightarrow R \rightarrow C_2 \rightarrow VD2$，电流逐渐下降。当 $\omega t_3$ 时刻 $i_o$ 降为零时，VD2 截止，V2 开通，$i_o$ 开始反向。同样，在 $\omega t_4$ 时刻给 V2 关断信号，给 V1 开通信号后，V2 关断，VD1 先导通续流，负载释放能量，流通路径为 $L \rightarrow VD1 \rightarrow C_1 \rightarrow R$。$\omega t_5$ 时刻 V1 才开通。各器件导通情况如图 4-5（b）所示。

当 V1 或 V2 为通态时，负载电流和电压同方向，直流侧向负载提供能量；而当 VD1 或 VD2 为通态时，负载电流和电压反向，负载电感中储藏的能量向直流侧反馈，即负载电感将其吸收的无功能量反馈回直流侧。反馈回的能量暂时储存在直流侧电容器中，直流侧电容器起着缓冲这种无功能量的作用。因为二极管 VD1、VD2 是负载向直流侧反馈能量的通道，故称之为反馈二极管。

半桥逆变电路的电压计算公式与全桥电路的输出电压公式基本相同，只是式中的 $U_d$ 要换成 $U_d/2$。因而，可以看出全桥逆变电路的直流电压利用率（输出电压增益）比半桥逆变电路要高。

前面全桥电路采用的移相调压方式并不适用于半桥逆变电路。不过在纯电阻负载时，仍可采用改变正负脉冲宽度的方法来调节半桥逆变电路的输出电压。这时，上下两桥臂的栅极信号不再是各 $180°$ 正偏、$180°$ 反偏并且互补，而是正偏的宽度为 $\theta$、反偏的宽度为 $360°-\theta$，二者相位差为 $180°$。这时输出电压 $u_o$ 也是正负脉冲的宽度各为 $\theta$。

半桥逆变电路的优点是简单、使用器件少；其缺点是输出交流电压的幅值 $u_{om}$ 仅为 $U_d/2$，且直流侧需要两个电容器串联，工作时还要控制两个电容器电压的均衡。因此，半桥电路常用于几千瓦以下的小功率逆变电源。另外单相全桥逆变电路、三相桥式逆变电路都可看成由若干个半桥逆变电路组合而成，因此，正确分析半桥电路的工作原理很有意义。

3. 带中心抽头变压器的逆变电路

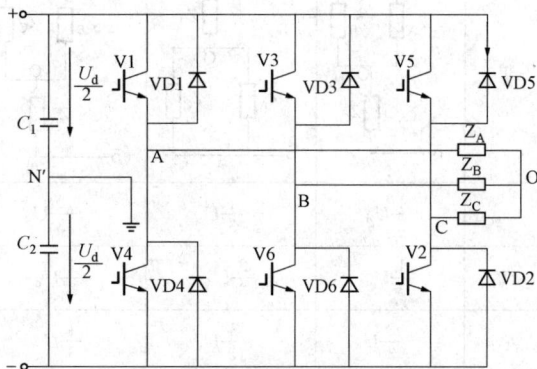

其原理图如图 4-6 所示，交替驱动两个 IGBT，通过变压器的耦合给负载加上矩形波交流电压。两个二极管的作用也是给负载电感中储藏的无功能量提供反馈通道。在 $U_d$ 和负载参数相同，且变压器一次侧两个绕组和二次侧绕组的匝比为 $1:1:1$ 的情况下，该电路的输出电压 $u_o$ 和输出电流的波形及幅值与全桥逆变电路完全相同。因此，式（4-1）～式（4-3）也适用于该电路。图 4-6 所示的电路虽然比全桥电路少用了一半开关器件，但器件承受的电压却为 $2U_d$，比全桥电路高一倍，且必须有一个变压器。

### 4.1.2　三相电压型逆变电路

用三个单相逆变电路可以组合成一个三相逆变电路，但在三相逆变电路中，应用最广的是三相桥式逆变电路。采用 IGBT 作为开关器件的电压型三相桥式逆变电路如图 4-7 所示，可以看成由三个半桥逆变电路组成。这种三相桥式逆变电路在感应电动机的变频调速系统中得到普遍应用。

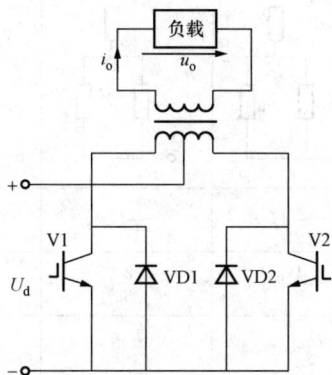

图 4-6　带中心抽头变压器的逆变电路　　　图 4-7　三相电压型桥式逆变电路

图 4-7 所示的三相桥式逆变电路其管子的导通次序和整流电路一样，也是 V1—V2—V3—V4—V5—V6，各管的触发信号依次互差 $60°$。根据各管导通时间的长短，分为 $180°$ 导通型和 $120°$ 导通型两种。在瞬时完成换流的理想情况下，$180°$ 导通型的逆变电路在任意瞬间都有

三只管子导通，各管导通时间为180°。同相中上下两桥臂中的两只管子称为互补管，它们轮流导通，如 A 相中的 V1 和 V4 各导通180°，但相位也差180°，不会引起电源经 V1 和 V4 的短路。所以180°型三相桥式逆变电路每隔60°变换导通状态，各管的导通情况依次是 V1、V2、V3；V2、V3、V4；…；V6、V1、V2 共 6 个阶段。120°导通型逆变电路中各管导通120°，任意瞬间只有不同相的两只管子导通，同一桥臂中的两只管子不是瞬时互补导通，而是有60°的间歇时间。所以逆变器的各管每隔60°，依次按 V1、V2；V2、V3；V3、V4；…；V6、V1 次序导通。

按180°导通方式工作的三相桥式逆变电路，每隔60°的各阶段，其等值电路、相电压、线电压见表 4-1。表中设三相负载对称

$$Z_A = Z_B = Z_C$$

下面以 0°～60°阶段为例，对表 4-1 加以说明。

在 0°～60°阶段 V1、V2、V3 同时导通，A 相和 B 相负载 $Z_A$、$Z_B$ 都与电源的正极连接，C 相负载 $Z_C$ 与电源的负极连接，由于三相负载对称，如取负载中心点 O 为电压的基准点，则 A 相的电压 $u_{AO}$ 和 B 相的电压 $u_{BO}$ 相等，均为 $\frac{1}{3}U_d$，$U_d$ 为直流电源电压。C 相的电压为 $-\frac{2}{3}U_d$。

同理，在 60°～120°阶段，开关管 V1 关断，V2、V3、V4 导通，$Z_B$ 与电源正极接通，$Z_A$ 和 $Z_C$ 与负极接通，故 $u_{BO}=\frac{2}{3}U_d$，$u_{AO}=u_{CO}=-\frac{1}{3}U_d$。其余类推，最后得出任何一相的相电压的波形为六阶梯波，$u_{BO}$ 落后 $u_{AO}$120°，$u_{CO}$ 落后 $u_{BO}$120°，如图 4-8 所示。

**表 4-1　　　　　180°导通型三相逆变器各阶段的等值电路及相电压和线电压的值**

| 阶段 | | 0°～60° | 60°～120° | 120°～180° | 180°～240° | 240°～300° | 300°～360° |
|---|---|---|---|---|---|---|---|
| 导通管号 | | 1、2、3 | 2、3、4 | 3、4、5 | 4、5、6 | 5、6、1 | 6、1、2 |
| 等值电路 | | 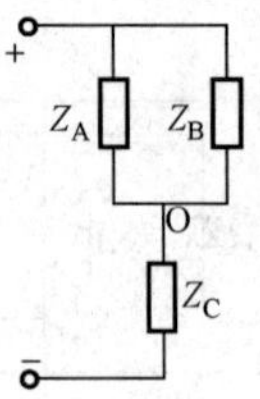 | 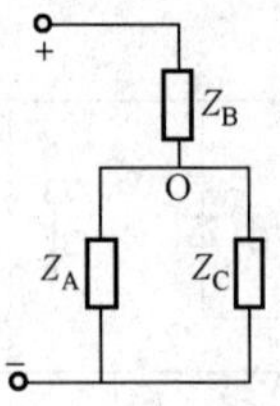 | 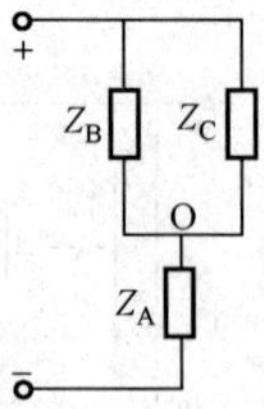 | 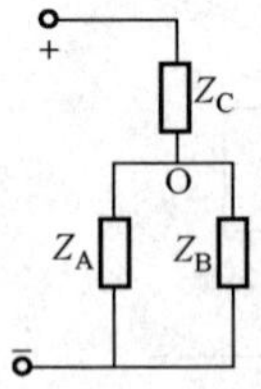 | 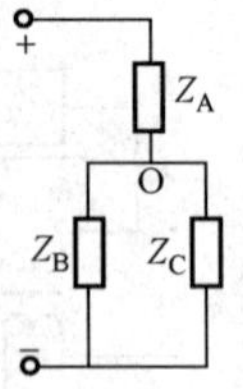 | 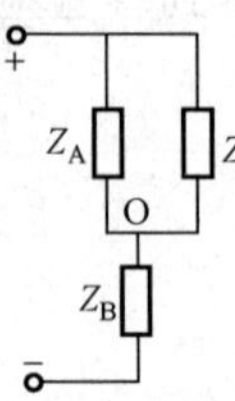 |
| 相电压 | $u_{AO}$ | $\frac{1}{3}U_d$ | $-\frac{1}{3}U_d$ | $-\frac{2}{3}U_d$ | $-\frac{1}{3}U_d$ | $\frac{1}{3}U_d$ | $\frac{2}{3}U_d$ |
| | $u_{BO}$ | $\frac{1}{3}U_d$ | $\frac{2}{3}U_d$ | $\frac{1}{3}U_d$ | $-\frac{1}{3}U_d$ | $-\frac{2}{3}U_d$ | $-\frac{1}{3}U_d$ |
| | $u_{CO}$ | $-\frac{2}{3}U_d$ | $-\frac{1}{3}U_d$ | $\frac{1}{3}U_d$ | $\frac{2}{3}U_d$ | $\frac{1}{3}U_d$ | $-\frac{1}{3}U_d$ |
| 线电压 | $u_{AB}$ | 0 | $-U_d$ | $-U_d$ | 0 | 0 | $U_d$ |
| | $u_{BC}$ | $U_d$ | $U_d$ | 0 | $-U_d$ | $-U_d$ | 0 |
| | $u_{CA}$ | $-U_d$ | 0 | $U_d$ | $U_d$ | $U_d$ | $-U_d$ |

线电压由相电压相减得出，即

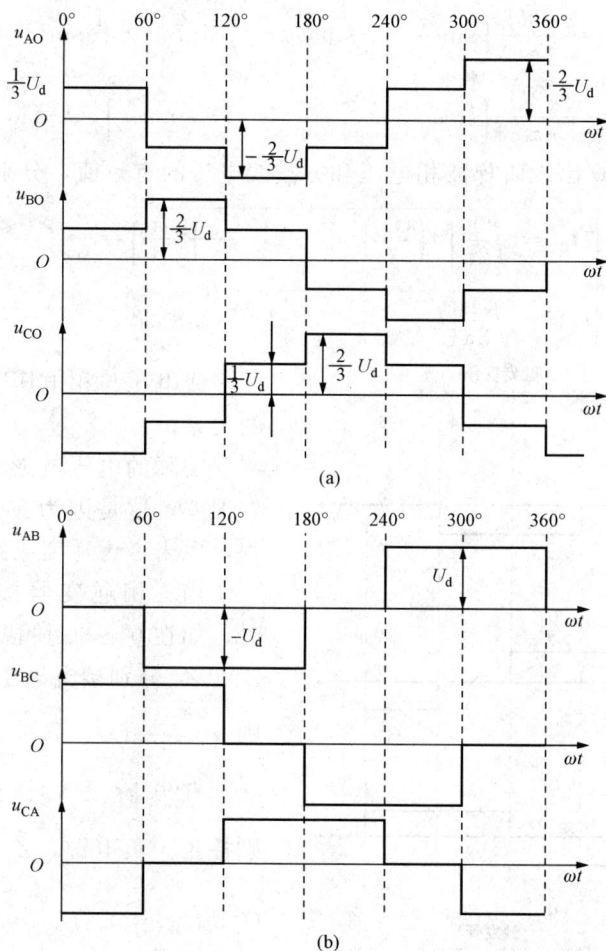

图 4-8 180°导通型三相逆变器的输出电压波形

(a) 相电压波形；(b) 线电压波形

$$u_{AB} = u_{AO} - u_{BO}$$

$$u_{BC} = u_{BO} - u_{CO}$$

$$u_{CA} = u_{CO} - u_{AO}$$

线电压波形 $u_{AB}$、$u_{BC}$、$u_{CA}$ 如图 4-8 所示，它们是宽为 120°的矩形波，各线电压波形依次相差 120°。初相角为零的六阶梯波（如图 4-8 中的 $u_{BO}$），其基波可用傅里叶级数求得，设以 B 相电压表示

$$u_{BO} = \frac{2U_d}{\pi}\left(\sin\omega t + \frac{1}{5}\sin5\omega t + \frac{1}{7}\sin7\omega t + \frac{1}{11}\sin11\omega t + \cdots\right)$$

$$= \frac{2U_d}{\pi}\left(\sin\omega t + \sum_{n=6k+1}\frac{1}{n}\sin n\omega t\right)(k=1,2,3\cdots) \tag{4-4}$$

其余两相依次各差 120°，相电压中无余弦相、偶次项和 3 的倍数次谐波。电压中最低为 5 次谐波，各次谐波幅值与谐波次数成反比。含量为基波的 20%，其余为 7 次谐波，含量为基波的 14.3%。

对于基波无初相的矩形波线电压，其一般表达式为

$$u_{BC} = \frac{2\sqrt{3}U_d}{\pi}\left(\sin\omega t - \frac{1}{5}\sin 5\omega t - \frac{1}{7}\sin 7\omega t + \frac{1}{11}\sin 11\omega t + \cdots\right) \qquad (4-5)$$

$$= \frac{2\sqrt{3}U_d}{\pi}\left[\sin\omega t + \sum_{n=6k\pm1}\frac{1}{n}(-1)^k\sin n\omega t\right] \quad (k=1,2,3\cdots)$$

根据图 4-8 可以算出六阶梯波相电压和方波线电压的有效值,分别为

$$\begin{cases} U_{BO} = \sqrt{\dfrac{1}{2\pi}\left[4\left(\dfrac{U_d}{3}\right)^2\dfrac{\pi}{3} + 2\left(\dfrac{2U_d}{3}\right)^2\dfrac{\pi}{3}\right]} = \dfrac{\sqrt{2}}{3}U_d = 0.471U_d \\[4mm] U_{BC} = \sqrt{\dfrac{4}{2\pi}\left(U_d^2\,\dfrac{\pi}{3}\right)} = \sqrt{\dfrac{2}{3}}U_d = 0.816U_d \end{cases} \qquad (4-6)$$

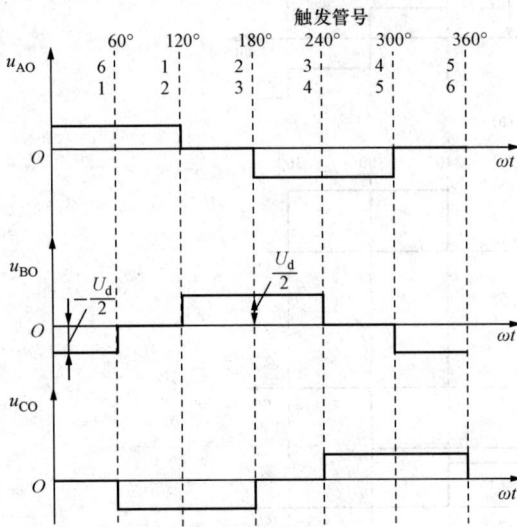

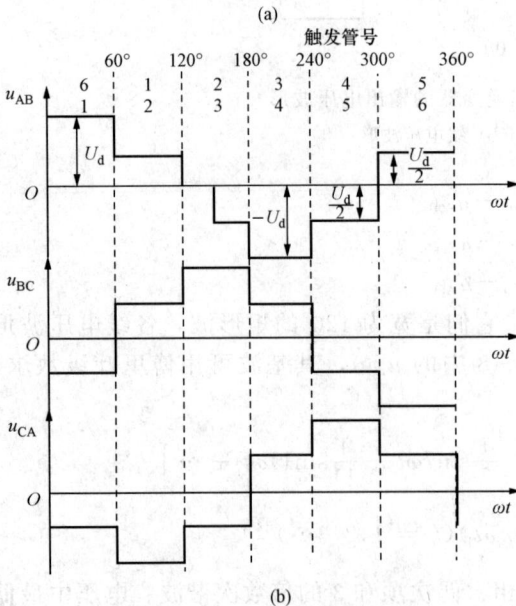

线电压与相电压有效值之间仍有$\sqrt{3}$倍的关系。

实际的电压波形较上面分析的结果略有误差,这是因为在分析中忽略了换流过程,也未考虑逆变电路中的电压降落。

当三相逆变器按 120°导通方式工作时,如在 0°～60°阶段中 V6、V1 导通,则$Z_A$、$Z_B$ 分别接电源正、负极,$Z_C$ 不通电,则$u_{AO} = \frac{1}{2}U_d$,$u_{BO} = -\frac{1}{2}U_d$,$u_{CO} = 0$。在 60°～120°阶段 V1、V2 导通,$Z_A$、$Z_C$ 分别接正、负电源,$Z_B$ 不通电,则$u_{AO} = \frac{1}{2}U_d$,$U_{BO} = 0$,$U_{CO} = -\frac{1}{2}U_d$,依次类推。由此获得图 4-9 所示的输出电压波形,与图 4-8 相反,这里相电压为矩形波,而线电压为六阶梯波。

由图 4-9 可见逆变器采用 120°导通方式时,由于同一桥臂中上下两管有 60°的导通间隙,对换流的安全有利,但管子的利用率较低,并且若电机采用星形接法,则始终有一相绕组断开,在换流时该相绕组中会引起较高的感应电动势,应采用过电压保护措施。而 180°导通方式无论电动机星形接法或三角形接法,正常工作时不会引起过电压,因此对于电压型逆变器,180°导通方式应用较为普遍。

在 180°导通方式逆变器中,为了防止同一相上下两桥臂的开关器件同时导通而

图 4-9 120°导通型三相逆变器的输出电压波形
(a) 相电压波形;(b) 线电压波形

引起直流侧电源的短路，要采取"先断后通"的方法。先给应关断的器件关断信号，待其关断后留一定的时间裕量，然后再给应导通的器件发出开通信号，即在两者之间留一个短暂的死区时间。死区时间的长短要视器件的开关速度而定，器件的开关速度越快，所留的死区时间就可以越短。这一"先断后通"的方法对于工作在上下桥臂通断互补方式下的其他电路也是适用的。显然，前述的单相半桥和全桥逆变电路也必须采取这一方法。

## 4.2 电 流 型 逆 变 电 路

在分析电流型逆变电路工作原理时会涉及负载换流和强迫换流的情况，因此这里有必要介绍一下换流的概念。变流电路在工作过程中不断发生电流从一个支路向另一个支路的转移，这就是**换流**。应该指出，换流并不是只在逆变电路中才有的概念，在前面各章的电路中都涉及到换流问题，但在逆变电路中，换流及换流方式问题反映得最为全面和集中。一般来说，换流方式可分为以下几种。

（1）**器件换流**。利用全控型器件的自关断能力进行换流称为器件换流（Device Commutation）。例如在采用 IGBT、电力 MOSFET、GTO、GTR 等全控型器件的电路中，其换流方式即为器件换流。

（2）**电网换流**。由电网提供换流电压称为电网换流（Line Commutation）。相控整流电路工作时采用电网换流方式。

（3）**负载换流**。由负载提供换流电压称为负载换流（Load Commutation）。凡是负载电流的相位超前于负载电压的场合，都可以实现负载换流。

（4）**强迫换流**。设置附加的换流电路，给欲关断的晶闸管强迫施加反向电压或反向电流的换流方式称为强迫换流（Forced Commutation）。强迫换流通常利用附加电容上所储存的能量来实现，因此也称为电容换流。

前面所列举的各种电压型逆变电路都采用全控型器件，换流方式为器件换流。采用半控型器件的电压型逆变电路已很少应用。和电压型逆变电路有所不同，电流型逆变电路中，采用半控型器件的电路仍应用较多，就其换流方式而言，有的采用负载换流，有的采用强迫换流。因此，在学习下面的各种电流型逆变电路时，应对电路的换流方式予以充分的注意。

### 4.2.1 单相电流型逆变电路

图 4 - 10 是一种单相桥式电流型逆变电路，该逆变电路的负载分为并联谐振式和串联谐振式接法，这里给出的是并联谐振式电流型逆变电路。电路由 4 个桥臂构成，每个桥臂的晶闸管各串联一个电抗器 $L_T$。$L_T$ 用来限制晶闸管开通时的 $di/dt$，各桥臂的 $L_T$ 之间不存在互感。使桥臂 1、4 和桥臂 2、3 轮流导通，就可以在负载上得到交流电。

该电路是采用负载换流方式工作的，基本工作原理是利用负载电路中电感、电容所形成的振荡，使负载电流超前负载电压一定角度，则晶闸管中的振荡电流自动过零后，该晶闸管继续承受反向电压，并且承受反压的

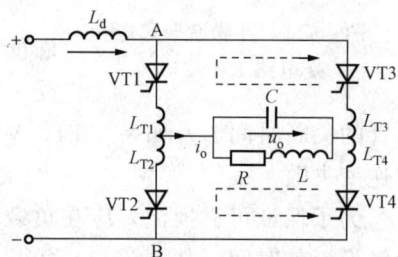

图 4 - 10 单相桥式电流型（并联
谐振式）逆变电路

时间大于晶闸管的关断时间，从而使它恢复正向阻断能力，实现换流。负载换流逆变电路多用在频率固定或变化小的场合，例如用于为感应加热炉的电感线圈供电的中频电源。

该电路中要求负载电流略超前于负载电压，即负载略呈容性。实际负载一般是电磁感应线圈，图 4-10 中 $R$ 和 $L$ 串联即为感应线圈的等效电路。因为功率因数很低，故并联补偿电容器 $C$。电容 $C$ 和 $R$、$L$ 构成并联谐振电路，故这种逆变电路也被称为并联谐振式逆变电路。

因为是电流型逆变电路，故其交流输出电流波形接近矩形波，其中包含基波和各奇次谐波，且谐波幅值远小于基波。因基波频率接近负载电路谐振频率，故负载电路对基波呈现高阻抗，而对谐波呈现低阻抗，谐波在负载电路上产生的压降很小，因此负载电压的波形接近正弦波。

图 4-11 是该逆变电路的工作波形。在交流电流的一个周期内，有两个稳定导通阶段和两个换流阶段。

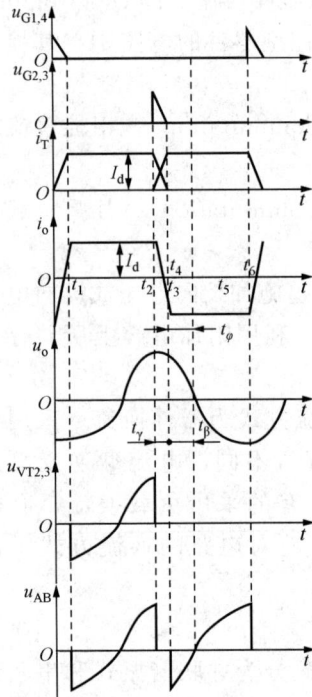

图 4-11 并联谐振式逆变电路工作波形

$t_1 \sim t_2$ 之间为晶闸管 VT1 和 VT4 稳定导通阶段，负载电流 $i_o = I_d$，近似为恒值，$t_2$ 时刻之前在电容 $C$ 上，即负载上建立了左正右负的电压。

在 $t_2$ 时刻触发晶闸管 VT2 和 VT3，因在 $t_2$ 前 VT2 和 VT3 的阳极电压等于负载电压，为正值，故 VT2 和 VT3 开通，开始进入换流阶段。由于每个晶闸管都串有换流电抗器 $L_T$，故 VT1 和 VT4 在 $t_2$ 时刻不能立刻关断，其电流有一个减小过程。同样，VT2 和 VT3 的电流也有一个增大过程。$t_2$ 时刻后，4 个晶闸管全部导通，负载电容电压经两个并联的放电回路同时放电。其中一个回路是经 $L_{T1}$、VT1、VT3、$L_{T3}$ 回到电容 $C$；另一个回路是经 $L_{T2}$、VT2、VT4、$L_{T4}$、回到电容 $C$，如图 4-10 中虚线所示。在此过程中，VT1、VT4 电流逐渐减小，VT2、VT3 电流逐渐增大。当时 $t = t_4$ 时，VT1、VT4 电流减至零而关断，直流侧电流 $I_d$ 全部从 VT1、VT4 转移到 VT2、VT3，换流阶段结束。$t_4 - t_2 = t_\gamma$ 称为换流时间。因为负载电流 $i_o = i_{VT1} - i_{VT2}$，所以 $i_o$ 在 $t_3$ 时刻，即 $i_{VT1} = i_{VT2}$ 时刻过零，$t_3$ 时刻大体位于 $t_2$ 和 $t_4$ 的中点。

晶闸管在电流减小到零后，尚需一段时间才能恢复正向阻断能力。因此，在 $t_4$ 时刻换流结束后，还要使 VT1、VT4 承受一段反压时间 $t_\beta$ 才能保证其可靠关断。$t_\beta = t_5 - t_4$ 应大于晶闸管的关断时间 $t_q$。如果 VT1、VT4 尚未恢复阻断能力就被加上正向电压，将会重新导通，使逆变失败。

为了保证可靠换流，应在负载电压 $u_o$ 过零前 $t_\delta = t_5 - t_2$ 时刻去触发 VT2、VT3。$t_\delta$ 称为触发引前时间，从图 4-11 可得

$$t_\delta = t_\gamma + t_\beta \tag{4-7}$$

从图 4 - 11 还可以看出，负载电流 $i_o$ 超前于负载电压 $u_o$ 的时间 $t_\varphi$ 为

$$t_\varphi = \frac{t_\gamma}{2} + t_\beta \qquad (4 - 8)$$

把 $t_\varphi$ 表示为电角度 $\varphi$（弧度）可得

$$\varphi = \omega\left(\frac{t_\gamma}{2} + t_\beta\right) = \frac{\gamma}{2} + \beta \qquad (4 - 9)$$

式中：$\omega$ 为电路工作角频率；$\gamma$、$\beta$ 分别是 $t_\gamma$、$t_\beta$ 对应的电角度；$\varphi$ 是负载的功率因数角。

图 4 - 11 中 $t_4 \sim t_6$ 之间是 VT2、VT3 的稳定导通阶段。$t_6$ 以后又进入从 VT2、VT3 导通向 VT1、VT4 导通的换流阶段，其过程和前面的分析类似。

晶闸管的触发脉冲 $u_{G1} \sim u_{G4}$，晶闸管承受的电压 $u_{VT1} \sim u_{VT4}$ 以及 A、B 间的电压 $u_{AB}$ 也都示于图 4 - 11 中。在换流过程中，上下桥臂的 $L_T$ 上的电压极性相反，如果不考虑晶闸管压降，则 $u_{AB} = 0$。可以看出，$u_{AB}$ 的脉动频率为交流输出电压频率的 2 倍。在 $u_{AB}$ 为负的部分，逆变电路从直流电源吸收的能量为负，即补偿电容 $C$ 的能量向直流电源反馈。这实际上反映了负载和直流电源之间无功能量的交换。在直流侧，$L_d$ 起到缓冲这种无功能量的作用。

如果忽略换流过程，$i_o$ 可近似看成矩形波。展开成傅里叶级数可得

$$i_o = \frac{4 I_d}{\pi}\left[\sin\omega t + \frac{1}{3}\sin 3\omega t + \frac{1}{5}\sin 5\omega t + \cdots + \frac{1}{2n-1}\sin(2n-1)\omega t\right] \qquad (4 - 10)$$

其基波电流有效值 $I_{o1}$ 为

$$I_{o1} = \frac{4 I_d}{\sqrt{2}\pi} = 0.9 I_d \qquad (4 - 11)$$

下面再来看负载电压有效值 $U_o$ 和直流电压 $U_d$ 的关系。如果忽略电抗器 $L_d$ 的损耗，则 $u_{AB}$ 的平均值应等于 $U_d$。再忽略晶闸管压降，则从图 4 - 11 所示的 $u_{AB}$ 波形可得

$$\begin{aligned}
U_d &= \frac{1}{\pi}\int_{-\beta}^{\pi-(\gamma+\beta)} u_{AB}\,\mathrm{d}\omega t \\
&= \frac{1}{\pi}\int_{-\beta}^{\pi-(\gamma+\beta)} \sqrt{2}U_o \sin\omega t\,\mathrm{d}\omega t \\
&= \frac{\sqrt{2}U_o}{\pi}\left[\cos(\beta+\gamma) + \cos\beta\right] \\
&= \frac{2\sqrt{2}U_o}{\pi}\cos\left(\beta+\frac{\gamma}{2}\right)\cos\frac{\gamma}{2}
\end{aligned} \qquad (4 - 12)$$

一般情况下 $\gamma$ 值较小，可近似认为 $\cos(\gamma/2) \approx 1$，再考虑到式（4 - 9）可得

$$U_d = \frac{2\sqrt{2}}{\pi}U_o\cos\varphi$$

或

$$U_o = \frac{\pi U_d}{2\sqrt{2}\cos\varphi} = 1.11\frac{U_d}{\cos\varphi} \qquad (4 - 13)$$

### 4.2.2  电压型逆变电路和电流型逆变电路的区别

电压型逆变电路与电流型逆变电路的比较如下。

1. 滤波环节

电压型逆变电路的直流滤波环节，是并联大电容，直流侧电压基本无脉动，相当于电压

源，直流回路呈现低阻抗；而电流型逆变电路直流侧串联有大电感，直流侧电流基本无脉动，相当于电流源，直流回路呈现高阻抗。

　　2．输出波形

　　电压型逆变电路输出电压是矩形波或阶梯波，且与负载阻抗角无关，输出电流波形含有高次谐波并对负载变化反应迅速；而电流型逆变电路输出电流是矩形波或阶梯波，输出电压波形取决于负载，对于电动机负载，其波形接近于正弦波。

　　3．电路结构

　　对于电压型逆变电路，当交流侧为阻感负载时需要提供无功功率，直流侧电容起缓冲无功能量的作用。为了给交流侧向直流侧反馈的无功能量提供通道。逆变桥各臂都并联了反馈二极管。而对于电流型逆变电路，当交流侧为阻感负载时需要提供无功功率，直流侧电感起缓冲无功能量的作用。因为反馈无功能量时直流电流并不反向，所以不必像电压型逆变电路那样要给开关器件反并联二极管。

　　4．四象限运行

　　电压型变换器不容易进行四象限运行，原因是回馈制动时要求逆变桥运行在整流状态，而整流桥运行在逆变状态，由于直流环节接有大电容，因此改变极性很困难。为了使电压型变换器进行四象限运行，就要再设置一个全控整流桥与原来的整流桥反并联，反向的全控整流桥的作用主要是实现电机的回馈制动。

　　电流型逆变电路因直流环节串有大电感，在维持电流方向不变的情况下，逆变桥和整流桥可以很方便地改变极性，从而回馈电机的制动功率。所以电流型逆变电路容易实现四象限运行。

　　5．负载

　　电压型变换器适用于带多台电机齐速运行；电流型变换器适于单机拖动，尤其适于加减速频繁、需经常反转的场合。

# 4.3*　多重逆变电路和多电平逆变电路

　　本章所介绍的逆变电路中，输出电压或电流是矩形波。矩形波中含有较多的谐波，对负载会产生不利影响。为了减少谐波，常采用多重逆变电路把几个矩形波组合起来，使输出波形接近正弦波。也可以改变电路结构，构成多电平逆变电路，从而使输出电压向正弦波靠近。

### 4.3.1　多重逆变电路

　　多重化概念读者并不陌生，2.4.2中介绍的12脉波整流电路由两个三相桥式整流电路构成，就是二重整流电路。通过二重化，使交流输入电流的5、7、17、19等次谐波被消除，直流电压中的6、18等次谐波也被消除，输入输出特性均明显改善。电压型逆变电路和电流型逆变电路都可以实现多重化。下面以电压型逆变电路为例说明逆变电路多重化的基本原理。

　　以电压型单相180°导电方式逆变器为例，由逆变输出电压的表达式（4-1）可知，逆变器的输出电压方波含有所有的奇次谐波，谐波含量很大。为了消除某些低次谐波，改善输出电压的波形，以使其正弦化，可以采用多重叠加法。

　　所谓**多重叠加**，就是对若干个结构相同的逆变电路，使它们的输出波形依次错开相同的相位角，然后把它们叠加起来形成接近于正弦波的阶梯波输出，从而消除某些低次谐波。

　　图 4-12 所示二重单相电压型逆变电路原理图，它由两个单相全桥逆变电路组成，二者输出通过变压器 T1 和 T2 串联起来。图 4-13 所示电路的输出波形。两个单相逆变电路的输出电压 $u_1$ 和 $u_2$ 都是 180°导通的矩形波，其中包含所有的奇次谐波。现在只考查其中的 3 次谐波，把两个单相逆变电路导通的相位错开 $\varphi = 180°/3 = 60°$，则对于 $u_1$ 和 $u_2$ 中的 3 次谐波来说，它们就错开了 $3 \times 60° = 180°$。通过变压器串联合成后，两者中所含 3 次谐波互相抵消，所得到的总输出电压中就不含 3 次谐波。

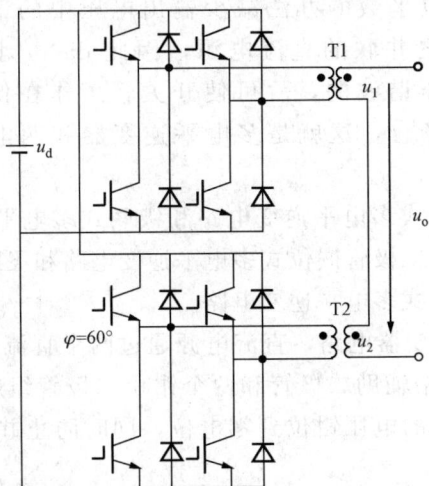

图 4-12　单相电压型二重逆变电路　　　　图 4-13　二重逆变电路的工作波形

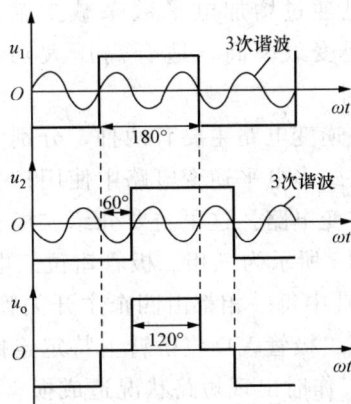

　　像上面这样，把若干个逆变电路的输出按一定的相位差组合起来，使它们所含的某些主要谐波分量相互抵消，就可以得到较为接近正弦波的波形。

　　从电路输出的合成方式来看，多重逆变电路有串联多重和并联多重两种方式。串联多重是把几个逆变电路的输出串联起来，电压型逆变电路多用串联多重方式；并联多重是把几个逆变电路的输出并联起来，电流型逆变电路多用并联多重方式。

### 4.3.2　多电平逆变电路

　　所谓电平数，对于电压型逆变器而言，是指输出电压波形中，从正的最大值到负的最大值之间所包含的阶梯数。如图 4-14 所示，它的正、负最大值之间所包含的阶梯数为 9，所以电平数为 9。

　　前面论述的三相逆变电路输出相电压（相对于电源中点）只有两种电平，以图 4-7 的 A 相为例，以电源

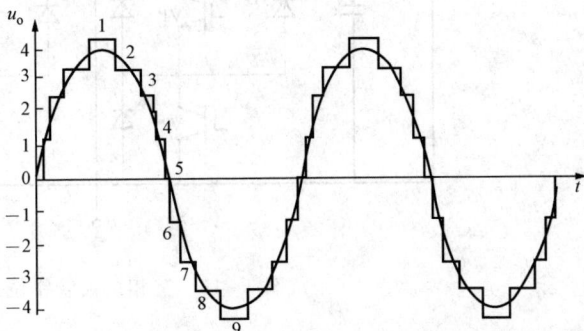

图 4-14　9 电平电压波形

中点（$U_d/2$ 处）为基准，当 V1 导通时输出为正，当 V4 导通时输出为负，即 $\pm U_d/2$。这种电路称为两电平逆变电路。

所谓多电平逆变电路是指这种逆变电路输出电压波形中的电平数等于或大于 3 的逆变电路，如三电平逆变电路、五电平逆变电路和七电平逆变电路等。如果能使逆变电路的相电压输出更多种电平，不但有可能输出更高的电压，也可以使其波形更接近正弦波。

目前的逆变器有两个研究方向：一是两电平 PWM 研究方向，该研究方向是提高开关频率，用高频的 SPWM 控制（如 4.4 PWM 控制技术），对输出电压波形进行改善，因为只有一个直流电源，因此 $du/dt$ 大，开关损耗也大，为了解决这些问题就要采用软开关技术；另一研究方向就是多电平逆变器，通过采用多个直流电源及特定的电路结构，使不同的直流电源串联输出，用增加电平数的办法减少输出电压中的谐波。这种电路中开关管的耐压和 $du/dt$ 只取决于与之并联的直流电源，因此 $du/dt$ 小，EMI 也小。由于是通过增加电平数来减少输出电压谐波的，故可使开关管工作在低频，开关损耗小，逆变效率高，适合高压大功率的场合，这就是多电平逆变器和两电平逆变器的主要区别。

多电平逆变电路主要有两种，分别是嵌位式多电平逆变电路和级联式多电平逆变电路。其中，嵌位式多电平逆变电路中使用较多的有二极管嵌位式多电平逆变电路和飞跨电容嵌位式多电平逆变电路。这里主要介绍二极管嵌位式多电平逆变电路。

图 4-15 所示为三相二极管钳位三电平逆变器电路，直流电源通过两个直流电容 $C_{d1} = C_{d2}$ 分压，其中每一相都由四个主开关管、四个辅助二极管和两个钳位二极管组成。所谓钳位，是利用二极管 VD 将桥臂上特定连接点上的电压钳位到零电位，同时防止并联电容 $C_{d1}$（或 $C_{d2}$）工作时出现短路状况造成损害。

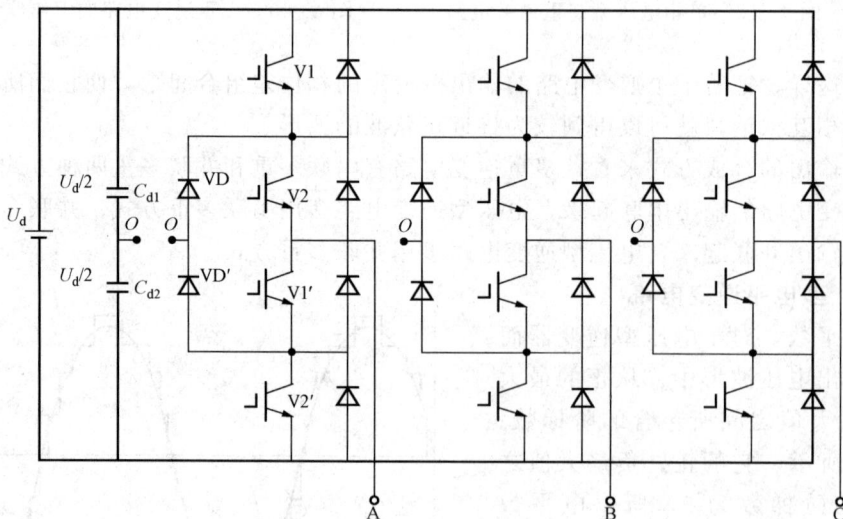

图 4-15 三相二极管钳位三电平逆变器电路

就其中一相而言，电路的工作原理如图 4-16（a）、（b）所示，当开关管 V1、V2 同时导通时，输出端电压 $u_{AO}$ 为 $+U_d/2$；当开关管 V2、VD（或 V1′、VD′）同时导通时，$u_{AO}$ 为 0，当开关管 V1′、V2′ 同时导通时，$U_{AO}$ 为 $-U_d/2$。因此图 4-16 所示的单相逆变器的输出为 3 电平阶梯波。

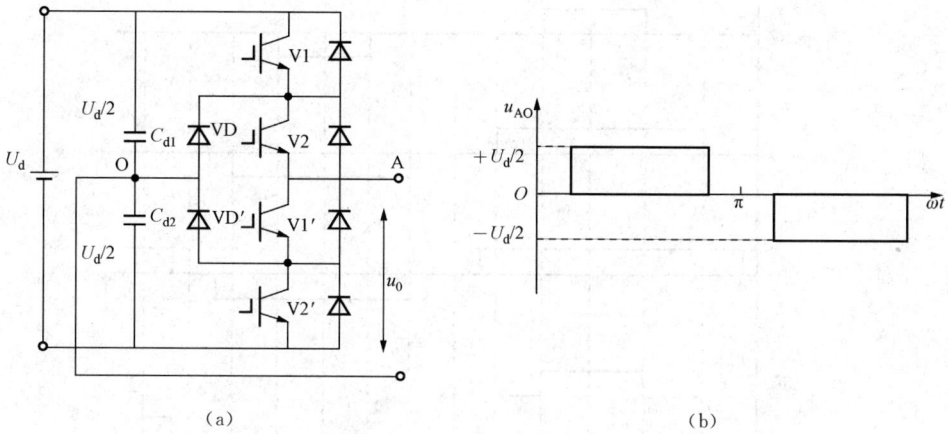

图 4 - 16  单相二极管钳位三电平逆变电路及其输出波形

(a) A 相二极管箝位三电平逆变电路图；(b) A 相输出电压波形

　　级联式多电平逆变电路中以级联型 H 桥结构最常用。图 4 - 17 所示为级联型 H 桥三相七电平逆变电路及其输出电压波形，其基本单元如图 4 - 18 所示，若单元数为 $n$，则输出的电压电平数为 $2n+1$ 级。从图 4 - 17 可以看出，每个功率单元均需要独立的低压直流浮空电源 $E$，每一相均通过各级联 H 桥单元输出电压相加，然后输出阶梯电压波形，随着电平数增加，电压变化减小，逐渐逼近正弦波，所以基于 H 桥级联的逆变电路所组成的高压变频器在实际应用中较为广泛。

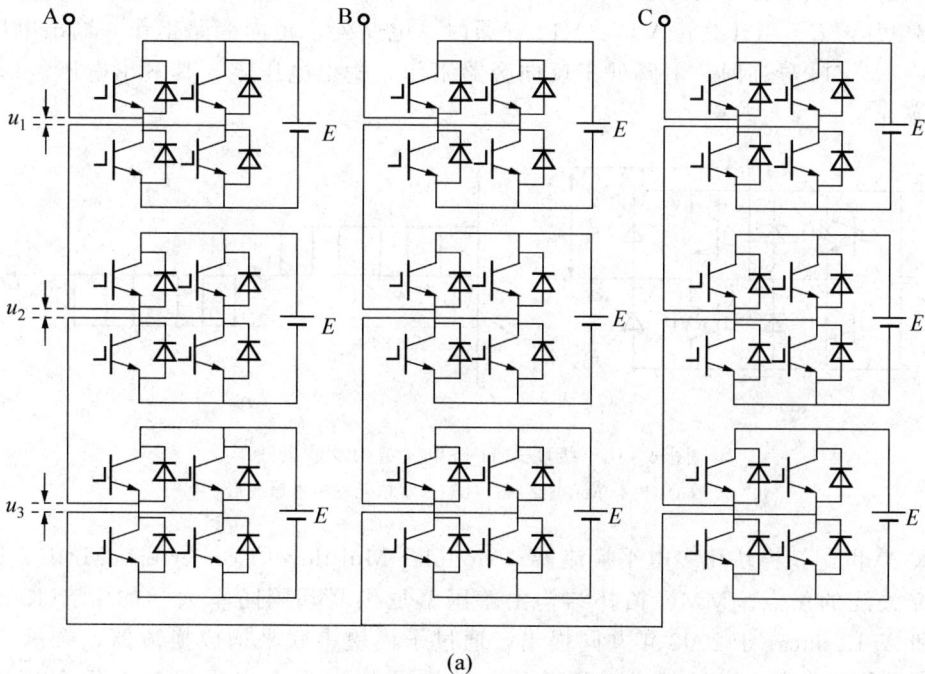

(a)

图 4 - 17  级联三相七电平逆变电路及其输出波形（一）

(a) 三相七电平逆变电路图拓扑结构

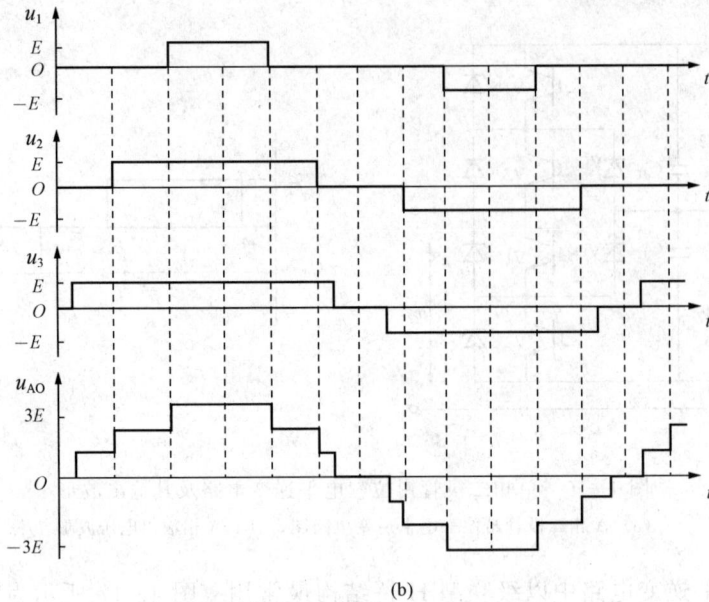

(b)

图 4-17　级联三相七电平逆变电路及其输出波形（二）

（b）A 相输出电压波形

单个 H 桥功率单元的工作原理如图 4-18 所示，各单元在四种工作状态中不断变换：正向导通工作、反向导通工作和正向旁路工作、反向旁路工作。当开关管 V11、V14 导通时，电路处于正向导通工作，输出电压＋E；当开关管 V12、V13 导通时，电路处于反向导通工作，输出电压－E；当开关管 V11、V12 导通时，电路处于正向旁路工作，输出电压零；当开关管 V13、V14 导通时，电路处于反向旁路工作，输出电压零，其输出电压波形如图 4-18（b）所示。

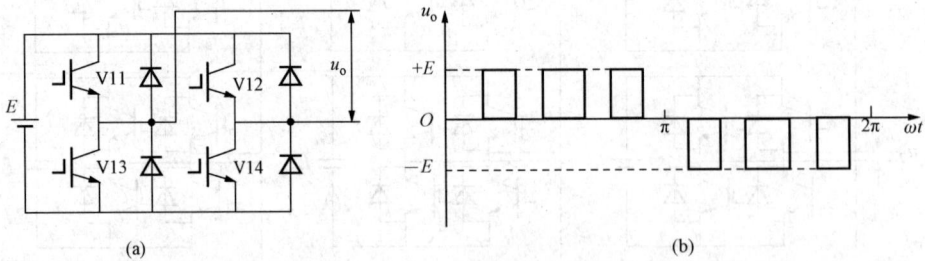

图 4-18　级联式 H 桥单元结构及输出波形

（a）基本单元电路图；（b）基本单元输出电压波形

进入 20 世纪，模块化多电平换流器（Modular Multilevel Converter，MMC）逐步成为大家研究关注的焦点。MMC 拓扑结构由德国慕尼黑联邦国防军大学的学者 Rainer Marquardt 和 A. Lesnicar 于 2002 年共同提出，通过子模块串联来构成换流器，秉承了 H 桥级联结构模块化的优点，通过基本模块单元的输出叠加实现多电平输出。每个模块单元电路近似于半桥式结构，整个电路共用一条直流母线，所有模块均由一个独立直流电压源进行供电，因此不再需要多绕组变压器。由于其采用模块化处理，易于扩展级联，因此很适合于高压大功率场合应用，同时，基于开关损耗低、THD 小等特点，MMC 在电机拖动、APF、电力牵引、无功功率补偿以及高压直流输电等方面拥有广泛的应用前景。

## 4.4 PWM 逆变控制技术

PWM 控制技术在逆变电路中的应用十分广泛，逆变电路是 PWM 控制技术最为重要的应用场合，PWM 逆变电路可分为电压型和电流型两种。目前实际应用的 PWM 逆变电路主要是电压型电路，因此，本文主要讲述电压型 PWM 逆变电路的控制方法。

根据 2.9 讲述的 PWM 控制的基本原理，如果给出了逆变电路的正弦波输出频率、幅值和半个周期内的脉冲数，PWM 波形中各脉冲的宽度和间隔就可以准确计算出来。按照计算结果控制逆变电路中各开关器件的通断，就可以得到所需要的 PWM 波形。这种方法称之为计算法。可以看出，计算法是很繁琐的，当需要输出的正弦波的频率、幅值或相位变化时，结果都要变化。与计算法相对应的是调制法，即把希望输出的波形作为调制信号 $u_r$，把接受调制的信号作为载波 $u_c$，通过调制得到所期望的 PWM 波形。通常采用等腰三角波或锯齿波作为载波，其中等腰三角波应用最多。目前实际应用的 PWM 控制器中，采用的大都是调制法。下面结合具体电路对这种方法作进一步说明。

### 4.4.1 PWM 逆变电路及其控制方法

1. 单极性与双极性 PWM 控制方式

图 4-19 是采用 IGBT 作为开关器件的单相桥式 PWM 逆变电路。设负载为阻感负载，工作时 V1 和 V2 的通断状态互补，V3 和 V4 的通断状态也互补。开关器件通断的方法如图 4-20 所示。调制信号 $u_r$ 为正弦波，载波 $u_c$ 在 $u_r$ 的正半周为正极性的三角波，在 $u_r$ 的负半周为负极性的三角波。在 $u_r$ 和 $u_c$ 的交点时刻控制 IGBT 的通断，图中给出了 V1～V4 的控制信号，以及输出电压波形 $u_0$。具体的 PWM 控制过程如下：

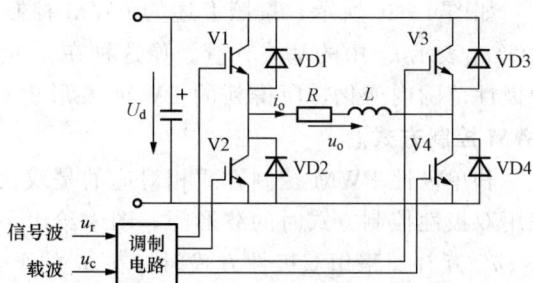
图 4-19　单相桥式 PWM 逆变电路

在 $u_r$ 的正半周，V1 保持通态，V2 保持断态，开关管 V3 和 V4 的控制信号 $u_{g3}$、$u_{g4}$ 由 $u_r$ 和 $u_c$ 调制得到。当 $u_r > u_c$ 时 $u_{g4}$ 为高电平；当 $u_r < u_c$ 时 $u_{g3}$ 为高电平。在 $u_r$ 的负半周，V1 保持断态，V2 保持通态，开关管 V3 和 V4 的控制信号 $u_{g3}$、$u_{g4}$ 依然由 $u_r$ 和 $u_c$ 调制得到。控制规律与正半周相同，$u_{g1}$～$u_{g4}$ 的波形如图 4-20 所示。

例如，在 $u_r$ 的正半周，假设负载电流 $i_o$ 方向如图 4-19 所示方向为正。在 $t_1 \sim t_2$ 阶段，$u_{g1}$、$u_{g4}$ 为高电平，则电流 $i_o$ 的流通路径为电源 $U_d \to$ V1 $\to RL$ 负载 $\to$ V4 $\to U_d$，负载电压 $u_o$ 等于直流电压 $U_d$。$t_2 \sim t_3$ 阶段，此时 $u_{g1}$、$u_{g3}$ 为高电平，由于电感 $L$ 的作用，电流 $i_o$ 方向不能改变，负载电感续流，所以此时，电流 $i_o$ 的路径为电源 V1 $\to RL$ 负载 $\to$ VD3，$u_o = 0$。$t_3 \sim t_4$ 阶段重复 $t_1 \sim t_2$ 过程。在 $u_r$ 的负半周，假设负载电流 $i_o$ 方向为负。在 $t_5 \sim t_6$ 阶

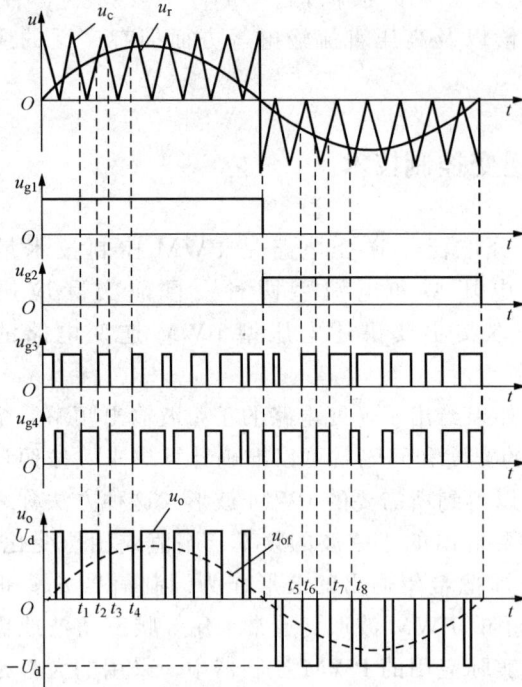

图 4-20　单极性 PWM 控制

段，$u_{g2}$、$u_{g3}$ 为高电平，则电流 $i_o$ 的流通路径为电源 $U_d$ → V3 → $RL$ 负载 → V2 → $U_d$，负载电压 $u_o$ 等于直流电压 $-U_d$。$t_6 \sim t_7$ 阶段，此时 $u_{g2}$、$u_{g4}$ 为高电平，由于电感 $L$ 的作用，电流 $i_o$ 方向不能改变，所以此时，电流 $i_o$ 的路径为电源 VD4 → $RL$ 负载 → V2，$u_o = 0$。$t_7 \sim t_8$ 阶段重复 $t_5 \sim t_6$ 过程。

需要说明的是由于负载电流比电压滞后，因此在电压正半周，电流大部分时间区间为正，但有一小段区间为负。在负载电流为正的区间，V1 和 V4 导通时，负载电压 $u_o$ 等于直流电压 $U_d$；V4 关断时，负载电流通过 V1 和 $VD_3$ 续流，$u_o = 0$。在负载电流为负的区间，仍为 V1 和 V4 导通时，因 $i_o$ 为负，故 $i_o$ 实际上从 $VD_1$ 和 $VD_4$ 流过，仍有 $u_o = U_d$；V4 关断，V3 开通后，$i_o$ 从 V3 和 $VD_1$ 续流，$u_o = 0$。这样，$u_o$ 总可以得到 $U_d$ 和零两种电平。同样，在 $u_o$

的负半周，让 V2 保持通态，V1 保持断态，V3 和 V4 交替通断，负载电压 $u_o$ 可以得到 $-U_d$ 和零两种电平。

如图 4-20 所示，按照上述的 PWM 控制方式，最终可以得到输出电压波形 $u_o$。图中的虚线 $u_{of}$ 表示 $u_o$ 中的基波分量。像这种在 $u_r$ 的半个周期内三角波载波只在正极性或负极性一种极性范围内变化，所得到的 PWM 波形也只在单个极性范围变化的控制方式称为**单极性 PWM 控制方式**。

和单极性 PWM 控制方式相对应的是**双极性控制方式**。图 4-21 所示单相桥式逆变电路采用双极性控制方式时的波形图，图中给出了 $u_{g1}$、$u_{g4}$ 的控制信号，而 $u_{g2}$、$u_{g3}$ 的控制信号与

$u_{g1}$、$u_{g4}$ 互补。采用双极性方式时，在 $u_r$ 的半个周期内，三角波载波不再是单极性的，而是有正有负。在 $u_r$ 的一个周期内，输出的 PWM 波只有 $\pm U_d$ 两种电平，而不像单极性控制时还有零电平。仍然在调制信号 $u_r$ 和载波信号 $u_c$ 的交点时刻控制各开关器件的通断。在 $u_r$ 的正负半周，对各开关器件的控制规律相同。即当 $u_r > u_c$ 时，给 V1 和 V4 以导通信号，给 V2 和 V3 以关断信号，这时如 $i_o > 0$，则 V1 和 V4 通，如 $i_o < 0$，则 VD1 和 VD4 通．不管哪种情况都是输出电压 $u_o = U_d$。当 $u_r < u_c$ 时，给 V2 和 V3 以导通信号，给 V1 和 V4 以关断信号，这时如 $i_o < 0$，则 V2 和 V3 通，如 $i_o > 0$，则 VD2

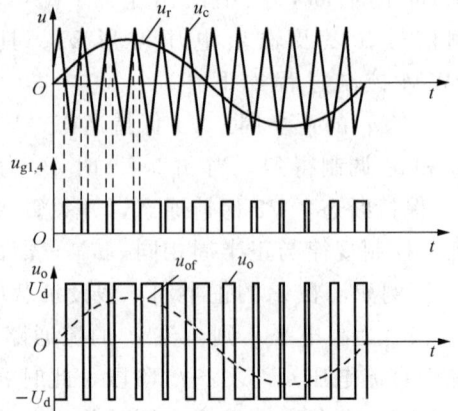

图 4-21　双极性 PWM 控制

和 VD3 通, 不管哪种情况都是 $u_o = -U_d$ 。

可以看出, 单相桥式电路既可采取单极性调制, 也可采用双极性调制, 由于对开关器件通断控制的规律不同, 它们的输出波形也有较大的差别。

从以上工作原理可以看出, 若要调节输出电压 $u_o$ 的幅值和频率, 可以通过改变调制波 $u_r$ 的幅值和频率来实现。定义调制波 $u_r$ 的幅值 $U_{rm}$ 和载波 $u_c$ 的幅值 $U_{cm}$ 的比值为**调制度**, 即

$\alpha = \dfrac{U_{rm}}{U_{cm}}$ 。所以调节调制度 $\alpha$, 就可以调节输出电压 $u_o$ 的幅值。

图 4 - 22 是三相桥式 PWM 逆变电路, 这种电路都是采用双极性控制方式。A、B 和 C 三相的 PWM 控制通常共用一个三角波载波 $u_c$ 。三相的调制信号 $u_{rA}$ 、$u_{rB}$ 和 $u_{rC}$ 依次相差 $120°$。A、B 和 C 各相功率开关器件的控制规律相同, 现以 A 相为例来说明。当 $u_{rA} > u_c$ 时, 给上桥臂 V1 以导通信号, 给下桥臂 V4 以关断信号, 则 A 相相对于直流电源假想中点 N′ 的输出电压 $u_{AN}' = U_d/2$ 。当 $u_{rA} < u_c$ 时, 给 V4 以导通信号, 给 V1 以关

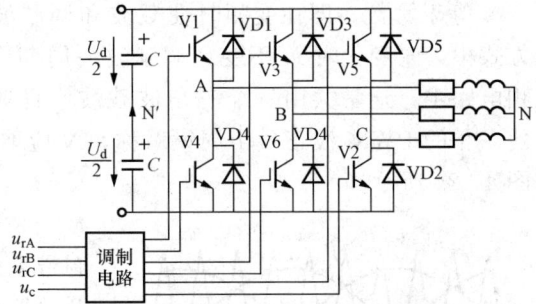

图 4 - 22　三相桥式 PWM 逆变电路

断信号, 则 $u_{AN}' = -U_d/2$ 。V1 和 V4 的驱动信号始终是互补的。当给 V1 (V4) 加导通信号时, 可能是 V1 (V4) 导通, 也可能是二根管 VD1 (VD4) 续流导通, 这要由阻感负载中电流的方向来决定, 这和单相桥式 PWM 逆变电路在双极性控制时的情况相同。B 相及 C 相的控制方式都和 A 相相同。

三相 PWM 逆变电路的调制波和输出波形如图 4 - 23 所示。可以看出, $u_{AN'}$ 、$u_{BN'}$ 、$u_{CN'}$ 的 PWM 波形都只有 $\pm U_d/2$ 两种电平。图中的线电压波形 $u_{AB}$ 的波形可由 $u_{AN'} - u_{BN'}$ 得出。可以看出, 当桥臂 1 和 6 导通时, $u_{AB} = U_d$, 当桥臂 3 和 4 导通时, $u_{AB} = -U_d$, 当桥臂 1 和 3 或桥臂 4 和 6 导通时, $u_{AB} = 0$ 。因此, 逆变器的输出线电压 PWM 波由 $\pm U_d$ 和 0 三种电平构成。图中的负载相电压可由下式求得:

$$u_{AN} = u_{AN'} - \frac{u_{AN'} + u_{BN'} + u_{CN'}}{3} \qquad (4 - 14)$$

从波形图和上式可以看出, 负载相电压的 PWM 波由 $\pm 2/3U_d$ 、$\pm 1/3U_d$ 和 0 共五种电平组成。

在电压型逆变电路的 PWM 控制中, 同一相上下两个桥臂的驱动信号都是互补的。但实际上为了防止上下两个桥臂直通而造成短路, 在上下两桥臂通断切换时要留一小段上下桥臂都施加关

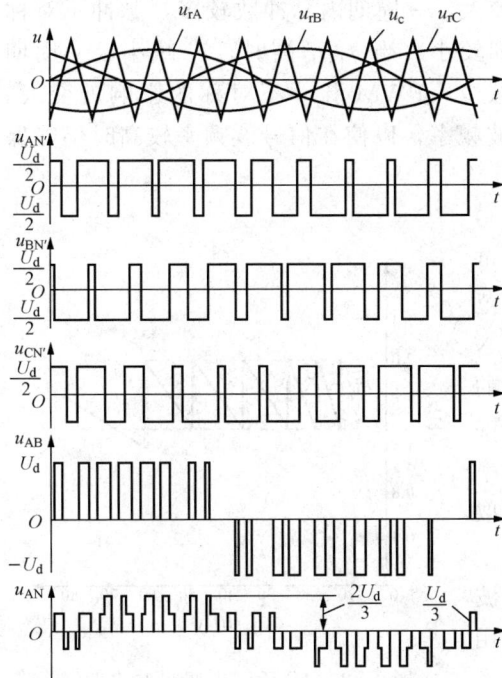

图 4 - 23　三相桥式 PWM 逆变电路波形

断信号的死区时间。死区时间的长短主要由功率开关器件的关断时间来决定。这个死区时间将会给输出的 PWM 波形带来一定影响，使其稍稍偏离正弦波。

2. 同步调制和异步调制

在 PWM 控制电路中，载波比 $N$ 为载波频率 $f_c$ 与调制信号频率 $f_r$ 之比，即 $N = f_c / f_r$。根据载波和信号波是否同步及载波比的变化情况，PWM 调制方式分为异步调制和同步调制：

（1）同步调制。

$N$ 等于常数，即在变频时使载波和调制波保持同步的方式为**同步调制**。在基本同步调制方式中，$f_r$ 变化时 $N$ 不变，调制波一周期内输出脉冲数固定，脉冲相位也是固定的。在三相电路中，通常共用一个三角波载波，且取 $N$ 为 3 的整数倍，使三相输出对称。同时，为使一相的 PWM 波正负半周镜对称，$N$ 应取奇数。当 $N=9$ 时的同步调制三相 PWM 波形如图 4-24 所示。

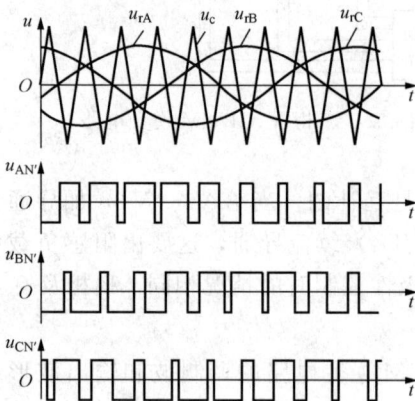

图 4-24　同步调制三相 PWM 波形

采用同步调制时，当 $f_r$ 很低时，$f_c$ 也很低，由调制带来的谐波不易滤除；当 $f_r$ 很高时，$f_c$ 会过高，使开关器件难以承受。

（2）异步调制。

载波信号和调制信号不保持同步的调制方式为**异步调制**。通常保持 $f_c$ 固定不变，当 $f_r$ 变化时，载波比 $N$ 是变化的。在调制波的半周期内，PWM 波的脉冲个数不固定，相位也不固定，正负半周期的脉冲不对称，半周期内前后 1/4 周期的脉冲也不对称。当 $f_r$ 较低时，$N$ 较大，一周期内脉冲数较多，脉冲不对称的不利影响都较小，当 $f_r$ 增高时，$N$ 减小，一周期内的脉冲数减少，PWM 脉冲不对称的影响就变大。因此，在采用异步调制方式时，希望采用较高的载波频率，以使在信号波频率较高时仍能保持较大的载波比。

（3）分段同步调制。

为了克服同步调制和异步调制中所存在问题，可以采用分段同步调制方式。把逆变电路输出频率 $f_r$ 范围内划分成若干个频段，每个频段内都保持载波比 $N$ 恒定，不同频段 $N$ 不同。在 $f_r$ 高的频段采用较低的 $N$，使载波频率不致过高，限制在功率开关器件允许的范围内；在 $f_r$ 低的频段采用较高的 $N$，使载波频率不致过低而对负载产生不利影响，各频段的载波比取 3 的整数倍且为奇数为宜。

图 4-25 给出了分段同步调制例子。为防止载波频率 $f_c$ 在切换点附近来回跳动，在个频率切换点采用滞后切换的方法。图中切换点处的实线表示输出频率增高时的切换频率，虚线表示输出频率降低时的切换频率，前者略高于后者而形成滞后切

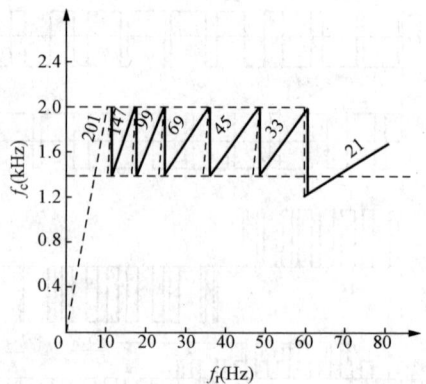

图 4-25　分段同步调制方式举例

换。在不同的频率段内，载波频率的闭环范围基本一致，$f_c$ 大约在 $1.4 \sim 2.0 \text{kHz}$。

同步调制比异步调制复杂，但用微机控制时容易实现。可在低频输出时采用异步调制方式，高频输出时切换到同步调制方式，这样把两者的优点结合起来，和分段同步方式效果接近。

### 3. 规则采样法

按 SPWM 调制的基本原理，在正弦波和三角波的自然交点时刻控制功率开关器件的通断，这种生成 SPWM 波形的方法称为自然采样法。自然采样法中要求解复杂的超越方程，难以在实时控制中在线计算，工程应用不多。规则采样法是一种应用较广的工程实用方法，效果接近自然采样法，但计算量小得多。

图 4-26 为规则采样法原理说明图，三角波两个正峰值之间为一个采样周期 $T$。自然采样法中，脉冲中点不和三角波一周期中点（即负峰点）重合。规则采样法使两者重合，每个脉冲中点为相应三角波中点，计算大为简化。三角波负峰时刻 $t_D$ 对信号波采样得 $D$ 点，过 $D$ 作水平线和三角波交于 $A$、$B$ 点，在 $A$ 点时刻 $t_A$ 和 $t_B$ 点时刻 $t_B$ 控制器件的通断。可见，规则采样法得到的脉冲宽度 $\delta$ 和用自然采样法得到的脉冲宽度非常接近。

规则采样法计算公式推导如下：

设正弦调制信号波为

$$u_r = a\sin\omega_r t \qquad (4-15)$$

式中：$a$ 称为调制度，即正弦波峰值和三角波峰值之比（$0 \leqslant a < 1$）；$\omega_r$ 为调制波角频率。从图 4-27 可得

$$\frac{1 + a\sin\omega_r t_D}{\dfrac{\delta}{2}} = \frac{2}{\dfrac{T_c}{2}} \qquad (4-16)$$

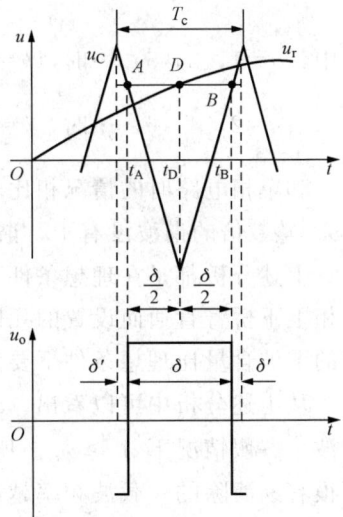

图 4-26 规则采样法

因此可得

$$\delta = \frac{T_c}{2}(1 + a\sin\omega_r t_D) \qquad (4-17)$$

在一个三角波周期内，脉冲两边间隙宽度

$$\delta' = \frac{1}{2}(T_c - \delta) = \frac{T_c}{4}(1 - a\sin\omega_r t_D) \qquad (4-18)$$

### 4. PWM 逆变电路的谐波分析

PWM 逆变电路可以使输出电压、电流接近正弦波，但由于使用载波对正弦信号波调制，也产生了和载波有关的谐波分量。这些谐波分量的频率和幅值是衡量 PWM 逆变电路性能的重要指标之一。这里主要分析常用的双极性 SPWM 波形。

同步调制可以看成异步调制的特殊情况，因此只分析异步调制方式就可以了。采用异步调制时，不同信号波周期的 PWM 波形是不相同的，因此无法直接以信号波周期为基准进行傅里叶分析。以载波周期为基础，再利用贝塞尔函数可以推导出 PWM 波的傅里叶级数表达式，但这种分析过程相当复杂，而其结论却是很简单而直观的。因此，这里只给出典型分析结果，从中可以对其谐波分布情况有一个基本的认识。

对单相桥式 PWM 逆变电路在双极性调制方式下输出电压的分析结果显示，其中所包含的谐波角频率为

$$n\omega_\mathrm{c} \pm k\omega_\mathrm{r} \tag{4-19}$$

式中：$n=1$，3，5…时，$k=0$，2，4，$\cdots$；$n=0$，2，4…时，$k=1$，3，5$\cdots$。

可以看出：其 PWM 波中不含有低次谐波，只含有角频率为 $\omega_\mathrm{c}$ 及其附近的谐波，以及 $2\omega_\mathrm{c}$、$3\omega_\mathrm{c}$ 等及其附近的谐波。在上述谐波中，幅值最高影响最大的是角频率为 $\omega_\mathrm{c}$ 的谐波分量。

对三相桥式 PWM 逆变电路共用载波信号的情况下输出电压的分析结果显示，在其输出线电压中，所包含的谐波角频率为

$$n\omega_\mathrm{c} \pm k\omega_\mathrm{r} \tag{4-20}$$

式中：$n=1$，3，5，$\cdots$时，$k=3(2m-1)\pm1$，$m=1$，2，$\cdots$；

$$n=2，4，6，\cdots时，k=\begin{cases}6m+1 & (m=0，1，\cdots)\\6m-1 & (m=1，2，\cdots)\end{cases}$$

和单相电路时的情况相比较，共同点是都不含低次谐波，一个较显著的区别是载波角频率 $\omega_\mathrm{c}$ 整数倍的谐波没有了，谐波中幅值较高的是 $\omega_\mathrm{c}\pm2\omega_\mathrm{r}$ 和 $2\omega_\mathrm{c}\pm\omega_\mathrm{r}$。

上述分析都是在理想条件下进行的。在实际电路中，由于采样时刻的误差以及为避免同一相上下桥臂直通而设置的死区的影响，谐波的分布情况将更为复杂。一般来说，实际电路中的谐波含量比理想条件下要多一些，甚至还会出现少量的低次谐波。

从上述分析中可以看出，SPWM 波形中所含的谐波主要是角频率为 $\omega_\mathrm{c}$、$2\omega_\mathrm{c}$ 及其附近的谐波。一服情况下 $\omega_\mathrm{c}\geqslant\omega_\mathrm{r}$。所以 PWM 波形中所含的主要谐波的频率要比基波频率高得多，是很容易滤除的。载波频率越高，SPWM 波形中最低次谐波频率就越高，所需滤波器的体积就越小。另外，一般的滤波器都有一定的带宽，如按载波频率设计滤波器，载波附近的谐波也可滤除。如滤波器设计为高通滤波器，且按载波角频率 $\omega_\mathrm{c}$ 来设计，那么角频率为 $2\omega_\mathrm{c}$，$3\omega_\mathrm{c}$ 等及其附近的谐波也就同时被滤除了。

### 4.4.2　PWM 控制技术性能指标

在几十年的发展过程中，人们开发出了很多种 PWM 控制策略，而电力电子器件的发展和微处理器在逆变器控制中的广泛应用更为 PWM 控制技术的进一步发展提供了强有力的支持和保证。不同的 PWM 控制策略往往针对不同的技术性能指标，而其中比较重要的包括以下三个。

#### 1. 输出电压谐波的分布

对于一种 PWM 控制策略来说，PWM 输出谐波的分布是衡量其性能的最基本的指标之一。逆变器在 PWM 脉冲的控制下将直流电能变换成交流电能的过程中，除了产生所需要的基波成分外，还会产生大量的谐波。这些谐波的存在对逆变器供电的设备会产生各种不利的影响，比如当逆变器驱动交流电机时会出现电机的噪声和振动增大、电机转矩脉动加剧等现象。虽然输出谐波的大小直接关系到输出电能质量的好坏，但由于不同的谐波对不同设备，甚至同一设备在不同的运行条件下的影响可能都不一样，因此在实际中不应只对输出谐波进行笼统的"大小"评价，更准确的应该是对 PWM 输出中不同谐波的分布和含量进行研究，以便寻求最佳的抑制乃至消除 PWM 逆变器谐波影响的措施。

**2. 开关器件的开关损耗**

较高的开关频率对改善逆变装置的性能（特别是改善输出谐波的分布）一般都比较有利。但是，开关频率的提高受开关损耗和开关器件的开关速度的限制，这一矛盾在大功率装置中尤为突出。因此在这些场合，如何用较低的开关频率（当然也就意味着相对较小的开关损耗）尽可能地保证输出电能的质量，就成为 PWM 控制策略设计者必须考虑的非常重要的因素。以 50Hz 三相逆变器为例，如果开关频率较高，比如能达到 3～4kHz 以上，即使简单地采用正弦脉冲宽度调制，其输出电压中也基本上不含低次谐波。相反，如果开关频率降至几百 Hz，那么正弦脉冲宽度调制的效果就很不理想了，在这种情况下，就可以改为采用消除特定谐波法，它可以有选择地将对系统性能影响最大的谐波，一般情况下是 5 次，7 次，11 次，13 次等低次谐波，加以抑制或消除，从而提高逆变器的性能。

**3. 直流环节电压的利用率**

对于电压型逆变器，在一定的直流环节电压条件下，PWM 控制所能产生的最高交流输出电压代表了该 PWM 控制策略直流电压利用率的高低。为了达到充分发挥电机功率和充分利用有限的直流电压等目的，一般都希望电压利用率尽可能高。比如在二电平三相全桥式电压型逆变器，所述的 180°导电型控制的时候，由式（4-5）线电压基波峰值为

$$U_{AB1m} = \frac{2\sqrt{3}}{\pi} U_d \approx 1.10 U_d \tag{4-21}$$

因此 180°导电型控制的线电压利用率就等于 1.1。

对于 SPWM 调制三相逆变电路来说，在调制度 $a$ 为最大值 1 时，输出相电压的基波幅值为 $U_d/2$，输出线电压的基波幅值为 $(\sqrt{3}/2)U_d$，即直流电压利用率为 0.866。

### 4.4.3 逆变器的 PWM 跟踪控制技术

本节介绍跟踪控制方法。这种方法不是用调制波对载波进行调制，而是把希望输出的电流或电压波形作为指令信号，把实际电流或电压波形作为反馈信号，通过两者的瞬时值比较来决定逆变电路各功率开关器件的通断，使实际的输出跟踪指令信号变化。因此，这种控制方法称为跟踪控制法。跟踪控制法中常用的有滞环比较方式和固定开关频率方式。

**1. 滞环比较方式**

图 4-27 给出了采用滞环比较方式 PWM 电流跟踪控制单相半桥式逆变电路原理图。图 4-28 给出了其输出电流波形。如图 4-27 所示，把指令电流 $i^*$ 和实际输出电流的偏差 $i^*-i$ 作为带有滞环特性的比较器的输入，通过其输出来控制功率器件 V1 和 V2 的通断。设 $i$ 的正方向如图 4-27 所示，当 V1（或 VD1）导通时，$i$ 增大；当 V2（或 VD2）导通时导通，则 $i$ 减小。这样，通过环宽为 $2\Delta I$ 的滞环比较器的控制，$i$ 就在 $i^*+\Delta I$ 和 $i^*+\Delta I$ 的范围内，呈锯齿状地跟踪指令电流 $i^*$。滞环环宽和电抗器 $L$ 对跟踪性能有较大的影响。环宽过宽时，开关动作频率低，但跟踪误差增大；环宽过窄时，跟踪误差减小，但开关的动作频率过高，甚至会超过开关器件的允许频率范围，开关损耗随之增大。和负载串联的电抗器 $L$ 可起到限制电流变化率的作用。$L$ 过大时，$i$ 的变化率过小，对指令电流的跟踪变慢；$L$ 过小时，$i$ 的变化率过大，$i^*-i$ 频繁地达到 $\pm\Delta I$，开关动作频率过高。

采用滞环比较方式的电流跟踪型 PWM 变流电路有如下特点：①硬件电路简单；②属于

实时控制方式，电流响应快；③不用载波，输出电压波形中不含特定频率的谐波分量；④和计算法及调制法相比，相同开关频率时输出电流中高次谐波含量较多；⑤属于闭环控制，这是各种跟踪型 PWM 变流电路的共同特点。

滞环控制的缺点在于：①开关频率不固定，有时会出现很窄的的脉冲和很大的电流尖峰，给驱动保护电路以及主电路的设计带来困难；②如果开关频率的变化范围在8kHz 以下，将产生让人讨厌的噪声；③开关频率不固定，滤波困难，对外界的电磁干扰也比较大；④滞环控制不能使输出电流达到很低，因为当给定电流太低时，滞环调节作用几乎消失。

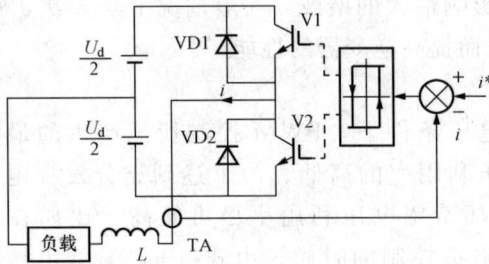

图 4-27 滞环比较方式电流跟踪控制 　　图 4-28 滞环比较方式的 PWM 指令输出

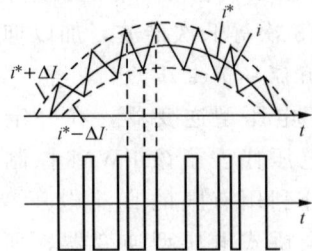

### 2. 固定开关频率方式

图 4-29 所示常用的一种固定开关频率型电流跟踪原理图。它将给定正弦波指令电流 $i^*$ 和实际输出电流的偏差 $i^*-i$ 经电流控制器处理后，再与一个固定频率的三角波信号比较。于是本质上，经电流控制器处理后的电流误差信号 $i^*-i$ 就是正弦波调制信号，而三角波信号就是载波信号。如果给定电流信号比实测电流信号大，误差信号为正，经过正弦波与三角波调制后，使上桥臂开关器件导通，从而实际电流增加；反之，则实际电流减小。

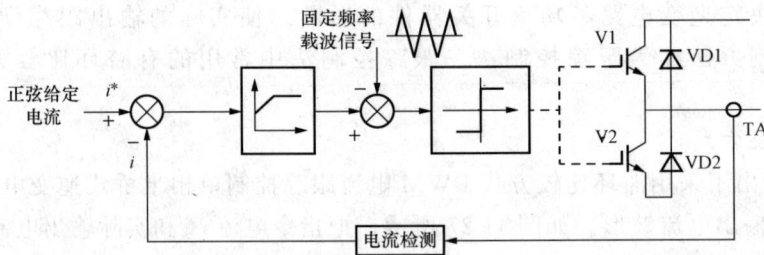

图 4-29 固定开关频率电流跟踪 SPWM 逆变电路

在这种固定开关频率比较控制方式中，功率开关器件的开关频率是一定的，即等于载波频率，这给高频滤波器的设计带来方便。和滞环比较控制方式相比，这种控制方式输出电流所含的谐波少，很少产生噪声，同时开关消耗也较少，而且系统的动态性能也很好，因此常用于对谐波和噪声要求严格的场合。上述电流追踪型 PWM 控制技术也可用于直流 PWM 斩波器控制，以提高直流电动机斩波调速的动态性能。

和滞环比较控制方式相比，固定开关频率比较控制方式主要问题是电流动态跟踪给定的快速响应特性方面不能达到理想的要求。

*4.4.4 逆变器的 SVPWM 控制

PWM 控制技术在用于交流电动机驱动的各种变频器中使用最为广泛，在交流电动机的驱动中，最终目的并非使输出电压为正弦波，而是使电动机的磁链成为圆形的旋转磁场，从而使电动机产生恒定的电磁转矩。当把逆变器和交流电动机视为一体，按照跟踪圆形旋转磁场来控制逆变器的工作，这种方法便称为磁链跟踪控制。下面介绍在变频器中被广泛使用的空间矢量 PWM 控制技术（SVPWM）。

1. 电压空间矢量

电压空间矢量是按照电压所加在绕组的空间位置来定义的。电动机的三相定子绕组可以定义一个三相平面静止坐标系，这是一个特殊的坐标系，它有三个轴，互相间隔 120°，分别代表三相。三相定子电压 $u_a$、$u_b$、$u_c$ 分别施加在三相绕组上，形成三个相电压空间矢量 $U_a$、$U_b$、$U_c$。方向始终在各相的轴线上，大小则随时间按正弦规律变化。因此，三个相电压空间矢量相加所形成的一个合成电压空间矢量 $U$ 是一个以电源角频率 $\omega$ 速度旋转的空间矢量。

$$U = U_a + U_b + U_c \tag{4-22}$$

同样也可以定义电流和磁链的空间矢量 $I$ 和 $\psi$。因此有

$$U = RI + \frac{d\psi}{dt} \tag{4-23}$$

当转速不是很低时，定子电阻 $R$ 的压降相对比较小，上式可以化简为

$$U = \frac{d\psi}{dt} \tag{4-24}$$

$$\psi = \psi_m e^{j\omega t} \tag{4-25}$$

$$U = \frac{d(\psi_m e^{j\omega t})}{dt} = j\omega\psi_m e^{j\omega t} = \omega\psi_m e^{j(\omega t + \pi/2)} \tag{4-26}$$

该式说明，当磁链幅值 $\psi_m$ 一定时，$U$ 的大小与 $\omega$ 成正比，或者说供电电压与频率 $f$ 成正比，其方向是磁链圆轨迹的切线方向。当磁链矢量在空间旋转一周时，电压矢量也连续地按磁链圆的切线方向运动 $2\pi$ 弧度，其运动轨迹与磁链圆重合。这样，电动机旋转磁场的形状问题就可以转化为电压空间矢量运动轨迹的形状问题。

2. 基本电压空间矢量和磁链轨迹的控制

下面以三相电压型变流器（VSR）为例来说明，电路如图 4-22 所示。空间电压矢量描述了三相 VSR 交流侧相电压（$U_a$、$U_b$、$U_c$）在复平面上的空间分布，根据三相 VSR 的一般数学模型，三相交流侧相电压可由式（4-27）~ 式（4-29）表示。

$$u_{AN} = \left[ s_a - \frac{1}{3}(s_a + s_b + s_c) \right] U_d \tag{4-27}$$

$$u_{BN} = \left[ s_b - \frac{1}{3}(s_a + s_b + s_c) \right] U_d \tag{4-28}$$

$$u_{CN} = \left[ s_c - \frac{1}{3}(s_a + s_b + s_c) \right] U_d \tag{4-29}$$

式中：$s_a$、$s_b$、$s_c$——三相单极性二值逻辑开关函数，这里

$$s_k = \begin{cases} 1 & \text{上桥臂导通，下桥臂关断} \\ 0 & \text{上桥臂关断，下桥臂导通} \end{cases} \quad (k = a, b, c)；U_d \text{ 为直流侧电压平均值。}$$

　　将 $2^3 = 8$ 种开关函数组合代入式（4-27）～式（4-29），即得到相应的三相 VSR 交流侧电压值，如表 4-2 所示。

　　分析表 4-2 不难发现，三相 VSR 不同开关组合时的交流侧电压可以用一个模为 $2U_d/3$ 的空间电压矢量在复平面上表示出来。由于三相 VSR 开关的有限组合，因而其空间电压矢量只有 $2^3 = 8$ 条，如图 4-30 所示。其中，$U_0$（0 0 0）、$U_7$（1 1 1）由于模为零而称为零矢量，$U_1 \sim U_6$ 为六个模值为 $2U_d/3$ 的基本电压失量。

表 4-2　　　　　　　　　　　　　　　不同开关组合时的电压值

| $S_a$　$S_b$　$S_c$ | $U_{AN}$ | $U_{BN}$ | $U_{CN}$ | $U_k$ |
|---|---|---|---|---|
| 0　0　0 | 0 | 0 | 0 | $U_0$ |
| 0　0　1 | $-\frac{1}{3}U_d$ | $-\frac{1}{3}U_d$ | $\frac{2}{3}U_d$ | $U_5$ |
| 0　1　0 | $-\frac{1}{3}U_d$ | $\frac{2}{3}U_d$ | $-\frac{1}{3}U_d$ | $U_3$ |
| 0　1　1 | $-\frac{2}{3}U_d$ | $\frac{1}{3}U_d$ | $\frac{1}{3}U_d$ | $U_4$ |
| 1　0　0 | $\frac{2}{3}U_d$ | $-\frac{1}{3}U_d$ | $-\frac{1}{3}U_d$ | $U_1$ |
| 1　0　1 | $\frac{1}{3}U_d$ | $-\frac{2}{3}U_d$ | $\frac{1}{3}U_d$ | $U_6$ |
| 1　1　0 | $\frac{1}{3}U_d$ | $\frac{1}{3}U_d$ | $-\frac{2}{3}U_d$ | $U_2$ |
| 1　1　1 | 0 | 0 | 0 | $U_7$ |

　　显然，某一开关组合就对应一条空间矢量，该开关组合时的 $U_a$、$U_b$、$U_c$ 即为该空间矢量在三轴（a、b、c）上的投影。

　　上述分析表明，复平面上三相 VSR 空间电压矢量 $U_k$ 可定义为

$$\begin{cases} U_k = \dfrac{2}{3}U_d e^{j(k-1)\pi/3} & (k = 1, \cdots, 6) \\ U_{0,7} = 0 \end{cases} \tag{4-30}$$

式（4-30）可表达成开关函数形式，即

$$U_j = \frac{2}{3}U_d(S_a + S_b e^{j2\pi/3} + S_c e^{-j2\pi/3}) \quad (j = 0, \cdots, 7) \tag{4-31}$$

　　下面我们来研究一下基本电压空间矢量与磁链轨迹的关系。

　　当逆变器单独输出基本电压空间矢量 $U_1$ 时，电动机的定子磁链矢量 $\Psi$ 的矢端从 A 到 B 沿平行于 $U_1$ 方向移动，如图 4-31 所示。当移动到 B 点时，如果改基本电压空间矢量为 $U_2$ 输出，则定子磁链 $\Psi$ 的矢端也相应改为从 B 到 C 的移动。这样下去，当全部六个非零基本电压矢量分别依次单独输出后，定子磁链矢量 $\Psi$ 矢端的运动轨迹就是一个正六边形，如图 4-31所示。

　　显然，按照这样得到的供电方式只能得到一个正六边形的旋转磁场，而不是所希望的圆形旋转磁场。如果在定子里形成的旋转磁场不是正六边形，而是正多边形，且边数无数的多，这样我们就可以近似地得到一个圆形旋转磁场。显然，正多边形的边越多，近似程度就

越好。若想获得多边形或圆形旋转磁场，就可以利用八个基本电压空间矢量线性时间组合得到更多的开关状态，从而使电动的磁链成为近似圆形旋转磁场。这就是空间矢量 PWM 控制技术（SVPWM）的控制思想。

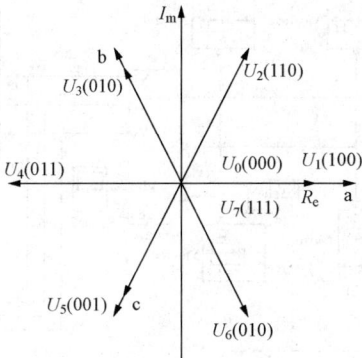

图 4 - 30　三相 VSR 空间电
压矢量分布

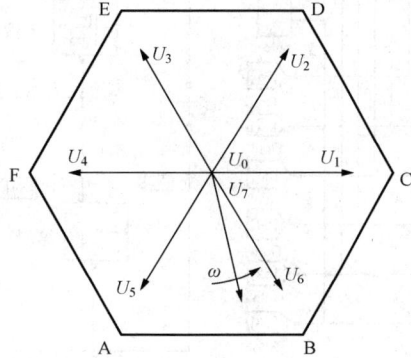

图 4 - 31　正六边形磁链

## 4.5　逆 变 电 路 的 仿 真

本节通过对相控方式和 SPWM 控制方式下逆变电路进行仿真，并对其输出波形进行对比，从而更直观地看出两种控制方式下，输出波形以及逆变器性能指标的差异。

### 4.5.1　相控逆变电路仿真

三相相控逆变电路仿真模型如图 4 - 32 所示。其中，直流电压 $U_{dc}$ 取为 400V，控制脉冲的周期（$T$）为 0.02s，死区时间（$DT$）设为 6$\mu$s，导通角为 180°时，开关管 S1～S6 的触发脉冲由 180 degree pulses 模块产生，采用二阶低通滤波器，其截止频率为 100Hz，阻尼因子为 0.707。

S1 的脉宽设为 50%，相控延时为 0；S2 的脉宽为（50% $-2\times DT/T$），延时为 $T/2+DT$；S3 的脉宽为 50%，相控延时为 $T/3$；S4 的脉宽为（50% $-2\times DT/T$），相控延时为（$T/3+DT+T/2$）；S5 的脉宽为 50%，相控延时为 $T\times 2/3$；S6 的脉宽为（50% $-2\times DT/T$），相控延时为（$T\times 2/3+DT+T/2$）。经计算可得 S1 的脉宽为 50%，相控延时为 0；S2 的脉宽为 49.99%，相控延时为 0.0100s；S3 的脉宽为 50%，相控延时为 0.0067s；S4 的脉宽为 49.99%，相控延时为 0.0167s；S5 的脉宽为 50%，相控延时为 0.0134s；S6 的脉宽为 49.99%，相控延时为 0.0234s。图 4 - 33 和图 4 - 34 分别为滤波前和滤波后三相电压波形。

如图 4 - 33 所示，逆变器的输出电压为接近正弦波的阶梯波，滤波后的电压波形如图 4 - 34 所示，输出电压波形为正弦波，波形效果良好，谐波畸变率 $THD=3.50\%$，各次谐波含量分布均匀，其中，5 次谐波含量最高，其次是 7 次谐波，低次谐波的含量比较高。图 4 - 35 所示为滤波后谐波分析图。

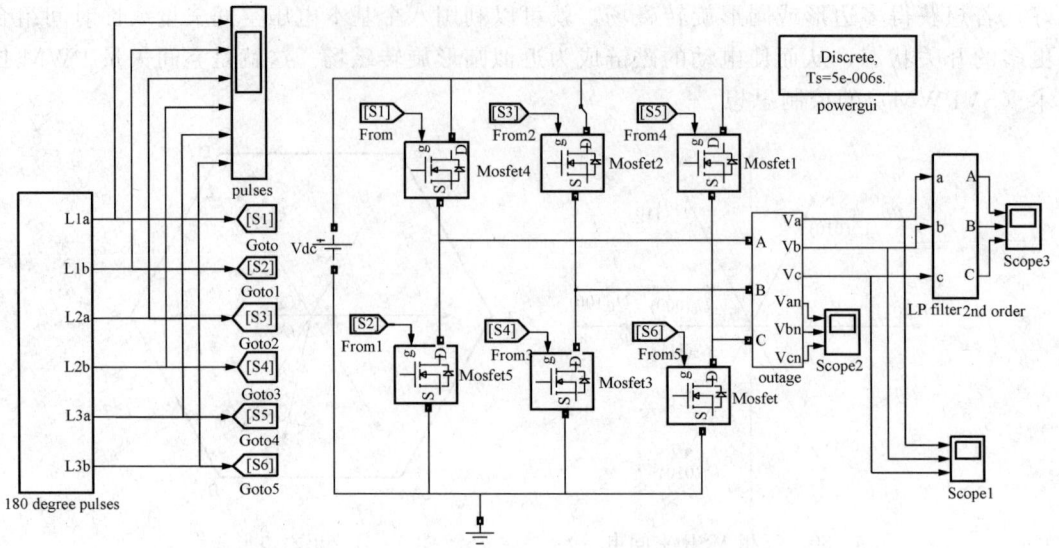

图 4 - 32　180°导通型三相逆变电路仿真图

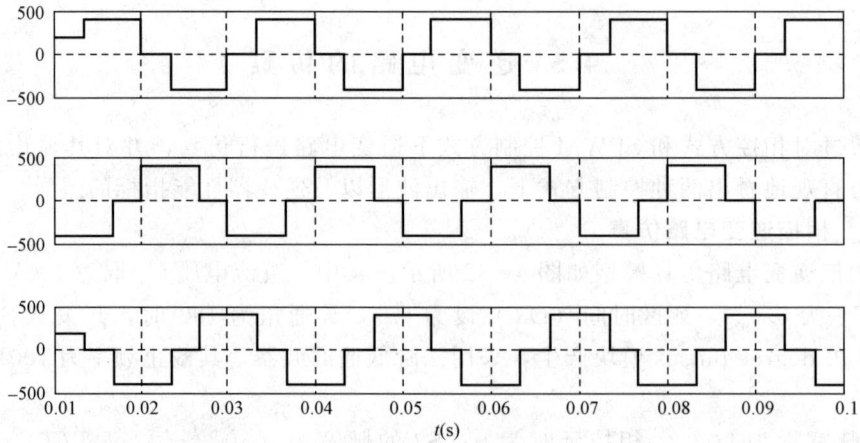

图 4 - 33　滤波前三相相电压波形

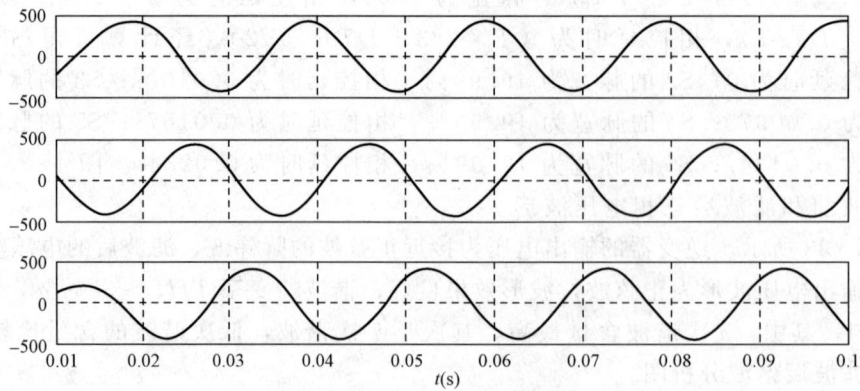

图 4 - 34　滤波后三相相电压波形

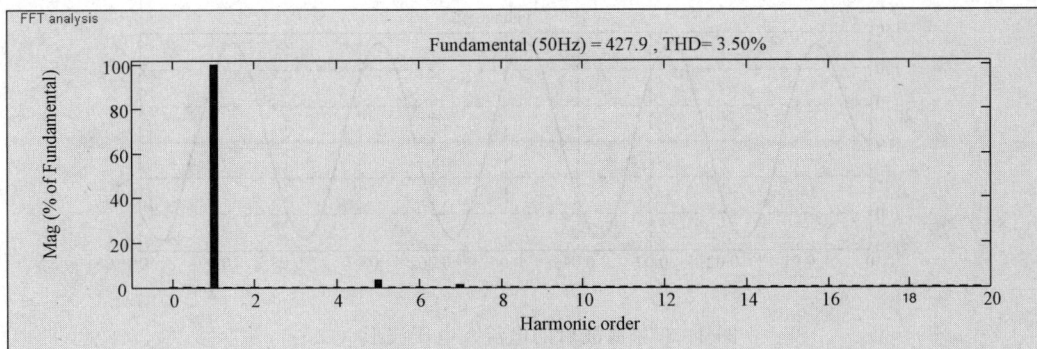

图 4-35　滤波后谐波分析图

### 4.5.2　SPWM 控制逆变电路仿真

单相电压型 SPWM 逆变电路阻性负载的仿真模型中电阻负载为 $100\Omega$。触发脉冲由 PWM pulses 模块产生，载波频率为 $4kHz$，采用二阶低通滤波器，其参数与相控逆变电路仿真一样。图 4-36 和图 4-37 所示分别为滤波前后电流和电压的波形。图 4-38 所示为滤波后谐波分析图。

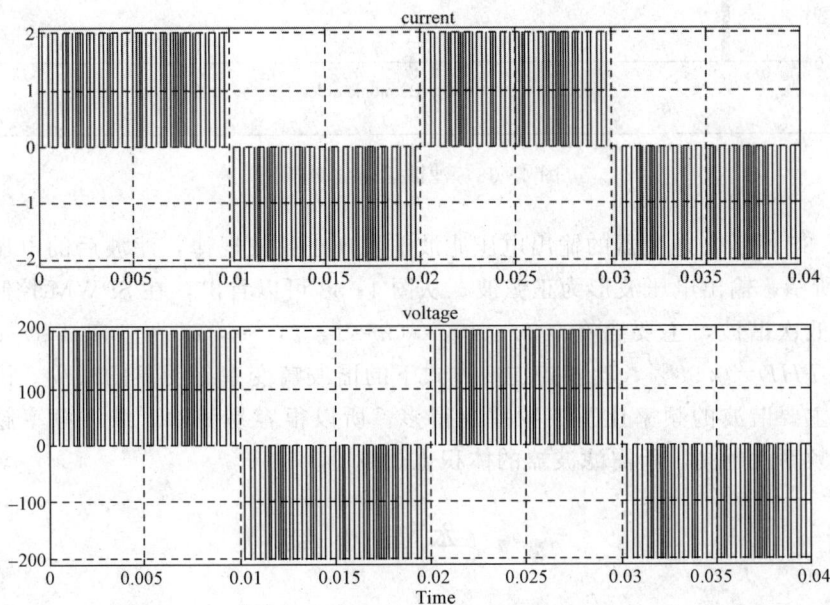

图 4-36　滤波前的电流、电压波形

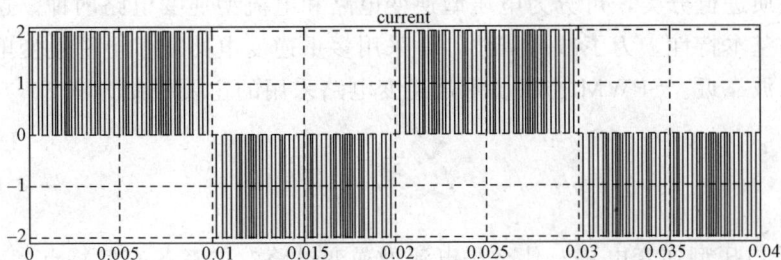

图 4-37　滤波后的电流、电压波形（一）

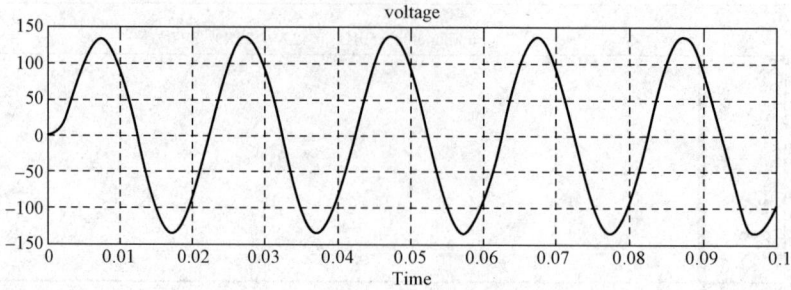

图 4 - 37　滤波后的电流、电压波形（二）

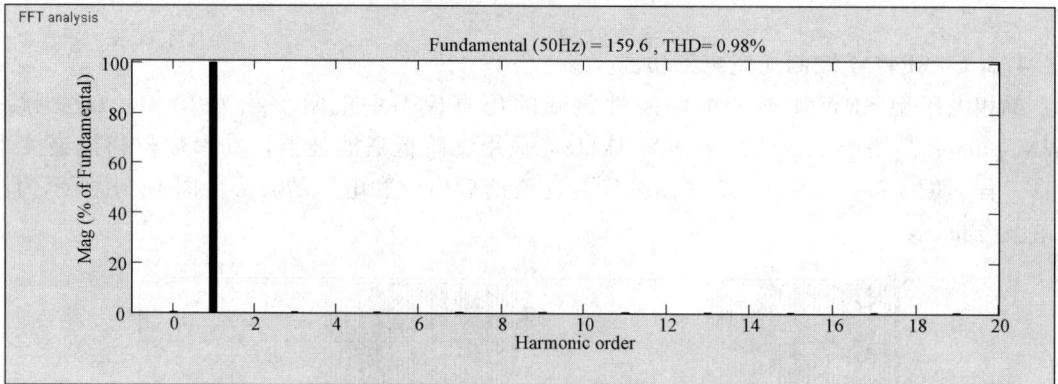

图 4 - 38　滤波后谐波分析图

如图 4 - 36 所示，逆变器的输出电压滤波前呈现正弦波规律，滤波后的电压、电流波形如图 4 - 37 所示，输出电压波形为正弦波。从图 4 - 38 可以看出，在 SPWM 控制方式下，波形中不含有低次谐波，主要含有 $(2n+1)\omega_c$（$n=1$，$2$，$\cdots$，$\omega_c=314\text{rad/s}$）的高次谐波。谐波畸变率 $THD=0.98\%$，比相控逆变方式下的谐波畸变率有明显的减少。因为 PWM 波形中所含的主要谐波的频率比基波频率高得多，所以很容易滤除，载波频率越高，SPWM 波形中谐波频率就越高，所需滤波器的体积也就越小。

## 本 章 小 结

本章主要讲述了各种逆变电路的结构及其工作原理。逆变电路有不同的分类方法，按照直流侧电源性质进行分类，可分为电压型逆变电路和电流型逆变电路两种，这样的分类有助于抓住电路的基本特性。为了减少谐波，常采用多重逆变电路或多电平逆变电路，从而使输出电压向正弦波靠近。SPWM 控制技术是逆变电路采用的主要控制方法。

## 习　　题

1. 什么是电压型逆变电路？什么是电流型逆变电路？二者各有何特点？
2. 电压型逆变电路中反馈二极管的作用是什么？为什么电流型逆变电路中没有反馈二极管？

3. 三相桥式电压型逆变电路，180°导电方式，$U_d = 489V$。试求输出相电压的基波幅值 $U_{AN1m}$ 和有效值 $U_{AN1}$、输出线电压的基波幅值 $U_{AB1m}$ 和有效值 $U_{AB1}$、输出线电压中 5 次谐波的有效值 $U_{AB5}$。

4. 在 180°导电型逆变器主电路中，若某相晶闸管的换流电路发生故障，将产生什么后果？对 120°导电型逆变器而言，情况又如何？

5. 什么叫多重化？逆变电路多重化的目的是什么？如何实现？

6. 多电平电路主要有哪几种形式？各有什么特点？

7. 试说明 SPWM 控制的工作原理。

8. 什么是电流跟踪型 PWM 电路？采用滞环比较方式的电流跟踪型逆变器有何特点？

# 第 5 章　交流-交流变换电路

交流-交流变换电路是把固定的交流电变成可调交流电的变换电路。在进行交流-交流变换时，可以改变电压（电流）、频率和相数等。只改变电压、电流或对电路的通断进行控制，而不改变频率的电路称为交流电力控制电路，包括交流调压电路、交流调功电路和交流电力电子开关。本章 5.1 节以交流调压电路为重点来介绍交流电力控制电路。改变频率的电路称为变频电路，有交-交变频（直接变频）电路和交-直-交变频（间接变频）电路两种形式，本章只讲述直接变频电路。5.2 节将介绍目前应用较多的晶闸管交-变变频电路；5.3 节中的矩阵变换器为一种特殊形式的交-交变频电路。

## 5.1　交流电力控制电路

在交流电力控制电路中，通过对半个周波内晶闸管相位的控制，可以方便地调节输出电压的有效值，这种电路称为**交流调压电路**；以交流电的周期为单位控制晶闸管的通断，改变通态周期数和断态周期数的比，可以方便地调节输出功率的平均值，这种电路称为**交流调功电路**；如果并不着意调节输出平均功率，而只是根据需要接通或断开电路，则称串入电路中的晶闸管为**交流电力电子开关**。三种交流电力控制电路的电路结构相同，只是控制方式和控制周期不同。本节主要讲述交流调压电路，交流调压电路可分为单相交流调压电路和三相交流调压电路。前者是后者的基础，也是本节的重点。此外，对斩控式交流调压电路、交流调功电路和交流电力电子开关，本节也作简单介绍。

交流调压电路可以方便地调节输出电压的有效值，与常规的调压器相比，具有体积小、质量轻的特点。因此，交流调压电路广泛用于灯光控制（如调光台灯和舞台灯光控制）及异步电动机的软启动和调速。在电力系统中，这种电路还常用于对无功功率的连续调节。此外，在高电压小电流或低电压大电流直流电源中，也常采用交流调压电路调节整流变压器一次电压。

### 5.1.1　单相交流调压电路

和整流电路一样，交流调压电路的工作情况也和负载性质有关，现分别予以讨论。

#### 1. 电阻负载

图 5-1（a）所示为电阻负载单相交流调压电路图。图中的 VT1 和 VT2 也可以用一个双向晶闸管代替。

在交流电源 $u_1$ 的正半周和负半周，分别对 VT1 和 VT2 的开通角 $\alpha$ 进行控制就可以调节输出电压 $u_0$。正负半周 $\alpha$ 起始时刻均为电压 $u_1$ 过零时刻。在 $u_1$ 的正半周，VT1 承受正向电压，满足触发导通的主电路条件；VT2 则承受反向电压。在 $\omega t = \alpha$ 时，触发 VT1 导通，输出电压 $u_0 = u_1$，晶闸管的端电压 $u_{VT1} = u_{VT2} = 0$，由于负载为电阻性，负载电流 $i_0 = \dfrac{u_0}{R}$。当 $\omega t = \pi$ 时，$i_0$ 下降到 0，VT1 自然关断。在 $u_1$ 的负半周，VT2 承受正向电压，VT1

承受反压。在 $\omega t = \pi + \alpha$ 时，触发 VT2 导通，$u_0 = u_1$、$u_{VT1} = u_{VT2} = 0$，$i_0 = \dfrac{u_0}{R}$。当 $\omega t = 2\pi$ 时，$i_0$ 下降到 0，VT2 自然关断。输出电压、电流及晶闸管波形如图 5 - 1 （c）、（d）所示。

由图 5 - 1 （c）可以看出，输出电压波形是电源电压波形的一部分，负载电流和输出电压的波形形状相同。在控制角为 $\alpha$ 时，负载电压有效值 $U_0$、负载电流有效值 $I_0$、晶闸管电流有效值 $I_{VT}$ 和电路的功率因数 $\lambda$ 分别为

$$U_0 = \sqrt{\frac{1}{\pi}\int_{\alpha}^{\pi}(\sqrt{2}U_1\sin\omega t)^2\,\mathrm{d}(\omega t)} = U_1\sqrt{\frac{1}{2\pi}\sin 2\alpha + \frac{\pi - \alpha}{\pi}} \qquad (5-1)$$

$$I_0 = \frac{U_0}{R} \qquad (5-2)$$

$$I_{VT} = \sqrt{\frac{1}{2\pi}\int_{\alpha}^{\pi}\left(\frac{\sqrt{2}U_1\sin\omega t}{R}\right)^2\,\mathrm{d}(\omega t)} = \frac{U_1}{\sqrt{2}R}\sqrt{\frac{1}{2\pi}\sin 2\alpha + \frac{\pi - \alpha}{\pi}} = \frac{1}{\sqrt{2}}I_0 \qquad (5-3)$$

$$\lambda = \frac{P}{S} = \frac{U_0 I_0}{U_1 I_0} = \frac{U_0}{U_1} = \sqrt{\frac{1}{2\pi}\sin 2\alpha + \frac{\pi - \alpha}{\pi}} \qquad (5-4)$$

由上述分析可知，电路的移相范围为 $0 \leqslant \alpha \leqslant \pi$。$\alpha = 0$ 时 $U_0 = U_1$，$\lambda = 1$，均为最大；随 $\alpha$ 的增大，$U_0$ 降低，输入电流滞后于电压且畸变，$\lambda$ 也降低，$\alpha = \pi$ 时 $U_0 = 0$，$\lambda = 0$。

2. 阻感负载

负载为阻感性负载时的电路如图 5 - 2 （a）所示。设负载的阻抗角为 $\varphi$，$\varphi = \arctan\left(\dfrac{\omega L}{R}\right)$。为了方便，把 $\alpha = 0°$ 的时刻仍定在 $u_1$ 的过零时刻。

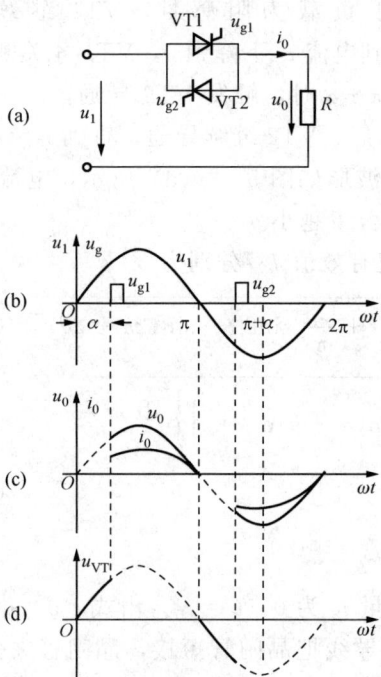

图 5 - 1　电阻负载单相交流调压电路及其波形　　　图 5 - 2　阻感负载的主电路及 $\alpha > \varphi$ 波形

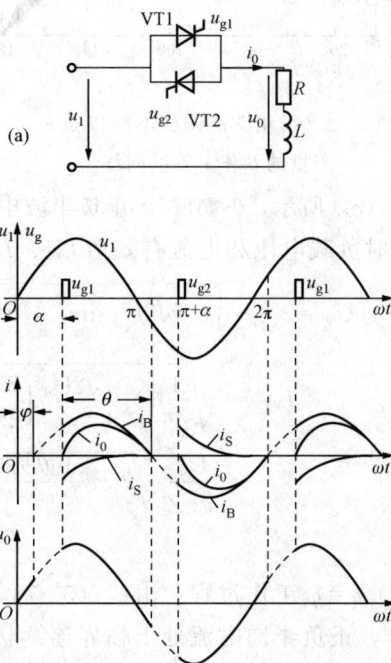

设在 $\omega t = \alpha$ 时刻开通 VT1，负载电流满足

$$L \frac{di_0}{dt} + i_0 R = \sqrt{2} U_1 \sin\omega t \tag{5-5}$$

且在 $\omega t = \alpha$ 时，初始电流 $i_0 = 0$，解式（5-5）可得：当 $\omega t > \alpha$ 时，$i_0$ 有两个分量——稳态分量 $i_B$ 和暂态分量 $i_S$，令 $Z = \sqrt{R^2 + (\omega L)^2}$，则

$$i_B = \frac{\sqrt{2} U_1}{Z} \sin(\omega t - \varphi) \tag{5-6}$$

$$i_S = -\frac{\sqrt{2} U_1}{Z} \sin(\alpha - \varphi) e^{\frac{\alpha - \omega t}{\tan\varphi}} \tag{5-7}$$

$$i_0 = i_B + i_S = \frac{\sqrt{2} U_1}{Z} \left[ \sin(\omega t - \varphi) - \sin(\alpha - \varphi) e^{\frac{\alpha - \omega t}{\tan\varphi}} \right] (\alpha \leqslant \omega t \leqslant \alpha + \theta) \tag{5-8}$$

设 $\theta$ 为晶闸管导通角，则 $\omega t = \alpha + \theta$ 时 $i_0 = 0$，可由式（5-8）求得关于 $\theta$ 的方程，即

$$\sin(\alpha + \theta - \varphi) = \sin(\alpha - \varphi) e^{\frac{-\theta}{\tan\varphi}} \tag{5-9}$$

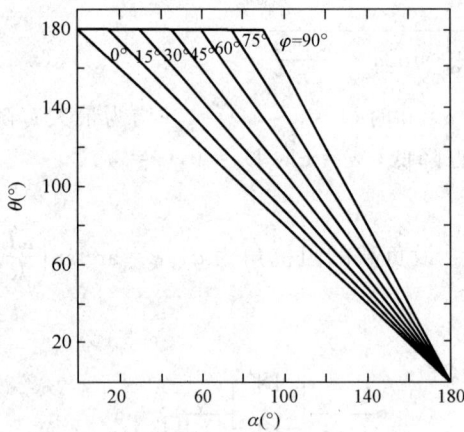

图 5-3　单相交流调压电路以 $\varphi$ 参
变量的 $\theta$ 和 $\alpha$ 关系曲线

由式（5-9）可作出一簇以 $\varphi$ 为参数的 $\alpha$ 与 $\theta$ 的关系曲线，如图 5-3 所示。由图可见，当 $\alpha > \varphi$ 时，$\theta < 180°$，其负载电路处于电流断续状态；当 $\alpha = \varphi$ 时，$\theta = 180°$，电流处于临界连续状态；当 $\alpha < \varphi$ 时，$\theta$ 仍维持在 $180°$，电路已不起调压作用。显然，阻感负载下稳态时的移相范围为 $\varphi \leqslant \alpha \leqslant \pi$。

（1）$\alpha > \varphi$ 工作过程。在 $\omega t = \alpha$ 时，触发 VT1 导通，输出电压 $u_0 = u_1$。当 $\omega t = \pi$ 后，$u_1$ 虽为负半周，但由于负载为阻感性，VT1 继续导通，$u_0 = u_1$，直到电流 $i_0$ 下降到 0，VT1 才关断，$u_0 = 0$。在 $\omega t = \pi + \alpha$ 时，触发 VT2 导通，$u_0 = u_1$，同样，$\omega t = 2\pi$ 后，VT2 继续导通，直到 $i_0 = 0$，VT2 关断。电压波形如图 5-2（d）所示，电流波形如图 5-2（c）所示，$\theta < 180°$，正负半波电流断续，$\alpha$ 越大，$\theta$ 越小。

此时负载电压和电流有效值 $U_0$、$I_0$ 和晶闸管电流有效值 $I_{VT}$ 分别为

$$U_0 = \sqrt{\frac{1}{\pi} \int_\alpha^{\alpha+\theta} (\sqrt{2} U_1 \sin\omega t)^2 d(\omega t)} = U_1 \sqrt{\frac{\theta}{\pi} + \frac{1}{\pi} [\sin 2\alpha - \sin(2\alpha + 2\theta)]} \tag{5-10}$$

$$I_{VT} = \sqrt{\frac{1}{2\pi} \int_\alpha^{\alpha+\theta} \left\{ \frac{\sqrt{2} U_1}{Z} \left[ \sin(\omega t - \varphi) - \sin(\alpha - \varphi) e^{\frac{\alpha - \omega t}{\tan\varphi}} \right] \right\}^2 d(\omega t)}$$

$$= \frac{U_1}{\sqrt{\pi} Z} \sqrt{\theta - \frac{\sin\theta \cos(2\alpha + \varphi + \theta)}{\cos\varphi}} \tag{5-11}$$

$$I_0 = \sqrt{2} I_{VT} \tag{5-12}$$

（2）$\alpha = \varphi$ 工作过程。由式（5-7）可知，暂态分量 $i_S$ 为 0，$i_2 = i_B$。由式（5-9）可知，$\theta = 180°$，正负半周电流处于临界连续状态，相当于用导线把晶闸管短接，晶闸管失去控制，负载上获得最大功率，此时电流波形滞后电压 $\varphi$ 角。

（3）$\alpha < \varphi$ 工作过程。当采用窄脉冲时，稳态分量 $i_B$ 和暂态分量 $i_S$ 波形如图 5-4 所示。$U_{g1}$ 脉冲到来，刚开始 VT1 的导通角 $\theta > 180°$，则当 $U_{g2}$ 脉冲到来时，VT1 的电流还未到零，

VT2 管承受反压不能触发导通；待 VT1 中电流变到零时关断，VT2 管开始承受正压，但 $U_{g2}$ 脉冲已消失，所以 VT2 无法导通。第三个半周又触发 VT1，这样使负载电流只有正半周，电压出现很大的直流分量，电路不能正常工作。

　　所以带阻感性负载时，晶闸管不能用窄脉冲，应当采用宽脉冲列，脉冲后沿在 $\alpha = \pi$ 的位量。这样在 $\alpha < \varphi$ 时，虽然在刚开始触发晶闸管的几个周期内，两管的电流波形不对称，但当负载电流中暂态分量衰减后，即可得到完全对称连续的波形。稳态时也相当于用导线把晶闸管完全短接，负载电流应是正弦波，其相位滞后于电源电压 $u_1$ 的角度为 $\varphi$，此时已不能调压。

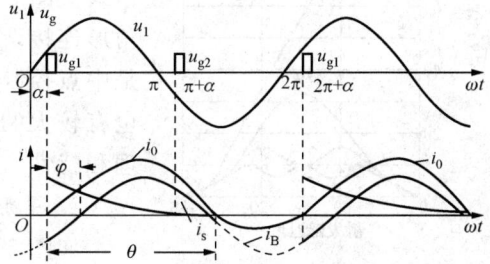

图 5-4　单相调压电路 $\alpha < \varphi$
窄脉冲触发时的波形

　　3. 单相交流调压电路的谐波分析

　　从图 5-1 和图 5-2 所示的波形可以看出，单相交流调压电路的负载电压和电流均不是正弦波，含有大量谐波。下面以电阻负载为例，对负载电压 $u_0$ 进行谐波分析。由于波形正负半波对称，因此不含直流分量和偶次谐波，可用傅里叶级数表示为

$$u_0(\omega t) = \sum_{n=1,3,5,\cdots}^{\infty} (a_n \cos n\omega t + b_n \sin n\omega t) \tag{5-13}$$

这里，

$$a_1 = \frac{\sqrt{2}U_1}{2\pi}(\cos 2\alpha - 1)$$

$$b_1 = \frac{\sqrt{2}U_1}{2\pi}[\sin 2\alpha + 2(\pi - \alpha)]$$

$$a_n = \frac{\sqrt{2}U_1}{\pi}\left\{\frac{1}{n+1}[\cos(n+1)\alpha - 1] - \frac{1}{n-1}[\cos(n-1)\alpha - 1]\right\} \quad (n = 3,5,7,\cdots)$$

$$b_n = \frac{\sqrt{2}U_1}{\pi}\left[\frac{1}{n+1}\sin(n+1)\alpha - \frac{1}{n-1}\sin(n-1)\alpha\right] \quad (n = 3,5,7,\cdots)$$

基波和各次谐波的有效值为

$$U_{on} = \frac{1}{\sqrt{2}}\sqrt{a_n^2 + b_n^2} \quad (n = 1,3,5,7,\cdots) \tag{5-14}$$

负载电流基波和各次谐波的有效值为

$$I_{on} = \frac{U_{on}}{R} \tag{5-15}$$

　　根据式(5-13)～式(5-15)的计算结果，可以绘出电流基波和各次谐波标么值随 $\alpha$ 变化的曲线，如图 5-5 所示，其中基准电流 $I^*$ 为 $\alpha = 0°$ 时的电流有效值。

　　在阻感负载情况下，可以用和上面相同的方法进行分析，只是公式要复杂得多。这时，电源电流中的谐波次数和电阻负载时相同，也是只含有 3、5、7、… 等奇次谐波，同样是随着次数的增加，谐波含量减少。但和电阻负载相比，阻感负载时的谐波电流含量要少一些，而且 $\alpha$ 角相同时，随着阻抗角 $\varphi$ 的增大，谐波含量也会有所减少。

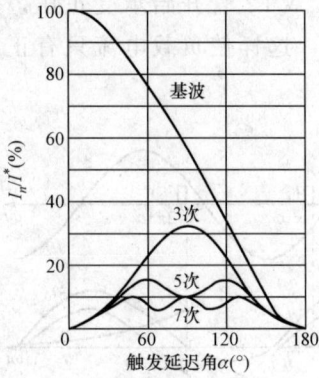

图 5-5　电阻负载单相交流调压
电路基波和谐波电流含量

## 5.1.2　三相交流调压电路

### 1. 三相交流调压电路的基本类型

根据三相连接形式的不同，三相交流调压电路具有多种形式。图 5-6（a）是星形连接，图 5-6（b）是线路控制三角形连接，图 5-6（c）是支路控制三角形连接，图 5-6（d）是中点控制三角形连接。不同接线形式的电路，其工作过程也有较大的差异。下面主要介绍星形连接电路的基本工作原理和特性。

### 2. 星形连接电路

如图 5-6（a）所示，这种电路又可分为三相三线制和三相四线制两种情况。三相四线时，相当于三个单相交流调压电路的组合，三相互相错开 120°工作，单相交流调压电路的工作原理和分析方法均适用于这种电路。在单相交流调压电路中，电流中含有基波和各奇次谐波。组成三相电路后，基波和 3 的整数倍次以外的谐波在三相之间流动，不流过中性线。而三相的 3 的整数倍次谐波是同相位的，不能在各相之间流动，全部流过中性线。因此中性线中会有很大的 3 及 3 的整数倍次谐波电流。当 $\alpha = 90°$ 时，中性线电流甚至和各相电流的有效值接近，在选择线径和变压器时必须注意这一问题。

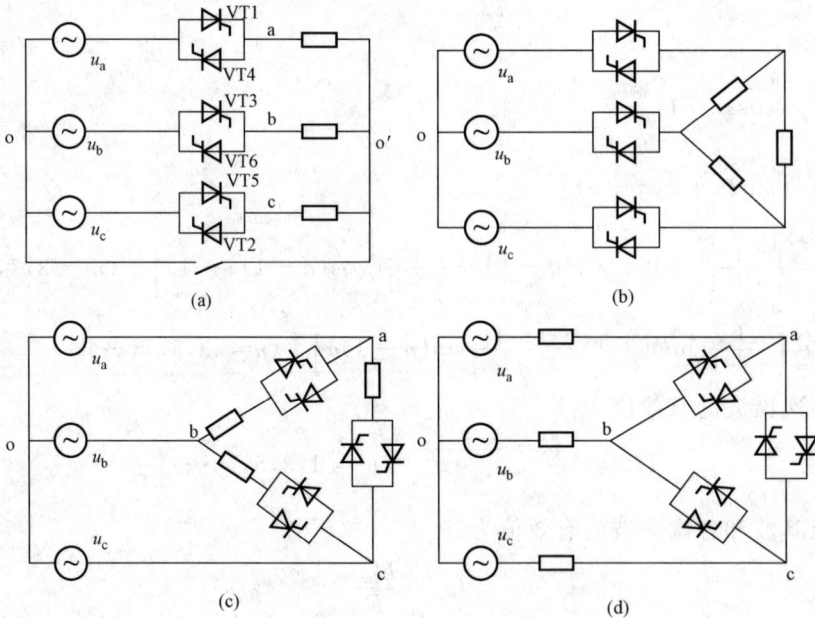

图 5-6　三相交流调压电路

（a）星形连接；（b）线路控制三角形连接；（c）支路控制三角形连接；（d）中点控制三角形连接

下面主要以电阻负载为例详细分析三相三线时的工作原理。任一相在导通时必须和另一相构成回路，电流流通路径中至少有两个晶闸管（但也会出现三只晶闸管同时导通的情况），因此和三相桥式全控整流电路一样，应采用双脉冲或宽脉冲触发。三相的触发脉冲应依次相差 120°，同一相的两个反并联晶闸管触发脉冲应相差 180°。因此，和三相桥式全控整流电路一样，触发脉冲顺序也是 VT1～VT6，依次相差 60°。如果把晶闸管换成二极管后，相电流和相电压同相位，且在相电压过零时二极管开始导通，因此把相电压过零点定为控制角 $\alpha$ 的起点。三相三线电路中，两相导通时，电源电压为线电压，而线电压超前相电压 30°，因此 $\alpha$ 的移相范围为 0°～150°。

在任一时刻，可能是三相中各有一只晶闸管导通，这时负载相电压就是电源相电压；或者是两相中各有一只晶闸管导通，这时导通相的负载相电压是电源线电压的一半。根据任一时刻晶闸管的导通个数以及半个周期内电流是否连续可将 0°～150° 分成三段。

(1) $0° \leqslant \alpha < 60°$：电路处于三管导通与两管导通交替状态，每管导通 $180° - \alpha$。但 $\alpha = 0°$ 时始终是三管导通，此时各相负载电压为电源相电压。

下面以 $\alpha = 30°$ 为例来详细分析。以 a 相为例，$\alpha = 30°$ 时负载相电压波形如图 5 - 7 所示（其中 VT1、VT2 阴影部分为各管导通区间）。假设在 $\omega t = 0°$ 时，电路处于稳定工作，VT5、VT6 两管导通，$u_{ao'} = 0$，且此时 VT1 两端的电压 $U_{VT1} = \frac{3}{2} u_a > 0$。在 $\omega t = 30°$ 时，触发 VT1 导通，VT5、VT6 和 VT1 三管同时导通，各相负载电压为电源相电压，$u_{ao'} = u_a$。在 $\omega t = 60°$ 时，电源相电压 $u_c$ 过零变负，VT5 自然关断，此时 VT6 和 VT1 同时导通，电源线电压加于 a、b 两相负载，$u_{ao'} = \frac{u_{ab}}{2}$，此时 VT2 两端电压为 $U_{VT2} = -\frac{3}{2} u_c > 0$。在 $\omega t = 90°$ 时，触发 VT2 导通，此时 VT6、VT1 和 VT2 同时导通，各相负载电压为电源相电压，$u_{ao'} = u_a$。在 $\omega t = 120°$ 时，电源相电压 $u_b$ 过零变正，VT6 自然关断，VT1 和 VT2 同时导通，电源线电压 $u_{ac}$ 加于 a、c 两相负载，$u_{ao'} = \frac{u_{ac}}{2}$。三相交流调压器按自然换相点出现顺序依次触发换相，电路为三相导通和两相导通交替，此时每管导通 150°。

输出电压有效值为

$$U_0 = U_1 \sqrt{1 - \frac{3\alpha}{2\pi} + \frac{3}{4\pi} \sin 2\alpha} \qquad (0 \leqslant \alpha < 60°) \qquad (5 - 16)$$

(2) $60° \leqslant \alpha < 90°$：电路处于两管导通状态，每管导通 120°。

以 $\alpha = 60°$ 为例来进行分析。假设在 $\omega t = 0$ 时，电路中 VT5、VT6 导通，a 相负载电压 $u_{ao'} = 0$，VT1 两端的电压为 $U_{VT1} = \frac{3}{2} u_a > 0$。在 $\omega t = 60°$ 时，触发 VT1 导通，由于三相负载中点与三相电源中点等电位，电源相电压 $u_c \leqslant 0$，致使 VT5 承受反压而自然关断，VT1 与 VT5 换相，电路转为 VT6 和 VT1 两相同时导通状态，$u_{ao'} = u_{ab}/2$，VT2 两端电压为 $U_{VT2} = -\frac{3}{2} u_c > 0$。在 $\omega t = 120°$ 时，触发 VT2 导通，电源相电压 $u_b \geqslant 0$ 致使 VT6 关断，电路又转为 VT1 和 VT2 导通状态，$u_{ao'} = \frac{u_{ac}}{2}$，VT3 两端电压为 $U_{VT3} = \frac{3}{2} u_b > 0$。依此规律，每隔 60°，电路换相一次。电路的工作状态和 a 相负载的电压波形如图 5 - 8 所示。

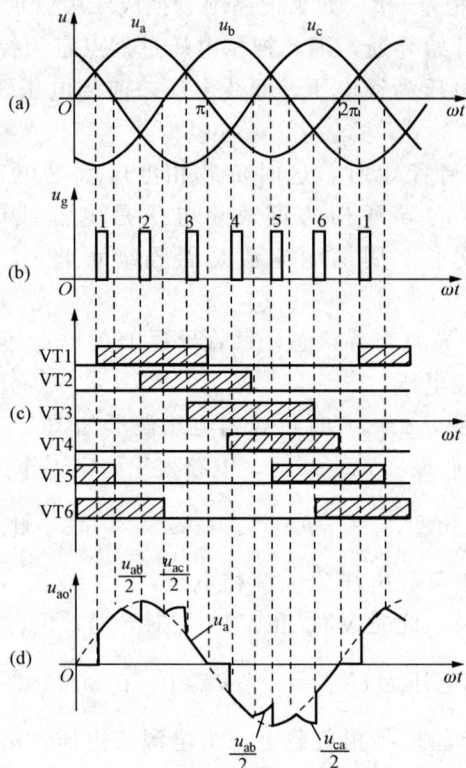

图 5-7  $\alpha = 30°$ 时负载相电压波形

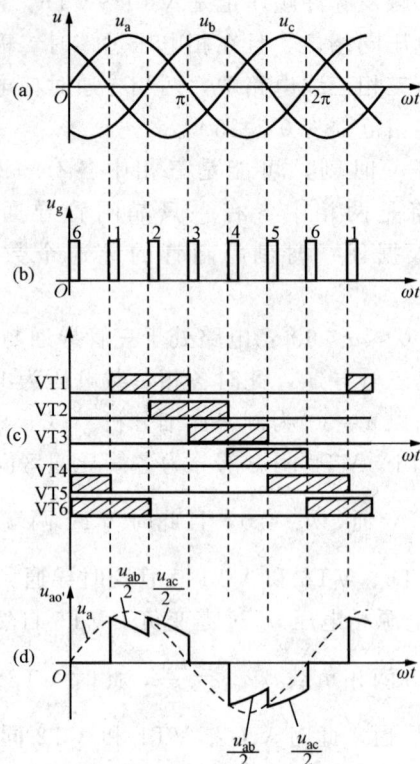

图 5-8  $\alpha = 60°$ 时负载相电压波形

输出电压有效值为

$$U_0 = U_1 \sqrt{\frac{1}{2} + \left[\frac{3}{4\pi}\sin 2\alpha + \sin\left(\frac{\pi}{3} + 2\alpha\right)\right]} \quad (60° \leqslant \alpha < 90°) \tag{5-17}$$

（3）$90° \leqslant \alpha < 150°$：电路处于两管导通与无晶闸管导通交替状态，导通角度为 $300° - 2\alpha$。

因为电路中必须有两相同时导通才能形成电流通路，所以必须用双窄脉冲或宽脉冲。以 $\alpha = 120°$ 为例来分析，按照晶闸管导通顺序，在 $\omega t = 120°$ 时，触发 VT1 和 VT6，VT1 和 VT6 同时导通，$u_{ao'} = \dfrac{u_{ab}}{2}$。在 $\omega t = 150°$ 时，电源线电压 $u_{ab}$ 过零变负，VT1 和 VT6 同时关断。在 $\omega t = 180°$ 时，触发 VT2 和 VT1，VT1 和 VT2 同时导通，$u_{ao'} = \dfrac{u_{ac}}{2}$。在 $\omega t = 210°$ 时，$u_{ac}$ 过零变负，VT1 和 VT2 同时关断。以此类推，可得相应电路的工作状态和 a 相负载的电压波形，如图 5-9 所示。

输出电压有效值为

$$U_0 = U_1 \sqrt{\frac{5}{4} - \frac{3\alpha}{2\pi} + \frac{3}{4\pi}\sin\left(\frac{\pi}{3} + 2\alpha\right)} \quad (\alpha \geqslant 90°) \tag{5-18}$$

由于负载为电阻负载，因此负载电流波形形状与负载相电压波形一致。从图 5-7～图 5-9 可以看出负载电流也含有很多谐波。进行傅里叶分析后可知，其中所含谐波的次数为 $6k \pm 1$（$k = 1，2，3，\cdots$），这和三相桥式全控整流电路交流侧电流所含谐波的次数完全相同，而且也是谐波的次数越低，其含量越大。和单相交流调压电路相比，这里没有 3 的整数倍次谐波，因为在三相对称时，它们不能流过三相三线电路。

在阻感负载的情况下，可参照三相电阻负载和前述单相阻感负载时的分析方法，只是情况更复杂一些。电路的移相范围为 $\varphi \leqslant \alpha \leqslant 150°$。在 $\alpha = \varphi$ 时，负载电流最大且为正弦波，相当于晶闸管全部被短接时的情况。一般来说，电感大时，谐波电流的含量要小一些。

3. 支路控制三角连接

支路控制三角连接三相交流调压电路结构如图 5-6（c）所示。这种电路由三个单相交流调压电路组成，三个单相电路分别在不同的线电压作用下工作。因此，单相交流调压电路的分析方法和结论完全适用于支路控制三角连接三相交流调压电路。在求取输入线电流（即电源电流）时，只要把与该线相连的两个负载相电流求和就可以了。由于 3 倍次谐波相位和大小相同，在三角形回路中流动，而不出现在线电流中，因此，线电流中所含谐波次数为 $6k \pm 1$（$k$ 为正整数）。在相同负载和 $\alpha$ 角时，线电流中谐波含量少于三相三线星形电路。

### 5.1.3 斩控式交流调压电路

图 5-9  $\alpha = 120°$ 时负载相电压波形

单相斩控式交流调压电路的原理如图 5-10 所示，一般采用全控型器件作为开关器件。其基本原理和直流斩波电路有类似之处，只是直流斩波电路的输入是直流电压，而斩控式交流调压电路的输入是正弦交流电压。在交流电源 $u_1$ 的正半周，用 V1 进行斩波控制，用 V3 给负载电流提供续流通道；在 $u_1$ 的负半周，用 V2 进行斩波控制，用 V4 给负载电流提供续流通道。设斩波器件（V1 或 V2）导通时间为 $t_{on}$，开关周期为 $T_c$，则导通比 $D = \dfrac{t_{on}}{T_c}$。

图 5-11 给出了电阻负载时负载电压 $u_0$ 和电源电流 $i_1$ 的波形。$u_0$ 波形为一系列具有正弦包络线的脉冲，其傅里叶级数表达式为

$$u_0 = D\sqrt{2}U_1 \sin\omega t + \frac{\sqrt{2}U_1}{\pi} \sum_{n=1}^{\infty} \frac{\sin\varphi_n}{n}\{\sin[(n\omega_c + \omega)t - \varphi_n] - \sin[(n\omega_c - \omega)t - \varphi_n]\} \quad (5-19)$$

式中：$\omega$ 为输入电压角频率；$\omega_c = \dfrac{2\pi}{T_c}$；$\varphi_n = n\pi D$。

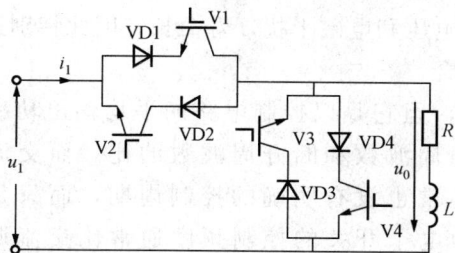

图 5-10  斩控式单相交流调压电路

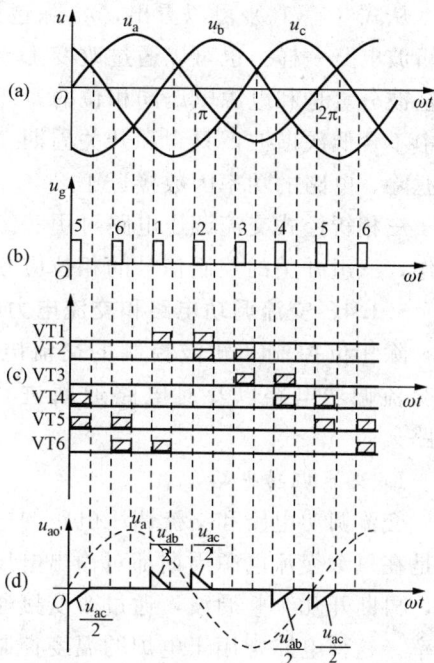

图 5-11  斩控式单相交流调压
电路电阻负载波形

从式（5-19）可以看出，$u_0$ 除包含基波分量 $D\sqrt{2}U_1\sin\omega t$ 外，还含有其他谐波，和直流斩波电路一样，也可以通过改变 $D$ 来改变基波电压幅值，从而调节输出电压。电源电流的基波分量是和电源电压同相位的，即位移因数为 1。另外，通过傅里叶分析可知，电源电流中不含低次谐波，只含和开关周期 $T_c$ 有关的高次谐波。这些高次谐波用很小的滤波器即可滤除，电路的功率因数接近 1。

三相斩控式交流调压电路可用三组单相斩控式交流调压电路组合而成，为保证电路正常工作，三组开关的控制信号的相位应互差 120°。

### 5.1.4　交流调功电路和交流电力电子开关

除相位控制和斩波控制的交流电力控制电路外，还有以交流电源周波数为控制单位的交流调功电路以及对电路通断进行控制的交流电力电子开关，下面简单介绍这两种电路。

1. 交流调功电路

交流调功电路和交流调压电路的电路形式完全相同，只是控制方式不同。交流调功电路不是在每个交流电源周期都对输出电压波形进行控制，而是将负载与交流电源接通几个整周波，再断开几个整周波，通过改变接通周波数与断开周波数的比值来调节负载所消耗的平均功率。这种电路常用于电炉的温度控制，因其直接调节对象是电路的平均输出功率，所以被称为**交流调功电路**。像电炉温度这样的控制对象，其时间常数往往很大，没有必要对交流电源的每个周期进行频繁的控制，只要以周波数为单位进行控制就足够了。通常控制晶闸管导通的时刻都是在电源电压过零的时刻，这样，在交流电源接通期间，负载电压电流都是正弦波，不对电网造成通常意义的谐波污染。

如在设定周期 $T_c$ 内导通的周波数为 $m$，每个周波的周期为 $T$，$T_c$ 内全部周波导通时，装置输出功率为 $P_e$，则调功器的输出功率 $P_0$ 为

$$P_0 = \frac{mT}{T_c}P_e \tag{5-20}$$

输出电压有效值为

$$U_0 = \sqrt{\frac{mT}{T_c}}U_1 \tag{5-21}$$

因此，改变导通周波数 $m$ 可改变输出电压和功率。

2. 交流电力电子开关

把晶闸管反并联后串入交流电路中，代替电路中的机械开关，起接通和断开电路的作用，这就是**交流电力电子开关**。和机械开关相比，这种开关响应速度快，没有触点，在关断时不会因负载或线路电感存储能量而造成暂态过电压和电磁干扰，寿命长，因此特别适用于操作频繁、可逆运行及有可燃气体、多粉尘的场合。

交流调功电路也是控制电路的接通和断开，但它是以控制电路的平均输出功率为目的的，其控制手段是改变控制周期内电路导通周波数和断开周波数的比。而交流电力电子开关并不去控制电路的平均输出功率，通常也没有明确的控制周期，而只是根据需要控制电路的接通和断开。另外，交流电力电子开关的控制频度通常比交流调功电路低得多。

不论是交流调功电路还是交流电力电子开关，晶闸管一般采用过零触发方式。

## 5.2 交-交变频电路

交-交变频电路是不通过中间直流环节，把电网频率的交流电直接变换成可调频率的交流电的变流电路，这种电路也称为**周波变流器**。因为没有中间直流环节，仅用一次变换就实现了变频，因此效率较高。

交-交变频电路广泛用于大功率交流电动机调速传动系统，实际使用的主要是三相输出交-交变频电路。单相输出交-交变频电路是三相输出交-交变频电路的基础。本节首先介绍单相输出交-交变频电路的构成、工作原理、控制方法，然后再介绍三相输出交-交变频电路。为了叙述简便，本节把单相和三相输出交-交变频电路分别称为单相和三相交-交变频电路。

### 5.2.1 单相交-交变频电路

图 5-12 所示是单相交-交变频电路的基本原理图。电路由 P 组和 N 组两组反并联的晶闸管变流电路构成，和直流电动机可逆调速用的四象限变流电路结构完全相同。变流器 P 和 N 都是相控整

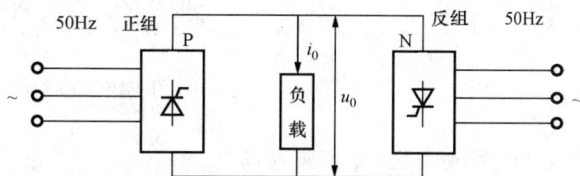

图 5-12 单相交-交变频电路的基本原理图

流电路，P 组工作时，负载电流 $i_0$ 为正；N 组工作时，$i_0$ 为负。让两组变流器按一定的频率交替工作，负载就得到该频率的交流电。改变两组变流器的切换频率，就可以改变输出频率；改变变流电路工作时的控制角 $\alpha$，就可以改变变频器输出电压的幅值。其中 P 组和 N 组两组变流器可以采用三相半波结构，也可以采用三相桥式整流电路，具体如图 5-13 和图 5-14 所示。

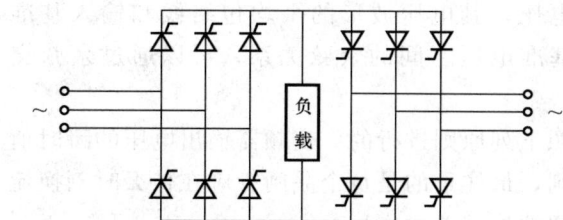

图 5-13 桥式单相交-交变频电路

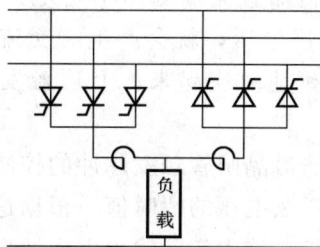

图 5-14 半波式单相交-交变频电路

依据控制角 $\alpha$ 的变化方式不同，有方波型和正弦波型交-交变频电路。

#### 1. 方波型交-交变频电路

单相交-交变频器正组与反组晶闸管变流电路轮流工作，负载电流 $i_0$ 有正有负，若为电阻负载，对应的电压也正负交替变化。各组所供电压的高低由控制角 $\alpha$ 控制。如果在各组工作期间 $\alpha$ 不变，则输出电压为矩形交流电压，如图 5-15 所示。改变正反组切换频率，就可以改变输出交流频率，改变 $\alpha$ 的大小，即可调节输出交流电压 $U_0$ 的大小。为了使输出电压 $u_0$ 的波形接近于正弦波，可以按正弦规律对 $\alpha$ 角进

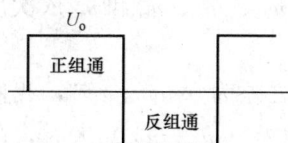

图 5-15 方波交-交变频
输出电压波形

行控制。

在正组整流工作时，可使控制角 $\alpha$ 逐渐由大到小再变大，如从 $\frac{\pi}{2} \to 0 \to \frac{\pi}{2}$，必然引起输出的平均值按正弦规律从零增至最高，再逐渐减小到零的变化，如图 5-16 所示；另外，半个周期可对变流器进行同样的控制。可以看出输出电压 $u_0$ 并不是平滑正弦波，而是由若干段电源电压拼接而成，在一个周期内，所包含的段数越多，其波形越接近正弦波。

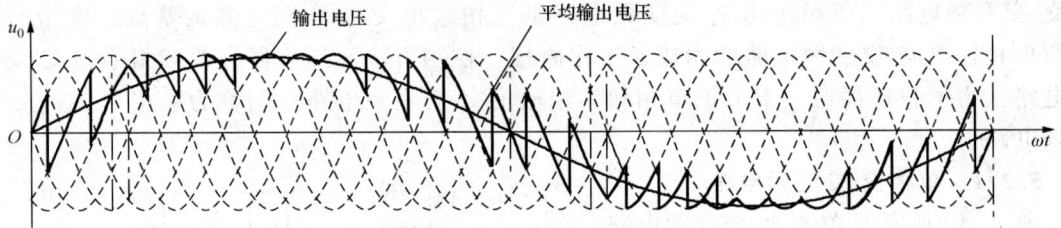

图 5-16 正弦波交-交变频输出电压波形

### 2. 正弦波型交-交变频电路

正弦波型变频电路与方波型变频电路的主电路相同，但正弦波型变频电路可以输出平均值按正弦功率变化的电压，克服了方波型变频电路输出电压高次谐波成分大的缺点，故作为变频器它比前一种更为实用。

使输出电压的平均值按正弦规律变化的方法有多种，通常采用余弦交截法。

### 3. 余弦交截法基本原理

如果使触发角的余弦 $\cos\alpha$ 与基准电压成比例，则对连续导通的稳态直流输出来说，基准电压和变流器直流端输出平均电压之间将有线性关系。如果用一交流正弦基准电压 $u_R$ 代替直流基准电压，就会产生一交流输出电压，其电压波形的平均包络线和输入基准电压波形能准确地对应起来。上述触发角和基准电压之间的余弦关系，可以通过余弦交截法来实现。

余弦交截法对晶闸管触发脉冲的控制是按照下列原则进行的：变频器输出电压的瞬时值最接近于基准正弦电压的瞬时值。根据这条原则，最注重的是每个晶闸管应在什么时刻换流到另一个晶闸管，使得实际输出电压波形与理想波形偏差最小。

下面以图 5-13 的桥式电路结构为例，用图 5-17 来说明余弦交截法基本原理。其中 $u_R$ 为理想输出电压波形，即基准电压

$$u_R = \sqrt{2}U_o\sin\omega_0 t = U_{om}\sin\omega_0 t \qquad (5-22)$$

式中：$U_{om}$ 和 $\omega_0$ 分别表示期望输出电压的幅值和角频率。

交-交变频器的变流结构采用桥式结构，线电压 $u_{ab}$、$u_{ac}$、$u_{bc}$、$u_{ba}$、$u_{ca}$ 和 $u_{cb}$ 依次用 $u_1 \sim u_6$ 表示，相邻两个线电压的交点对应于 $\alpha=0$。

在开始阶段先是 $u_1$ 导电，实际输出电压 $u_1$ 与理想电压 $u_R$ 之差为 $(u_R - u_1)$，我们随时进行比较，当电压误差 $(u_R - u_1)$ 比下一个晶闸管导通时的误差 $(u_2 - u_R)$ 大时，则应换为下一个晶闸管导通。

因此换相的条件是

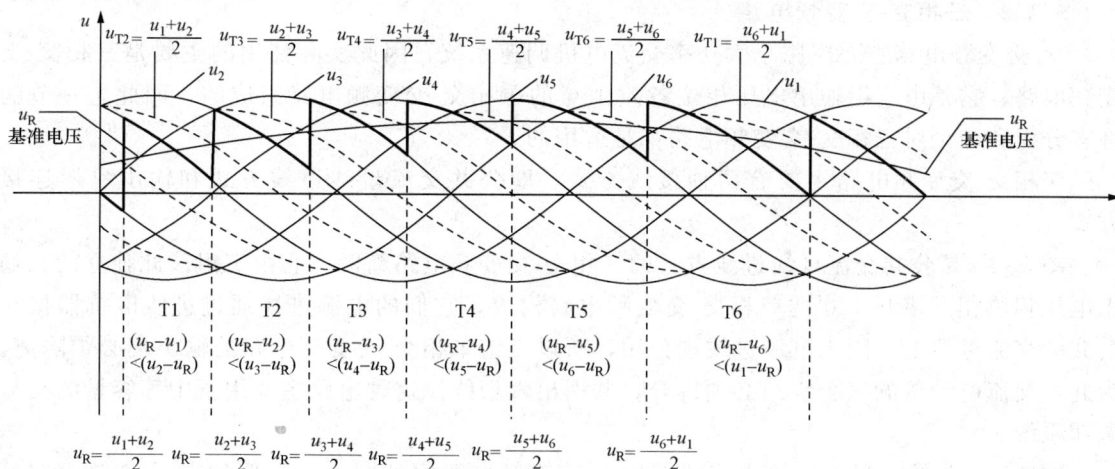

图 5-17　余弦交截法原理图

$$u_R - u_1 = u_2 - u_R$$

即

$$u_R = \frac{u_1 + u_2}{2} \qquad (5\text{-}23)$$

当 $u_1$ 和 $u_2$ 都是正弦波时，$u_R = \dfrac{u_1 + u_2}{2}$ 正好是两个电压的平均值，它也应是一个正弦波（如图中虚线所示）。这个波的峰值正好对应于 $u_2$ 波形 $\alpha = 0°$ 这一点，而其零点正对应于 $u_2$ 波形 $\alpha = 90°$ 这一点，因此可以看出这个波形正好是 $u_2$ 导通角 $\alpha$ 的余弦，我们称它为 $u_2$ 的同步波，并以 $u_{T2}$ 表示

$$u_{T2} = U_{Tm}\cos\alpha \qquad (5\text{-}24)$$

其中 $U_{Tm}$ 为 $u_{T2}$ 的峰值，也是 $\alpha = 0°$ 时整流电路的理想空载电压值。

因此 $u_1 \sim u_6$ 的同步电压用 $u_{T1} \sim u_{T6}$ 表示，$u_{T1} \sim u_{T6}$ 比相应的 $u_1 \sim u_6$ 超前 $30°$。

由于换相点应满足条件：

$$u_R = u_{Ti} \quad (i = 1,\ 2,\ \cdots,\ 6) \qquad (5\text{-}25)$$

也就是在理想输出电压波 $u_R$ 与各个余弦的同步波 $u_{Ti}$ 的交点上发出触发脉冲，使晶闸管换相。从物理意义上看，发出换相触发脉冲的交点也正是各段电源的平均整流电压和理想输出电压相等的时刻。

根据式（5-24）和式（5-25）可得出

$$\cos\alpha = \frac{u_R}{U_{Tm}} = \frac{U_{om}}{U_{Tm}}\sin\omega_0 t = \gamma\sin\omega_0 t \qquad (5\text{-}26)$$

式中：$\gamma$ 为输出电压比，$\gamma = \dfrac{U_{om}}{U_{Tm}}(0 \leqslant \gamma \leqslant 1)$。可见理想输出电压 $u_R$ 和控制角 $\alpha$ 之间保持余弦的关系。而相控整流器就像一个功率放大器，如果输入一个理想的正弦电压，则输出电压的 "包络线" 就是一个正弦交流电压。

由式（5-26）可得

$$\alpha = \arccos(\gamma\sin\omega_0 t) \qquad (5\text{-}27)$$

上式就是余弦交截法求交-交变频电路触发延迟角 $\alpha$ 的基本公式。

### 5.2.2　三相交-交变频电路

交-交变频电路主要应用于大功率交流电机调速系统，因此实际使用的主要是三相交-交变频电路。它是由三组输出电压相位各差120°的单相交-交变频电路组成的，因此上一节的许多分析和结论对三相交-交变频电路都是适用的。

三相交-交变频电路主要有两种接线方式，即公共交流母线进线方式和输出星形连接方式。

图5-18是公共交流母线进线方式的三相交-交变频电路简图。它由三组彼此独立的、输出电压相位相互错开120°的单相交-交变频电路构成，它们的电源进线通过进线电抗器接在公共的交流母线上。因为电源进线端公用，所以三组单相交-交变频电路的输出端必须隔离。为此，交流电动机的三个绕组必须拆开，共引出六根线。这种电路主要用于中等容量的交流调速系统。

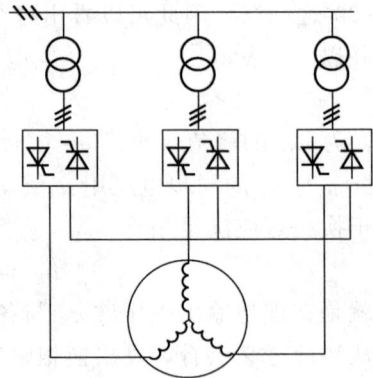

图5-19是输出星形连接方式的三相交-交变频电路原理图。三组单相交-交变频电路的输出端是星形连接，电动机的三个绕组也是星形连接，电动机中性点不和变频器中性点接在一起，电动机只引出三根线即可。因为三组单相交-交变频电路的输出连接在一起，其电源进线就必须隔离，所以三组单相交-交变频器分别用三个变压器供电。由于变频器输出端中点不和负载中点相连接，因此在构成三相交-交变频电路的六组桥式电路中，至少要有不同输出相的两组桥中的四个晶闸管同时导通才能构成回路，形成电流。和整流电路一样，同一组桥内的两个晶闸管靠双触发脉冲保证同时导通。而两组桥之间则是靠各自的触发脉冲有足够的宽度，以保证同时导通。

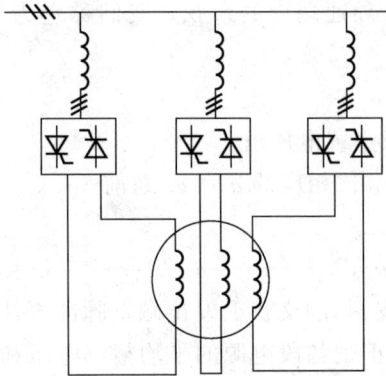

图5-18　公共交流母线进线方式三相　　　　　图5-19　输出星形连接方式
　　　　　　交-交变频电路　　　　　　　　　　　　　　三相交-交变频电路

### 5.2.3　交-交变频电路输入输出特性

下面从输出上限频率、输入功率因数、输出电压和电流谐波四方面来讨论交-交变频电路的输入输出特性。从电路结构和工作原理可以看出，三相交-交变频电路和单相交-交变频电路的输出上限频率和输出电压谐波是一致的，但输入电流和输入功率因数则有一些差别。

1. 输出上限频率

交-交变频电路的输出电压是由许多段电网电压拼接而成的。输出电压一个周期内拼接的电网电压段数越多，就可使输出电压波形越接近正弦波。每段电网电压的平均持续时间是由变流电路的脉波数决定的。因此，当输出频率增高时，输出电压一周期所含电网电压的段数减少，波形畸变严重。电压波形畸变以及由此产生的电流波形畸变和转矩脉动是限制输出频率提高的主要因素。就输出波形畸变和输出上限频率的关系而言，很难确定一个明确的界限。当然，构成交-交变频电路的两组变流电路的脉波数越多，输出上限频率就越高。就常用的 6 脉波三相桥式电路而言，一般认为，输出上限频率不高于电网频率的 1/3～1/2。电网频率为 50Hz 时，交-交变频电路的输出上限频率约为 20Hz。

**2. 输出电压谐波**

交-交变频电路输出电压的谐波频谱是非常复杂的，它既和电网频率 $f_i$ 以及变流电路的脉波数有关，也和输出频率 $f_o$ 有关。

对于采用三相桥式电路的交-交变频电路来说，输出电压中所含主要谐波的频率为

$$6f_i \pm f_o, 6f_i \pm 3f_o, 6f_i \pm 5f_o, \cdots$$
$$12f_i \pm f_o, 12f_i \pm 3f_o, 12f_i \pm 5f_o, \cdots$$

**3. 输入电流谐波**

单相交-交变频电路的输入电流波形和可控整流电路的输入波形类似，但是其幅值和相位均按正弦规律被调制。采用三相桥式电路的交-交变频电路输入电流谐波频率为

$$f_{in} = |(6k \pm 1)f_i \pm 2lf_o| \tag{5-28}$$

和

$$f_{in} = f_i \pm 2kf_o \tag{5-29}$$

式中：$k = 1, 2, 3, \cdots$；$l = 0, 1, 2, \cdots$。

对于三相交-交变频电路，总的输入电流是由三个单相交-交变频电路的同一相输入电流合成而得到的，有些谐波相互抵消，谐波种类有所减少，总的谐波幅值也有所降低。其谐波频率为

$$f_{in} = |(6k \pm 1)f_i \pm 6lf_o| \tag{5-30}$$

和

$$f_{in} = f_i \pm 6kf_o \tag{5-31}$$

**4. 输入功率因数**

交-交变频电路采用的是相位控制方式，因此其输入电流的相位总是滞后于输入电压，需要电网提供无功功率。在输出电压的一个周期内，$\alpha$ 角是以 90° 为中心而前后变化的。输出电压比 $\gamma$ 越小，半周期内的平均值越靠近 90°，位移因数越低。另外，负载的功率因数越低，输入功率因数也越低。而且不论负载功率因数是滞后的还是超前的，输入的无功电流总是滞后的。

图 5-20 给出了以输出电压比 $\gamma$ 为参变量时单相交-交变频电路输入位移因数和负载功率因数的关系。输入位移因数也就是输入的基波功率因数，其值通常略大于输入功率因数。因此，图 5-20 也大

图 5-20　单相交-交变频电路的功率因数

体反映了输入功率因数和负载功率因数的关系。可以看出，即使负载功率因数为 1 且输出电压比 $\gamma$ 也为 1，输入功率因数仍小于 1，随着负载功率因数的降低和 $\gamma$ 的减小，输入功率因

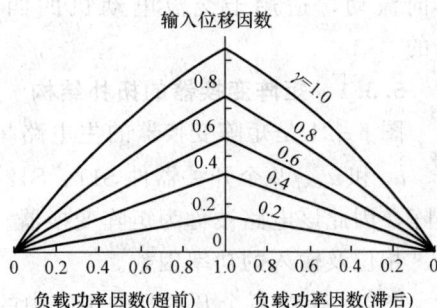

数也随之降低。

三相交-交变频电路由三组单相交-交变频电路组成，每组单相变频电路都有自己的有功功率、无功功率和视在功率。总输入功率因数为

$$\lambda = \frac{P}{S} = \frac{P_a + P_b + P_c}{S} \tag{5-32}$$

从式（5-32）可以看出，三相电路总的有功功率为各相有功功率之和，但视在功率却不能简单相加，而应该由总输入电流有效值和输入电压有效值来计算，比三相各自的视在功率之和要小。因此，三相交-交变频电路总输入功率因数要高于单相交-交变频电路。当然，这只是相对于单相电路而言，功率因数低仍是三相交-交变频电路的一个主要缺点。

本节介绍的交-交变频电路是把一种频率的交流直接变成可变频率的交流，是一种直接变频电路。和第7章介绍的交-直-交变频电路比较，交-交变频电路的优点是：只用一次变流，效率较高；可方便地实现四象限工作；低频输出波形接近正弦波。缺点是：接线复杂，如采用三相桥式电路的三相交-交变频器至少要用36只晶闸管；受电网频率和变流电路脉波数的限制，输出频率较低；输入功率因数较低；输入电流谐波含量大，频谱复杂。

由于以上优缺点，交-交变频电路主要用于500kW或1000kW以上的大功率、低转速的交流调速电路中。目前已在轧机主传动装置、鼓风机、矿石破碎机、球磨机、卷扬机等场合获得了较多的应用。它既可用于异步电动机传动，也可用于同步电动机传动。

## 5.3* 矩 阵 变 换 器

矩阵变换器是近年来出现的一种控制性能优良的新颖变流电路。对同一矩阵变换电路，采用不同的控制算法，可以实现整流、逆变、斩波和变频等功能。

矩阵变换器的优点是输出电压可控制为正弦波，输出频率不受电网频率的限制；输入电流也可控制为正弦波且与电压同相，功率因数可任意控制，甚至为1；能量可双向流动，适用于交流电动机的四象限运行。因此，这种电路的电气性能是十分理想的。

### 5.3.1　矩阵变换器的拓扑结构

图5-21是矩阵变换器的主电路拓扑。三相输入电压为 $u_a$、$u_b$ 和 $u_c$，三相输出电压为 $u_u$、$u_v$ 和 $u_w$。9个开关器件S11、S12、S13，S21、S22、S23，S31、S32、S33组成3×3的矩阵，因此该电路被称为矩阵变换器。通过对9个开关的控制，可调节输出电量的频率、幅值、相位及输入的功率因数。

图5-21中每个开关都是矩阵中的一个元素，采用双向可控开关，即要求功率开关既能阻断任意方向的电压，又能导通任意方向的电流。目前功率双向开关常采用单向功率器件（如IGBT、GTO或功率MOSFET等）通过串并联组合而成，常用的两种组合方式如图5-22所示。

图5-22（a）所示为二极管桥式双向开关，这种双向开关只需一个IGBT器件和一

个驱动电路，但接通时需要 3 个元件导通，开通损耗较大。图 5-22（b）所示为采用两个开关器件背靠背连接方式实现的双向开关，其中两个二极管提供双向开关的反向阻断能力，这种方式可以对正反向的电流进行独立控制，容易实现负载电流的换流，开通损耗小。

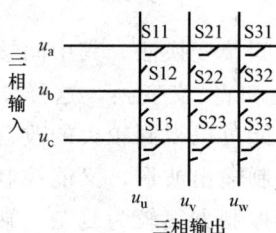

图 5-21 矩阵变换器主电路拓扑

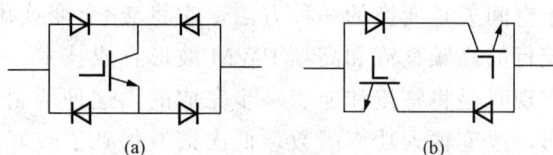

图 5-22 双向开关

### 5.3.2 矩阵变换器的工作原理

对单相交流电压 $u_s$ 进行斩波控制，如果开关频率足够高，则其输出电压为 $u_0$ 为

$$u_0 = \frac{t_{on}}{T_c} u_s = D u_s \qquad (5-33)$$

式中：$T_c$ 为开关周期；$t_{on}$ 为一个开关周期内开关导通时间；$D$ 为导通占空比。

在不同的开关周期中采用不同的 $D$，可得到与 $u_s$ 频率和波形都不同的 $u_0$。由于单相交流电压 $u_s$ 波形为正弦波，可利用的输入电压部分只有单相电压部分，因此输出电压 $u_0$ 将受到很大的局限，无法得到所需要的输出波形。如果把输入交流电源改为三相，用图 5-21 中第一列的 3 个开关 S11、S12 和 S13 共同作用来构造 $u$ 相输出电压，理论上所构造的 $u_u$ 的频率可不受限制，但如 $u_u$ 必须为正弦波，则其最大幅值仅为输入相电压幅值的 0.5 倍。如果利用输入线电压来构造输出线电压，例如用图 5-21 中第一列和第二列的 6 个开关共同作用来构造输出线电压 $u_{uv}$，这样，当 $u_{uv}$ 必须为正弦波时，其最大幅值就可达到输入线电压幅值的 0.866 倍。这也是正弦波输出条件下矩阵式变频电路理论上最大的输出输入电压比。下面为了叙述方便，仍以相电压输出方式为例进行分析。

用对开关 S11、S12 和 S13 的控制构造输出电压 $u_u$ 时，为了防止输入电源短路，在任何时刻只能有一个开关接通。考虑到负载一般是阻感负载，负载电流具有电流源性质，为使负载不致开路，在任一时刻也必须有一个开关接通。因此，$u$ 相输出电压 $u_u$ 和各相输入电压的关系为

$$u_u = D_{11} u_a + D_{12} u_b + D_{13} u_c \qquad (5-34)$$

式中：$D_{11}$、$D_{12}$ 和 $D_{13}$ 分别为一个开关周期内开关 S11、S12 和 S13 的导通占空比。

由上面的分析可知

$$D_{11} + D_{12} + D_{13} = 1 \qquad (5-35)$$

用同样的方法控制图 5-21 矩阵第二列和第三列的各开关，可以得到类似于式（5-34）的表达式。把这些公式合写成矩阵的形式，即

$$\boldsymbol{u}_0 = \begin{bmatrix} u_u \\ u_v \\ u_w \end{bmatrix} = \begin{bmatrix} D_{11} & D_{12} & D_{13} \\ D_{21} & D_{22} & D_{23} \\ D_{31} & D_{32} & D_{33} \end{bmatrix} \begin{bmatrix} u_a \\ u_b \\ u_c \end{bmatrix} = \boldsymbol{D} \boldsymbol{u}_i \qquad (5-36)$$

$D$ 称为调制矩阵，它是时间的函数，每个元素在每个开关周期中都是不同的。

要使矩阵变换器能够很好地工作，有两个基本问题必须解决。首先要解决的问题是如何求取理想的调制矩阵 $D$，即矩阵式变换器的控制策略；其次就是在开关切换时如何实现既无交叠又无死区，即矩阵变换器的换流问题。通过许多学者的努力，这两个问题都已有了较好的解决办法。

矩阵变换器的调制策略主要有直接变换法、电流跟踪法和间接变换法。其中间接变换法是基于空间矢量变换的一种方法，它将交-交变换虚拟为交-直和直-交变换，这样便可采用目前流行的高频整流和高频 PWM 波形合成技术，变换器的性能可以得到较大的改善。当然具体实现时是将整流和逆变一步完成的，这种调制策略既能控制输出波形，又能控制输入电流波形，改变输入功率因数，低次谐波得到了较好的抑制，但控制方案较为复杂，缺少有效的动态理论分析支持。它是目前在矩阵式变换器中研究较多也是较为成熟的一种控制策略，比较有发展前途。

在矩阵变换器中，每相的开关需要经常进行换流，当负载电流的方向不变时，开关之间的换流是自然换流方式，会出现换流重叠现象；如换流前后的负载电流要改变方向时，就会出现换流困难。这是由于功率开关存在开通时间和关断时间，一个双向开关的导通和另一个双向开关的关断不能瞬时同步完成，这样矩阵变换器双向开关的换流就会产生两个问题：一是对于每路输出电路，当有两个开关同时导通时，可能导致电源短路，如在 $u_{uv}$ 为正时，u 相开关的正方向和 v 相开关的反方向同时导通，u、v 两相短路，因而产生很大的短路电流，使开关损坏；二是对于每路输出电路，当三个开关都不导通时，负载电路出现开路现象，感性电流无续流通路而产生很大的感应电动势，可能将开关击穿。为解决负载短路和断路问题，矩阵变换器在换流时，需引入换流延时时间和换流重叠时间。

矩阵变换器有十分突出的优点。首先，矩阵式变频电路有十分理想的电气性能，它可使输出电压和输入电流均为正弦波，输入功率因数为 1，且能量可双向流动，可实现四象限运行。其次，和目前广泛应用的交-直-交变频电路相比，虽多用了 6 个开关器件，却省去了直流侧大电容，将使体积减小，且容易实现集成化和功率模块化。在电力电子器件制造技术飞速进步和计算机技术日新月异的今天，矩阵式变频电路将有很好的发展前景。但目前来看，矩阵式变频电路所用的开关器件多，电路结构较复杂，成本较高，控制方法还不算成熟。此外，其输出输入最大电压比只有 0.866，用于交流电机调速时输出电压偏低。这些是其尚未进入实用化的主要原因。

## 5.4 三相交流调压电路的仿真

交流-交流变换电路不仅可以采用传统的分段线性化方法进行分析，也可采用 MAT-LAB 仿真的形式进行研究，下面以无中性线星形连接的三相交流调压电路为例来讨论交流-交流变换电路的仿真。

### 5.4.1 仿真模型和参数设置

三相交流调压电路的仿真模型如图 5-23 所示，包括交流电源、VT 模型、RL 负载、触发装置和测量环节等。其中 VT 模型为两只晶闸管的反并联，触发装置能输出双窄脉冲。测量环节 Powergui 能观察波形并给出其谐波含量。

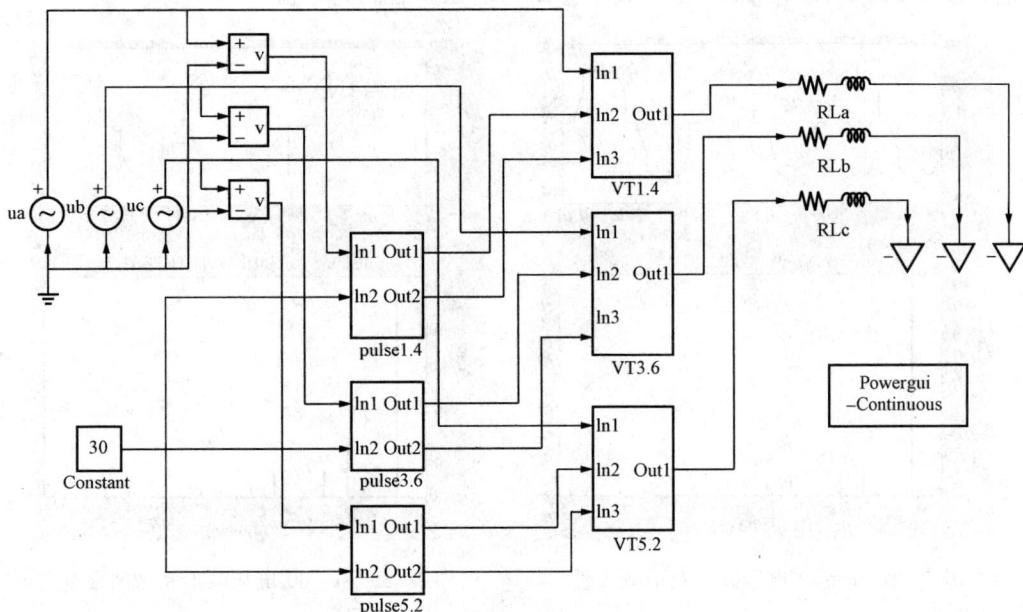

图 5 - 23　三相交流调压电路的仿真模型

根据仿真需要，模型中的参数设置如下。

（1）三相交流电压 $u_a$、$u_b$ 和 $u_c$ 的幅值均为 311V，频率为 50Hz，初相位分别为 $0°$、$-120°$、$-240°$。

（2）晶闸管参数设置为默认值。

（3）常数环节设置控制角 $\alpha$ 可以为 $30°$、$60°$、$90°$ 和 $120°$。

（4）负载参数：电阻负载 $R=1$，$L=0$，$C=\mathrm{inf}$；阻感负载 $R=1$，$L=0.0016\mathrm{H}$，$C=\mathrm{inf}$。

（5）仿真参数：仿真时间为 0.2s，仿真算法 ode15s。

### 5.4.2　仿真结果与分析

1. 电阻负载

图 5 - 24、图 5 - 25、图 5 - 26 和图 5 - 27 所示分别为 $\alpha=30°$、$\alpha=60°$、$\alpha=90°$ 和 $\alpha=120°$ 的波形，其结果与 5.1 节的分析结论完全一致。从图中可以看出，随 $\alpha$ 角的增加，输出电压平均值减小。

从输出电压波形和谐波含量图上可以看出，随控制角 $\alpha$ 的增大，输出电压的面积明显变小，基波成分下降，但谐波含量上升，所含谐波次数为 $6k\pm1$（$k=1$，2，3，…），谐波的次数越低，含量越大。这里没有 3 的整数倍次谐波，因电路采用三相三线无中性线连接。

2. 阻感负载

由于电感的续流作用，阻感负载的晶闸管导通时间变长，工作情况要比电阻负载复杂。在 $\alpha<\varphi$ 时，负载电压和电流波形连续，相当于晶闸管全部被短接时的情况，电路处于失控状态。当 $\alpha>\varphi$ 时，随控制角的增大，输出电压降低。不同阻抗角工作情况也不同，我们以

阻抗角 $\varphi=30°$ 为例分析电路的工作情况。控制角为 $60°$ 和 $90°$ 时的电压、电流波形及谐波含量分别如图 5-28 和图 5-29 所示，其中左图为电压，右图为电流。

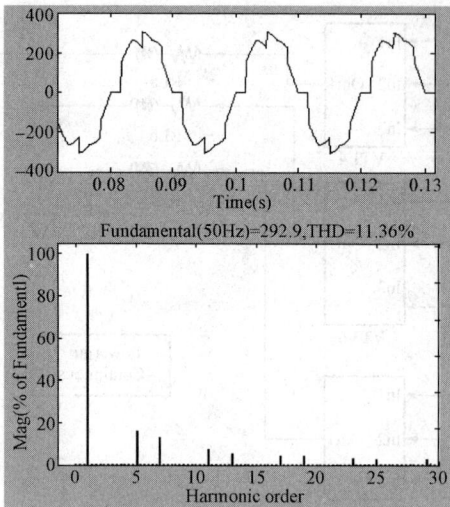

图 5-24　$\alpha=30°$ 电压波形及谐波含量

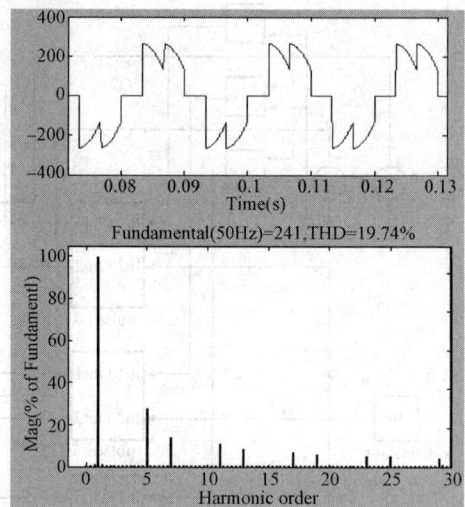

图 5-25　$\alpha=60°$ 电压波形及谐波含量

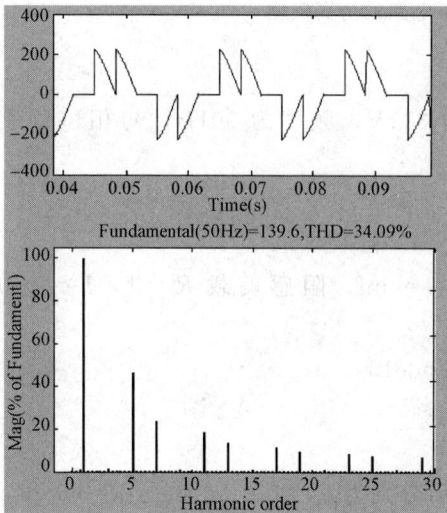

图 5-26　$\alpha=90°$ 电压波形及谐波含量

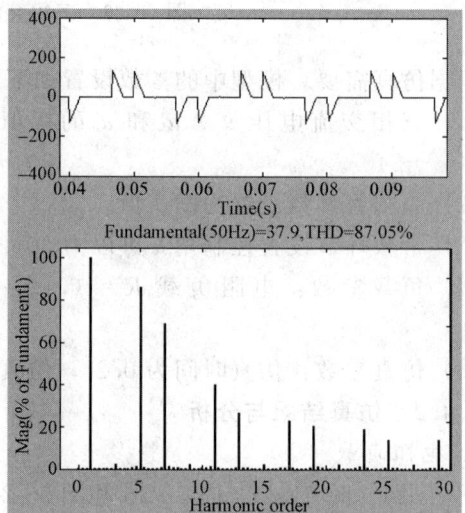

图 5-27　$\alpha=120°$ 电压波形及谐波含量

与电阻负载相比，阻感负载在同样的控制角下，由于电感的续流作用，晶闸管的导通时间增加，输出电压基波含量上升，电流的谐波含量下降，但电压的谐波含量变化比较复杂。在控制角较小时，电压的谐波含量较电阻负载小；在控制角较大时（$\alpha>60°$ 后）电压的谐波含量随阻抗角的增加而上升。当阻抗角变大时，随控制角的增大，电压的谐波含量还要增加。

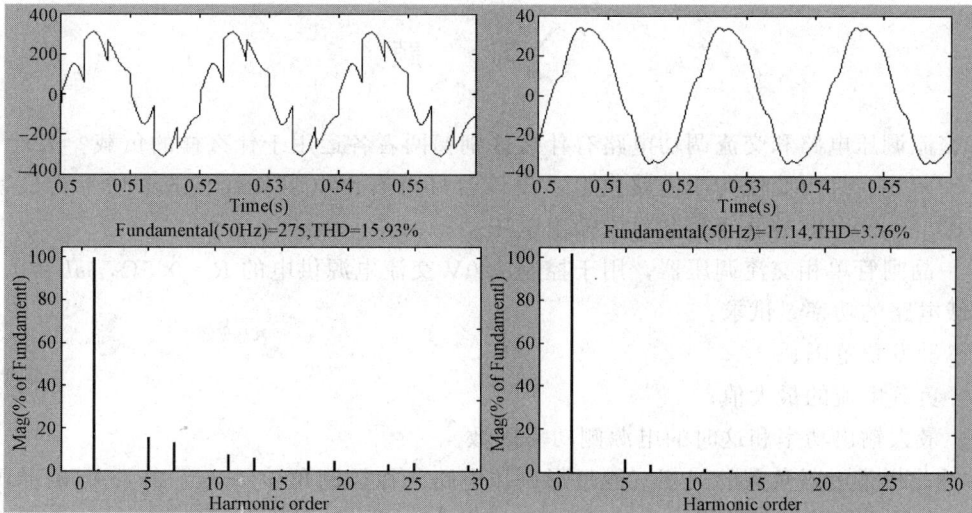

图 5 - 28 α=60°时电压、电流波形及谐波含量

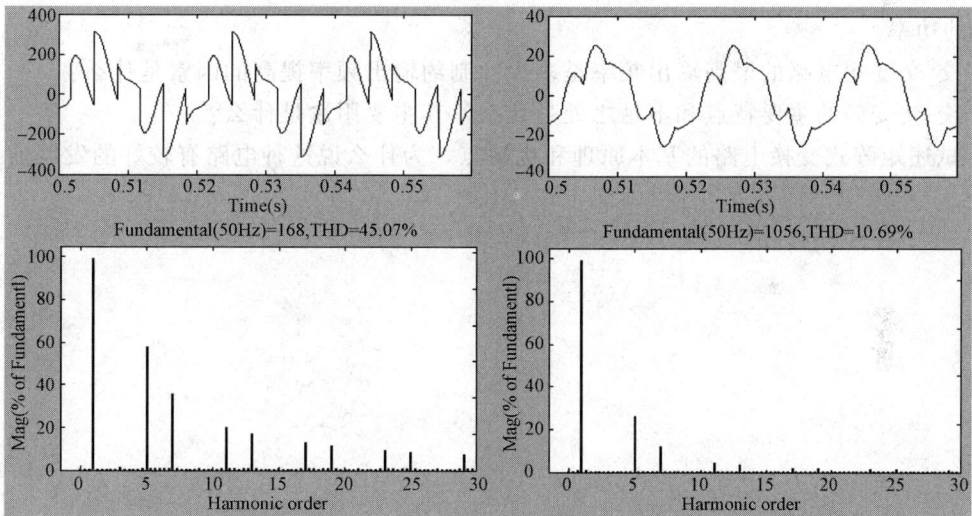

图 5 - 29 α=90°时电压、电流波形及谐波含量

## 本 章 小 结

本章介绍了各种交流-交流变流电路，其中包括交流电力控制电路、交-交变频电路和矩阵式变换电路。在交流电力控制电路中，重点内容是交流调压电路，详细分析了单相交流调压电路带电阻、阻感负载时的工作情况和三相交流调压电路电阻负载的工作原理。本章也对交流调功电路及交流电力电子开关进行了简单的介绍。在交-交变频电路中，介绍了其工作原理和特性。矩阵变换器是一种新颖的变流电路，采用不同的控制算法可实现整流、逆变、斩波等不同功能，本章简单介绍了其工作原理，并对其特点进行了分析。除传统分析方法外，仿真也是一种非常重要的分析手段，本章对三相交流调压电路进行了仿真分析。

## 习　题

1. 交流调压电路和交流调功电路有什么区别？两者各运用于什么样的负载？为什么？

2. 一调光台灯由交流调压电路供电，设该台灯可看作电阻负载，试求功率为最大输出功率的 80%、50% 时的开通角和对应输出电压。

3. 一晶闸管单相交流调压器，用于控制 220V 交流电源供电的 $R=0.5\Omega$，$\omega L=0.5\Omega$ 的串联负载电路的功率。试求：

（1）触发角范围；

（2）负载电流的最大值；

（3）最大输出功率和这时的电源侧功率因数。

4. 试分析带电阻负载的三相三线星形调压电路，在控制角 $\alpha=\pi/4$、$2\pi/3$ 时的晶闸管导通区间分布及主电路输出波形。

5. 单相调功电路，采用过零触发。$U_2=220V$，负载电阻为 $R=1\Omega$，在设定周期 $T_c$ 内，控制晶闸管导通 0.3s、断开 0.2s，试计算此时电阻负载上的功率与晶闸管全部周波导通时所送出的功率。

6. 交-交变频电路的最高输出频率是多少？制约输出频率提高的因素是什么？

7. 交-交变频的主要特点和不足之处是什么？其主要用途是什么？

8. 试述矩阵式变换电路的基本原理和优缺点，为什么说这种电路有较好的发展前景？

# 第 6 章[*] 变 流 器 工 程 设 计

变流设备是目前应用广泛的一种电力控制设备,掌握其工程设计方法,对产品选型、设计和维护运行工作都有重要意义。本章以晶闸管整流器工程设计为例,介绍主电路工程设计方法,意在成为进一步学习其他电力电子电路设计的基础。此外,还对电力电子器件的保护电路和变频器的选型设计进行了介绍。

## 6.1 晶闸管整流设备的功能指标与工程设计的基本内容

### 6.1.1 晶闸管整流设备的功能指标

晶闸管整流设备的功能指标主要包括效率和功率因数。

1. 效率

电力电子设备的效率分为功率效率和变流因数。两者的区别是:功率效率须考虑直流电流纹波引起的影响和交流侧电流谐波成分的影响,变流因数则无须考虑。在整流设备输出电压每周期脉动次数 $m > 6$ 时,直流侧的脉动成分很小,变流因数和功率效率非常接近。如果 $m < 6$,直流侧的脉动成分较大,变流因数和功率效率相差显著,必须分别考虑。

变流器工作在整流状态时,其功率效率称为整流效率,即

$$整流效率 = \frac{直流侧输出有功功率}{交流侧输入有功功率} \tag{6-1}$$

直流侧输出有功功率中,包括直流成分产生的功率和谐波成分产生的有功功率;交流侧输入有功功率中,主要是基波有功功率。

变流器工作在逆变状态时,其功率效率称为逆变效率,即

$$逆变效率 = \frac{交流侧输出有功功率}{直流侧输入有功功率} \tag{6-2}$$

变流器工作在整流状态时,变流因数称为整流因数,即

$$整流因数 = \frac{直流电压 \times 直流电流}{交流侧基波有功功率} \tag{6-3}$$

变流器工作在逆变状态时,变流因数称为逆变因数,即

$$逆变因数 = \frac{交流侧基波有功功率}{直流电压 \times 直流电流} \tag{6-4}$$

2. 功率因数

电力电子变流器的功率因数是指网侧功率因数,网侧电流波形为非正弦波,必须考虑谐波成分对功率因数的影响。变流器的功率因数为网侧有功功率与视在功率之比,即

$$\lambda = \frac{P}{S} = \frac{UI_1\cos\varphi_1}{UI} = \frac{I_1\cos\varphi_1}{I} = \mu\cos\varphi_1 \tag{6-5}$$

$\mu$ 为电流畸变因数,表示电流有效值中基波有效值的含量,网侧电流波形越接近正弦波,$\mu$ 越接近 1。$\cos\varphi$ 为位移因数,也称为基波功率因数,是输入基波有功功率与输入基波视在功率之比,在数学上可理解为电流基波波形相对于基波电压波形的相位角的余弦。

### 6.1.2　整流设备工程设计的基本内容

在进行整流设备工程设计时，要考虑功率、用途及工作环境等因素。本节只介绍整流设备工程设计的通用内容，实际应用中可视具体技术要求对有关内容进行适当处理。整流设备工程设计程序见表 6-1，一般情况下，可按表中顺序进行整流器的总体设计，有些内容也可并行进行。

表 6-1　　　　　　　　　　　　　　　整流器设计程序

| 序号 | 程序名称 | 主要内容 |
|---|---|---|
| 1 | 掌握原始数据和资料 | 负载参数、电源参数、环境情况及特殊要求 |
| 2 | 确定整流器主要参数 | 直流输出额定电压、直流输出额定电流 |
| 3 | 选择整流器主电路 | 按性能指标和经济技术指标选择 |
| 4 | 计算整流变压器参数 | $U_2$、$I_2$、$I_1$、$S_1$、$S_2$、$S_T$ |
| 5 | 选择冷却系统 | 发热计算、冷却系统选择 |
| 6 | 元器件的计算和选用 | 额定参数的计算、串并联数的确定 |
| 7 | 触发电路的设计 | 触发电路选择，定相的设计 |
| 8 | 保护系统设计 | 过电压保护、过电流保护，$\mathrm{d}u/\mathrm{d}t$ 和 $\mathrm{d}i/\mathrm{d}t$ 的限制 |
| 9 | 其他主要部件的计算与选用 | 平波电抗器、电压和电流检测装置 |
| 10 | 操作电路及故障检测电路设计 | 继电器操作电路，故障检测，信号和报警系统设计 |
| 11 | 结构布置的设计 | 保证性能指标及安全性，维护方便，布局美观 |

**1. 掌握原始数据及资料**

原始数据及资料包括负载参数、电源参数、整流器工作环境及某些特殊要求。其中，负载参数包括负载额定电流 $I_{\mathrm{dL}}$、负载额定电压 $U_{\mathrm{dL}}$、负载额定功率 $P_{\mathrm{dL}}$，即

$$P_{\mathrm{dL}} = U_{\mathrm{dL}} I_{\mathrm{dL}} \tag{6-6}$$

负载参数中有时还包括负载电压调节范围、调节精度、调节快速性等要求；电源参数包括电源电压及其波动范围、电源频率及其波动范围；整流器的工作环境包括环境温度及湿度、海拔高度、有无震动和冲击、有无烟雾和霉菌、设备安装的尺寸限制等。

**2. 确定整流器额定直流电压 $U_{\mathrm{dN}}$ 和额定直流电流 $I_{\mathrm{dN}}$**

$U_{\mathrm{dN}}$ 和 $I_{\mathrm{dN}}$ 的选择原则如下。

(1) 与负载的额定值相当，满足负载额定工作要求。

(2) 符合国家标准 GB 3859—83 中的有关直流电压、电流额定值等级的规定。

**3. 整流器主电路接线方式的确定**

整流器主电路接线方式根据电源情况、整流设备的容量及纹波要求等方面确定。对于 5kW 以下的整流器多采用单相桥式整流电路；5kW 以上的整流器多采用三相桥式整流电路。对于低电压大电流的整流器，可采用带平衡电抗器的双反星形整流电路。要求直流侧有较小的电流脉动时，可采用每周期脉动次数 $m \geqslant 12$ 的整流电路，如双三相桥式整流电路带平衡电抗器并联或双三相桥式整流电路串联电路。各种整流器的优缺点见表 6-2。

表 6 - 2 各种整流器的优缺点比较

| | 单向双半波 | 单相桥式 | 三相半波 | 三相桥式 | 双反星形带平衡电抗器 | 六相半波 | 双三相桥带平衡电抗器 |
|---|---|---|---|---|---|---|---|
| 变压器利用率 $(P_{dN}/S_T)$ | 差 (0.75) | 较好 (0.9) | 差 (0.74) | 好 (0.95) | 一般 (0.79) | 差 (0.65) | 好 (0.97) |
| 直流侧脉动情况 | 一般 $(m=2)$ | 一般 $(m=2)$ | 一般 $(m=3)$ | 较小 $(m=6)$ | 较小 $(m=6)$ | 较小 $(m=6)$ | 小 $(m=12)$ |
| 元件利用率 (最大导通时间) | 好 (180°) | 好 (180°) | 较好 (120°) | 较好 (120°) | 较好 (120°) | 差 (60°) | 较好 (120°) |
| 直流磁化 | 无 | 无 | 有 | 无 | 无 | 有 | 无 |
| 波形畸变 (畸变因数) | 一般 (0.9) | 一般 (0.9) | 严重 (0.827) | 较小 (0.955) | 较小 (0.955) | 较小 (0.955) | 小 (0.985) |

表 6 - 2 中整流器负载为电感性负载，忽略负载电流的脉动。根据表 6 - 2 中各电路的特点，遵循以下原则来选择整流器主电路的接线方式。

(1) 晶闸管电压及电流容量应充分得到应用，晶闸管导通角越大越好。

(2) 整流器输出电压的脉动应尽量小，以减小平波电抗器的电感量。

(3) 网侧交流电流的畸变因数数值越大越好，以提高功率因数和效率。

(4) 整流变压器等值容量 $S_T$ 应尽量接近负载直流容量 $P_{dL}$，使变压器得到充分利用。

(5) 经济上合理，在能满足各项电气指标的前提下，应尽可能采用结构简单、投资少的方案。

4. 晶闸管的发热计算和冷却系统的选用

晶闸管在工作过程中必然要产生功率损耗，其损耗包括正向平均功率损耗和反向功率损耗。若晶闸管导通时正向电压为 $u_T$，通态电流为 $i_{VT}$，则正向平均功耗 $P_T$ 为

$$P_T = \frac{1}{2\pi}\int_0^{2\pi} u_T i_{VT} \mathrm{d}(\omega t)$$

正向电压 $u_T$ 可表示为门槛电压 $U_{TO}$ 和线性电阻 $r_T$ 上的电压降之和，即

$$u_T = U_{TO} + r_T i_{VT}$$

则

$$P_T = \frac{1}{2\pi}\int_0^{2\pi}(U_{TO} i_{VT} + r_T i_{VT}^2)\mathrm{d}(\omega t) = U_{TO} I_{dVT} + r_T I_{VT}^2 \tag{6 - 7}$$

式中：$I_{dVT}$ 为晶闸管平均电流；$I_{VT}$ 为晶闸管电流有效值。

在没有掌握 $r_T$ 的具体数值时，可用下式近似计算 $P_T$，即

$$P_T = U_T I_{dTV} \tag{6 - 8}$$

式中：$U_T$ 为晶闸管通态平均电压。

通常反向损耗 $P_R$ 可以忽略不计，必要时可按下式计算，即

$$P_R = (0.05 \sim 0.1)P_T \tag{6 - 9}$$

晶闸管的总损耗为

$$P_H = P_R + P_T \tag{6 - 10}$$

整流设备中晶闸管的总损耗为

$$P_{NH} = NP_H \tag{6-11}$$

式中：$N$ 为整流设备中晶闸管总数。

整流设备中晶闸管发热量为

$$Q = 3.6P_{NH} \tag{6-12}$$

式中：$Q$ 的单位为 kJ/h。变流设备的冷却方式有自冷、风冷、水冷、油冷及油浸冷等。各种冷却方式的热交换系数及适用范围见表 6-3。

表 6-3　　　　　　　各种冷却方式的热交换系数及适用范围

| 冷却方式 | 散热效率（kJ·h$^{-1}$·m$^{-2}$·K$^{-1}$） | 适用场合 |
|---|---|---|
| 自冷 | 20～55 | 20A 以下的器件 |
| 风冷 | 140～260 | 200～500 A 之间的器件 |
| 循环水冷 | 830～8300 | 400V 以上的中高压设备及低压大电流设备 |
| 流水冷却 | 830～8300 | 200～400V 之间的低压器件 |
| 循环油冷 | 3000～3300 | 电解设备 |
| 油浸自冷 | 830～1250 | 电镀设备 |

5. 触发电路和检测元件

（1）触发电路的选择。触发电路的种类很多，包括由分立元件组成的触发电路、集成触发电路和数字触发电路三大类，且各有其特点。分立元件组成的触发电路结构简单，但具有稳定性和可靠性差、调试不方便的缺点，目前仅在小功率且对触发要求不高的场合应用；集成触发电路具有性能可靠、应用方便、功耗低、体积小等优点，应用范围非常广泛；随着微处理器的发展，数字化触发电路已得到广泛的应用，数字化触发电路具有控制精度高、触发不对称度小的特点。

在选择触发电路时，应根据系统的要求合理选择。对于单相、三相半波和三相桥式半控整流电路，应选择单窄脉冲触发电路，如采用单结晶体管触发电路、KC01、KC10 等集成触发电路。对于三相全控桥式等需要两只晶闸管同时导通才能形成电流通路的整流电路，应选择双窄脉冲或宽脉冲触发电路。如同步信号为锯齿波的触发电路、由 KC05 或 KC09 和 KC41 组成的三相触发电路、TC787 三相集成移相触发电路等。控制精度要求高时可采用微机触发电路。

在变流器采用晶闸管串并联的场合，为改善动态均压或均流性能，要求触发脉冲有足够陡的上升沿和足够大的幅值，其陡度通常为 $1A/\mu s$，为此触发电路应设置强触发环节。为保证可靠工作，触发电路须有脉冲的放大输出和隔离环节。同步问题也是触发电路设计过程中的关键问题。

（2）电压及电流检测元件。多数场合需要检测整流器的输入与输出电压和电流，以便于仪表显示有关电量的变化情况和用于构成闭环系统。

电流的检测可采用串联附加电阻、使用电流互感器和使用霍尔元件的方法。用附加电阻检测输出电流时，电路结构简单、成本低，其缺点是检测电路的输出信号与主电路不隔离，并且有较大的功耗，故常用于简单的小功率系统；电流传感器构成的检测系统具有功耗小、检测精度高、可以将检测信号与主电路隔离等优点，目前得到了广泛的应用；霍尔元件的线性度好，无惯性、装置简单，是一种性能优良的电流检测方法，但是输出电压一般为 mV

级，一般需加电压放大器。此外，由于霍尔元件薄而脆，安装和使用时需特别小心，并应采取措施防止外界电磁干扰。

输出电压的检测可用电阻分压或电压传感器实现。和电流检测一样，电阻分压方式检测线路限于小功率系统中的使用；电压传感器具有检测精度高、能够将检测信号与主电路隔离等优点，但成本高。

整流电路网侧交流电流、电压和阀侧直流电流、电压中均含谐波成分，用普通的互感器、仪表检测会产生明显误差，故重要设备均应选用测量频带宽、响应快的新型传感器和数字检测仪表。在设计检测电路时，应从检测精度、安全性、是否易于维护、减少投资等方面综合考虑，确定检测电路的形式。

6. 整流器调试注意事项

（1）正确选择传感器及测量仪表。

（2）测定交流电源相序，确定同步变压器的极性及接法，正确选择同步电压。

（3）检查触发脉冲是否符合要求，如脉冲顺序、波形、移相范围等，保证正确触发晶闸管，满足调压范围要求。

（4）使用双踪示波器同时观察两个波形时，应注意两探头的地线同电位，防止短路。

## 6.2　整流器电参数计算

### 6.2.1　整流变压器额定参数计算

根据负载所要求的直流电压和电流，可以选择晶闸管整流器主电路的类型。在确定了主电路类型的条件下，就可以根据要求的直流电压确定晶闸管电源电压有效值 $U_2$，工作中只允许 $U_2$ 在一个较小的范围内波动。$U_2$ 选择过高时，运行中晶闸管控制角 $\alpha$ 过大，造成功率因数过低，无功功率增加；$U_2$ 选择过低时，运行中有可能出现控制角 $\alpha = \alpha_{min}$ 仍不能达到负载要求的电压，也不能达到负载要求的功率。通常，为了使整流器交流侧电压与负载电压相匹配，把晶闸管整流装置与电网隔离，抑制整流装置进入电网的谐波电流，减小对电网的污染，需配用整流变压器。对于晶闸管整流装置所要求的交流供电电压与电网电压相差不多的情况，有时采用自耦式变压器；对于晶闸管整流装置要求的交流电压与电网电压一致的情况，也可以省去整流变压器，但晶闸管整流装置须经"进线电抗器"与电网连接。

根据整流器主电路的类型、电源及负载要求的电压和电流，可以计算出整流变压器的额定参数：变压器二次侧的相电压 $U_2$、相电流 $I_2$ 及容量 $S_2$；变压器一次侧相电流 $I_1$、容量 $S_1$；变压器等值容量 $S_T$。根据计算结果便可选择变压器。

1. 二次侧相电压 $U_2$ 的计算

整流器主电路有多种接线类型，在理想情况下阻感负载输出直流电压 $U_d$ 与变压器二次侧相电压 $U_2$ 之间的关系可表示为

$$U_d = K_{UV} U_2 K_B \qquad\qquad (6-13)$$

式中：$K_{UV}$ 为与主电路类型相关的常数；$K_B$ 为与控制角 $\alpha$ 相关的函数。$K_{UV}$ 和 $K_B$ 可由表 6-4 查得。

表 6 - 4　　　　　　　　　　　　　　　整流变压器的计算系数

| 电路形式 | $K_x$ | $K_{UV}$ | $K_{fb}$ | $K_{I2}$ | $K_{I1}$ | $K_{TL}$ | $K_B$ |
|---|---|---|---|---|---|---|---|
| 单相双半波 | 0.450 | 0.9 | 0.45 | 0.707 | 1 | 1 | $\cos\alpha$ |
| 单相半控桥 | 0.637 | 0.9 | 0.45 | 1 | 1 | 1 | $(1+\cos\alpha)/2$ |
| 单相全控桥 | 0.637 | 0.9 | 0.45 | 1 | 1 | 1 | $\cos\alpha$ |
| 三相半波 | 0.827 | 1.17 | 0.368 | 0.577 | 0.471 | 1.732 | $\cos\alpha$ |
| 三相半控桥 | 1.170 | 2.34 | 0.368 | 0.816 | 0.816 | 1.22 | $(1+\cos\alpha)/2$ |
| 三相全控桥 | 1.170 | 2.34 | 0.368 | 0.816 | 0.816 | 1.22 | $\cos\alpha$ |

在实际运行中，整流器输出平均电压还受下列因素影响。

（1）电源电压波动。若电源电压允许波动范围为 $-10\%\sim5\%$，令 $\varepsilon$ 为电网电压波动系数，则 $\varepsilon$ 的变化范围为 $0.9<\varepsilon<1.05$。通常取电源电压为最低值时恰好满足负载要求，并作为选择额定电压 $U_2$ 的依据，设计中常取 $\varepsilon_{min}=0.9\sim0.95$。

（2）整流元件正向压降。整流元件为非线性元件，导通时两端的门槛电压使输出平均电压下降。若整流回路中串联整流元件数为 $n_s$，则产生的电压降为 $n_sU_T$。

（3）直流回路杂散电阻。直流回路中，接线端子、引线、熔断器、电抗器等均存在电阻，称为杂散电阻。工作中将产生附加电压降，记为 $\sum\Delta U_r$，在额定工作条件下，一般取为 $(0.2\%\sim0.25\%)U_{dN}$。

（4）交流电源系统电抗引起的换相过程电压损失。

对 $n$ 相半波电路而言，电压损失 $\Delta U_d=K_g\dfrac{n}{2\pi}\dfrac{u_k\%}{100}U_2\sqrt{n}$；对 $n$ 相桥式电路而言，电压损失 $\Delta U_d=K_g\dfrac{n}{\pi}\times\dfrac{u_k\%}{100}U_2\sqrt{n}$。$K_g$ 为负载系数，$u_k\%$ 为变压器短路电压百分比，见表 6 - 5。

表 6 - 5　　　　　　　　　　　　　　　变压器的短路电压比

| 变压器容量（kVA） | $u_k$（％） | 变压器容量（kVA） | $u_k$（％） |
|---|---|---|---|
| ＜100 | 5 | ＞1000 | 7～10 |
| 100～1000 | 5～7 | | |

（5）整流变压器电阻的影响。交流电压损失受负载系数的影响，计算时假定功率因数为 1，则 $\Delta U_a=K_g\dfrac{p_{Cu}}{S_2}U_2$，其中 $p_{Cu}$ 为铜损耗。由其引起的整流输出电压损失为 $\Delta U_{ad}$，即

$$\Delta U_{ad}=K_{UV}K_g\frac{p_{Cu}}{S_2}U_2K_B$$

考虑上述因素影响之后，整流电路输出整流电压为

$$U_d=\varepsilon_{min}K_{UV}U_2K_B-n_sU_T-\Delta U_d-\sum\Delta U_r-\Delta U_{ad}$$

将有关各量代入整理可得

$$U_2 = \frac{U_d + n_s U_T + \sum \Delta U_r}{\varepsilon_{min} K_{UV} K_B - K_g K_x \dfrac{u_k\%}{100} - K_{UV} K_g K_B \dfrac{p_{Cu}}{S_2}} \tag{6-14}$$

式中：$S_2$ 为变压器二次侧容量，$K_x$ 为换相压降计算系数，$n$ 相半波整流电路中，$K_x = \dfrac{n}{2\pi} \times \sqrt{n}$；$n$

相桥式整流电路中，$K_x = \dfrac{n}{2\pi} \sqrt{\dfrac{n}{2}}$。单相桥式整流电路和单相双半波整流电路相同，取 $n = 2$。$K_x$

可由表 6-4 查得。

2. 二次侧相电流 $I_2$ 的计算

变压器二次侧相电流 $I_2$ 与其直流负载电流 $I_{dN}$ 的关系为

$$I_2 = K_{I2} I_{dN} \tag{6-15}$$

式中：$K_{I2}$ 为二次侧电流变换系数，可由表 6-4 查出。

3. 一次侧电流 $I_1$ 的计算

整流变压器的一、二次电流都是非正弦波，两者的关系受变流器接线方式的影响。对于桥式电路，一、二次相电流波形相同，其有效值之比等于变压器的匝比 $k_n$。在半波电路中，通过变压器二次侧的电流是单方向的，其中包括直流分量 $I_{d2}$ 和交流分量 $i_{a2}$，即 $i_2 = I_{d2} + i_{a2}$，其一次侧相电流 $i_1$ 仅与 $i_{a2}$ 有关，$i_1 = i_{a2}/k_n$。

现以三相半波电路为例说明其计算方法。设电路负载为大电感负载，$i_2$ 的波形如图 6-1 所示，$i_2$ 的有效值 $I_2 = I_d/\sqrt{3}$，$i_2$ 中的直流分量为 $I_{d2} = I_d/3$，其交流分量有效值为

$$I_{a2} = \sqrt{I_2^2 - I_{d2}^2} = \frac{\sqrt{2}}{3} I_d \tag{6-16}$$

则一次侧相电流有效值 $I_1$ 为

$$I_1 = \frac{I_{a2}}{k_n} = \frac{1}{k_n} \frac{\sqrt{2}}{3} I_d \tag{6-17}$$

当 $k_n = 1$ 时，$I_1$ 与 $I_d$ 的比值称为网侧电流变换系数 $K_{I1}$，各种电路的 $K_{I1}$ 列于表 6-4 中。则 $I_1$ 可表示为

$$I_1 = \frac{K_{I1}}{k_n} I_d \tag{6-18}$$

4. 变压器容量的计算

对于半波电路，一、二次相电流有效值之比不等于变压器的匝比 $k_n$。变压器二次侧相数为 $m_2$ 时，二次侧容量 $S_2$ 为

$$S_2 = m_2 U_2 I_2$$

变压器一次侧相数为 $m_1$ 时，一次侧容量 $S_1$ 为

$$S_1 = m_1 U_1 I_1$$

变压器等值容量 $S_T$ 为一、二次容量的平均值，即

$$S_T = \frac{S_1 + S_2}{2} \tag{6-19}$$

对于桥式电路一、二次相电流有效值之比等于变压器的匝比 $k_n$，变压器一、二次容量和变压器等值容量相等，即

$$S_T = S_1 = S_2 = m_2 U_2 I_2 \tag{6-20}$$

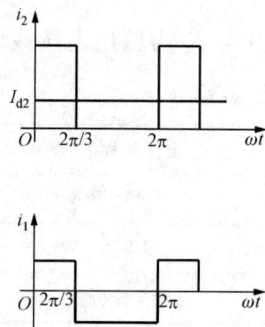

图 6-1　三相半波电路变压器电流波形

### 6.2.2　平波电抗器的电参数计算

为了限制输出电流脉动和保证最小负载时电流连续,整流器主电路中常要串联平波电抗器。上述两方面的技术要求就是设计平波电抗器电感量的依据。

**1. 限制负载电流脉动的电感量 $L_m$**

整流器输出电压为脉动波形,因此由整流电源供电的负载中电流也是脉动的,该电流可以分解成直流分量和各次谐波交流分量。有的负载需要的只是直流分量,交流分量不但不能产生有用的能量转换,而且对负载的运行十分不利。串联平波电抗器可以减小电流中的交流分量,使负载获得较为平稳的直流电流。

输出脉动电流中最低频率的交流分量幅值 $I_{am}$ 与输出脉动电流平均值 $I_d$ 之比,称为电流脉动系数 $\gamma_m$,即 $\gamma_m = I_{am}/I_d$。根据允许的 $\gamma_m$,可以计算限制输出电流脉动的电感量 $L_m$。一般,三相整流电路 $\gamma_m$ 取为 5%～10%,单相整流电路 $\gamma_m$ 取小于 20%。

输出电压 $u_d$ 用傅里叶级数展开后,可求得最低频率交流电压分量的幅值 $U_{am}$。以三相半波电路为例,负载电流交流成分中最低为 3 次谐波,其电压幅值为

$$U_{am} = \frac{3\sqrt{6}U_2}{8\pi}\sqrt{8\sin^2\alpha + 1}$$

由此可知,$U_{am}$ 与其控制角 $\alpha$ 有关。当 $\alpha = 90°$ 时,其值最大为

$$U_{am} = \frac{9\sqrt{6}}{8\pi}U_2 = 0.88U_2$$

因此有

$$\frac{U_{am}}{U_2} = 0.88$$

由表 6-6 可查得常见整流电路最大的 $\dfrac{U_{am}}{U_2}$ 值。设电感量为 $L_m$ 时,交流电流分量中最低次谐波频率的幅值为

$$I_{am} = \frac{U_{am}}{2\pi f_d L_m} \tag{6-21}$$

于是限制输出电流脉动的临界电感 $L_m$(mH)为

$$L_m = \frac{U_{am}}{2\pi f_d I_{am}} = \frac{\dfrac{U_{am}}{U_2}}{2\pi f_d}\frac{U_2}{\gamma_m I_d} \times 10^3 \,(\text{mH}) \tag{6-22}$$

式中:$f_d$ 为输出电压或电流交流成分中最低次谐波频率值,常见电路 $f_d$ 值见表 6-6。

表 6-6　　　　　　　　　　　　　　　有关电感量的计算系数

| 电路名称 | $K_L$ | $f_d$ | $U_m$ | $U_{am}/U_2$ |
|---|---|---|---|---|
| 单相全控桥 | 2.84 | 100 | $\sqrt{2}U_2$ | 1.2 |
| 三相半波 | 1.46 | 150 | $\sqrt{6}U_2$ | 0.88 |
| 三相全控桥 | 0.693 | 300 | $\sqrt{6}U_2$ | 0.46 |
| 带平衡电抗器的双反星形 | 0.348 | 300 | $\sqrt{6}U_2$ | 0.46 |

**2. 使输出电流连续的临界电感量 $L_L$**

当可控整流器负载电流低于一定程度时,会出现输出电流不连续的现象,对电动机等负

载的工作将产生不利影响。当负载最小连续电流为 $I_{dmin}$ 时，为保证电流连续所需的回路总电感量 $L_L$（mH）为

$$L_L = K_L \frac{U_2}{I_{dmin}} \qquad (6-23)$$

式中：$K_L$ 为临界电感计算系数，具体见表 6-6。

3. 平波电抗器电感量的计算

在工程设计中，为满足限制电流波动和保证电流连续这两方面的要求，电感量 $L_Z$ 应取式（6-22）和式（6-23）计算结果中最大者，即

$$L_Z = \max[L_m, L_L] \qquad (6-24)$$

由式（6-24）得出的电感量 $L_Z$ 是电路中的总电感量，其中包括平波电抗器电感量 $L_p$、电动机电枢电感量 $L_{Ma}$、整流变压器折算到二次侧的电感量 $L_T$。

电动机电枢电感量 $L_{Ma}$（mH）的计算公式为

$$L_{Ma} = \frac{K_D U_D}{2pn I_D} \times 10^3 \qquad (6-25)$$

式中：$U_D$ 为电动机额定电压，V；$I_D$ 为电动机额定电流，A；$p$ 为电动机的磁极对数；$n$ 为电动机的转速，r/min；$K_D$ 为计算系数，对于一般无补偿电动机取 8～12，对于快速无补偿电动机取 6～8，对于有补偿电动机取 5～6。

整流变压器折算到二次侧的电感量 $L_T$（mH）为

$$L_T = K_{TL} \frac{U_2}{\omega I_{dN}} \frac{u_k}{100} \times 10^3 \qquad (6-26)$$

式中：$K_{TL}$ 为整流变压器漏抗计算系数，见表 6-4；$\omega$ 为电源角频率，$\omega = 2\pi f_s$，rad/s。

满足设计要求的平波电抗器 $L_p$ 的电感量为

$$L_p = L_Z - L_{Ma} - L_T \qquad (6-27)$$

在计算时应注意，对于三相桥式整流电路，整流回路中变压器为两相串联，因此计算时取 $2L_T$ 代入；对于双反星形整流电路取 $L_T/2$ 代入。

### 6.2.3　晶闸管参数选择和串并联应用

1. 晶闸管额定参数的选择

整流器件额定参数的选择主要指合理地选择器件的额定电压和额定电流（通态平均电流）值。

（1）整流器件的额定电压 $U_{TN}$。额定电压 $U_{TN}$ 应根据器件实际承受 $U_m$ 乘上 2～3 倍的安全系数来确定，各种电路的 $U_m$ 列于表 6-6 中。

（2）整流器件的额定电流 $I_{T(AV)}$。额定电流是指晶闸管流过正弦半波的电流，且其平均值为通态平均电流时的电流有效值，即器件允许的有效值定额为

$$I = 1.57 I_{T(AV)} \qquad (6-28)$$

为使整流器件不因过热而损坏，整流器件应按实际电流有效值乘以 1.5～2 倍的安全系数来确定器件的电流有效值定额。流经器件的实际电流有效值等于波形系数 $K_f$ 与通过器件的电流平均值的乘积，也可由电量基本关系求得。设通过晶闸管电流平均值为 $I_{dVT}$，有效值为 $I_{VT}$，则根据器件有效值相等的原则，有

$$1.57 I_{T(AV)} = (1.5 \sim 2) K_f I_{dVT} = (1.5 \sim 2) I_{VT}$$

则器件的额定电流　$I_{T(AV)} = (1.5 \sim 2)\dfrac{K_f}{1.57}I_{dVT} = (1.5 \sim 2)\dfrac{1}{1.57}I_{VT}$

或　　　　　　　　　　　　　　　　$I_{T(AV)} = (1.5 \sim 2)K_{fb}I_d$　　　　　　　　　　(6-29)

式中：$K_{fb}$ 为计算系数，见表 6-4。对于要求可靠性高的设备，安全系数应取较大的数值。

　　由式（6-29）可选择整流器件的额定电流，但还应注意下面几个因素的影响：周围环境温度超过 +40℃ 时，应降低器件的额定电流值使用；器件的冷却条件低于标准值要求时，也应降低器件的额定电流值使用；对于电阻性负载，当晶闸管控制角 $\alpha$ 增大时，因波形系数增大，允许输出的整流电流平均值比 $\alpha = 0°$ 时相应减小。

　　由于晶闸管承受电压和电流的能力有一定限额，对大型整流装置而言，单个晶闸管的电压定额和电流定额不能满足要求。在高电压或大电流的场合，须将晶闸管串联或并联应用，或者将变流装置串联或并联应用。

　　**2. 晶闸管的串联应用**

　　在高电压整流设备中，当 1 只晶闸管的额定电压不能满足实际要求时，就需要数只晶闸管串联使用。由于晶闸管特性的分散性，必须采取措施实现晶闸管串联时均压。

　　晶闸管直接串联后，由于静态伏安特性不同，在同一漏电流下每只晶闸管所承受的电压是不同的，即存在**静态均压**问题，如图 6-2（a）所示。显然，特性差别越大，均压程度越差，分担电压过高的器件将有可能损坏。为解决静态均压问题，除了选用特性尽可能一致的器件外，还应为串联的每只晶闸管并联均压电阻 $R_j$，如图 6-2（b）所示。当均压电阻 $R_j$ 远小于晶闸管的漏电阻时，则电压分配主要决定于 $R_j$。显然 $R_j$ 越小，均压效果越好，但 $R_j$ 上损耗增大。为此，均压电阻 $R_j$ 的计算式可表示为

$$R_j \leqslant \left(\dfrac{1}{K_U} - 1\right)\dfrac{U_{TN}}{I_m}$$　　　　　　　　(6-30)

式中：$I_m$ 为 $U_{TN}$ 对应的晶闸管的断态、反向重复峰值电流；$K_U$ 为均压系数，一般取 0.8～0.9。

　　在严重工作条件下均压电阻损耗功率为

$$P_{Rj} = K\left(\dfrac{U_m}{n_s}\right)^2 \dfrac{1}{R_j}$$　　　　　　　　(6-31)

式中：$U_m$ 为臂端工作电压幅值，V；$K$ 为计算系数，单相时取 0.25，三相时取 0.45；$n_s$ 为串联晶闸管的数目。

　　晶闸管关断时，积蓄载流子形成恢复电流，但同样规格晶闸管的积蓄载流子数量具有分散性，积蓄载流子少的器件先恢复阻断能力，从而承受全部电压，造成电压不均衡现象。只有串联的器件都恢复阻断能力后，总的电压才按伏安特性的差异分配到各个器件上。这种在关断过程中出现的短暂不均压，属于**动态均压**问题。静态均压电阻 $R_j$ 不能解决动态均压问题。

　　为了使关断过程中电压分配均匀，可于晶闸管两端并联 $R_b$、$C_b$ 阻容吸收电路，如图 6-2（b）所示，用于吸收因晶闸管反向恢复电荷差异造成的晶闸管分压不均匀。设各晶闸管之间反向恢复电荷最大差值为 $\Delta Q_{max}$，晶闸管可能承受的最大不均衡电压为 $\Delta U_{max}$，两者之间的关系为

$$\Delta U_{max} = \dfrac{\Delta Q_{max}}{C_b}$$

$C_b$ 的取值应满足

$$C_b \geqslant \frac{\Delta Q_{max}(n_s - 1)}{U_m\left(\dfrac{1}{K_U} - 1\right)} \qquad (6 - 32)$$

式中：$\Delta Q_{max}$ 可近似取 $(0.2 \sim 0.7)I_{T(AV)}$，$\mu C$。

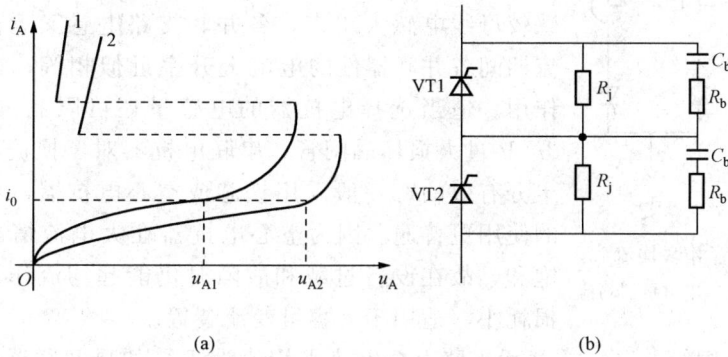

图 6-2  晶闸管串联均压

(a) 晶闸管伏安特性差异；(b) 均压元件连接

$R_b$ 的作用是抑制 $C_b$ 与回路电感形成的振荡，并抑制晶闸管开通瞬间的电流，取 $R_b = 10 \sim 30\Omega$。

电容 $C_b$ 的交流耐压可选略大于 $\dfrac{U_m}{n_s}$，$R_b$ 的功率 $P_{Rb}$（W）可按下式近似计算，即

$$P_{Rb} = f_s C_b \left(\frac{U_m}{n_s}\right)^2 \times 10^{-6} \qquad (6 - 33)$$

采取了上述均压措施后，器件串联仍需考虑电压分配不均匀的因素，必须适当降低电压的额定值使用。串联后电压的关系为

$$(0.8 \sim 0.9)n_s U_{TN} = (2 \sim 3)U_m$$

应选择晶闸管的额定电压 $U_{TN}$ 为

$$U_{TN} = (2.2 \sim 3.8)\frac{U_m}{n_s} \qquad (6 - 34)$$

式中：$0.8 \sim 0.9$ 为采取了均压措施后，考虑电压分配不均匀的安全系数。

由于晶闸管开通时间的差异，串联晶闸管在开通过程中也会出现电压不均衡现象。当门极触发电流不足时，最容易发生电压不均衡的情况。为实现开通过程的动态均压，要求晶闸管采用强触发脉冲，强触发脉冲的幅值一般为通常触发电流的 5 倍，上升沿不小于 $1A/\mu s$。

**3. 晶闸管的并联应用**

一只晶闸管的通态平均电流不能满足电路要求时，可将多只晶闸管并联应用。由于导通状态时晶闸管的伏安特性各不相同，因而晶闸管并联时应考虑均流问题，使并联器件电流均匀分配。为此，除了选用特性一致的器件并联应用外，还应采用串联电阻、电抗器和均流互感器等均流措施。

（1）串联电阻。每只并联的晶闸管都串联一个阻值相同的电阻，然后再并联，只要并联电阻电压降显著大于晶闸管的通态电压降，即可实现均流，如图 6-3（a）所示。这种均流

方法虽较简单，但因串联电阻通过主电流，产生较大功率损耗，并且对于动态均流不起作用，故其应用受到限制。

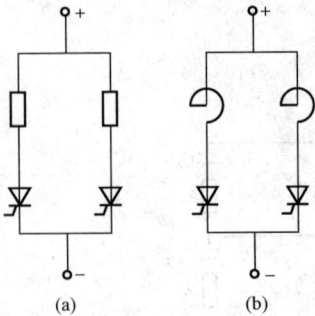

图 6-3　晶闸管并联均流
(a) 串电阻均流；(b) 串电抗器均流

（2）均流电抗器。多数情况下，通过晶闸管的电流为周期性脉动电流，因此可将每只晶闸管与电抗器串联，以达到均流的目的，如图 6-3（b）所示。由于每只晶闸管串联的电感较母线电感大得多，各并联支路电感又近似相等，因此换流期间各并联器件的电流上升率近似相等，也具有动态均流作用。适当选择电抗器的电感量还可限制 $di/dt$，以防止因 $di/dt$ 过大损坏晶闸管。串联电抗器对于换流期间电流均流是十分有效的，一般采用铁芯或空心电抗器，其中空心电抗器的使用更普遍。因为空心电抗器在大电流情况下不会出现磁饱和，故在设备过载和故障时仍能起均流作用。该方法功率损耗小，适用于大容量变流装置。

设有 $n_p$ 个晶闸管并联，并联后支路上总电流平均值为 $I_d$，如果并联器件中有一个通态平均压降较其他器件小，则该器件通过的电流最大，令此电流为 $I_{n(M)}$。$I_{n(M)}$ 与每个器件平均承担的电流之比称为均流系数 $K_I$，即

$$K_I = \frac{I_d}{n_p I_{n(M)}}$$

从上述不利情况出发，为满足该均流系数，串联电抗器的电感量 $L_j$（$\mu$H）

$$L_j = \frac{t\Delta U_T(n_p-1)}{2(1-K_I)I_{T(AV)}} \times 10^3 \tag{6-35}$$

式中：$t$ 为臂的导通时间，当频率为 50Hz 时，三相电路 $t=6.67$ms，单相桥式整流电路或双半波整流电路 $t=10$ms；$\Delta U_T$ 为并联支路各晶闸管通态压降之差的最大值，V。

由式（6-35）可见，要求均流系数越接近于 1，所需电抗器的电感量越大。

（3）均流互感器。均流互感器有两个绕组，通过公共铁芯耦合，主绕组接于本支路晶闸管，另一线圈接于相邻的并联支路中。这样，均流互感器和晶闸管数目相同，每一只并联的晶闸管中，串入两个线圈，如图 6-4（a）所示。第一个是相邻支路的线圈从同名端流入；另一个是本支路的线圈从同名端流出。在同一均流互感器中，两线圈励磁方向相反。两个线圈内电流相等时，铁芯励磁安匝相互抵消；电流不相等时，互感器线圈中就会产生感应电动势，使电流大的支路电流减小；电流小的支路电流增大。当出现各支路电流不均匀时，可使各支路电流间保持均流。

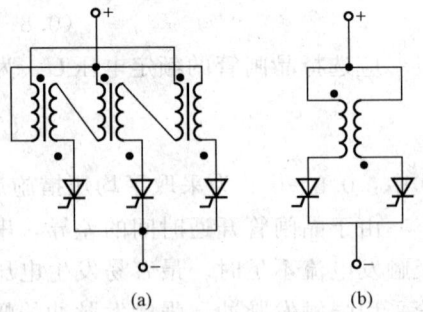

图 6-4　采用均流互感器并联均流

均流互感器用于电流均衡，其体积和质量都较串联电感器小。但在支路数大于 2 时，电路结构复杂；在支路数为 2 时，可简化为用 1 个均流互感器，如图 6-4（b）所示。

## 6.3 电力电子电路的保护

在电力电子装置中，电力电子器件是主要元件，由于原理和结构等特点，其承受过电压、过电流的能力较差，短时间的过电压和过电流都会造成电力电子器件的永久损坏。在变流器设计中，根据可能出现的瞬态过电压和过电流值选择电力电子器件是不经济、不现实的。为使器件长期可靠地运行，除充分考虑留有裕量外，还必须采用各种保护措施。因此，电力电子电路的保护成为电力电子装置的重要组成部分。

### 6.3.1 过电压及过电压保护

1. 过电压的产生及过电压保护设置

电力电子装置中可能发生的过电压分为外因过电压和内因过电压两类。外因过电压主要来自雷击和系统中的操作过程等外部原因，包括：

（1）操作过电压。由分、合闸等开关操作引起的过电压，电网侧的操作过电压会由供电变压器电磁感应耦合，或由变压器绕组之间存在的分布电容静电感应耦合过来。

（2）浪涌过电压。由雷击等外部因素偶然侵入电网引起的过电压，过电压倍数会更高。

内因过电压主要来自电力电子装置内部器件的开关过程，包括：

（1）换相过电压。由于晶闸管或者与全控型器件反并联的续流二极管在换相结束后不能立刻恢复阻断能力，因而有较大的反向电流流过，使残存的载流子恢复，而当其恢复了阻断能力时，反向电流急剧减小，这样的电流突变会因线路电感而在晶闸管阴阳极之间或与续流二极管反并联的全控型器件两端产生过电压。

（2）关断过电压。全控型器件在较高频率下工作，当器件关断时，因正向电流的迅速降低而由线路电感在器件两端感应出的过电压。

图 6-5 给出了晶闸管变流装置各种过电压保护措施及其配置位置。

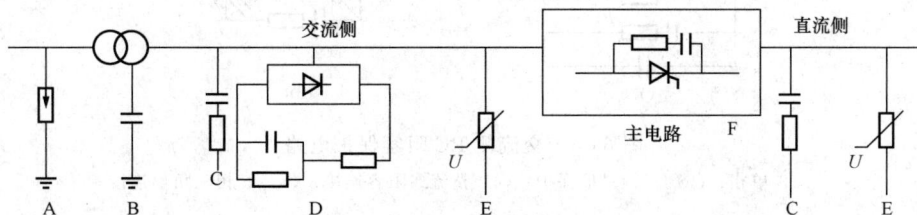

图 6-5 晶闸管变流装置过电压保护主要措施及设置位置

A—避雷器；B—接地电容；C—阻容保护；D—整流式阻容保护；E—压敏电阻保护；F—器件侧阻容保护

对于雷击过电压，一般可在变压器的高压侧加设避雷器或火花间隙如图 6-5 中 A，主要用于保护变压器等电力设备。由高压电源经降压变压器供电的变流器，在变压器网侧合闸瞬间，由于变压器一次侧（网侧）与二次侧（阀侧）绕组之间存在分布电容，一次侧绕组的高压电可通过此分布电容耦合到二次侧绕组，造成静电感应过电压，其值可能大大超过二次侧正常过电压。此时可采用附加屏蔽绕组的变压器或在变压器和地之间附加电容器，如图 6-5 中 B。为限制操作过程的过电压，可以设置阻容保护或整流式阻容保护，以吸收回路中电感器件的磁场能量，限制过电压的值，把操作过电压抑制在允许范围之内，如图 6-5 中 C、D、F。为抑制交流侧浪涌过电压的幅值，应采用非线性元件保护，如图 6-5 中 E。

直流侧可以设置和交流侧相同的过电压保护措施。但对于快速性要求较高的系统，尽量不要采用直流侧阻容保护，以免影响快速性指标。直流侧过电压保护主要是抑制或限制滤波电感的磁场储能产生的过电压。

对于元件换相引起的过电压，目前采用 RC 抑制换相过电压的方法，在晶闸管两端并联适宜的 RC 电路，即可实现保护功能。

在实际应用中，各电力电子装置可视具体情况只采用其中的几种。一般不重复设置保护环节，如阻容吸收装置可选择 C 或 D，非线性元件保护可选择 E。

2. 阻容保护及参数计算

(1) 交流侧阻容保护参数计算。为吸收变压器释放出来的磁场能量，可在变压器二次侧并联电阻和电容吸收保护，接线形式如图 6-6 所示。

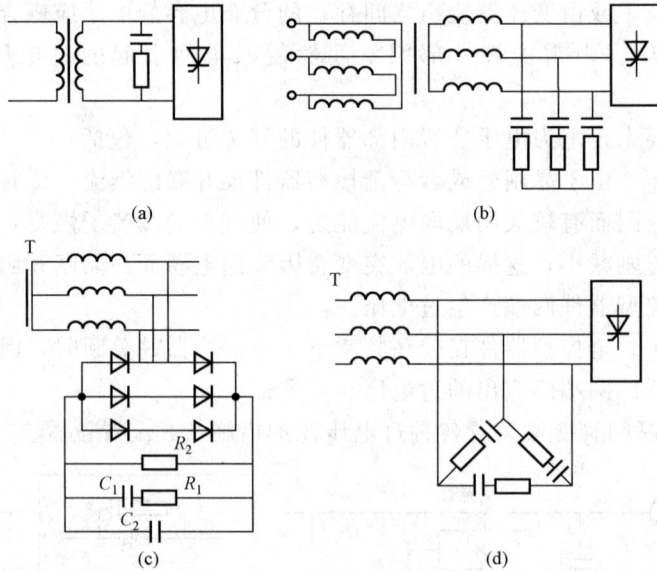

图 6-6　交流侧 RC 阻容保护电路

(a) 单相；(b) 三相星形保护；(c) 整流式阻容连接；(d) 三相三角形连接

由于电容两端的电压不能突变，可以快速吸收造成过电压的磁场能量；电阻可以起阻尼作用，并可在电磁过程中消耗造成过电压的磁场能量。交流侧阻容保护元件为 $R_a$、$C_a$，其参数计算与整流器容量有关。

1) 单相变压器或三相小功率变压器 (5kVA 以下)，$C_a(\mu F)$ 的计算式为

$$C_a = K_{gs} \frac{S_T}{U_{rm}^2} \qquad (6-36)$$

式中：$U_{rm}$ 为臂反向峰值电压，V；$K_{gs}$ 见表 6-7，可按整流电路和阻容保护接线方式选取。

阻尼电阻 $R_a$ (Ω) 的计算式为

$$R_a = 100 \sqrt{\frac{U_d}{I_d C_a \sqrt{f_s}}} \qquad (6-37)$$

当阻容保护电路接在整流变压器的一次侧时，仍可用式（6-37）计算 $C_a$ 的容量，只是此时的 $U_{rm}$ 为电网电压幅值。如果整流变压器为降压型，RC 吸收电路接于一次侧时，$C_a$ 的容量减小，但其耐压量增大。

**表 6-7** 计 算 系 数 $K_{gs}$

| 电路形式 | 单相 | | 三相保护电路（星形接法） | | | 三相保护电路（三角形接法） | | |
|---|---|---|---|---|---|---|---|---|
| | <200VA | >200VA | YY 双拍 | Yd 双拍 | 单拍 | YY 双拍 | Yd 双拍 | 单拍 |
| $K_{gs}$ | 700 | 400 | 150 | 300 | 900 | 450 | 900 | 2700 |

注 单拍电路指各种半波整流电路，双拍整流电路指各种桥式整流电路。

2）大容量整流器，阻容吸收装置中的 $C_a$（$\mu F$）的计算公式为

$$C_a = K_{g1} \frac{\xi I_2}{f_s U_{2l}} \tag{6-38}$$

阻尼电阻 $R_a$（$\Omega$）计算公式为

$$R_a = K_{g2} \frac{U_{2l}}{\xi I_2} \tag{6-39}$$

$R_a$ 的功率 $P_{Ra}$（W）计算公式为

$$P_{Ra} = (K_{g3} \xi I_2)^2 R_a \tag{6-40}$$

以上各式中，$U_{2l}$ 为变压器二次侧空载线电压，V；$I_2$ 为变压器二次侧线电流，A；$K_{g1}$、$K_{g2}$、$K_{g3}$ 为计算系数，见表 6-8；$\xi$ 为变压器励磁电流对额定电流的标幺值，一般取为 0.02～0.05。

**表 6-8** 计 算 系 数 $K_{g1}$、$K_{g2}$、$K_{g3}$

| 电路形式 | 单相桥式 | 三相桥式 | 三相半波 | 三相双反星形 |
|---|---|---|---|---|
| $K_{g1}$ | 29 000 | 17 320 | 13 860 | 12 120 |
| $K_{g2}$ | 0.3 | 0.17 | 0.21 | 0.24 |
| $K_{g3}$ | 0.25 | 0.25 | 0.25 | 0.2 |

三相 RC 保护电路可为星形连接，也可为三角形连接，上述各式适用于星形连接方式。当为三角形连接方式时，电容应取计算值的 1/3，而电阻应取计算值的 3 倍。

阻容保护的电路中，电阻发热量较大，不利于限制晶闸管的电流上升率。为克服上述缺点，可采用如图 6-6（d）所示的整流式阻容保护电路。正常工作时，保护的三相桥式整流器输出端电压为变压器二次侧电压的峰值，输出电流很小，从而减小了保护元件的发热。过电压出现时，该整流桥用于提供吸收过电压能量的通路，电容将吸取的过电压能量转换为电场能量；过电压消失后，电容经 $R_1$、$R_2$ 放电，将储存的电场能量释放，逐渐将电压恢复到正常值。电容器的电容量 $C$（$\mu F$）的计算式为

$$C = C_1 + C_2 = (43\,000 \sim 121\,244) \frac{\xi I_2}{f_s U_{2l}} \tag{6-41}$$

$$C_2 = 0.1C \tag{6-42}$$

$R_1$ 用于限制 $C_1$ 的充电电流，其数值为

$$R_1 = (0.4 \sim 0.8) \sqrt{\frac{2L_T}{C}} \tag{6-43}$$

$R_2$ 用于提供放电通路，$R_2C$ 近似为电路的放电时间常数 $\tau$。则 $R_2$ 为

$$R_2 = \tau/C \qquad (6-44)$$

为使保护电路尽快恢复正常状态，时间常数 $\tau$ 越小越好，一般取 $\tau = 2s$。

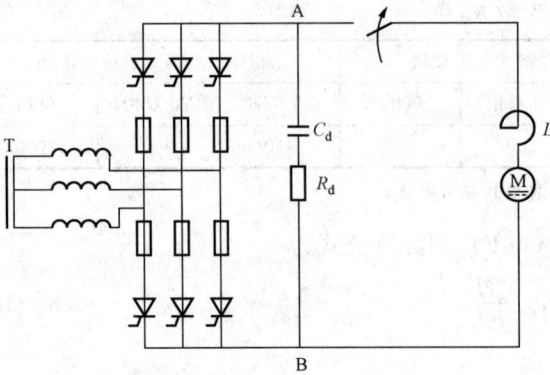

(2) 直流侧阻容保护。直流侧也有可能发生过电压。在图 6-7 中，当快速熔断器熔断或直流快速开关切断时，因直流侧电抗器释放储能，会在整流器直流输出端造成过电压。另外，由于直流侧快速开关（或熔断器）切断负载电流时，变压器释放的储能也产生过电压，尽管交流侧保护装置能适当地保护这种过电压，但仍会通过导通着的晶闸管反应到直流侧来，为此，直流侧也应装设过电压保护，用于抑制过电压。

图 6-7 直流侧 RC 阻容保护电路

直流侧过电压抑制电路元件参数的选择计算方法见表 6-9。

表 6-9 直流侧 RC 保护参数计算

| 电路形式 | $C_d(\mu F)$ | $R_d(\Omega)$ | $P_{Rd}(W)$ |
|---|---|---|---|
| 单相桥式 | $120\,000\,\dfrac{\xi I_{am}}{f_d U_{am}}$ | $0.25\,\dfrac{U_{am}}{\xi I_{am}}$ | $\dfrac{U_{am}^2 R_d}{(10^6/2\pi f_d C_d)+R_d^2}$ |
| 三相桥式 | $121\,244\,\dfrac{\xi I_{am}}{f_d U_{am}}$ | $0.058\,\dfrac{U_{am}}{\xi I_{am}}$ | $\dfrac{U_{am}^2 R_d}{(10^6/2\pi f_d C_d)+R_d^2}$ |

### 3. 非线性元件保护

用于抑制过电压的非线性元件具有近似于稳压管的伏安特性，若能把过电压值限制在一定范围内，对于浪涌过电压具有非常有效的抑制作用。常用的非线性保护元件有压敏电阻、硒堆、转折二极管和对称硅电压抑制器等，下面主要介绍压敏电阻保护。

压敏电阻是一种常用的非线性保护元件，因伏安特性对称于原点，故具有双向限压作用。压敏电阻是由氧化锌、氧化铋等烧结而成的非线性电阻元件，具有明显的击穿电压。在施加电压低于击穿电压时，漏电流仅为微安级，损耗小；在施加电压超过击穿电压时，压敏电阻击穿，可以通过很大的浪涌电流，几乎呈现恒压特性。其接线图如图 6-8（a）～（c）所示。

压敏电阻由于多晶结构，内部寄生电容较大，高频下电容电流将产生附加损耗，不宜用于高频电路。值得注意的是，压敏电阻击穿并通过较大浪涌电流之后，其标称电压有所下降，多次击穿后将迅速降低，故不宜用于抑制频繁出现过电压的场合。

压敏电阻主要参数有：标称电压 $U_{1mA}$：漏电流为 1mA 时对应的端电压值，V；残压 $U_y$：放电电流达到规定值 $I_y$ 时的端电压，V；$U_y/U_{1mA}$ 叫做残压比；允许通流量 $I_y$：在规定的波形下允许通过的浪涌电流，kA。在使用压敏电阻时，参数的选择是很重要的。应保证在 $U_{1mA}$ 下降到原来值的 10% 时，即使电源电压波动达最大允许值，压敏电阻漏电流也不超过 1mA。

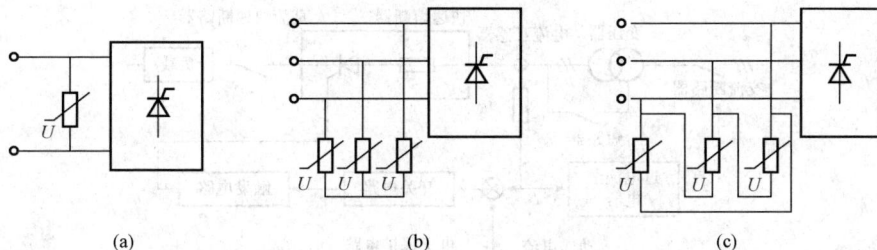

图 6-8　压敏电阻保护电路

(a) 单相保护；(b) 三相星形连接；(c) 三相三角形连接

当压敏电阻为星形连接时，$U_{1mA}$ 的计算公式为

$$U_{1mA} \geq \frac{1}{0.9} \sqrt{\frac{2}{3}} \frac{K_b U}{K_y} \tag{6-45}$$

当压敏电阻为三角形连接时，$U_{1mA}$ 的计算公式为

$$U_{1mA} \geq \frac{1}{0.9} \sqrt{2} K_b U \tag{6-46}$$

式中：$K_y$ 为计算系数，考虑到星形连接时各元件电压分配不均，通常取 $0.8 \sim 0.9$，在选配使用时取 $K_y = 0.9 \sim 0.95$；$K_b$ 为电网电压上升系数，取 $1.05 \sim 1.10$；$U$ 为压敏电阻保护装置外接端电压有效值。

压敏电阻吸收的过电压能量应小于压敏电阻的通流容量，一般中、小型整流器的操作过电压保护可选择 $3 \sim 5kA$，防雷保护选择 $5 \sim 20kA$。

### 6.3.2　过电流及过电流保护

#### 1. 过电流的产生及过电流保护的设置

电力电子装置在运行时有可能产生过电流现象。产生过电流的原因可概括为：生产机械的过载、负载侧短路、逆变电路的逆变失败、器件因性能变坏而损坏等。因电力电子器件的热容量很小，承受过电流的能力比其他电力装置小得多，如果过电流数值过大而切断稍慢，就会使其结温超过允许值而损坏。因此，为了在故障状态下保护电力电子装置的安全，必须采用适宜的过电流保护措施，在发生过载和短路时快速切断电路或使电流迅速下降，保证电力电子器件免受损坏。

晶闸管整流装置可能采用的几种过电流保护措施如图 6-9 所示。交流侧应设置作用于电源开关自动跳闸的过电流继电器，用于保护整体系统。为保护晶闸管，应设进线电抗器限流并设快速熔断器。大中型晶闸管变流器可用直流快速开关作为直流侧过载、过电流保护，发生故障时，要求先于快速熔断器动作，避免快速熔断器熔断。在比较重要或易发生故障的装置中，交流或直流侧设电子过流保护，作用于触发脉冲快速移相或封锁脉冲。

在上述过电流保护中，采用快速熔断器、快速开关、交流断路器等是较简单的保护措施，但它们的动作时间较慢，快速熔断器通常需要 20ms，而交流断路器需要 $0.1 \sim 0.2s$，这些保护措施用于限制过电流故障的进一步扩大。采用电子电路进行过流保护具有灵活、快速的特点，其工作原理是先检测流过器件的过电流信号，经处理后，再去控制功率电路中的控制电路或器件驱动电路，有效地关断电力电子器件。

#### 2. 快速熔断器的参数计算和接线方法

快速熔断器是目前广泛应用的保护措施，其保护原理和普通熔断器相似。在发生过电流

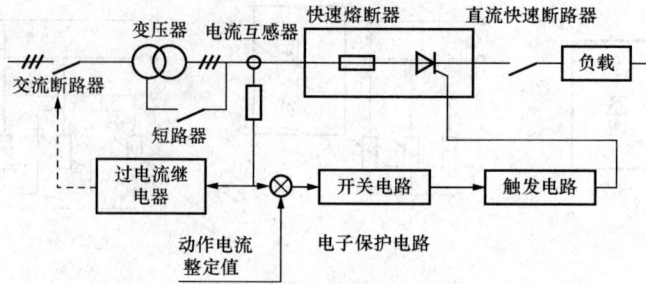

图6-9 过电流保护措施及其配置位置

时，利用其快速熔断特性和晶闸管过载特性相配合，使其先期熔断并切断电路，保护晶闸管。快速熔断器具有通过电流越大，熔断时间越短的特点，适合作短路保护，但不宜作过载保护。

快速熔断器在电路中的接法如图6-10所示。图6-10（a）为交流电源进线串联快速熔断器的接线方式，熔断器用量较少，对整流器的内部、外部故障引起的短路电流均有保护作用，但对元件保护的可靠性稍差；图6-10（b）为直流输出侧串联快速熔断器方式，对外部故障引起的短路电流起保护作用，快速熔断器的用量少，但该方法对整流器的内部故障不起保护作用，对元件保护可靠性稍差；图6-10（c）为每只晶闸管都与一个快速熔断器相串联，该方法对所有的短路故障均有保护作用，但所用的快速熔断器的数量较多。

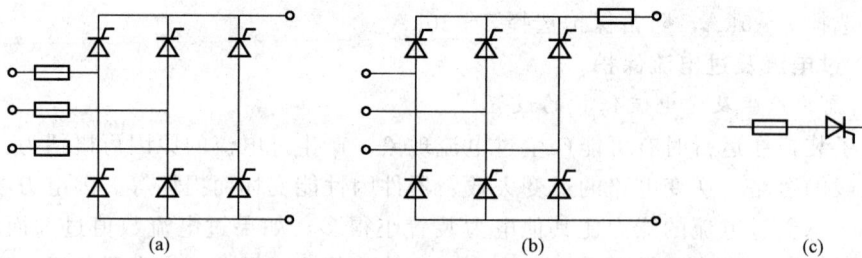

图6-10 快速熔断器的连接方式
（a）交流电源进线串联快熔；（b）直流输出侧串联快熔；（c）晶闸管与快熔串联

在选择快速熔断器的额定参数时，应尽量使其额定电压等于或略大于工作电压。快速熔断器的额定电流 $I_{RN}$ 为有效值，当通过快速熔断器的电流为 $1.1I_{RN}$ 时，在4h内不会熔断；如果通过快速熔断器的电流为 $I_{RN}$ 的6倍，在20ms以内就可以熔断。设电路正常工作状态通过快速熔断器的电流有效值为 $I_R$，则 $I_{RN}$ 应按下式选择，即

$$I_R < I_{RN} < 1.57I_{T(AV)} \tag{6-47}$$

式中：$I_{T(AV)}$ 为晶闸管的额定电流。

快速熔断器属于一次性使用的器件，不能重复使用，通常作为过电流保护的一种可靠性措施。在一般电控系统中，常采用过流信号切除触发脉冲的方法，再配合使用快速熔断器保护。

3. 电子过电流保护装置

利用电子装置可组合为具有继电器特性的电子过电流保护装置。由电流检测环节（如电

流传感器）监视系统电流，形成输入信号，再将电流信号经整流转换成直流电压信号送至电压比较器，与过电流整定值比较。发生过载或短路时，电流信号超过电流整定值，电压比较器输出高电平，控制门封锁触发系统，如图 6 - 9 所示，使晶闸管迅速阻断或将触发脉冲迅速后移，整流器立即转入有源逆变状态，释放储存在电感中的能量，直到逆变结束，整流器停止工作。在正常工作情况下，电流信号值小于过电流整定值，电压比较器输出低电平，控制门开放，触发系统受给定电压的控制，电路正常工作。电子保护电路的特点是动作迅速准确，动作时间一般不超过 10ms。随着新型电力传感器的应用，电子保护更加完善。

4. **直流快速开关**

在大容量和中容量的设备中常用直流快速开关作为直流侧的过载或短路保护。直流快速开关动作时间只有 2ms，全部分断电弧的时间不超过 25～30ms，是目前较好的直流侧过电流保护装置。其额定电压、额定电流应不小于变流装置的额定值。

5. **过电流继电器与自动开关**

在交流侧或在直流侧都可接入过电流继电器，在发生过电流故障时动作，切断交流输入端的自动开关。由于过电流继电器的动作和自动开关的跳闸都要有一定的时间（约 100～200ms），故必须设法限制短路电流。只有在短路电流不大的情况下，它们才能起到保护晶闸管的作用。

### 6.3.3 电力电子器件的保护

1. **晶闸管的保护**

（1）换相过电压的抑制。晶闸管元件在反向阻断能力恢复前，将在反向电压作用下流过相当大的反向恢复电流。当阻断能力恢复时，因反向恢复电流很快截止，通过恢复电流的电感会因高电流变化率产生过电压，即换相过电压。为使元件免受换相过电压的危害，一般在元件的两端并联 RC 电路，如图 6 - 2 所示。

图 6 - 2 中，$C_b$、$R_b$ 用于吸收换相过电压能量。其中 $C_b$ 参数与晶闸管通态电流有关，电流越大，产生的过电压越高，$C_b$ 的容量越大。$C_b$ 的计算公式为

$$C_b = (2 \sim 4)I_{T(AV)} \times 10^{-3} \tag{6 - 48}$$

$R_b$ 通常取 10～30Ω，其功率的计算式为

$$P_{Rb} \geqslant f_s C_b \left(\frac{U_m}{n_s}\right)^2 \tag{6 - 49}$$

式中：$U_m$ 为臂端工作电压幅值。

由 RC 电路兼作均压和抑制换相过电压保护时，按式（6 - 48）、式（6 - 49）计算的值应与根据瞬态均压所计算的数值相比较，在两者兼顾的基础上最后决定。

（2）$du/dt$ 的限制。电压上升率 $du/dt$ 过大的主要原因有：电网侵入的过电压和晶闸管换相结束后的端电压。

在晶闸管阻断状态下，施加的正向电压的上升率很大时，由于结电容充电电流具有触发电流的作用，会引起晶闸管的误开通，造成装置的失控。尽管多数晶闸管在制造工艺上都采用了短路发射极结构，提高了对 $du/dt$ 的承受能力，但在发生过电压侵入和晶闸管换相的情况下，仍可能出现具有危害的 $du/dt$。因此，必须在电路上采取措施抑制 $du/dt$。

电容电压、电感电流不能突变，均可用于 $du/dt$ 的抑制电路。并联于晶闸管两端的 $C_b$、$R_b$ 就能兼顾抑制 $du/dt$ 的作用；在电源输入端串联电抗器或在晶闸管每个桥臂上串联电抗

器，可使加于晶闸管的 $\mathrm{d}u/\mathrm{d}t$ 降低。

采用空心电抗器抑制 $\mathrm{d}u/\mathrm{d}t$ 时，串联的电感 $L_{\mathrm{S1}}$（$\mu\mathrm{H}$）

$$L_{\mathrm{S1}} = \frac{\sqrt{3}U_{2l}R_{\mathrm{b}}}{6\sqrt{2}\,(\mathrm{d}u/\mathrm{d}t)} \qquad (6\text{-}50)$$

大电流的空心电抗器体积较大，还会产生干扰性的磁场。将磁性材料套在连接线上，相当于小体积电抗。该串联电感 $L'_{\mathrm{S1}}$（$\mu\mathrm{H}$）的估算式为

$$L'_{\mathrm{S1}} = \frac{\sqrt{3}U_{2l}R_{\mathrm{b}}}{5\sqrt{5}\,(\mathrm{d}u/\mathrm{d}t)} \qquad (6\text{-}51)$$

（3）$\mathrm{d}i/\mathrm{d}t$ 的抑制。由于晶闸管的结构特点，在开通过程中，最初瞬间电流集中在门极附近随后才逐步扩展到全部结面导通。如果 $\mathrm{d}i/\mathrm{d}t$ 过大，门极附近电流密度很大，会引起门极附近过热，造成晶闸管损坏。尽管制造厂家从结构上采取了提高晶闸管承受 $\mathrm{d}i/\mathrm{d}t$ 能力的措施，但因换相时阻容保护的电容储能突然释放，仍会造成危及晶闸管安全的 $\mathrm{d}i/\mathrm{d}t$，故必须在电路上采取抑制措施，保护晶闸管。在晶闸管回路串联电感是抑制 $\mathrm{d}i/\mathrm{d}t$ 的有效方法。

当为 RC 过电压保护时，变压器漏感将被短路，此时抑制 $\mathrm{d}i/\mathrm{d}t$ 所需的支路电感 $L_{\mathrm{S2}}$（$\mu\mathrm{H}$）为

$$L_{\mathrm{S2}} = \frac{\sqrt{3}U_{2l}}{\mathrm{d}i/\mathrm{d}t} \qquad (6\text{-}52)$$

当阀侧采用反向阻断型 RC 电路作为抑制过电压措施时，变压器的换相电感起着臂电感的作用。此时支路（或臂）的电感 $L_{\mathrm{S2}}$（$\mu\mathrm{H}$）为

$$L_{\mathrm{S2}} = \frac{\sqrt{2}U_{2l}}{\mathrm{d}i/\mathrm{d}t} - 2L_{\mathrm{T}} \qquad (6\text{-}53)$$

用于限制 $\mathrm{d}u/\mathrm{d}t$、$\mathrm{d}i/\mathrm{d}t$ 的电感量一般很小，约几到几十微亨。一般采用导线绕一定圈数构成空心电抗器，或者在导线上套上一个或几个磁环构成小体积电抗器。

2. 全控型器件的保护

全控型器件的保护电路也叫缓冲电路（吸收电路）。其作用是抑制电力电子器件的内因过电压、$\mathrm{d}u/\mathrm{d}t$ 或者过电流和 $\mathrm{d}i/\mathrm{d}t$，减小器件的开关损耗。缓冲电路可分为关断缓冲电路和开通缓冲电路。关断缓冲电路又称为 $\mathrm{d}u/\mathrm{d}t$ 抑制电路，用于吸收器件的关断过电压和换相过电压，抑制 $\mathrm{d}u/\mathrm{d}t$，减小关断损耗。开通缓冲电路又称为 $\mathrm{d}i/\mathrm{d}t$ 抑制电路，用于抑制器件开通时的电流过冲和 $\mathrm{d}i/\mathrm{d}t$，减小器件的开通损耗。可将关断缓冲电路和开通缓冲电路结合在一起，称其为复合缓冲电路。

如无特别说明，通常缓冲电路专指关断缓冲电路，而将开通缓冲电路叫做 $\mathrm{d}i/\mathrm{d}t$ 抑制电路。图 6-11（a）给出的是一种缓冲电路和 $\mathrm{d}i/\mathrm{d}t$ 抑制电路的电路图，图 6-11（b）是开关过程集电极电压 $u_{\mathrm{CE}}$ 和集电极电流 $i_{\mathrm{C}}$ 的波形，其中虚线表示无 $\mathrm{d}i/\mathrm{d}t$ 抑制电路和缓冲电路时的波形。

在无缓冲电路的情况下，绝缘栅双极晶体管 V 开通时电流迅速上升，$\mathrm{d}i/\mathrm{d}t$ 很大，关断时 $\mathrm{d}u/\mathrm{d}t$ 很大，并出现很高的过电压。在有缓冲电路的情况下，V 开通时缓冲电容 $C_{\mathrm{s}}$ 先通过 $R_{\mathrm{s}}$ 向 V 放电，使电流 $i_{\mathrm{C}}$ 先上一个台阶，以后因为有 $\mathrm{d}i/\mathrm{d}t$ 抑制电路的 $L_{\mathrm{i}}$，$i_{\mathrm{C}}$ 上升速度减慢。$R_{\mathrm{i}}$、$\mathrm{VD_i}$ 是在 V 关断时为 $L_{\mathrm{i}}$ 中的磁场能量提供放电回路而设置的。在 V 关断时，负载电流通过 $\mathrm{VD_s}$ 向 $C_{\mathrm{s}}$ 分流，减轻了 V 的负担，抑制了 $\mathrm{d}u/\mathrm{d}t$ 和过电压。因为关断时电路中（分布线）电感的能量要释放，所以还会出现一定的过电压。

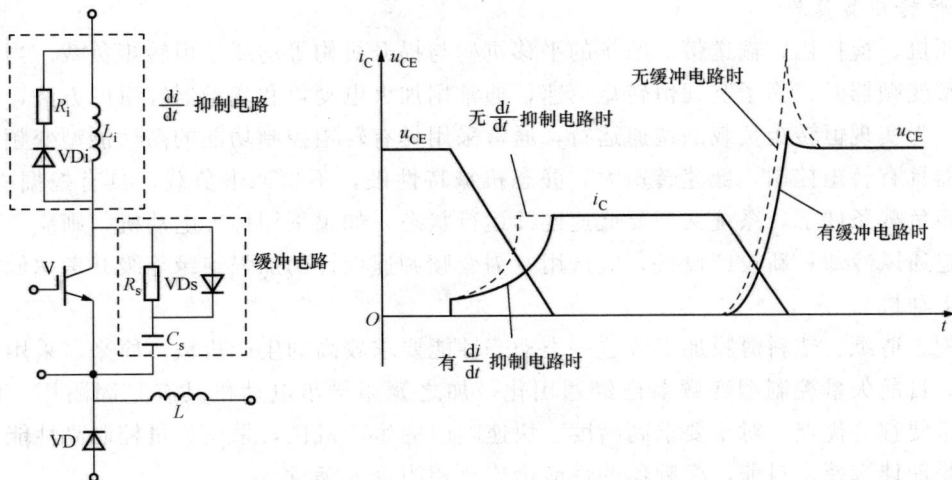

图 6-11 缓冲电路和 $\mathrm{d}i/\mathrm{d}t$ 抑制电路

图 6-11 所示的缓冲电路被称为充放电型 RCD 缓冲电路，适用于中等容量的场合。图 6-12 给出了另外两种常用的缓冲电路形式。其中 RC 缓冲电路主要用于小容量器件，而放电阻止型缓冲电路用于中或大容量器件。缓冲电容 $C_s$ 和吸收电阻 $R_s$ 的取值可用实验方法确定，或参考有关的工程手册。吸收二极管 VDs 必须选用快恢复二极管，其额定电流应不小于主电器器件额定电流的 1/10。此外，应尽量减小线路电感，且应选用内部电感小的吸收电容。在中小容量场合，若线路电感较小，可只在直流侧设一个 $\mathrm{d}u/\mathrm{d}t$ 抑制电路，对 IGBT 甚至可以仅并联一个吸收电容。

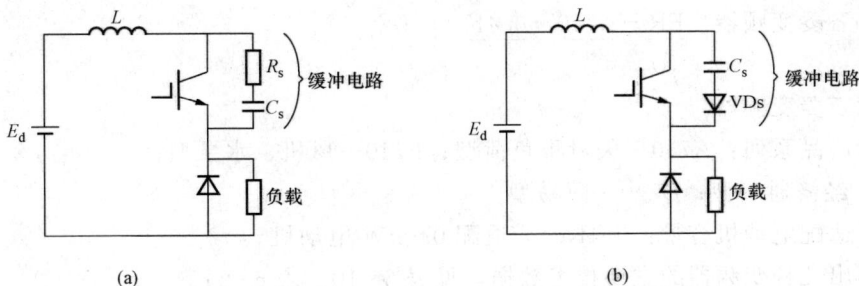

图 6-12 两种缓冲电路
(a) RC 缓冲电路；(b) 放电阻止型缓冲电路

## 6.4 变频器选型设计

通常在选用通用变频器时，须查看变频器产品的资料。每个变频器的生产厂商都会提供变频器的型号说明、主要特点、技术性能和标准规格等内容。

### 6.4.1 变频器选择

1. 风机、泵类负载

该类负载转矩 $T_L$ 正比于转速，低速下负载转矩较小，通常可以选择普通功能型。

## 2. 恒转矩类负载

挤压机、搅拌机、输送带、吊车的平移机构与提升机构等均属于恒转矩负载。当采用普通功能型变频器时，为了实现恒转矩调速，通常用加大电动机和变频器容量的方法，提高低速转矩。为实现恒转矩负载的调速运行，通常采用具有转矩控制功能的高性能型变频器。因为变频器具有转矩控制，低速转矩大，静态机械特性硬，不怕冲击负载，具有挖掘机特性。在恒转矩负载条件下，系统又需要低速连续运行状态，如果采用标准电动机，则应考虑低速下的强迫通风冷却。新投产设备，应选用专为变频调速设计的加强绝缘等级并考虑低速强迫通风的电动机。

轧钢、造纸、塑料薄膜加工线这一类动态性能要求较高的生产机械，原来多采用直流传动方式。目前矢量控制型变频器已经通用化，加之笼型异步电动机具有坚固耐用、维护方便、价格便宜等优点，对于要求高精度、快速响应的生产机械，采用矢量控制高性能型通用变频器是最佳选择。目前，变频器的性能价格比相当令人满意。

### 6.4.2 通用变频器的型号

每个变频器生产厂家都有各自的通用变频器产品型号，代表着通用变频器的系列、标识码、主要参数和生产序号等内容，包含了变频器产品铭牌的基本数据。

例如：富士通用变频器　FRN　0.2　F1S-4C。
　　　　　　　　　　　　　①　　②　　③　④

①表示富士 FRENIC5000 系列。

②表示适配电动机容量：0.2 表示 0.2kW 电动机。

③表示产品序号（或系列）：F1S 用于风机、水泵；G1S 为多功能、高性能型。

④表示电源电压：4C—三相 400V（中国产）；2J—三相 200V（日本产）；……。

例如：三菱变频器　FR－A740－0.4K。
　　　　　　　　　　①　　②　　　③

①表示三菱变频器。

②表示产品系列：A740—矢量重负荷型；F740—风机、水泵型；

E740—经济通用型；D740—简易型。

③表示适配电动机容量：0.4K——适配 0.4kW 电动机。

下面列出几种变频器的主要技术数据，见表 6-10、表 6-11。

表 6-10　　　　　　　　　　日本富士公司系列标准规格通用变频器产品

| 序号 | 型号 | 装置容量 | 额定电流 | 配接电机 | 输入电压 |
|---|---|---|---|---|---|
| 1 | FRN3.7F1S-4C | 6.8kVA | 9.0A | 3.7kW | 3 相 AC380V/50Hz/60Hz |
| 2 | FRN7.5F1S-4C | 12kVA | 16.5A | 7.5kW | 3 相 AC380V/50Hz/60Hz |
| 3 | FRN18.5F1S-4C | 28kVA | 37A | 18.5kW | 3 相 AC380V/50Hz/60Hz |
| 4 | FRN37F1S-4C | 54kVA | 72A | 37kW | 3 相 AC380V/50Hz/60Hz |
| 5 | FRN75F1S-4C | 105kVA | 139A | 75kW | 3 相 AC380V/50Hz/60Hz |
| 6 | FRN132F1S-4C | 182kVA | 240A | 132kW | 3 相 AC380V/50Hz/60Hz |
| 7 | FRN200F1S-4C | 274kVA | 360A | 200kW | 3 相 AC380V/50Hz/60Hz |
| 8 | FRN220F1S-4C | 316kVA | 415A | 220kW | 3 相 AC380V/50Hz/60Hz |

**表 6-11** 三菱公司系列标准规格通用变频器产品

| 序号 | 型号 | 装置容量 | 额定电流 | 配接电机 | 输入电压 |
|------|------|----------|----------|----------|----------|
| 1 | FR-A740-0.4K | 1.1kVA | 1.5A | 0.4kW | 3 相 AC380V/50Hz/60Hz |
| 2 | FR-A740-0.75K | 1.9kVA | 2.5A | 0.75kW | 3 相 AC380V/50Hz/60Hz |
| 3 | FR-A740-3.7K | 6.9kVA | 9A | 3.7kW | 3 相 AC380V/50Hz/60Hz |
| 4 | FR-A740-7.5K | 13kVA | 17A | 7.5kW | 3 相 AC380V/50Hz/60Hz |
| 5 | FR-A740-15K | 23.6kVA | 31A | 15kW | 3 相 AC380V/50Hz/60Hz |
| 6 | FR-A740-22K | 32.8kVA | 43A | 22kW | 3 相 AC380V/50Hz/60Hz |
| 7 | FR-A740-37K | 54kVA | 71A | 37kW | 3 相 AC380V/50Hz/60Hz |
| 8 | FR-A740-55K | 84kVA | 110A | 55kW | 3 相 AC380V/50Hz/60Hz |

### 6.4.3 变频器容量的计算

变频器的容量均以使用的电动机的功率、变频器的输出视在功率和变频器的输出电流来表征。其中，额定电流是指变频器连续运行时允许输出的电流；额定容量是指额定输出电流与额定输出电压下的三相视在功率。日本产变频器的额定电压往往是 200V、220V 或 400V、440V 共用，变频器的输入电压常允许在一定范围内变动。因此，用额定容量时常会产生混乱，输出容量只能作为衡量变频器容量的一种辅助表现手段。德国西门子公司生产的变频器对电源电压有严格规定，用其额定容量衡量变频器的容量比较准确。应当注意，变频器使用的电动机的功率是以标准的 4 极异步电动机为对象标称的，对于 6 极以上的异步电动机，由于效率与功率因数的降低，在同样功率下其额定电流较 4 极异步电动机大，所以选用变频器时，容量应该相应增大，以使变频器的电流不超出其允许值。

可见，选择变频器的容量时，变频器的额定电流是一个关键量。采用 4 极以上电动机或者多电机并联时，必须以总电流不超过变频器总电流为原则。变频器的输出电压可以根据电动机的额定电压进行选择。

1. 带 1 台电动机时变频器容量计算

带 1 台电动机连续运行时，所需的变频器容量为

$$S_{CN} \geqslant \frac{kP_M}{\eta \cos\varphi} \tag{6-54}$$

$$S_{CN} \geqslant k\sqrt{3}U_M I_M \times 10^{-3} \tag{6-55}$$

$$I_{CN} \geqslant kI_M \tag{6-56}$$

式中：$P_M$ 为负载所要求的电动机的轴输出功率；$\eta$ 为电动机的效率，通常约 0.85；$\cos\varphi$ 为电动机功率因数，通常约 0.75；$U_M$ 为电动机额定电压，V；$I_M$ 为电动机额定电流（工频电源），A；$k$ 为电流波形的修正系数，PWM 方式取 1.05~1.0；$S_{CN}$ 为变频器的额定容量，kVA；$I_{CN}$ 为变频器的额定电流，A。

2. 多台电动机并联运行时变频器容量计算

1 台变频器传动多台电动机并联运行，当变频器的短时过载能力为 150%（1min）时，如果电动机加速时间在 1min 以内，变频器的容量为

$$S_{CN} \geqslant \frac{2}{3}S_{CN1}\left[1 + \frac{n_S}{n_T}(K_S - 1)\right] \tag{6-57}$$

$$1.5S_{CN} \geqslant \frac{kP_M}{\eta\cos\varphi}[n_T + n_S(K_S - 1)] \tag{6-58}$$

$$I_{CN} \geqslant n_T I_M \left[1 + \frac{n_S}{n_T}(K_S - 1)\right] \tag{6-59}$$

式中：$n_T$ 为并联电动机的台数；$n_S$ 为同时启动的电动机台数；$S_{CN1}$ 为连续容量，$S_{CN1} = \frac{n_T k P_M}{\eta\cos\varphi}$，kVA；$K_S$ 为电动机启动电流与电动机额定电流之比。

3. 大惯性负载启动时变频器容量的计算

$$S_{CN} \geqslant \frac{kn_N}{9.55\eta\cos\varphi}\left(T_L + \frac{Jn_N}{9.55t_A}\right) \tag{6-60}$$

式中：$J$ 为换算到电动机轴上的总转动惯量，kg·m²；$T_L$ 为负载转矩，N·m。$t_A$ 为电动机加速时间（据负载要求确定），s；$n_N$ 为电动机额定转速，r/min。

### 6.4.4 制动电阻的计算

在异步电动机因设定频率下降而减速时，如果轴转速高于由频率所决定的同步转速，则异步电动机处于再生发电运行状态。运行中所存储的动能经运行于逆变状态的整流器回馈到直流侧，中间直流回路的滤波电容的端电压因吸收这部分回馈能量而提高。如果回馈能量较大，则有可能使变频器的过压保护动作。制动电阻可以消耗这部分能量，使电动机的制动能力提高。制动电阻的选择包括制动电阻的阻值及其容量的计算，可按下列步骤进行。

1. 制动转矩的计算

$$T_B = \frac{(J_M + J_b)(n_1 - n_2)}{375t_s} - T_L \tag{6-61}$$

式中：$T_B$ 为制动转矩，N·m；$T_L$ 为负载转矩，N·m；$J_M$ 为电动机转动惯量，kg·m²；$J_b$ 为电动机的负载折算到电动机轴上的转动惯量，kg·m²；$n_1$ 为减速开始转速，r/min；$n_2$ 为减速结束转速，r/min；$t_s$ 为减速时间，s。

2. 制动电阻值计算

在利用附加制动电阻进行制动的情况下，电动机内部的有功损耗部分，大约为电动机额定转矩做功的 20%，则制动电阻值为

$$R_{B0} = \frac{U_C}{1.04(T_B - 0.2T_M)n_1} \tag{6-62}$$

式中：$R_{B0}$ 为制动电阻，Ω；$U_C$ 为直流母线电压，V；$T_M$ 为电动机额定转矩，N·m。

如果系统所需制动转矩在额定转矩的 20% 以下时，则不需要另加制动电阻，仅有电动机内部有功损耗的作用，就可使中间回路电容电压限制在过电压的动作值以下。由制动晶体管和制动电阻构成的放电回路中，其最大电流受制动晶体管的最大允许电流 $I_C$ 的限制。制动电阻的最小允许值 $R_{min}$ 为

$$R_{min} = \frac{U_C}{I_C} \tag{6-63}$$

选用的制动电阻 $R_B$ 应满足

$$R_{min} < R_B < R_{B0} \tag{6-64}$$

3. 制动过程平均消耗功率

制动过程电动机自身损耗功率相当于 20% 额定值的制动转矩做功功率，因此制动电阻

器上消耗的平均功率为

$$P_{ro} = 1.047(T_B - 0.2T_M) \frac{(n_1 + n_2)}{2} \times 10^{-3} \qquad (6\text{-}65)$$

**4. 制动电阻额定功率**

制动电阻额定功率的选择因电动机工作模式而异。图 6-13 所示为电动机工作模式。图中，$t_s$ 为制动电阻的使用时间，$T-t_s$ 为制动电阻的间歇时间。在图 6-13（a）中，$T-t_s <$ 600s，则为重复减速工作模式；在图 6-13（b）中，$T-t_s > 600s$，则为非重复减速工作模式。通常采用连续工作模式电阻器，当为非重复减速情况时，电阻器的允许功率将增加，允许功率增加系数 $m$ 可查阅相关手册。

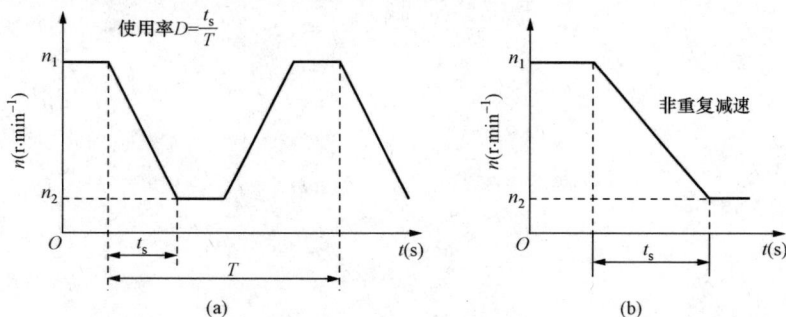

图 6-13　电动机工作模式

（a）重复模式；（b）非重复模式

根据电动机运行模式，可以确定制动时制动电阻的平均消耗功率和电阻器的允许功率增加系数，据此可以求出制动器的额定功率 $P_{rN}$（kW），即

$$P_{rN} = \frac{p_{ro}}{m} \qquad (6\text{-}66)$$

依据以上计算得到的 $R_B$ 和 $P_{rN}$ 可选择合乎要求的标准电阻器。

## 本 章 小 结

本章重点介绍了变流器的工程设计方法，对整流变压器、平波电抗器、以晶闸管为主的电力电子器件的参数计算和选型方法进行了详细介绍，并介绍了晶闸管串并联时所需要采用的均压或均流措施。此外，还对电力电子器件的保护电路和变频器的选型设计进行了介绍。本章以整流器工程设计为例，介绍了主电路工程设计方法，意在使其成为进一步学习其他电力电子电路设计的基础。

## 习 题

1. 某三相桥式整流电路，电感性负载，额定直流输出电压为 220V，额定直流输出电流为 68A，过载倍数为 1.5，整流变压器一次侧线电压为 380A，最小控制角为 30°，晶闸管通态平均电压为 1V。忽略变压器铜损耗，试计算变压器电压及电流参数。

2. 有一直流电动机由三相桥式全控整流电路供电，电动机负载电流为 1000A，无过载要求。整流变压器二次侧相电压为 750V。每个桥臂由两串 6 并共 12 只晶闸管组成，求晶闸管的电压和电流定额。

3. 三相半波可控整流电路，电感性负载，最大负载电流为 100A，每只晶闸管串联快速熔断器作为过流保护，试选择熔断器的电流参数。

# 第7章 电力电子技术的应用

## 7.1 电力电子在电力系统中的应用

### 7.1.1 电力谐波抑制

在理想电力系统中，发电机发出的电力是以纯正弦、三相对称、频率和电压保持相对恒定的电能形态向负载供电，系统负载主要由电动机、电气照明、电热器等设备组成，一般认为它们是线性的。因而常把频率和电压作为衡量电能质量合格与否的两个基本指标。近年来随着系统中非线性特殊负载日益增多，特别是非线性电力电子设备的广泛应用，造成电压和电流波形的严重畸变，向电网输送大量的谐波，危害用电设备和通信系统的稳定运行，谐波污染已成为电力系统一项不容忽视的问题。世界上许多国家已经制定出限制标准，并采取了各种有效的抑制措施。

以往电力系统主要采用 L-C 调谐原理构成的各种滤波电路来消除谐波。它们在特定谐波频率下呈现低阻通路，在同谐波源负载并联连接后，除了减少谐波电流注入系统外，还可向电网输送无功功率，提高供电线路的功率因数，通常把这种电路称之为**无源滤波器**。并联无源滤波器电路结构简单、初期投资少、运行可靠、维护方便，但由于其滤波特性受系统阻抗的影响，不能适应系统频率变化或系统运行方式的改变，此外，还可能引起并联谐振产生谐波放大等问题。20 世纪 70 年代初有专家提出具有功率处理能力的有源谐波补偿原理，近几十年来随着功率器件水平的长足进步，瞬时无功功率理论和 PWM 控制技术的不断发展，**有源电力滤波器**（Active Power Filter，APF）逐步进入到工业实际应用的新时期。

APF 是一种电力电子装置，基本原理是从补偿对象中检测出谐波电流，由补偿装置产生一个与该谐波电流大小相等而极性相反的补偿电流，从而使电网电流只含基波分量。电力有源滤波器能对频率和幅值均变化的谐波进行补偿，且补偿特性不受电网阻抗的影响。

根据有源电力滤波器直流侧储能元件的不同，其结构可分为电流型和电压型两种。电压型有源滤波器直流侧采用电解电容作为储能元件，其储能密度大、装置体积小、效率高、初期投资小，可任意并联扩容，适合各种电路拓扑。目前实用装置 90% 以上为电压型，其技术相对成熟、完善。

图 7-1 所示为电压型有源滤波器原理图，$i_{sa}$、$i_{sb}$、$i_{sc}$ 为电网电流，非线性负载为谐波源，如各类电力电子装置等；$i_{La}$、$i_{Lb}$、$i_{Lc}$ 为负载侧电流（$i_L = i_{Lf} + i_{Lh}$）；检测模块可实时检测出负载电流中的谐波分量 $i_{Lh}$，并将其反极性后作为有源电力滤波器的指令电流 $i_{af}^*$、$i_{bf}^*$、$i_{cf}^*$；最终由电流控制器控制 APF 的网侧电流产生与 $i_{Lh}$ 大小相等、方向相反的补偿电流 $i_{af}$、$i_{bf}$、$i_{cf}$，从而补偿电网电流中的谐波，使流入电网的电流 $i_s$ 只含有基波分量 $i_{Lf}$。电压型有源滤波器产生谐波补偿的电路实质是一个 PWM 变换器。

电流型有源滤波器直流侧采用电感作为储能元件，其优点是控制简单、易于保护、性能可靠、可以采用较低的开关频率，但损耗大、体积大，不适用于大容量系统。

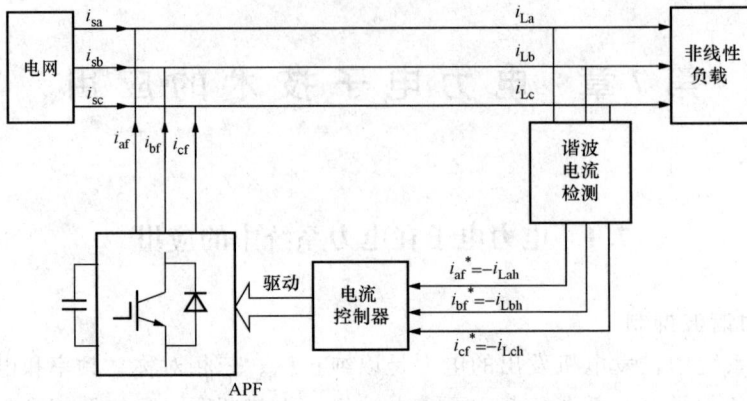

图 7-1 电压型有源滤波系统

根据有源滤波器接入电力系统的方式不同，可分为并联型有源滤波器和串联型有源滤波器。由于 APF 造价高，运行损耗大，容量受到限制，因此，将无源滤波器与有源滤波器组合起来，构成混合型有源滤波器在目前无疑是一种较好的方案。混合型有源电力滤波器又可分串联混合型有源电力滤波器和并联混合型有源电力滤波器，其原理框图分别如图 7-2 和图 7-3 所示。

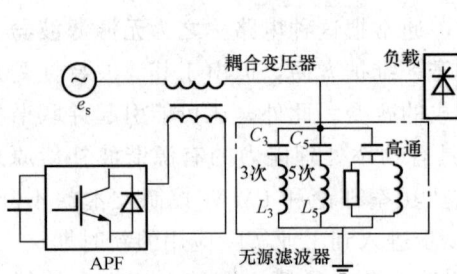

图 7-2 串联混合型有源电力滤波器系统

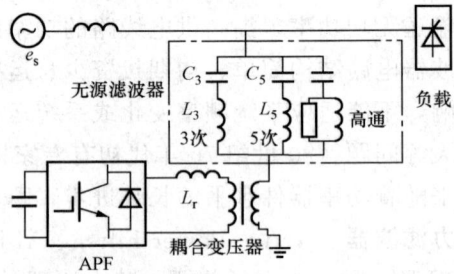

图 7-3 并联混合型有源电力滤波器系统

### 7.1.2 无功功率控制

电力系统对无功功率的控制是非常重要的，通过对无功功率的控制，可以提高功率因数，稳定电网电压，改善供电质量。

众所周知，电压稳定与否主要取决于系统中无功功率的平衡。电力系统网络元件的阻抗主要是电感性，是消耗无功功率的，大多数负载也需要消耗无功功率，网络元件和负载所需要的无功功率必须从网络中某个地方获得，显然，这些所需的无功功率如果都要由发电机提供并经过长距离输送是不合理的，通常也是不可能的。合理的方法应是在需要消耗无功功率的地方产生无功功率即无功补偿。因此，电力系统的无功补偿是保证电网安全、优质、经济运行的重要措施。

在工业配电系统中，采用较多的功率因数补偿方式是电容器组补偿。它利用接触器的投切，并根据实测电源侧的功率因数或负荷电流的大小来改变并联在配电母线上的电容器组数，以补偿缓慢变化的负荷无功功率，并保证用电设备的总功率因数尽可能接近于 1。采用并联电容器进行无功补偿成本较低，但电容器只能补偿固定的无功功率，在系统中有谐波时，还有可能发生并联谐振，甚至发生烧坏电容器组的现象。

静止无功补偿（Static Var Compensator，SVC）装置近年来获得了很大发展，大量用于负载无功补偿，其典型代表有晶闸管投切电容器（Thyristor Switching Capacitor，TSC）、晶闸管控制电抗器（Thyristor Control Reactor，TCR），以及这两者的混合装置（TCR＋TSC）。静止无功补偿器的重要特性是能连续无级调节补偿器的无功功率，因此可以对无功功率进行动态补偿，使补偿点的电压接近维持不变、减小电压波动引起的"闪变"、抑制谐波。它具有最快 10ms 的响应速度，调节时无涌流、拉弧，无机械开关使用寿命的限制等优点。特别适合一些需要快速补偿的工业场合，如电弧炉、轧机、电力机车等，可以显著提高用户的功率因数（最高可接近 1），最大限度地为用户节能降损。此外，SVC 也可用于输电系统或枢纽变电站，对维持系统母线电压稳定、提高线路输送容量，以及提高输电系统的暂态稳定性都有一定的作用。

### 1. 晶闸管控制电抗器（TCR）

TCR 的基本原理图如图 7-4 所示。可以看出这是支路控制三角形连接方式的晶闸管三相交流调压电路。

图中的电抗器中所含电阻很小，可以近似看成纯电感存在，因此开通角 $\alpha$ 的移相范围为 $90°\sim180°$。当 $\alpha$ 为 $90°$ 时，晶闸管完全导通，导通角为 $\delta=180°$，电抗器相当于直接接到电网上，这时其吸收的基波电流和无功功率最大，当 $\alpha$ 角增加时，电感电流下降，相当于 TCR 等效电感量增加。当 $\alpha$ 在 $90°\sim180°$ 范围内，其导通角 $\delta<180°$。增大 $\alpha$ 的效果，就是减小电流中的基波分量，相当于增大补偿装置的等效感抗，因而减少了其吸收的无功功率。因此，通过对 $\alpha$ 的控制，可以连续调节流过电抗器的电流，从而调节电路从电网中吸收的无功功率。

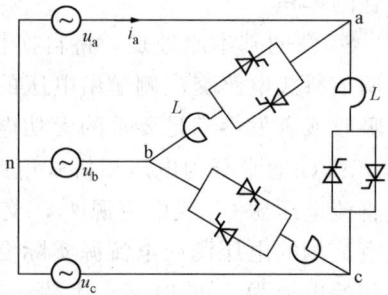

图 7-4　TCR 的基本原理图

如配以固定电容器，可以在从容性的范围内连续调节无功功率。

### 2. 晶闸管投切电容器（TSC）

图 7-5 所示为晶闸管投切电容器（TSC）型 SVC 的单相原理电路。其实质为第 5 章所讲述的电力电子开关来投切电容器。图 7-5（a）是基本电路单元，在工程上为了避免容量较大的电容组同时投、切对电网造成较大的冲击，一般把电容器分成几组，如图 7-5（b）所示。串联的小电感用来抑制电容器投入电网时可能造成的冲击电流，根据电网的无功需求投切电容器组，每组由晶闸管单独投切。TSC 实际上就成为断续可调的提供容性无功功率的动态无功补偿器，与 TCR 相比，TSC 中电容器的电流只是在两个极端电流（零电流和额定电流）之间切换，所以不产生谐波，这是其优点。但其无功补偿量是阶梯的，且响应速度慢，这是其缺点。

TCR 运行时选择晶闸管投入时刻的原则是，

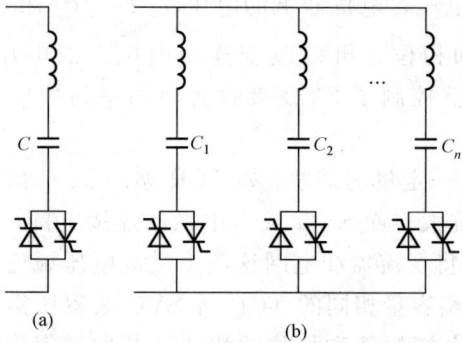

图 7-5　晶闸管投切电容器

（a）单相基本单元简图；（b）多组投切单相简图

该时刻交流电源电压应和电容器预先充电的电压相等。这样，电容器电压不会产生跃变，也就不会产生冲击电流。一般来说，理想情况下，希望电容预先充电电压为电源电压峰值，这时电源电压的变化率为零，因此在投入时刻电容电流为零，之后才按正弦规律上升。这样，电容投入过程不但没有冲击电流，电流也没有阶跃变化。

### 3. 静止无功发生器（SVG）

比 SVC 更为先进的现代补偿装置是静止无功发生器（Static Var Generator，SVG），也简称为静止补偿器（Static Compensator，STATCM）。SVG 也是一种电力电子装置，其最基本的电路是三相桥式 PWM 变流电路，目前使用的主要是电压型。SVG 和 SVC 不同，SVC 需要大容量的电抗器、电容器等储能元件，而 SVG 在其直流侧只需要较小容量的电容维持其电压即可；SVG 通过不同的控制，既可使其发生无功，呈电容性，也可使其吸收无功，呈电感性；而且在采用多重化、多电平或 PWM 技术等措施后可大大减少补偿电流中谐波的含量，即可使其输入接近正弦波（即 7.1.1 节中所介绍的无源滤波功能）。因此与传统的以 TCR 和 TSC 为代表的 SVC 装置相比，SVG 的调节速度更快，运行范围宽；同时，SVG 使用的电抗器和电容器容量远比 SVC 中使用的电抗器和电容元件要小，这将大大缩小装置的体积。

SVG 的基本原理是，将自换相桥式变流电路通过电抗器或者直接并联在电网上，适当地调节桥式电路交流侧输出电压的相位和幅值，或者直接控制其交流侧电流，就可以使该电路吸收或者发生满足要求的无功电流，实现动态无功补偿。

SVG 通常分为电压型桥式电路和电流型桥式电路，如图 7-6 所示。电路的直流侧分别接直流电压源 $U_d$ 或电流源 $I_d$，交流侧与电网相连，由于 SVG 交流侧只输出无功功率，因此直流侧的电压源或电流源实际上并不需要有功功率输出，可以用充有电压 $U_d$ 的电容器或者初始电流为 $I_d$ 的电感来代替。在交流侧，对电压型桥式电路，还需再串联电感才能并入电网；对电流型桥式电路，则需并联上电容器，以吸收换相产生的过电压。目前，由于运行效率等原因，实用上大多采用电压型桥式电路。

SVG 正常工作时是通过电力电子元件导通和阻断将直流侧电压转换成交流侧（与电网同频率）的输出电压，它就像一个电压型逆变器，只不过其交流侧输出接的是电网，而不是无源负载。因此，当仅考虑基波频率时，SVG 可以等效地视为幅值和相位均可以控制的一个与电网同频率的交流电压源，它通过电抗器连接到电网上，其单相等效电路如图 7-7（a）所示。图中 $U_s$ 为电网电压；$U_1$ 为 SVG 输出的交流电压，电抗器上的电压 $\dot{U}_L$ 即为 $\dot{U}_s$ 和 $\dot{U}_1$ 的相量差。改变 SVG 交流侧输出电压 $\dot{U}_1$ 的幅值和相位，可以改变连接电抗上的电压，从而控制 SVG 从电网吸收电流的相位和幅值，也就控制了 SVG 吸收无功功率的性质和大小。

在多种型式的 SVC 装置中，由于 SVC 本身产生一定量的谐波，如 TCR 型的 5、7 次特征次谐波量比较大，占基波值的 5%～8%，连接电抗大。而 SVG 接入电网的连接电抗，其作用是滤除电流中可能存在的较高次谐波，另外起到将变流器和电网这两个交流电压源连接起来的作用，因此所需的电感值并不大，也远小于补偿容量相同的 TCR 等 SVC 装置所需的电感量，因此 SVG 可控性能好、调节速度更快，其电压幅值和相位的快速调节典型值为几个毫秒，它的端电压对外部系统的运行条件和结构变化不敏感。因此，SVG 不仅可以得到较好的静态稳定性能，而且可得到较好的干扰故障下的暂态稳定性能。另外，由于 SVG 中

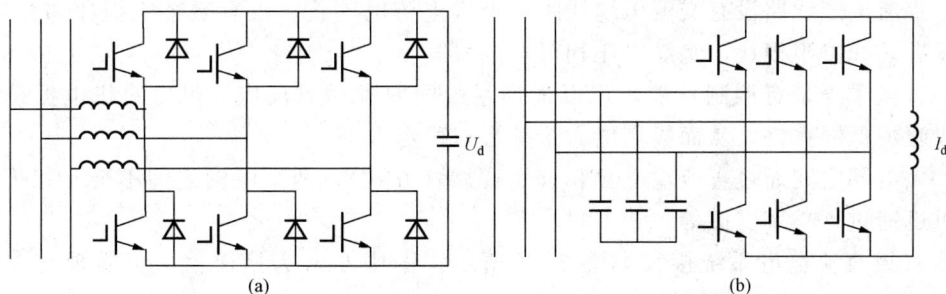

图 7 - 6 静止无功发生器基本电路

(a) 电压型桥式电路；(b) 电流型桥式电路

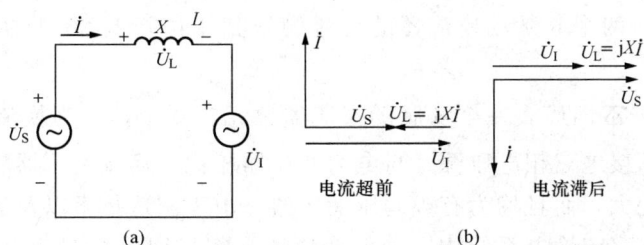

图 7 - 7 SVG 等效电路（不考虑损耗）

(a) 单相等效电路；(b) 相量图

电容器容量较小，在电网内普遍使用也不会产生低频谐振。

20 世纪 90 年代末以来世界范围内有关 SVG 的研究和应用有了长足的进步和发展，1991 年和 1994 年日本和美国分别研制成功一套 800MVA 和一套 100MVA 采用 GTO 器件的 SVG 装置，并且最终成功投入了高压电力系统的商业运行。用于低压场合的中、小容量 SVG 更是已开始形成系列产品。我国也已展开了有关 SVG 的研究并且已研制出投入工程实际的装置。

### 7.1.3　高压直流输电

高压直流输电技术（High Voltage Direct Current，HVDC）是电力电子技术在电力系统输电领域中应用最早，同时也是最成熟的技术。高压直流输电由将送电端的交流电变换为直流电的整流器、高压直流输电线路以及将直流电变换为交流电的逆变器三部分构成，因此从结构上看，高压直流输电是交流-直流-交流形式的电力电子变换电路。由于常规高压直流输电的换流器（又称为换流阀，包含整流器和逆变器）由半控型的晶闸管器件组成，故常规高压直流输电的换流器只能采取电网（源）换流方式。近 10 年才投入使用的一种新型高压直流输电，即基于电压源换流器的高压直流输电（HVDC based on Voltage Source Convert-ers，VSC—HVDC），又称为轻型直流输电，则采用全控型电力电子器件，如 IGBT、GTO 等，其换流方式为器件换流。

高压直流输电与交流输电相比，其优点及特点如下。

（1）输送功率的大小和方向可以快速控制和调节。

（2）直流架空线路的走廊宽度约为交流线路的一半，可以充分利用线路走廊的资源。

（3）直流电缆线路没有交流电缆线路中电容电流的困扰，没有磁感应损耗和介质损耗，基本上只有芯线电阻损耗，绝缘电压相对较低。

（4）直流本身带有调制功能，可以根据系统的要求做出反应，可以对机电振荡产生阻尼，可以阻尼低频振荡，从而提高电力系统暂态稳定水平。

（5）大电网之间通过直流输电互联（如背靠背方式），两个电网之间不会互相干扰和影响，且可迅速进行功率支援等。

高压双极直流输电系统接线如图 7 - 8 所示。图中 Con 为换流器，可实现交流电向直流电或直流电向交流电的变换。为了减少换流器对交、直系统的谐波注入量，从而简化交流滤波器以及直流滤波器的设计，降低整个直流输电工程的投资，直流输电工程通常采用两个 6 脉动换流器单元在直流端串联的接线形式，从而构成 12 脉动换流器。其交流侧通过变压器的网侧绕组实现并联。换流变压器的阀侧绕组为一个星形接法，另一个为三角形接法，从而使两个 6 脉动换流器的交流侧得到相位互差 30° 的换相电压。其原理已在第 2 章中讲述。

图 7 - 8 中的符号▲即代表一个 6 脉动换流器单元。图中，T 为换流变压器，它向换流器提供适当等级的不接地三相电压源。与电力变压器相比，换流变压器阻抗电压大、结构复杂、噪声严重、损耗大，而且均为有载调压变压器。由于制造技术以及运输条件的限制，在长距离、大容量高压直流输电系统中，换流变压器全部采用单相双绕组型式。$L_d$ 为平波电抗器，其作用是防止轻载时直流电流断续，抑制直流故障电流的快速增加以及减小直流电流纹波等。ACF 和 DCF 分别是交流滤波器和直流滤波器，其作用分别是抑制换流器注入交、直流系统的谐波。交流滤波器还同时兼有无功补偿的作用。

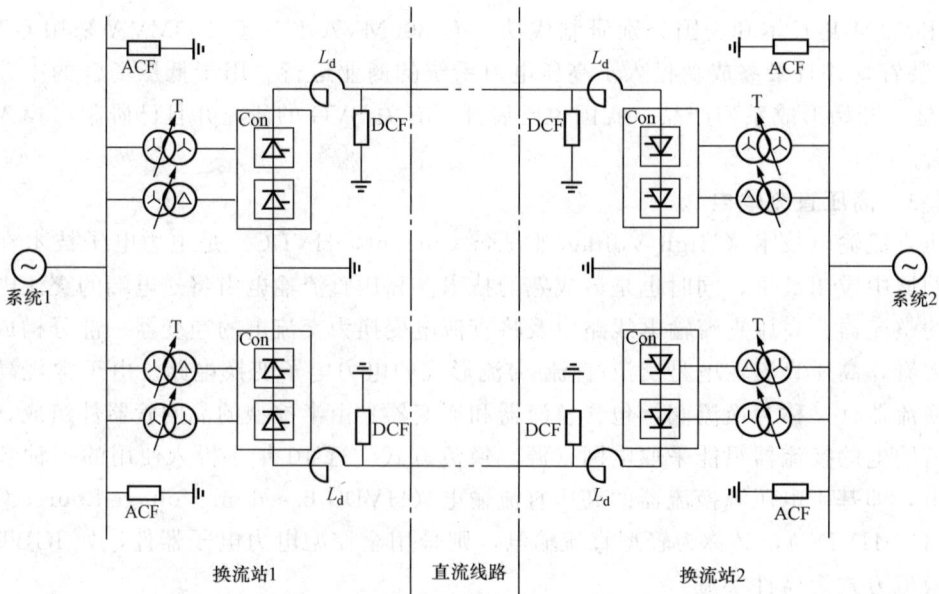

图 7 - 8　高压双极直流输电系统接线图

## 7.2 电力电子在电气传动方面的应用

电气传动系统可分为直流拖动系统和交流拖动系统，直流拖动系统可获得优良的静、动态调速特性，但是直流电动机本身存在一些固有的缺点：①受使用环境条件制约；②需要定期维护；③最高速度和容量受限制等。与直流调速传动系统相对应的是交流调速传动系统，采用交流调速传动系统除了可克服直流调速传动系统的缺点外，还具有电动机结构简单、可靠性高、快速响应等优点。随着电力电子技术和控制技术的发展，交流调速系统才得到迅速的发展，其应用已在逐步取代传统的直流传动系统。

在交流调速传动的各种方式中，变频调速是应用最多的一种方式。交流电动机的转差功率中转子铜损部分的消耗是不可避免的，采用变频调速方式时，无论电动机转速高低，转差功率的消耗基本不变，系统效率是各种交流调速方式中最高的，因此采用变频调速具有显著的节能效果。例如采用变频调速技术对风机的风量进行调节，可节约电能 30％ 以上。因此，近年来我国推广应用变频调速技术，已经取得了很好的效果。

变频调速系统中的电力电子变流器（简称为变频器），除了在第 5 章中介绍的交-交变频器外，实际应用最广泛的是交-直-交变频器（Variable Voltage Variable Frequency，VVVF）。交-直-交变频器是由 AC/DC、DC/AC 两类基本的变流电路组合形成，先将变流器整流为直流电，中间为直流滤波环节，再将直流电逆变为交流电，因此这类电路又称为间接交流变流电路。其电路结构如图 7-9 所示。该电路中整流部分采用的是不可控整流，它和电容器之间的直流电压和直流电流极性不能改变，只能由电源向直流电路输送功率，而不能由直流电路向电源反馈电力。若负载能量反馈到中间直流电路，将导致电容电压升高，称为泵升电压。由于该能量无法反馈回交流电源，泵升电压过高会危及整个电路的安全。图中 $R_0$、V7 为限制泵升电压而设计的泄能支路，当泵升电压超过一定数值时，使 V7 导通，把从负载反馈的能量消耗在 $R_0$ 上。这种电路可应用于对电动机制动时间有一定要求的调速系统中。交-直-交变频器与交-交变频器相比，最主要的优点是输出频率不再受输入电源频率的制约，频率调节范围大。

实际生产过程中根据应用场合及负载的要求，变频器有时需要具有处理再生反馈电力的能力。当负载电动机需要频繁、快速制动时，或者当交流电动机负载频繁快速加减速时，上述泵升电压限制电路中消耗的能量骤增，能耗电阻 $R_0$ 也需要较大的功率。在这种情况下，希望在制动时把电动机的动能反馈回电网，而不是消耗在电阻上。这时，需增加一套变流电路，使其工作于有源逆变状态，以实现电动机的再生制动，如图 7-10 所示。当负载回馈能量时，中间直流电压上升，使不可控整流电路停止工作，可控变流器工作于有源逆变状态，中间直流电压极性不变，而电流反向，通过可控变流器将电能反馈回电网。

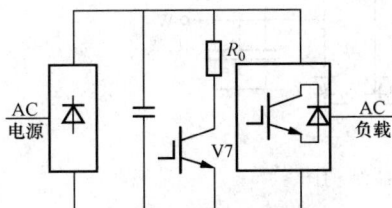

图 7-9 交-直-交变频器结构图

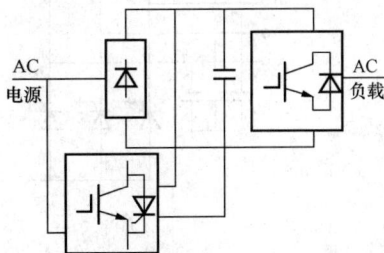

图 7-10 具有再生制动的交-直-交变频器结构图

图 7-11 是整流电路和逆变电路都采用 PWM 控制的间接交流变流电路,可简称双 PWM 电路。整流电路和逆变电路的构成可以完全相同,交流电源通过交流电抗器和整流电路连接。如第 2 章所述,通过对整流电路进行 PWM 控制,可以使输入电流为正弦波并且与电源电压同相位,因而输入功率因数为 1,并且中间直流电路的电压可以调节。电动机可以工作在电动运行状态,也可以工作在再生制动状态。此外,改变输出交流电压的相序即可使电动机正转或反转。因此,电动机可实现四象限运行。

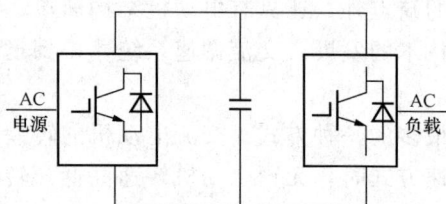

图 7-11 电压型双 PWM 变频器结构图

双 PWM 电路输入输出电流均为正弦波,输入功率因数高,且可实现电动机四象限运行,是一种性能理想的变频器。但由于整流、逆变部分均为 PWM 控制且需要采用全控型器件,控制较复杂,成本也较高。

以上讲述的是几种电压型间接交流变流电路的基本原理,下面简述电流型间接交流变流电路。

图 7-12 给出了可以再生反馈电力的电流型间接交流变流电路。当电动机制动时,中间直流电路的电流极性不用改变,要实现再生制动,只需调节可控整流电路的触发角,使中间直流电压反极性即可,极性如图 7-12 所示。与电压型相比,整流部分只用一套可控变流电路,而不像图 7-10 那样为实现负载能量反馈而采用两套变流电路,系统的整体结构相对简单。

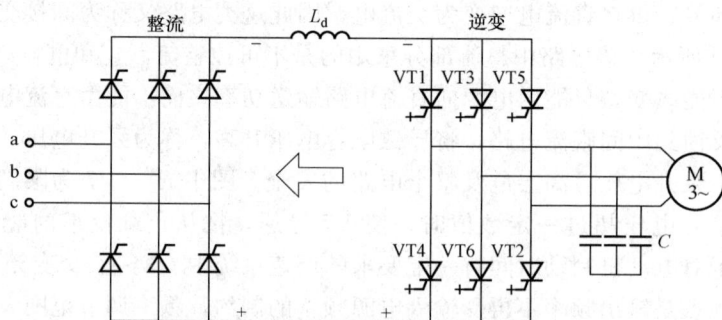

图 7-12 电流型间接交流变流电路

电流型间接交流变流电路也可采用双 PWM 电路,如图 7-13 所示。为了吸收换流时的过电压,在交流电源侧和交流负载都设置了电容器。和图 7-11 所示的电压型双 PWM 电路

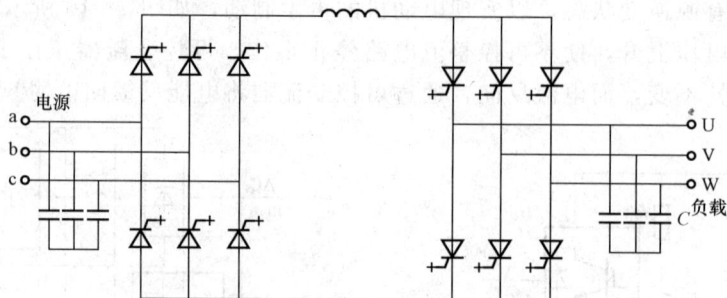

图 7-13 电流型双 PWM 变频器结构图

一样，当向异步电动机供电时，电动机既可工作在电动状态，又可工作在再生制动状态，且可正反转，即可四象限运行。该电路同样可以通过对整流电路的 PWM 控制使输入电流为正弦波，并使输入功率因数为 1。

## 7.3　电力电子在电源技术中的应用

### 7.3.1　UPS 电源

保证任何情况下的正常供电是金融、通信、交通、军事、工业控制等部门和行业的重要基础。为此一些重要的部门除了工业电网正常供电外还需配备不停电供电系统（Uninterrupitable Power Supply，UPS）。当市电因故障停电时，能够通过 UPS 继续向负载供电，以保证供电质量，因此 UPS 在许多领域得到广泛应用。

UPS 是一种向负载提供不间断、优质、高效、可靠的交流电能的电力变换电路。按工作方式分类，主要有后备式 UPS、在线式 UPS。在线式 UPS 典型结构如图 7-14 所示。在市电正常运行时，市电经过整流器整流为直流，一方面给蓄电池充电，以保证蓄电池的电量充足，另一方面通过逆变器重新将直流电源变成高质量恒压恒频（CVCF）正弦波电源。在电网因故障停电时，整流器停止工作，由蓄电池经逆变器向负载输出与交流电源频率、相位保持同步的 220V 交流电。

实际的 UPS 产品中多数都设置了旁路开关，市电与逆变器提供的电源由转换开关 S 切换，若逆变器发生故障，可由开关自动切换为市电旁路电源供电。静态开关 S 为无触点智能开关，转化时间可认为是零，用于市电和逆变器供电的切换。

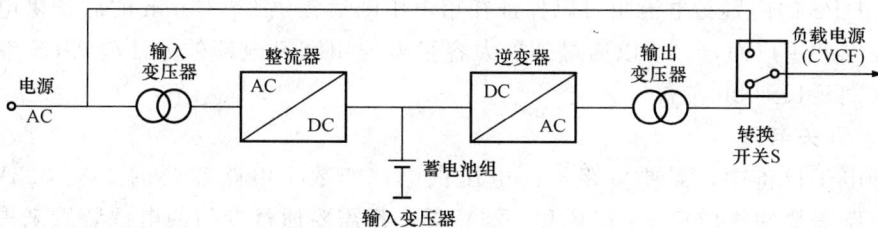

图 7-14　在线式 UPS 典型结构

由图 7-14 可以看出，无论市电是否正常，负载的全部功率都由逆变器提供，因此可以克服由下述原因造成的对用户电能质量的影响：①市电电压不稳，有时甚至还会发生市电供电中断；②市电频率范围波动；③由于用户在电网上投入的像计算机、通信设备和家用电器之类的非线性负载对"电网污染"而造成正弦波形的严重畸变；④从电网串入各种干扰和高能浪涌。同时市电中断时，输出电压不受任何影响，没有转换时间。

但在线式 UPS 也存在如下缺点：在市电存在时，整流和逆变两个变换器都承担 100% 负载功率，所以整机效率低；由于存在整流环节，对电网也产生谐波污染，可通过在整流器后加装直流斩波器（用于功率因数校正）来获得较好的交流输入功率因数。

在线式 UPS 具有极宽的输入电压范围，零切换时间且输出电压稳定精度高，特别适合对电源要求较高的场合，相对于后备式 UPS 其结构复杂、成本较高。

图 7-15 给出了后备式 UPS 电路系统，主要由整流器、蓄电池组、逆变器、转换开关

等组成。当市电正常时，市电通过自动稳压器经转换开关向负载供电，同时转换开关 2 接通直流，向蓄电池组充电，但此时逆变器不工作。当市电异常时，转换开关接通蓄电池放电，逆变器运行，将蓄电池组的直流电压转化为 CVCF 的交流电压，通过转换开关 1 向负载供电。两组静态开关互锁，保证交流市电和逆变输出电源之间不造成环流。

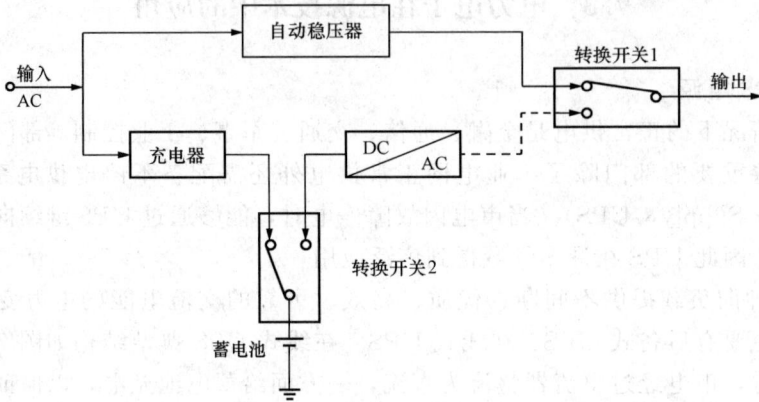

图 7-15　后备式 UPS 基本结构图

　　因此，后备式 UPS 也称为离线式 UPS。当市电存在时，市电利用率高达 98% 以上，其输入功率因数和输入电流谐波取决于负载性质，输出能力强，对负载电流峰值系数、负载功率因数、过载等没有严格的限制；当市电中断时，存在转换时间，一般为 4～10ms，后备式 UPS 多用在 2kVA 以下、市电波动不大、对供电质量要求不高的场合。

　　目前，UPS 的内置蓄电池组可以保证在市电中断后提供 8～15min 的后备供电时间。对于有特殊要求的用户而言，可以通过外置大容量电池组和充电器的办法将 UPS 电源的电池后备供电时间延长到 8h 左右。

### 7.3.2　开关电源

　　在各种电子设备中，需要多路不同电压供电，如数字电路需要的 5V、3.3V 和 2.5V 等，模拟电路需要的 ±12V、±15V 和 ±24V 等，都需要通过专门的电源装置来提供，常常需要电源装置能达到一定的稳定精度，且能够提供足够大的电流。现有的电源主要由线性稳压电源和开关稳压电源两大类组成，这两类电源由于各自的特点而被广泛应用。

　　线性稳压电源采用工频变压器降压，经过整流滤波后，由非线性元件工作在线性区域进行调压得到稳定的直流输出电压。线性稳压电源的优点是稳定性好、可靠性高、输出电压精度高、输出纹波电压小。但它的不足是质量和体积都很大；调整管的功耗较大，从而使电源的效率大大降低，一般均不会超过 50%。但它优良的输出特性，使其在对电源性能要求较高的场合仍得到广泛的应用。

　　相对于线性稳压电源来说，开关稳压电源的优点更能满足现代化电子设备的要求，其效率可达到 85% 以上，且稳压范围宽、稳压精度高，是一种较理想的稳压电源，大有代替线性稳压电源之势。开关电源是一种由占空比控制的开关电路构成的电能变换装置，用于交流-直流或直流-直流电能变换。其基本原理已在第 3 章中讲述，其结构如第 3 章所述分为隔离型与非隔离型。图 7-16 所示为隔离型开关电源结构，50Hz 单相交流或三相交流电压经 EMI 防电磁干扰滤波器，直接整流滤波，然后再将滤波后的直流电压经逆变电路变换为数十或数百千赫兹的高频方波或准方波电压，通过高频变压器隔离并降压（或升压）后，再经高频整流、滤波电路，最后输出直流电压。通过采样、比较、放大及控制、驱动电路，控制变换器中功率开关管的占空比，便得到稳定的输出电压。

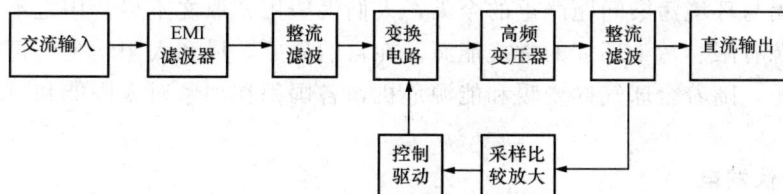

图 7 - 16　隔离型开关电源结构

由于功率变换元件工作在开关方式，从而功耗明显减小，使得开关电源的效率较高（可达 70%～90%）。同时由于采用高频隔离变压器取代线性电源中的工频变压器以及高频变换技术，因此电路中的电感、电容等滤波元件和变压器参数都大大减小。采用高于 20kHz 这一人耳的听觉极限频率，运行噪声大大减小，另外开关电源效率高，需要的散热器也较小。所以在同等功率的条件下，开关电源的体积和质量仅为线性电源和相控电源的 1/10。

高频逆变-变压器-高频整流电路是开关电源的核心部分，具体电路采用第 3 章介绍的直流—直流隔离型变流电路，针对不同的功率等级和输入电压可以选取不同的电路。

通常开关电源的输入级采用电容滤波的二极管整流电路，这种电路的优点是结构简单、成本低、可靠性高，但缺点是其输入电流不是正弦波形，因此该电路的功率因数很低，通常仅能达到 0.5～0.7，总谐波含量可达 100%～150%，会对电网造成严重的污染。解决这一问题的办法就是对电流脉冲的幅值进行抑制，使电流波形尽量接近正弦波，这一过程称为功率因数校正。根据采用的具体的方法不同，可以分成无源功率因数校正和有源功率因数校正。

无源功率因数校正技术通过在二极管整流电路中增加电感、电容等无源元件和二极管，对电路中的电流脉冲进行抑制，以降低电流谐波含量，提高功率因数。这种方法的优点是简单、可靠，无需进行控制，但是增加的无源元件通常体积很大，成本也较高，并且功率因数通常仅能校正到 0.95 左右，而谐波含量仅能降至 30% 左右。

有源功率因数校正技术采用全控开关器件构成的开关电路对输入电流的波形进行控制，使之成为与电源电压同相的正弦波，总谐波含量可以降低至 5% 以下，而功率因数能高达 0.995，从而彻底地解决了整流电路的谐波污染和功率因数低的问题。然而有源功率因数技术也存在一些缺点，如电路和控制复杂，开关器件的高速开关造成电路中开关损耗较大，效率略低于无源功率因数校正电路等，但是由于采用有源功率因数校正技术可以非常有效地降低谐波含量、提高功率因数，从而满足现在最严格的谐波标准的要求，因此其应用越来越广泛。

单相有源功率因数校正电路较为简单，可靠性高，基本上已经成为功率在 0.3～3kW 范围内的单相输入开关电源的标准电路形式，其实质为二极管整流电路加上升压型斩波电路构成。

# 7.4 电力电子在可再生能源中的应用

在能源枯竭与环境污染问题严重的今天，人们渴望用"取之不尽，用之不竭"的可再生能源来代替资源有限、污染环境的常规能源。在自然界中，风和太阳均是可再生、无污染且储能巨大的能源，随着全球气候变暖和能源危机，各国都在加紧对太阳能和风能等的开发和利用。

## 7.4.1 光伏发电

太阳能发电分为光热发电和光伏发电，将太阳能直接转换为电能的技术称为光伏发电技术。通常所说的太阳能发电指的是太阳能光伏发电，简称"光电"。光伏发电是利用半导体界面的光生伏特效应而将光能直接转变为电能的一种技术。

太阳能光伏发电系统按供电方式大致可以分为独立发电系统、并网发电系统和混合发电系统三大类，由光伏阵列、电能变换电路调节控制器和蓄电池或其他储能及辅助发电设备组成。光伏阵列由太阳能电池组件按照系统的需要串、并联组成，将太阳能直接转化成电能；电能变换电路通常由 DC/DC 变换器及 DC/AC 逆变器组成，其功能是将光伏阵列输出的不太稳定的直流电转换为高质量的交流电，供负载使用或并网；控制器对蓄电池的充放电加以控制，并根据负载或电网的需求控制太阳能及蓄电池的电能输出。

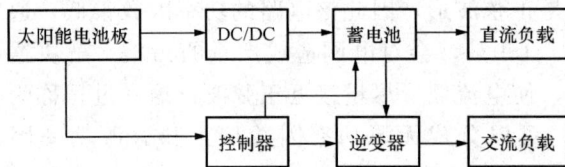

图 7-17 典型的独立发电系统

典型的独立发电系统如图 7-17 所示。蓄电池和太阳能电池构成独立的供电系统向负载提供电能，当太阳能电池输出电能不能满足负载时，由蓄电池来进行补充；当其输出的功率超出负载需求时，就会将电能储存在蓄电池中。独立发电系统是一种常见的太阳能应用方式，系统比较简单，适应性广，只因蓄电池的体积偏大和维护困难而限制了其使用范围。

光伏并网发电系统如图 7-18 所示，将太阳能电池控制系统和民用电网并联，当太阳能电池输出电能不能满足负载要求时，由电网来进行补充；而当其输出的功率超出负载需求时，将电能馈送到电网中。在背靠电网的情况下，该系统省掉了蓄电池，从而扩大了使用的范围和灵活性，并降低了造价。

混合型光伏发电系统如图 7-19 所示，它区别于以上两个系统之处是增加了备用发电机组，当光伏阵列发电不足或者是蓄电池储量不足时，可以启动发电机组，它既可以直接给交流负载供电，又可以经整流器后给蓄电池充电，所以称混合型光伏发电系统。该方案有较强的适应性，例如可以根据电网的峰谷电价来调整发电策略，但是其造价和运行成本较上述各种方案高。上述 DC/DC 变换电路采用第 3 章所介绍的 Buck、Boost 或 Buck-Boost 电路。逆变电路采用 PWM 控制以实现高质量的 DC/AC 变换。

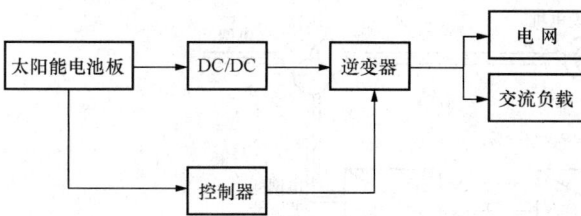

图 7-18  光伏并网发电系统

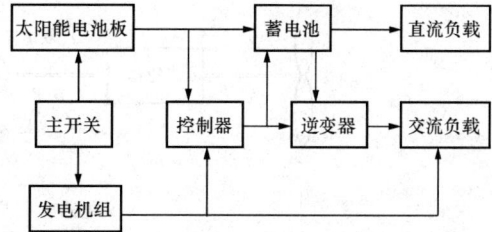

图 7-19  混合型光伏发电系统

随着光伏发电的快速发展，如何接入电网成了一个关键的问题。对于光伏电站的并网要求，国际上已经有了很多标准，中国的标准分散在一些传统标准之中，大多只是对电压和电流的谐波、电压和频率偏差、电压波动和闪变、直流分量和功率因数的要求。在光伏电站容量较小时，这些参数要求基本适用。但是，当光伏电站的规模越来越大（几十甚至上百兆瓦）时，就必须考虑光伏电站接受电网调度以及参与电网管理等方面的因素，具体包括低电压穿越、无功补偿等。

### 7.4.2  风力发电

风力发电机由叶轮和发电机两部分组成。空气中的动能作用在叶轮上，将动能转换成机械能，从而推动叶轮旋转。如果将叶轮的转轴与发电机的转轴相连，就会带动发电机发电。

风力发电机组可以分为恒速恒频和变速恒频两大类。风力发电机与电网并联运行时，要求风电的频率保持恒定且为电网频率。恒速恒频指在风力发电中，控制发电机转速不变，从而得到频率恒定的电能；变速恒频指发电机的转速随风速变化，通过电力电子装置的变换与控制来得到恒频电能。变速恒频发电系统可以使风力机在很大风速范围内按最佳效率运行，其优点越来越引起人们的重视，从理论上说，变速恒频技术是目前最优化的调节方式。

当前应用较多的变速恒频风力发电系统是采用双馈异步发电机的风电机组。在国外的应用已经很普及，国内目前新建的风场也大都采用这种机型。另外采用永磁多极同步发电机的风电机组也已经比较成熟，在国外已经开始应用。

采用双馈异步发电机系统的风电机组原理图如图 7-20 所示。在双馈发电控制系统中通常含双馈发电机、电机侧变换器、网侧变换器和微机实时控制系统、变桨距机构。在发电机转子的转速小于电网同步转速时，由于风速太小，仅靠风能发出的电能因发电机的电压和频率都太低而不能将其传送到电网上去，此时，由控制电路控制电网侧脉冲整流器工作在整流状态，将电网的部分电能转换成直流电，然后再将直流电经电网侧变流器变换为交流电，其频率应保证与转子频率之和等于 50Hz，即从电网获得的电能和风能一并相加并传送到交流电网，以此实现风能至电能的转换；在发电机转子的转速大于电网同步转速时，风能经转子进行电能转换后，一部分经定子传送到交流电网，另一部分由转子、电机侧脉冲整流器、电网侧变流器传送到交流电网。

变速恒频双馈风力发电系统要求励磁变换器谐波污染小，输入、输出特性好，具有功率双向流动的功能，能在不吸收电网无功功率的情况下具备产生无功功率的能力。

图 7-21 所示为同步发电机交-直-交风力发电变流系统，系统中同步发电机可随风轮变速旋转，产生频率变化的电功率，电压可通过调节电机的励磁电流来进行控制。发电机发出频率变化的交流电，首先通过三相桥式整流成直流电，再通过线路逆变器变换为频率恒定的

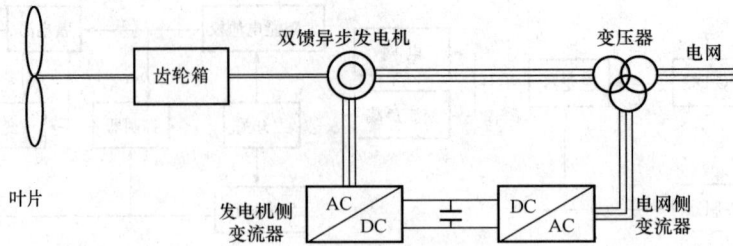

图 7 - 20　双馈异步发电机风电机组原理图

交流电输入电网。在此系统中可以采用的发电机有绕线式同步发电机、笼型感应发电机、永磁发电机。

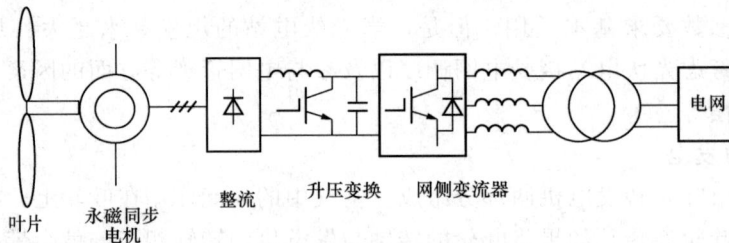

图 7 - 21　同步发电机交－直－交风力发电变流系统

　　同步发电机交-直-交风力发电变流系统与电网并联的特点是：由于采用交-直-交转换方式，同步发电机的工作频率与电网频率是彼此独立的，风轮及发电机的转速可以变化，不必担心发生同步发电机直接并网运行时可能出现的失步问题。

## 本 章 小 结

　　本章介绍了电力电子技术在电力系统、电气传动、电源技术和可再生能源中的应用情况。电力系统中，电力电子装置常用来进行电力谐波抑制、无功功率控制、高压直流输电、电能质量控制等；在电气传动领域，电力电子的应用，使得电气传动系统的性能更好、节能效果更显著，特别是在采用变频调速的交流传动领域更为明显；在电源技术方面，UPS 电源、开关电源等各种特种电源都依赖电力电子技术的应用；可再生能源方面，光伏发电的并网逆变器和电能管理、风力发电的发电机系统和并网逆变器等逐渐成为电力电子应用的新热点。

## 习 题

1. 电力系统中为什么要进行无功功率补偿？一般有哪些无功功率补偿的方法？
2. 什么是 UPS 电源？它有哪些典型应用场合？
3. 开关电源的一般结构是什么样的？与线性稳压电源相比具有什么样的优点？

# 参 考 文 献

[1] 王兆安，刘进军．电力电子技术．5版．北京：机械工业出版社，2009.

[2] 叶斌．电力电子应用技术．北京：清华大学出版社，2006.

[3] 林渭勋．现代电力电子技术．北京：机械工业出版社，2005.

[4] 刘凤君．工频与高频三相绿色 UPS 电路．北京：电子工业出版社，2011.

[5] 张兴，张崇巍．PWM 整流器及其控制．北京：机械工业出版社，2003.

[6] 孙孝峰，顾和荣，王立乔，等．高频开关型逆变器及其并联并网技术．北京：机械工业出版社，2011.

[7] 王云亮．电力电子技术．北京：电子工业出版社，2009.

[8] 高锋阳．电力电子技术．北京：机械工业出版社，2015.

[9] 钱照明．中国电气工程大典：第 2 卷．电力电子技术．北京：中国电力出版社，2009.

[10] Muhammad H. Rashid．电力电子技术手册．陈建业，等译．北京：机械工业出版社，2004.

[11] 王兆安，张明勋．电力电子设备设计和应用手册．北京：机械工业出版社，2009.

[12] 刘凤君．逆变器用整流电源．北京：机械工业出版社，2004.

[13] 杨旭．开关电源技术．北京：机械工业出版社．2004.

[14] Bimal K. Bose．现代电力电子学与交流传动．王聪，等译．北京：机械工业出版社，2013.

[15] 刘凤君．现代逆变技术及应用．北京：电子工业出版社，2006.

[16] M. D. Singh，K. B. Khanchandani．电力电子．2版．北京：清华大学出版社，2011.

[17] 周渊深．交直流调速系统与 MATLAB 仿真．北京：中国电力出版社，2007.

[18] 刘凤君．多电平逆变技术及其应用．北京：机械工业出版社，2007.

[19] 张兴．高等电力电子技术．北京：机械工业出版社，2011.

[20] 天津电气传动设计研究所．电气传动自动化技术手册．2版．北京：机械工业出版社，2005.

[21] 周渊深．电力电子技术与 MATLAB 仿真．北京：中国电力出版社，2005.

[22] 陈坚．电力电子技术及应用．北京：中国电力出版社，2006.

[23] 潘再平，唐益民．电力电子技术与运动控制系统实验．杭州：浙江大学出版社，2008.

[24] 徐德鸿，马皓，汪槱生．电力电子技术．北京：科学出版社，2006.

[25] 洪乃刚．电力电子、电机控制系统的仿真技术．北京：机械工业出版社，2010.

[26] 龙志文．电力电子技术．2版．北京：机械工业出版社，2015.

[27] 何湘宁，陈阿莲．多电平变换器的理论及应用技术．北京：机械工业出版社，2006.

[28] 孙冠群．电机与电力电子技术．北京：北京大学出版社，2015.

[29] 王彩琳．电力半导体新器件及其制造技术．北京：机械工业出版社，2015.

[30] 赵莉华．电力电子技术．2版．北京：机械工业出版社，2015.

[31] 袁燕，陈俊安，刘暐．电力电子技术．4版．北京：中国电力出版社，2015.

[32] 陈中．基于 MATLAB 的电力电子技术和交直流调速仿真．北京：清华大学出版社，2014.

[33] 周京华．电力电子技术与运动控制系统综合实验教程．北京：水利水电出版社，2014.

[34] 徐立娟．电力电子技术．2版．北京：人民邮电出版社，2014.

[35] 谢树林．电力电子应用技术．北京：电子工业出版社，2014.

[36] 周元一．电力电子应用技术．北京：机械工业出版社，2013.

[37] 徐德鸿，陈治明，李永东，等．现代电力电子学．北京：机械工业出版社，2013.

[38] 张森，冯垛生．现代电力电子技术与应用．北京：中国电力出版社，2013.

[39] 刘晓琴 . 电力电子元器件选用一本通 . 北京：化学工业出版社，2013.

[40] 韩民晓，文俊，徐永海 . 高压直流输电原理与运行 . 2 版 . 北京：机械工业出版社，2013.

[41] 王大志，王克难，刘震 . 电力系统无功补偿原理与应用 . 北京：电子工业出版社，2013.